ヤコブ・ペトロ・ヨハネ・ユダの手紙

私訳と解説

宮平 望

Miyahira, Nozomu

新教出版社

装幀　桂川　潤

目　次

前　書	7
序　論	8
文　献	10
凡　例	17

ヤコブの手紙　19

1. 試みを喜びとし、御言葉を行う信仰　20
   1章1節－27節
2. 業を伴う信仰　49
   2章1節－26節
3. 争乱ではなく、平和を築く言葉　72
   3章1節－18節
4. 神に近づいて、悪を避ける信仰　88
   4章1節－17節
5. 主の到来までの忍耐深い生活　103
   5章1節－20節

ペトロの手紙一　121

1. 神の言葉による新生　122
   1章1節－25節

目　次

2. 教会の頭石であり、監督者であるキリスト　　　　　　148
　　2章1節－25節

3. 神に従う良心的な生き方　　　　　　　　　　　　　　173
　　3章1節－22節

4. 善行によって受ける苦難と栄光　　　　　　　　　　　193
　　4章1節－19節

5. 苦難の中の栄光と平和　　　　　　　　　　　　　　　209
　　5章1節－14節

ペトロの手紙二　　　　　　　　　　　　　　　　　　223

1. 人々を導く神の力と神の言葉　　　　　　　　　　　　224
　　1章1節－21節

2. 義の人と不義の人　　　　　　　　　　　　　　　　　240
　　2章1節－22節

3. 水による清めから火による清めへ　　　　　　　　　　258
　　3章1節－18節

ヨハネの手紙一　　　　　　　　　　　　　　　　　　271

1. 神との交わりにおける喜び　　　　　　　　　　　　　272
　　1章1節－10節

2. 義である助け主イエス・キリスト　　　　　　　　　　282
　　2章1節－29節

3. 神の愛に基づく相互愛の戒め　　　　　　　　　　　　304
　　3章1節－24節

4. 神に由来する完全な愛　　　　　　　　　　　　　　　323
　　4章1節－21節

目　次

5. 真の神の証しと悪い者の支配　　　　　　　　　　　　336
　　5章1節－21節

ヨハネの手紙二　　　　　　　　　　　　　　　　　349

1. 真理と愛の中の歩み　　　　　　　　　　　　　　　350
　　1節－13節

ヨハネの手紙三　　　　　　　　　　　　　　　　　359

1. 真理の同労者と反対者　　　　　　　　　　　　　360
　　1節－15節

ユダの手紙　　　　　　　　　　　　　　　　　　371

1. 信仰の戦い　　　　　　　　　　　　　　　　　　372
　　1節－25節

結　　論　　　　　　　　　　　　　　　　　　　　395
後　　書　　　　　　　　　　　　　　　　　　　　396

前　書

　本書は、新約聖書のヤコブの手紙、ペトロの手紙、ヨハネの手紙、ユダの手紙の私訳と解説であり、今回もこれまでに私が様々な場で語ったものや、これから語るつもりのことを一つにまとめたものである。この四つの手紙を本書において合本としたのは、「公同書簡」として一定のまとまりがあるだけでなく、量的に便宜上のものでもある。

　ヤコブの手紙、ペトロの手紙一、ペトロの手紙二、ヨハネの手紙一、ヨハネの手紙二、ヨハネの手紙三、ユダの手紙の七つが、「公同書簡」であると記された最初の記録は、カイサリアのエウセビオス（260年-339年）の『教会史』においてである。こう名づけられたのは、特定の個人や教会ではなく、各地の教会全体で公に読まれたことからだと考えられる。そして、この「公同書簡」のすべてが、東方教会と西方教会において広く新約聖書の正典として受け入れられるようになったのは概して4世紀以降であり、その後も書簡（＝手紙）によっては、その正典性に関して疑義が差し挟まれたが、それにもかかわらず、これらの書簡の中にはイエスの言葉や他の聖書箇所を想起させる数々の内容がある。

　そのような意味において、本書も既刊の『マタイによる福音書　私訳と解説』、『マルコによる福音書　私訳と解説』、『ルカによる福音書　私訳と解説』、『ヨハネによる福音書　私訳と解説』、『使徒言行録　私訳と解説』、『ローマ人への手紙　私訳と解説』、『コリント人への手紙　私訳と解説』、『ガラテヤ人・エフェソ人・フィリピ人・コロサイ人への手紙　私訳と解説』、『テサロニケ人・テモテ・テトス・フィレモンへの手紙　私訳と解説』、『ヘブライ人への手紙　私訳と解説』を同様に参照していただければ幸甚である。

序　論

　本書は、ネストレ版ギリシャ語新約聖書（Nestle-Aland, *Novum Testamentum Graece*）を底本とする神学的解説書であり、私訳とそれに基づく解説から成り立っている。

　ヤコブの手紙は、宗教改革者マルティン・ルター（1483年-1546年）によって、十字架や復活という福音的な内容を含んでいない「藁の書簡」と否定的に評されたことでも知られているが、伝統的には主イエスの兄弟ヤコブが著者だと考えられている（ヤコ 1:1）。ちなみに、「ヤコブ」という名前で知られる代表的な人物は、十二使徒の一人であるゼベダイの子ヤコブや（マタ 4:21, 10:2）、主イエスの兄弟ヤコブなどであるが（使徒 12:17, ガラ 1:19, 2:9）、前者は早くも44年に殉教しており（使徒 12:2）、主イエスの兄弟ヤコブは62年に殉教している（フラウィウス・ヨセフス『ユダヤ古代誌』XX,IX, 1, cf.Witherington, p.396）。

　ペトロの手紙一は、イエスの弟子の筆頭である使徒ペトロによるものであり（ペト一 1:1）、使徒言行録に記録されているペトロの言葉や説教との内容上の類似点が度々指摘されている（使徒 2:14-42, 3:11-26, 4:8-12, 5:29-32, 10:34-43, cf.Witherington,pp.122-126, バークレー, pp.189f.）。優れたギリシャ語で記されているペトロの手紙一とは文体の異なるペトロの手紙二も、使徒ペトロによるものであるとすると（ペト二 1:1）、ペトロの手紙一が実際にはシルワノの筆記によるものであるのに対して（ペト一 5:12）、ペトロの手紙二は別の筆記者によるものであり、ペトロが自らの身に忍び寄る死を予期していることや、異端に対して警鐘を鳴らしているという状況も考慮される必要があるだろう（ペト二 1:14, 2:1）。最終的にペトロは、64年のローマの大火後の暴君ネロ（在位54年-68年）によるキリスト者への弾圧の際に捕らえられ、処刑されたと考えられている（ペト一 2:17 解説）。なお、ペトロの手紙二の筆記者を、ローマにおけるペトロの後継者リノス（＝リヌス）とする説も出されている（テモ二 4:21, cf.Witherington, p.282）。

　ヨハネの手紙は伝統的に、使徒であるゼベダイの子ヨハネによるものであり（マタ 10:2）、ヨハネによる福音書では「信仰」が説かれ、ヨハネの黙示

録では「希望」が記され、そして、このヨハネの手紙では「愛」が勧められているとする見解や（シュラッター，p.147）、ヨハネを中心として形成された共同体から書き送られているとする見解などもある（Smalley, p.xx）。なお、新約聖書におけるヤコブの手紙、ペトロの手紙、ヨハネの手紙という順序は、ガラテヤ人への手紙における「ヤコブとケファ（＝ペトロ）とヨハネ」という順序と一致している（ガラ 2:9, cf.Witherington, p.394）。

　ユダの手紙は、「イエス・キリストのしもべで、ヤコブの兄弟であるユダ」によるものであり、このユダは、「ヤコブの子ユダ」や「引き渡す者になったイスカリオテのユダ」ではなく（ルカ 6:16）、イエスの弟である「ヤコブの兄弟」であるとすると（cf. ヤコ 1:1 解説）、同様にして、イエスの弟でもある（マル 6:3, cf. コリ一 9:5）。

　本書も前著と同様に、旧約聖書の背景を重視し、新約聖書の他の箇所を参照しつつ解説した。また、それぞれの手紙の各セクションは便宜上の区分である。

文　　献

聖書

- 『聖書　新改訳』（日本聖書刊行会 , 1985, 2 版）
- 『聖書　新共同訳』（日本聖書協会 , 1988）
- 『新約聖書 III　ヨハネ文書　ヨハネによる福音書　ヨハネの第一の手紙　ヨハネの第二の手紙　ヨハネの第三の手紙　小林稔・大貫隆訳』（岩波書店 , 1995）
- 『新約聖書 V　パウロの名による書簡　公同書簡　ヨハネの黙示録　保坂高殿・小林稔・小河陽訳』（岩波書店 , 1996）
- 『新約聖書　新約聖書翻訳委員会訳』（岩波書店 , 2004）
- Division of Christian Education of the National Council of the Churches of Christ in the United States of America, *The Holy Bible containing the Old and New Testaments with the Apocryphal / Deuterocanonical Books New Revised Standard Version*, (Oxford: Oxford University Press, 1989)
- Marshall, A., *The R.S.V. Interlinear Greek – English New Testament The Nestle Greek Text with a Literal Translation*, (London: Samuel Bagster and Sons Limited, 1958)
- Nestle, E. et al.(eds.), *Nestle-Aland Novum Testamentum Graece*, (Stuttgart: Deutsche Bibelgesellschaft, 1993, 27 版)
- Rahlfs, A.(ed.), *Septuaginta*, (Stuttgart: Deutsche Bibelgesellschaft, 1979)

辞書・事典

- 荒井章三編『カラー版　聖書大事典』（新教出版社、1991）
- 馬場嘉市編『新聖書大事典』（キリスト新聞社、1971）
- 泉田昭他編『新聖書辞典』（いのちのことば社、1985）
- 旧約新約聖書大事典編集委員会編『旧約新約　聖書大事典』（教文館 , 2001、3 版）
- Bauer, W, *Griechisch-deutsches Wörterbuch zu den Schriften des Neuen Testaments und der frühchristlichen Literatur*, herausgegeben von Aland, Kurt & Aland, Barbara, (Berlin / New York: Walter de Gruyter, 1988, 6 版)
- Freedman, D. N.(ed.), *The Anchor Bible Dictionary Vol.1 A-C*, (New York, NY: Doubleday, 1992)
- Freedman, D. N.(ed.), *The Anchor Bible Dictionary Vol.2 D-G*, (New York, NY:

文　　献

- Doubleday, 1992)
- Freedman, D. N.(ed.), *The Anchor Bible Dictionary　Vol.3 H-J*, (New York, NY: Doubleday, 1992)
- Freedman, D. N.(ed.), *The Anchor Bible Dictionary　Vol.4 K-N*, (New York, NY: Doubleday, 1992)
- Freedman, D. N.(ed.), *The Anchor Bible Dictionary　Vol.5 O-Sh*, (New York, NY: Doubleday, 1992)
- Freedman, D. N.(ed.), *The Anchor Bible Dictionary　Vol.6 Si-Z*, (New York, NY: Doubleday, 1992)
- Kittel, G.(ed.), *Theological Dictionary of the New Testament　Vol.I Α-Γ*, tr. by Bromiley, G. W., (Grand Rapids, MI: Wm. B. Eerdmans Publishing Company, 1964)
- Kittel, G.(ed.), *Theological Dictionary of the New Testament　Vol.II Δ-H*, tr. by Bromiley, G. W., (Grand Rapids, MI: Wm. B. Eerdmans Publishing Company, 1964)
- Kittel, G.(ed.), *Theological Dictionary of the New Testament　Vol.III Θ-K*, tr. by Bromiley, G. W., (Grand Rapids, MI: Wm. B. Eerdmans Publishing Company, 1965)
- Kittel, G.(ed.), *Theological Dictionary of the New Testament　Vol.IV Λ-N*, tr. by Bromiley, G. W., (Grand Rapids, MI: Wm. B. Eerdmans Publishing Company, 1967)
- Friedrich, G.(ed.), *Theological Dictionary of the New Testament　Vol.V Ξ-Πα*, tr. by Bromiley, G. W., (Grand Rapids, MI: Wm. B. Eerdmans Publishing Company, 1967)
- Friedrich, G.(ed.), *Theological Dictionary of the New Testament　Vol.VI Πε-P*, tr. by Bromiley, G. W., (Grand Rapids, MI: Wm. B. Eerdmans Publishing Company, 1968)
- Friedrich, G.(ed.), *Theological Dictionary of the New Testament　Vol.VII Σ*, tr. by Bromiley, G. W., (Grand Rapids, MI: Wm. B. Eerdmans Publishing Company, 1971)
- Friedrich, G.(ed.), *Theological Dictionary of the New Testament　Vol.VIII T-Y*, tr. by Bromiley, G. W., (Grand Rapids, MI: Wm. B. Eerdmans Publishing Company, 1972)
- Friedrich, G.(ed.), *Theological Dictionary of the New Testament　Vol.IX Φ-Ω*, tr. by Bromiley, G. W., (Grand Rapids, MI: Wm. B. Eerdmans Publishing Company, 1974)
- Pitkin, R. E.(Comp.), *Theological Dictionary of the New Testament　Vol.X Index Vol.*, tr. by Bromiley, G. W., (Grand Rapids, MI: Wm. B. Eerdmans Publishing Company, 1976)
- Liddell, H. G. & Scott, R.(comp.), *A Greek-English Lexicon*, (Oxford: Clarendon Press, 1996, 9 版）
- Liddell, H. G. & Scott, R.(comp.), *An Intermediate Greek-English Lexicon*, (Oxford: Clarendon Press, 1986, [1889])
- Thayer, J. H., *Thayer's Greek-English Lexicon of the New Testament*, (Peabody, MA: Hendrickson Publishers, Inc., 2002, [1896])

文法書

- Blass, F. & Debrunner, A., *A Greek Grammar of the New Testament and Other Early Christian Literature*, A Translation and Revision of the ninth-tenth German edition incorporating supplementary notes of A. Debrunner, by Robert W. Funk, (Chicago & London: The University of Chicago Press, 1961)
- Jay, E. G., *New Testament Greek An Introductory Grammar*, (London: SPCK, 1958)
- Moulton, J. H., *A Grammar of New Testament Greek J. H. Moulton Vol.I Prolegomena*, (Edinburgh: T & T Clark, 1998, 3版, [1908])
- Moulton, J. H. & Howard, W. F., *A Grammar of New Testament Greek J. H. Moulton Vol.II Accidence and Word-Formation with an appendix on Semitisms in the New Testament*, (Edinburgh: T & T Clark, 1963, [1928])
- Moulton, J. H. & Turner, N., *A Grammar of New Testament Greek J. H. Moulton Vol.III Syntax*, (Edinburgh: T & T Clark, 1963)
- Moulton, J. H. & Turner, N., *A Grammar of New Testament Greek J. H. Moulton Vol.IV Style*, (Edinburgh: T & T Clark, 1976)
- Smyth, H. W., rev. by Messing, G. M., *Greek Grammar*, (Cambridge, MA: Harvard University Press, 1984)
- Zerwick, M. & Grosvenor, M., *A Grammatical Analysis of the Greek New Testament*, (Roma: Editrice Pontificio Istituto Biblico, 1996, 5版)
- Zerwick, M. & Smith, J.(Eng. Edi.), *Biblical Greek*, (Roma: Editrice Pontificio Istituto Biblico, 2001, [1963])

注解書　ヤコブの手紙

- J. カルヴァン（久米あつみ訳）『カルヴァン新約聖書註解　XIII　ヘブル・ヤコブ書』（新教出版社、1975)
- J. シュナイダー（安達忠夫／大友陽子／斎藤顕／杉山好／高橋三郎／松本武三訳）『NTD新約聖書註解　公同書簡　翻訳と註解』(NTD新約聖書註解刊行会, 1975)
- A. シュラッター（蓮見和男訳）『シュラッター新約聖書講解13　ヤコブ・ペテロ・ユダ書』（新教出版社、1979)
- 辻学『現代新約注解全書　ヤコブの手紙』（新教出版社、2002)
- P. パーキンス（山口雅弘訳）『現代聖書注解　ペトロの手紙1、2　ヤコブの手紙　ユダの手紙』（日本基督教団出版局, 1998)
- W. バークレー（大隅啓三訳）『ヤコブ・ペテロ』（ヨルダン社、1969)
- D. J. ムー（三浦譲訳）『ヤコブの手紙』［ティンデル聖書注解］（いのちのことば社、2009)

- Bengel, J. A., *Gnomon of the New Testament Now First Translated into English with Original Notes Explanatory and Illustrative Vol.V*, revised. & edited by Fausset, A. R., (Edinburgh: T & T Clark, 1860)
- Henry, M., *Matthew Henry's Commentary on the Whole Bible Vol.VI. Acts to Revelation*, (London: Marshall, Morgan & Scott, 1959)
- Johnson, L. T., *The Letter of James A New Translation with Introduction and Commentary*, [The Anchor Bible Vol.37A], (New York, NY: Doubleday, 1995)
- Martin, R. P., *James Vol.48*, [Word Biblical Commentary], (Waco, TX: Word Books, Publisher, 1988)
- Ropes, J. H., *A Critical and Exegetical Commentary on the Epistle of St. James*, [The International Critical Commentary], (Edinburgh: T & T Clark, 1916)
- Witherington III, B., *Letters and Homilies for Jewish Christians A Socio-Rhetorical Commentary on Hebrews, James, Jude*, (Nottingham: Apollos, 2007)

注解書　ペトロの手紙

- J. カルヴァン（乾慶四郎／久米あつみ訳）『カルヴァン新約聖書註解　XIV　ペテロ・ユダ書　ヨハネ書簡』（新教出版社、1963）
- M. グリーン（多井一雄訳）『ペテロの手紙第2、ユダの手紙』［ティンデル聖書注解］（いのちのことば社、2009）
- W. A. グルーデム（櫛田節夫訳）『ペテロの手紙第1』［ティンデル聖書注解］（いのちのことば社、2007）
- J. シュナイダー（安達忠夫／大友陽子／斎藤顕／杉山好／高橋三郎／松本武三訳）『NTD 新約聖書註解　公同書簡　翻訳と註解』(NTD 新約聖書註解刊行会 , 1975)
- A. シュラッター（蓮見和男訳）『シュラッター新約聖書講解 13　ヤコブ・ペテロ・ユダ書』（新教出版社、1979）
- P. パーキンス（山口雅弘訳）『現代聖書注解　ペテロの手紙 1、2　ヤコブの手紙　ユダの手紙』（日本基督教団出版局 , 1998）
- W. バークレー（大隅啓三訳）『ヤコブ・ペテロ』（ヨルダン社、1969）
- N. ブロックス（角田信三郎訳）『EKK 新約聖書註解　XXI　ペテロの第一の手紙』（教文館 , 1995）
- Bauckham, R. J., *Jude, 2 Peter Vol.50*, [Word Biblical Commentary], (Waco, TX: Word Books, Publisher, 1983)
- Bengel, J. A., *Gnomon of the New Testament Now First Translated into English with Original Notes Explanatory and Illustrative Vol.V*, revised. & edited by Fausset, A. R., (Edinburgh: T & T Clark, 1860)
- Bigg, C., *A Critical and Exegetical Commentary on the Epistles of St. Peter and St.*

Jude, [The International Critical Commentary], (Edinburgh: T & T Clark, 1902)
- Elliott, J. H., *1 Peter A New Translation with Introduction and Commentary*, [The Anchor Bible Vol.37B], (New York, NY: Doubleday, 2000)
- Henry, M., *Matthew Henry's Commentary on the Whole Bible Vol.VI. Acts to Revelation*, (London: Marshall, Morgan & Scott, 1959)
- Michaels, J. R., *1 Peter Vol.49*, [Word Biblical Commentary], (Waco, TX: Word Books, Publisher, 1988)
- Neyrey, J. H., *2 Peter, Jude A New Translation with Introduction and Commentary*, [The Anchor Bible Vol.37C], (New York, NY: Doubleday, 1993)
- Witherington III, B., *Letters and Homilies for Hellenized Christians Vol.II A Socio-Rhetorical Commentary on 1-2 Peter*, (Nottingham: Apollos, 2007)

注解書　ヨハネの手紙

- J. カルヴァン（乾慶四郎／久米あつみ訳）『カルヴァン新約聖書註解　XIV　ペテロ・ユダ書　ヨハネ書簡』（新教出版社、1963）
- H.= J. クラウク（住谷眞訳）『EKK 新約聖書註解　XXIII/1　ヨハネの第一の手紙』（教文館 , 2008）
- J. シュナイダー（安達忠夫／大友陽子／斎藤顕／杉山好／高橋三郎／松本武三訳）『NTD 新約聖書註解　公同書簡　翻訳と註解』(NTD 新約聖書註解刊行会 , 1975)
- A. シュラッター（蓮見和男訳）『シュラッター新約聖書講解 14　ヨハネの手紙・黙示録』（新教出版社、1979）
- J. R. W. ストット（千田俊昭訳）『ヨハネの手紙』［ティンデル聖書注解］（いのちのことば社、2007）
- D. M. スミス（新免貢訳）『現代聖書注解　ヨハネの手紙 1、2、3』（日本基督教団出版局 , 1994）
- W. バークレー（柳生望訳）『ヨハネ・ユダ』（ヨルダン社、1971）
- Bengel, J. A., *Gnomon of the New Testament Now First Translated into English with Original Notes Explanatory and Illustrative Vol.V*, revised. & edited by Fausset, A. R., (Edinburgh: T & T Clark, 1860)
- Brooke, A. E., *A Critical and Exegetical Commentary on the Johannine Epistles*, [The International Critical Commentary], (Edinburgh: T & T Clark, 1912)
- Brown, R. E., *The Epistles of John Translated with Introduction, Notes and Commentary*, [The Anchor Bible Vol.30], (New York, NY: Doubleday, 1982)
- Henry, M., *Matthew Henry's Commentary on the Whole Bible Vol.VI. Acts to Revelation*, (London: Marshall, Morgan & Scott, 1959)
- Smalley, S. S., *1, 2, 3 John Vol.46 (Revised Edition)*, [Word Biblical Commentary],

(Nashville, TN: Thomas Nelson, Inc., 2007)
- Witherington III, B., *Letters and Homilies for Hellenized Christians Vol.1 A Socio-Rhetorical Commentary on Titus, 1-2 Timothy and 1-3 John*, (Nottingham: Apollos, 2006)

注解書　ユダの手紙

- J. カルヴァン（乾慶四郎／久米あつみ訳）『カルヴァン新約聖書註解　XIV　ペテロ・ユダ書　ヨハネ書簡』（新教出版社、1963）
- M. グリーン（多井一雄訳）『ペテロの手紙第 2、ユダの手紙』[ティンデル聖書注解]（いのちのことば社、2009）
- J. シュナイダー（安達忠夫／大友陽子／斎藤顕／杉山好／高橋三郎／松本武三訳）『NTD 新約聖書註解　公同書簡　翻訳と註解』(NTD 新約聖書註解刊行会 , 1975)
- A. シュラッター（蓮見和男訳）『シュラッター新約聖書講解 13　ヤコブ・ペテロ・ユダ書』（新教出版社、1979）
- P. パーキンス（山口雅弘訳）『現代聖書注解　ペテロの手紙 1、2　ヤコブの手紙　ユダの手紙』（日本基督教団出版局 , 1998）
- W. バークレー（柳生望訳）『ヨハネ・ユダ』（ヨルダン社、1971）
- Bauckham, R. J., *Jude, 2 Peter Vol.50*, [Word Biblical Commentary], (Waco, TX: Word Books, Publisher, 1983)
- Bengel, J. A., *Gnomon of the New Testament Now First Translated into English with Original Notes Explanatory and Illustrative Vol.V*, revised. & edited by Fausset, A. R., (Edinburgh: T & T Clark, 1860)
- Bigg, C., *A Critical and Exegetical Commentary on the Epistles of St. Peter and St. Jude*, [The International Critical Commentary], (Edinburgh: T & T Clark, 1902)
- Henry, M., *Matthew Henry's Commentary on the Whole Bible Vol.VI. Acts to Revelation*, (London: Marshall, Morgan & Scott, 1959)
- Neyrey, J. H., *2 Peter, Jude A New Translation with Introduction and Commentary*, [The Anchor Bible Vol.37C], (New York, NY: Doubleday, 1993)
- Witherington III, B., *Letters and Homilies for Jewish Christians A Socio-Rhetorical Commentary on Hebrews, James, Jude*, (Nottingham: Apollos, 2007)

研究書

- ハーシェル・シャンクス／ベン・ウィザリントン III（船渡佳子／菅野圭子訳）『イエスの弟　ヤコブの骨箱発見をめぐって』（松柏社、2004）
- A. チェスター／R. マーティン（辻学訳）『叢書　新約聖書神学　⑬　公同書

簡の神学』(新教出版社、2003)
- J. M. リュウ（山岡健訳）『叢書　新約聖書神学　⑭　ヨハネ書簡の神学』(新教出版社、1999)

凡　例

- 聖書の章と節と私訳は、本文中の各所冒頭に太文字で記す。また、私訳は解説においても各節ごとに記す。
- 注は、本文中に括弧内で記す。
- cf. は「参照せよ」を、p. は「ページ」を意味する。
- 文献表に掲載した本に言及する際は、編著者名、巻数（必要に応じて出版年）、ページのみ括弧内に記す。
- 聖書の各書に言及する際は、下記の引用表記を使用し、章と節は：で区切る。
- 同一内容の別表記は、括弧内に＝で示す。
- 旧約聖書39巻・新約聖書27巻の引用表記
  旧新約聖書の各書からの引用は、文中括弧内において下記の括弧内のように表記する。なお、旧約聖書のギリシャ語訳である『70人訳』は、LXXと表記。
  旧約聖書：創世記（創世）　出エジプト記（出エ）　レビ記（レビ）　民数記（民数）　申命記（申命）　ヨシュア記（ヨシ）　士師記（士師）　ルツ記（ルツ）　サムエル記上（サム上）　サムエル記下（サム下）　列王記上（列王上）　列王記下（列王下）　歴代誌上（歴代上）　歴代誌下（歴代下）　エズラ記（エズ）　ネヘミヤ記（ネヘ）　エステル記（エス）　ヨブ記（ヨブ）　詩編（詩編）　箴言（箴言）　コヘレトの言葉（コヘ）　雅歌（雅歌）　イザヤ書（イザ）　エレミヤ書（エレ）　哀歌（哀歌）　エゼキエル書（エゼ）　ダニエル書（ダニ）　ホセア書（ホセ）　ヨエル書（ヨエ）　アモス書（アモ）　オバデヤ書（オバ）　ヨナ書（ヨナ）　ミカ書（ミカ）　ナホム書（ナホ）　ハバクク書（ハバ）　ゼファニヤ書（ゼフ）　ハガイ書（ハガ）　ゼカリヤ書（ゼカ）　マラキ書（マラ）

  新約聖書：マタイによる福音書（マタ）　マルコによる福音書（マル）　ルカによる福音書（ルカ）　ヨハネによる福音書（ヨハ）　使徒言行録（使徒）　ローマ人への手紙（ロマ）　コリント人への手紙一（コリ一）　コリント人への手紙二（コリ二）　ガラテヤ人への手紙（ガラ）　エフェソ人への手紙（エフ）　フィリピ人への手紙（フィリ）　コロサイ人への手紙（コロ）　テサロニケ人への手紙一（テサ一）　テサロニケ人への手紙二（テサ二）　テモテへの手紙一（テモ一）　テモテへの手紙二（テモ二）　テトスへの手紙（テト）　フィレモンへの手紙（フィレ）　ヘブライ人への手紙（ヘブ）　ヤコブの手紙（ヤコ）　ペトロの手紙一（ペト一）　ペトロの手紙二（ペト二）　ヨハネの手紙一（ヨハ一）　ヨハネの手紙二（ヨハ二）　ヨハネの手紙三（ヨハ三）　ユダの手紙（ユダ）　ヨハネの黙示録（黙示）

ヤコブの手紙

ヤコブの手紙

1. 試みを喜びとし、御言葉を行う信仰

1章1節－27節　私訳

[1] 神と主イエス・キリストのしもべであるヤコブが、離散中の十二部族にあいさつします。
[2] 私の兄弟たちよ、あなたたちが色々な試みに出くわす時、ことごとく喜びとしなさい。[3] あなたたちは、自分たちの信仰の試練が忍耐を生じさせると知っています。[4] そして、その忍耐が完全な業を生むようにしなさい。それは、あなたたちが何においても欠けることなく、完全で、完璧になるためです。
[5] また、もし、あなたたちの中のある人が知恵に欠けているなら、その人は、すべての人々に純真に、ののしることなく与える神に求めなさい。そうすれば、それはその人に与えられるだろう。[6] そして、その人は疑うことなく信仰によって求めなさい。疑う人は、風に吹かれて揺さぶられる海の荒波のようです。[7] 実に、その人は、主から何かをもらえるだろうと思ってはならない。[8] その人は、自分のすべての道において不安定であり、二心の人です。
[9] そして、へりくだっている兄弟は、自分の高さを誇りなさい。[10] しかし、豊かな人は、自分の低さを。なぜなら、その人は草の花のように過ぎ去るだろうから。[11] 太陽が暑さと共に昇ると、草を枯らせ、その花は散り、その顔の美は滅びたからです。そのように、豊かな人もその旅の中で消し去られるだろう。
[12] 試みを耐え抜く人は、幸いです。なぜなら、その人は適格者となり、神が御自身を愛する人々に約束した命の冠を受けるだろうから。[13] 誰でも試みられる時、「私は神から試みられている」と言ってはならない。神は悪に試みられることなく、御自身は誰をも試みないからです。[14] しかし、一人ひとりが自分自身の欲望によって引きずり出され、釣られて、試みられるのです。[15] それから、その欲望がはらんで罪を生み、その罪が完遂されると死を生み出します。

1. 試みを喜びとし、御言葉を行う信仰（1:1-27）

¹⁶ 私の愛する兄弟たちよ、あなたたちは惑わされてはならない。¹⁷ あらゆる良い贈り物とあらゆる完全な贈られた物は、上から、光の父から下って来たのであり、父のもとには移り変わりや運行によって影を作ることもないのです。¹⁸ 父は思うままに、真理の言葉によって私たちを生み出しました。それは、私たちが父の被造物の一つの初穂となるためです。

¹⁹ 私の愛する兄弟たちよ、あなたたちは知っておきなさい。また、あらゆる人は聞くのに早く、話すのに遅く、怒ることに遅くなりなさい。²⁰ 人の怒りは、神の義を生じさせないからです。²¹ そのため、あなたたちはすべての汚れとあふれるほどの悪意を素直に取り去り、あなたたちの魂を救うことができるようにと植え付けられた御言葉を受け入れなさい。

²² また、あなたたちは御言葉を行う人になりなさい。そして、自分自身を欺いて聞くだけの人になってはならない。²³ なぜなら、もし、ある人が御言葉を聞く人であり、行う人でないなら、この人は自分の生まれつきの顔を鏡の中に見定める人のようであるからです。²⁴ その人は自分自身を見定めても、立ち去ると、それがどのようであったかをすぐに忘れたからです。²⁵ しかし、自由の完全な律法の中にかがみ込み、そこにとどまる人は、忘れがちな聞き手ではなく、業を行う人になります。この人は、その行いにおいて幸せになるだろう。

²⁶ もし、ある人が宗教的であると思っても、自分自身の舌にくつわをはめずに、自分自身の心をだますなら、このような人の宗教は無駄です。²⁷ 孤児たちややもめたちをその苦難の中で見舞い、この世から自分自身をしみのないように守ること、これこそ父なる神のもとで清く、汚れがない宗教です。

1章1節－27節　解説

　1節　神と主イエス・キリストのしもべであるヤコブが、離散中の十二部族にあいさつします。

　「ヤコブ」という名前は、今から4000年近く前、ユダヤ人たちの父祖であるアブラハムの子イサクの子ヤコブに由来し（マタ 1:2）、このイサクの子ヤコブは、母リベカの胎から最初に出て来たエサウの「かかと（アケブ）」を

つかんでいたために「ヤコブ」と名づけられ、さらに、その名はエサウの足を「引っ張り（アーカブ）」、その長子の権利をだまし取ったこととも関係がある（創世 25:26, 27:1-29, 36, cf. ヘブ 12:16）。後にヤコブは何者かと戦い、この人から、そして後にも神から、「イスラエル（神と戦う者、神は戦う）」という名前ももらっている（創世 32:23-31, 35:10）。イスラエルとも呼ばれるこのヤコブから、十二人の子たち、つまり、ルベン、シメオン、レビ、ユダ、ゼブルン、イサカル、ダン、ガド、アシェル、ナフタリ、ヨセフ、ベニヤミンが出て、イスラエルの十二部族を形成した。

　そして、ヤコブは晩年、この十二人の各人に祝福の言葉を与えたが（創世 49:1-28）、その言葉と同趣旨の内容がヤコブの手紙にも反映されているという興味深い指摘がなされている（バークレー, p.47）。それらは、ルベンが長子として初穂であることとキリスト者がこの世で初穂であること（創世 49:3, ヤコ 1:18）、シメオンとレビの怒りの激しさと人の怒り（創世 49:5-7, ヤコ 1:19-20）、ユダに対する称賛と人の口から出る賛美（創世 49:8, ヤコ 3:10）、ゼブルンの住む海辺に船が出入りすることとキリスト者の集会に富者も貧者も出入りすること（創世 49:13, ヤコ 2:2）、イサカルによる労働の励行と信仰者による業の重要性（創世 49:14-15, ヤコ 2:14-17）、ダンによる救いの待望と兄弟たちによる主の到来の期待（創世 49:18, ヤコ 5:7）、ガドの闘争性と人々の間の戦いや争い（創世 49:19, ヤコ 4:1-2）、アシェルの豊かな生活とこの世の富者の生活（創世 49:20, ヤコ 1:10-11, 5:1-6）、ナフタリの平和な家庭と人々によって実現される平和（創世 49:21, ヤコ 3:18）、ヨセフに対する神の祝福と天の神からのあらゆる良い贈り物（創世 49:22-26, ヤコ 1:17）、ベニヤミンが狩猟の後に持つ宴会と富者が労働者から搾取して実現するぜいたくである（創世 49:27, ヤコ 5:4-5）。

　この 1 節における「ヤコブ」は、今から 2000 年以上も前のイエスの弟であり（マタ 13:55, cf. マタ 27:56）、イエスの生前は兄イエスを信じていなかったが（ヨハ 7:5）、復活後のイエスに出会って信仰を持ち（コリ一 15:7, cf. コリ一 9:5）、エルサレムの教会で重要な役割を果たしていたようである（使徒 1:14, 12:17, 15:13, 21:18, ガラ 1:19, 2:9, 12）。そのようなヤコブ自身が、自らを「主イエス・キリストのしもべ」と認めていることは、イエスの偉大さを示していると同時に、イエスとの家族関係よりも、イエスとの霊的関係

1. 試みを喜びとし、御言葉を行う信仰（1:1-27）

を強調している。「しもべ（ドゥーロス）」とは、「奴隷」と訳すこともできる表現であり、ヤコブは自分を主人である神とその御子イエスの忠実な奴隷であると位置づけているのである。この神の「しもべ（ドゥーロス）」という表現は、神から特定の役割を与えられたアブラハム、イサク、そして、ヤコブなどに対しても用いられた名称である（申命 9:26）。

「イエス」という名前はヘブライ語の「ヨシュア」に相当し、「主は救い」という意味であり、イスラエルの民の間では一般的な名前であった（マタ 27:17, コロ 4:11）。「キリスト」という名称はヘブライ語の「メシア」に相当し、「油注がれた者」という意味であり（ヨハ 1:41, cf. ルカ 4:18, 使徒 4:27, 10:38）、イスラエルの民の間では、サウルやダビデなどの王（サム上 10:1, 12:3, 16:1, 6, 13）、アロンなどの祭司（出エ 29:7, レビ 4:3, 5, 8:12, 30）、エリシャなどの預言者に対して油が注がれた（列王上 19:16, イザ 61:1）。つまり、イエスが「油注がれた者」であるということは、イエスが王として全世界を統治し、祭司として神と人との間を調停し、預言者として神の言葉を人々に告知する救い主であることを示している。イエスの弟ヤコブは、この救い主に仕えるしもべであり、同様にしてイエスの父なる神にも仕えている。また、この1節で「神」と「主イエス・キリスト」が並べられていることは、イエスの神性も示唆している（Witherington, p.417）。

「離散（ディアスポラ）」とは、「種をまく（スペイロー）」という表現の強調形「散らす（ディアスペイロー）」に由来し、そのようにして各地に散らばった「十二部族」を指している。かつて、十二部族はダビデ王によるイスラエル統一王国を経て、紀元前10世紀のソロモン王の後に分裂し、北イスラエル王国と南ユダ王国になり（列王上 12:1-33）、北イスラエル王国の十部族は紀元前8世紀にアッシリアに（列王下 17:1-41）、南ユダ王国のユダ族とベニヤミン族は（列王上 12:17, 21）、紀元前6世紀にバビロンに滅ぼされた（列王下 25:1-30, cf. エレ 15:7, 32:1-2, 50:17）。こうして、イスラエルの民はバビロン捕囚（前586年 - 前538年）を経て、エルサレムや各自の町への帰還が許され（エズ 1:1-2:70）、ユダ族を中心とするイスラエルの民はユダヤ人とも呼ばれるようになった。

イエスの時代も、イスラエルの民は各地に離散しており（ヨハ 7:35, ペト一 1:1, cf. 詩編 147:2, イザ 49:6）、ユダヤ人キリスト者を中心とする「エルサ

ヤコブの手紙

レムの教会に対する大きな迫害」などによって（使徒 8:1, 11:19）、さらに離散した。離散することは、ユダヤ人にとってもキリスト者にとっても、苦難の象徴であるが、キリスト者は離散した地のユダヤ人会堂などを拠点として福音伝道を展開していたことを考慮すると（使徒 9:20, 11:19-21, 13:14, 14:1, 17:1, 10, 17, 18:4, 19, 26, 19:8）、実に、福音の種は逆境を通してまかれていたとも言える。

そして、この 1 節の「十二部族」という表現は、単に狭義でのイスラエルの民ではなく、特に、「神のイスラエル」（ガラ 6:16, cf. マタ 19:28, 黙示 7:4-8, 21:12-21）、つまり、何人であろうと、ユダ族出身のイエスを救い主と信じるすべてのキリスト者を指していると考えられるだろう（ガラ 3:7, 29, ヘブ 7:14, cf. ロマ 9:6, フィリ 3:3）。ヤコブもエルサレムでの使徒会議において、イスラエルの民ではない異邦人たちが、唯一の真の神に立ち帰る際に、その人々を混乱させてはならないと説いているからである（使徒 15:19, cf. ルカ 22:30, 使徒 15:12-21）。

いずれにせよ、このような「離散中の十二部族」のキリスト者たちに対してヤコブが手紙を書くということは（ヤコ 2:1）、この手紙が各地に回覧されたり、書き写されたりしていたことを示唆しており（コロ 4:16, テサ一 5:27）、それが教会などで公に読まれていたことは、パウロの手紙と同じく、旧約聖書と同等の価値を持っていたことを示している（ルカ 4:16, 使徒 13:15, 27, 15:21, 31, コリ二 1:13, 3:2, 14-15）。それにもかかわらず、このヤコブの手紙がキリストの恵みやキリストへの信仰の内容そのものについて直接的に触れていないのは、読み手がそれらについてはすでに教えを受けており、教理よりも奨励を必要としていたためだろう（カルヴァン, p.7）。

「あいさつする（カイロー）」と訳した表現は、「喜ぶ」（直訳）という意味であり（使徒 15:23, 23:26, cf. マタ 26:49, 27:29）、次節以降に記されているように、試練の中での喜びという主題を導入する働きもしている（ヤコ 1:2, 12, cf. マタ 5:12, コロ 1:24, テサ一 5:16, ペト一 4:13）。

ちなみに、この「あいさつ」が、新約聖書において「カイレイン」という不定詞形で使われているのは、このヤコブの手紙の 1 章 1 節の他に二箇所のみである。それは、千人隊長クラウディウス・リシアが、パウロを護送するためにローマ総督フェリクス（在位 52 年 -60 年）に書いた手紙の冒頭のあ

いさつと（使徒 23:26, cf. 使徒 23:23-25）、イエスの弟ヤコブが代表的役割を果たしていたエルサレム会議において（使徒 15:13）、異邦人を教会に受け入れることを公表した手紙の冒頭のあいさつである（使徒 15:23）。この後者のあいさつは、このヤコブの手紙の著者が、イエスの弟ヤコブである可能性が高いことを示唆している。

　2節　私の兄弟たちよ、あなたたちが色々な試みに出くわす時、ことごとく喜びとしなさい。
　「兄弟たち」とは、主イエス・キリストを信じ、同じ父なる神を父とするキリスト者同志を指している（ヤコ 1:1）。「出くわす（ペリピプトー）」と意訳した表現は、「試み（ペイラスモス）」の「辺りに（ペリ）」「落ちる（ピプトー）」という意味であり（cf. ルカ 10:30, 使徒 27:41）、悪へと誘う試みそのものに入って悪を行うことではなく、悪に手を出しかねないような試みに直面することである。
　「ことごとく喜び」と意訳した表現は、「あらゆる喜び」（直訳）であり、喜び「としなさい（ヘーゲオマイ）」と訳した表現は、そういう方向へ「導きなさい」（直訳）ということである。ちなみに、英語の「覇権、指導権（hegemony）」は、ギリシャ語のこの「導く（ヘーゲオマイ）」に由来する。つまり、「試み」は「ことごとく喜び」に変貌しうるのであり（ペト一 1:6, 4:12-13）、言わば「あいさつ」をするべき相手でもある（ヤコ 1:1）。
　当時のギリシャの代表的哲学には、エピクロス（前 342 年 - 前 271 年）の教えに由来するエピクロス派と、ゼノン（前 335 年 - 前 263 年）が「柱廊（ストア）」で教えていたことに由来するストア派があり、前者が恐怖や欲望を魂の平静によって克服する教えであるのに対して、後者は理性によって倫理的に生きることを目指す教えであるから、「試みに出くわす時」、前者なら平静になることを教え、後者なら理性的な対応を教えるだろう（使徒 17:18, cf.Henry, p.968）。こうした教えは、「試みに出くわす時、ことごとく喜びとしなさい」というキリスト教の教えとは対照的である。
　特に、離散によって悲しみを経験した人々のことがヤコブの念頭にあるとすると（ヤコ 1:1 解説）、そういう人々が今でもなお種々の試みに直面する時には、そのような状況を「ことごとく」捕らえて良い証しを示し、伝道の

機会とし、場合によっては、イエスを救い主であると信じる真の信仰者たちを生み出すことで、「喜び」を作り出さなければならないのである（ヤコ 1:1 解説, cf. ルカ 15:10）。

この2節は、かつて、イエス自身も悪魔による「試み」に出くわしたことを想起させる（マタ 4:1）。空腹であったイエスは神の子として、悪魔に試みられても、石がパンになるようにと命じることを拒んだ（マタ 4:3-4）。紀元前13世紀に隷属のイスラエルの民を神がエジプトから導き出す際の指導者であり、預言者とも呼ばれたモーセが（申命 34:10）、荒野で神からパンを与えられ（出エ 16:4-5, cf. 出エ 17:1-7, 民数 20:1-13）、紀元前9世紀の北イスラエル王国の預言者エリヤも、荒野で天使を通して神からパンを与えられたように（列王上 19:1-8, cf. 列王上 17:4, 6）、イエスは預言者の役割を担った人であることを自覚していたので、奇跡を行ったりせずに、「人は、パンだけではなく、神の口を通して出て来る一つ一つの言葉によって生きるだろう」という申命記の言葉を引用した（マタ 4:4, cf. 申命 8:3）。

また、イエスは、神殿で自分の身を下に投げて、ささげてみるようにという試みを悪魔から受けても、神から救いを引き出そうとするかのような祭司的行為を拒み、「あなたは、あなたの神、主を試みてはならない」という申命記の言葉を引用した（マタ 4:7, cf. 申命 6:16）。

さらに、イエスは、悪魔から、自分を拝むなら、この世のすべての王国とその栄光を与えると言われても、この世のみの王となることを拒み、「あなたは、あなたの神、主を拝み、彼のみに仕えなさい」という申命記の言葉を引用した（マタ 4:10, cf. 申命 6:13, 10:20）。こうして、イエスは悪魔の試みを受けても、真の預言者として、真の祭司として、真の王として、その正しい資質を示したのである（ヤコ 1:1 解説）。

したがって、このイエスを救い主と信じるキリスト者は、様々な「試み」を悲しむ必要はなく、喜びの機会とすることができるのである。イエス自身も、「私のために人々があなたたちをののしり、迫害し、あなたたちに対してあらゆる悪い事を偽って言う時、あなたたちは幸いである。あなたたちは、喜び、楽しみにしていなさい。なぜなら、天におけるあなたたちの報いは多いからである。人々はこのように、あなたたちより前の預言者たちをも迫害したのである」と約束しているとおりである（マタ 5:11-12）。

1. 試みを喜びとし、御言葉を行う信仰（1:1-27）

3節　あなたたちは、自分たちの信仰の試練が忍耐を生じさせると知っています。

この3節は、前節の理由の一つである（ヤコ 1:2）。

「試練（ドキミオン）」と訳した表現は、「受け入れる（デコマイ）」に値するかどうかという資質を検査することであり、「試み（ペイラスモス）」の類義語である（ヤコ 1:2 解説）。「信仰の試練」とは、ある人の信仰が神に受け入れられるかどうかと試される試練である。ちなみに、この「信仰（ピスティス）」という表現は元々、「説得する（ペイソー）」という表現から造られており、説得されている状態を示している。

「忍耐（ヒュポモネー）」とは、何かの「下に（ヒュポ）」「とどまる（メノー）」ことであり、「耐え抜くこと」である。単に「生じさせる（カテルガゾマイ）」と訳した表現は、「働き、業（エルゴン）」という表現に由来する「働く、生じさせる（エルガゾマイ）」の強調形である。種々の「試み」は辛いものではあるが（ヤコ 1:2）、それは信仰が試練を経ている証拠であり、その試練の間を通して、忍耐が生み出される点で喜ばしいことなのである（ヤコ 1:2, cf. ロマ 5:3-5, ペト一 1:7）。実に、忍耐によって人は神を待望し、永遠の命を得るからである（ヤコ 1:12, cf. ルカ 21:19, ヘブ 6:12）。したがって、この「忍耐」という表現は、能動的な働きなのである。

4節　そして、その忍耐が完全な業を生むようにしなさい。それは、あなたたちが何においても欠けることなく、完全で、完璧になるためです。

「完全な（テレイオス）」とは、「最後（テロス）」まで完遂することであり、「業（エルゴン）」と訳した表現は、「働く（エルガゾマイ）」という動詞の名詞形である（ヤコ 1:3 解説）。「生む（エコー）」と意訳した表現は、単に「持つ」（直訳）という意味であるが、英語の「持つ（have）」という表現と同様に、「はらむ、生む」という意味を持つ（Liddell & Scott, 1986, p.341）。この「生む（エコー）」という表現は、前節の「生じさせる（カテルガゾマイ）」という表現の類義語としての言い換えであり（ヤコ 1:3 解説）、ヤコブは「試練が忍耐を生じさせ」（ヤコ 1:3）、この4節で、「その忍耐が完全な業を生む」と続けている。こうした表現方法は、パウロが、「苦難は忍耐を生じさせ、忍耐は練達を、練達は希望を。そして、その希望は失望させることがない」と述べ

たことと似ている（ロマ 5:3-5）。

　つまり、試みや試練を信仰によって忍耐することが（ヤコ 1:2-3）、「完全な業」を生むということは、そのような逆境の中にあっても、その逆境の「終わり（テロス）」まで神を忍耐深く信じ続けるなら、そこに「完全な業」が生み出されたということであり、そのような忍耐そのものも「完全な業」なのである。

　この「完全な業」という表現には、さらに積極的な意味もある。かつて、イエスは、「あなたたちの天の父が完全であるように、あなたたちこそ完全でありなさい」と語った（マタ 5:48）。天の父なる神の「完全」さは、善人にも悪人にも恵みを与える愛に具体化されており（マタ 5:45）、「完全」とは、この完全な父なる神の御子イエスが命じるように、憎むべき敵をも愛し（マタ 5:44）、悪に対して善で対処するような性質であるのなら（マタ 5:39, cf. 申命 18:13）、人間はこの天の父の完全さに倣っている時、完全になる。後にイエスは、金持ちの青年に、完全になるためには、貧しい人に施しをし、天に宝を積む必要があると説くが（マタ 19:16-21）、こうして初めて、自分の宝が積まれている天に心も向けられ（マタ 6:21）、天の父から学び、神の前に完全になれるのである（cf. コロ 4:12, テサ一 5:23）。

　また、「何においても欠けることなく、完全で、完璧に」という表現は、同一の内容を三度、類似表現で反復して強調している。「完璧（ホロクレーロス）」と訳した表現は元々、「すべての（ホロス）」「分け前、部分（クレーロス）」に関してという意味であり（cf. テサ一 5:23）、精神に関する表現である「完全な（テレイオス）」という表現に対して、肉体に関する表現であるとするなら（使徒 3:16）、完全、完璧な状態は、キリストが再び到来してキリスト者たちの体も心も復活する時に実現するということが示唆されているのかもしれない（Witherington, p.425）。

　5節　また、もし、あなたたちの中のある人が知恵に欠けているなら、その人は、すべての人々に純真に、ののしることなく与える神に求めなさい。そうすれば、それはその人に与えられるだろう。

　この5節における「知恵（ソフィア）」とは、試みや試練といった逆境の中で（ヤコ 1:2-3）、忍耐深く信仰を保ちつつ生きる具体的方法を指しており

1. 試みを喜びとし、御言葉を行う信仰（1:1-27）

（ヤコ 1:4, cf. 箴言 2:3-6, ヤコ 3:17）、それは父なる神から与えられる（cf. 列王上 3:1-15）。「純真に（ハプロース）」とは、「二重（ディプロース）」の対義語で（ヤコ 1:8 解説）、「一重（ハプロース）」（直訳）に何かを行うことを意味しており（マタ 6:22）、父なる神が人に与える行為において、人からお返しを期待することなく、与えるという一心を貫き通すことを示している。逆境の中で人は、他人からののしられることもあるが、神は知恵を求める人に対して、求めること自体を「ののしることなく」、知恵を与える。この「与えられる」という表現は、神的受動態であり、父なる神によってそうされることを示している（Martin, p.17）。「ののしることなく」とは、祝福してという意味であるが、知恵を求める行為が、決して否定的な行為でないことを印象づけるために、神が「ののしる」はずがないと、ここで強調されている。ちなみに、ヤコブの手紙における「知恵」は、福音書やパウロの手紙における「霊（プネウマ）」に相当する役割を果たしている（ルカ 11:13, ロマ 1:11, 8:1-17, cf.Witherington, p.426）。

　この 5 節は、かつてイエスが、こう語ったことを想起させる。「あなたたちは求めなさい。そうすれば、それはあなたたちに与えられるだろう。あなたたちは探しなさい。そうすれば、あなたたちは見つけるだろう。あなたたちは門を叩きなさい。そうすれば、それはあなたたちに開かれるだろう。というのは、誰でも求める人は受け取り、探す人は見つけ、門を叩く人には開かれるだろうから。または、あなたたちの中のどの人が、パンを求める自分の息子に石を与えるだろうか。または、魚を求める彼に蛇を与えるだろうか。だから、もし、あなたたちは悪人であっても、自分たちの子どもたちには良い贈り物を与えることを知っているのなら、あなたたちの天の父は、自分に求める人々に良い物を一層多く与えるだろう」（マタ 7:7-11, cf. カルヴァン, p.10）。

　6 節　そして、その人は疑うことなく信仰によって求めなさい。疑う人は、風に吹かれて揺さぶられる海の荒波のようです。
　「疑う（ディアクリノー）」とは、「判断する（クリノー）」際にあれこれと「異なる方向に（ディア）」向かうことであり（Liddell & Scott, 1986, p.184）、「疑う」ことの対義語である「信仰（ピスティス）」とは、主イエス・キリスト

を通して唯一真の父なる神に向かうことである。したがって、「信仰によって」求めるとは、この唯一真の神に求めることであり、求める人は神が唯一真であるように、「純真に、一重に（ハプロース）」求めなければならないのである（ヤコ 1:5 解説）。

　この6節の後半は、ヤコブの兄イエスがガリラヤ湖周辺でも活躍したことを想起させる。かつて、イエスと共に弟子たちがガリラヤ湖で船に乗っていた時、暴風によって湖が荒れて危険な状態に陥ったが（ルカ 8:22-23）、イエスが、「風と水の荒波をしかると、それらはやんでなぎになった」ことがある（ルカ 8:24）。イエスが風や波をしかり、それらがイエスの命令に従うのは、元々自然は神の言葉によって造られ（創世 1:1-31）、その後も引き続き、法則によってではなく神の言葉によって支えられているからである（ヘブ 1:3）。そこで、イエスは父なる神の命令の下に風を送っている天使たちに、風を止めるようにと強く言ったのである（cf. 黙示 7:1）。「風に吹かれて揺さぶられる海の荒波のよう」な人も、イエスの言葉によってその心が鎮められるだろう（cf. マタ 14:22-33、エフ 4:14）。

　7節　実に、その人は、主から何かをもらえるだろうと思ってはならない。

　「主」とは神であり（ヤコ 1:5）、「思ってはならない」と訳した表現は、「思い続けてはならない」とも訳せる表現である。「疑う人」は（ヤコ 1:6）、言わば心が「荒波」のようであるから（ヤコ 1:6）、主から何かを受け取れる状態にはなく、主から与えられるはずの貴重なものを失う可能性もある。人はまず、「主から何かをもらえるだろう」とは思わずに、心の内で父なる神のみを一重に思わなければならないのである（ヤコ 1:6 解説）。

　8節　その人は、自分のすべての道において不安定であり、二心の人です。

　「その人は」という表現は原文にはないが、ここでは補われている（ヤコ 1:7）。

　「道（ホドス）」とは、その人の歩み、生き方を示している（cf. ヤコ 1:11 解説）。「不安定（アカタスタトス）」とは、「下に（カタ）」「立てる、据える（ヒス

テーミ）」、つまり、自らを「定める（カシステーミ）」ことができ「ない（ア）」ような不安定さを示しており、「二心の人（ディプシュコス）」とは、「二重（ディス）」の「魂（プシュケー）」を持つ人を指している（ヤコ 1:5 解説，cf. ヤコ 4:8）。この「二心」の対義語が、「完全」、「完璧」、「純真」である（ヤコ 1:4-5）。

つまり、信仰ではなく、疑いを抱く人は（ヤコ 1:6）、主イエスに従おうか、別のものに従おうかと迷い、心が一つに定まっておらず、実際の歩みにおいても、どこに向かってどのように進むべきかが分かっていないのである。

このような不信仰に対して、イエスの次の言葉は印象的である。「この私は、命に至る真の道である。私を通してでなければ、父の所に来る人は誰もいない」（ヨハ 14:6）。

「この私は、命に至る真の道である」という表現は、「この私は道であり、真理であり、命である」（直訳）である。確かに、イエスは歩けない人を歩かせた点で道であり、人の誤りを正した点で真理であり、死人を生き返らせた点で命である。また、この文はイエス自身が初めであり、真ん中であり、終わりであることをも示している。なぜなら、人は真理に導かれて道を歩き初め、永遠の命に至るからである。しかし、後続の名詞が前の名詞を修飾する二詞一意だとすると、「真理」も「命」も「道」に掛けて訳すことができる（使徒 2:28）。つまり、「命に至る真の道」とは、父なる神の与える永遠の命に至るための真正な筋道のことであり、この世においてはそれ以外の方法で父なる神のもとに到達できる人はいない（ヨハ 1:4, 14, ヨハ一 5:20, cf. 詩編 16:11, 86:11）。そして、この真の道とは十字架を背負う苦難の道、死を通る道でもあり、イエスの通った道である（ヨハ 11:25, ヘブ 10:20, cf. マタ 11:25, ヨハ 10:9, ロマ 5:2, エフ 2:18, 3:12）。ちなみに、初代教会においてイエスを救い主と信じるキリスト教は、この「道」と呼ばれている（使徒 9:2, 16:17, 18:25-26, 19:9, 23, 22:4）。

9節　そして、へりくだっている兄弟は、自分の高さを誇りなさい。

「へりくだっている（タペイノス）」とは、実際に地位の低い人々を指すと同時に、そうでなくても謙虚に生きている人々も指す（マタ 11:29, ルカ 1:52, ロマ 12:16, コリ二 7:6, 10:1）。この 9 節では、次節との関係で地位の

低い人々を指しているとも考えられるが（ヤコ 1:10）、いずれにせよ、「縮こまる（プトーソー）」という表現に由来する「貧しい（プトーコス）」という表現が、「縮こまっている」人をも指すように、地位の低さと謙虚な生き方は密接に関係していると言えるだろう（ヤコ 2:5）。「誇る（カウカオマイ）」という表現は、「喜びとする」という表現の言い換えである（ヤコ 1:2, cf.Ropes, p.145）。

　そのように謙虚な人は、その高貴さを誇るべきであるという逆説的な言い方は、かつてイエスが、「自分自身を高める人は、低くされるだろうし、自分自身を低くする人は、高められるだろう」と語ったことを想起させる（マタ 23:12, cf. マタ 18:4, フィリ 2:8）。

　イエスはかつて、自分の業を見ても回心しなかった町であるカファルナウムを、天まで高く上げられるどころか、地の底にまで落とされるだろうと非難した。同様にして、イエスの教えを聞いても回心せず、その業を見ても回心しない人々は、地の底にまで落とされることをイエスはここで示唆している。また、より一般的に、高慢になる人はその慢心が砕かれ、謙遜になる人は賞賛されることも意味している（箴言 29:23, ヤコ 4:10, ペト一 5:6）。さらに、この言葉はイエス自身について述べたものでもある。イエスは十字架の死に至るまでへりくだり（フィリ 2:8）、その後、死の象徴である地の底に下り（使徒 2:31）、復活して天へと高く引き上げられたからである（ヘブ 1:3）。

　このように、「へりくだっている兄弟」が誇るべきものは、主イエスによって高くされることであり、それは「神の子」という高貴な身分でもある（ヨハ 1:12, ロマ 8:14-16, 9:4）。

　10節　**しかし、豊かな人は、自分の低さを。なぜなら、その人は草の花のように過ぎ去るだろうから。**

　「豊かな人は、自分の低さを」の後には、「誇りなさい」という表現が省略されており（ヤコ 1:9）、ヤコブが「豊かな兄弟」と呼ばずに、「豊かな人」と記していることは、「兄弟」という表現を省略したものと考えることもできるし（cf. ヤコ 1:9）、キリスト者の共同体には豊かな兄弟姉妹が少なく（ロマ 15:26, cf. コリ一 1:26-27, 16:1-4, コリ二 8:1-9:15, ガラ 2:10）、キリスト者の共同体に属していない豊かな人を単に「豊かな人」と呼んでいるのかもしれ

1. 試みを喜びとし、御言葉を行う信仰（1:1-27）

ない。

「高さ（ヒュプソス）」の対義語である「低さ（タペイノーシス）」と訳した表現は（ヤコ 1:9）、「へりくだっている（タペイノス）」と訳した表現の名詞形であり（ヤコ 1:9）、「草の花」は、はかなさを象徴している（詩編 103:15-16, イザ 40:6-8）。このように、この世の豊かな人が、神の目から見れば、はかなく、低い自分の立場を誇るということは、ある意味で皮肉であり、誰であっても本来は、はかない草の花とは対照的な永遠の「神の言葉」を受け入れて生きなければならないのである（イザ 40:8, cf. テモ一 6:17）。

したがって、前節と対照的に記されているこの 10 節から、前節を想像的に補って記すと、「そして、へりくだっている兄弟は、自分の高さを誇りなさい。なぜなら、その人には神の言葉が宿っているからです」という趣旨の文になるだろう（ヤコ 1:9）。そして、確かに、神の言葉は、肉をまとってイエスとしてこの世に誕生し（ヨハ 1:14）、信じる人々の中で生きて（ガラ 2:20, cf. ヨハ 14:19）、その人々を神の子としているのである（ヤコ 1:9 解説）。

11 節　太陽が暑さと共に昇ると、草を枯らせ、その花は散り、その顔の美は滅びたからです。そのように、豊かな人もその旅の中で消し去られるだろう。

この 11 節の前半の文の過去形は、格言的な過去と理解することもできるが、むしろ、主イエスが登場したことを想起させる、この世の光となるイエスの登場はしばしば（ヨハ 1:9, cf. イザ 9:1, 58:10, マラ 3:20, ルカ 1:78, ロマ 2:19）、太陽の登場にたとえられ（マタ 4:16, 5:45, 17:2, 24:27, 29, cf. マタ 13:43, コリ二 4:6, 黙示 1:16, 21:22-22:5）、太陽が根の深くない草を枯らすように、信仰の土台を堅く据えていない人々の命を枯渇させてしまう（マタ 13:6, 20-21, cf. マタ 21:19）。

太陽の「暑さ（カウソーン）」は「焼ける（カイオー）」ような暑さのことであり（ヨナ 4:8, cf. マタ 20:12）、「散る（エクピプトー）」と訳した表現は、あるもの「から（エク）」離れて「倒れる（ピプトー）」こと、「崩れ落ちる」ことである。「美（ユープレペイア）」とは、「よく（ユー）」「似合っている（プレポー）」という意味であり、主として「顔（プロソーポン）」などの外見上の美しさを示している。

このように、神が無償で人々に与える恵みを豊かに備えた主イエスが（ヤコ 4:6, cf. ヨハ 1:16, ロマ 5:15-17, 10:12, コリ二 4:15, 8:9, エフ 1:7, 2:7）、太陽のように登場したことによって、この世の豊かな人々は草花が枯れるようにその姿を失ったのであり、旅の途中で死に至るのである（ヨブ 14:1-2, 詩編 104:4, 12）。「旅（ポレイア）」という表現は、「行く、歩く（ポレウオマイ）」という表現の名詞形であり、この 11 節では複数形で用いられていることを考慮すると、それは比喩的な意味における人生の旅という意味ではなく（ヤコ 1:8 解説）、実際に豊かな人が商用など、様々な目的でしていた幾つもの「旅」を指しているのだろう（ヤコ 4:13, cf. 辻，p.67）。「消し去られる」という表現は神的受動態であり、父なる神によってそうされることを示している。

12 節　試みを耐え抜く人は、幸いです。なぜなら、その人は適格者となり、神が御自身を愛する人々に約束した命の冠を受けるだろうから。

「神」という表現は原文にはないが、ここでは補われている（ヤコ 1:5）。「耐え抜く（ヒュポメノー）」とは、何かの「下に（ヒュポ）」「とどまる（メノー）」ことであり（ヤコ 1:3 解説）、「幸い（マカリオス）」とは元々、「死の女神（ケール）」が「いない（メー）」ことを意味する（ヤコ 5:11, cf.Bengel, p.7）。この 12 節で、「死の女神がいない」という語源の「幸い」という表現は、死を打ち消す永遠の「命」が生きている真の神から与えられるという点において適切である。

「適格者（ドキモス）」と訳した表現は、「神」が「受け入れる（デコマイ）」人物であり（ロマ 14:18, コリ一 11:19, コリ二 10:18, 13:7, テモ二 2:15）、「命の冠」という表現は、「試み」のような逆境の中にいても、神を「愛する」ことを忘れずに（出エ 20:6）、そのまま「耐え抜く」ことを「ことごとく喜びとし」（ヤコ 1:2）、競技と理解して、言わば楽しむことさえ示唆しているようである。パウロも、「競技をするあらゆる人はすべてのことで節制します。その人々は朽ちる冠を、私たち自身は朽ちない冠を受け取るためにそうします」と語っている（コリ一 9:25）。

「節制する（エンクラテウオマイ）」とは、「力（クラトス）」で自らを統制することであり、競技者たちはすべて自らの全力を勝利に向けて費やす。実

際、ギリシャの競技祭に出場する選手たちは、十か月ほど厳しい訓練をした。しかし、その人々の目指す冠は、月桂樹や松のようにやがて朽ち果てるものである。それにもかかわらず、その競技者たちが節制するなら、永遠の命という朽ちない冠を得るためにこの世を生き続けているキリスト者たちは（黙示 2:10, 3:11, cf. テモ二 2:5, 4:8, ペト一 5:4）、なお一層のこと節制して、福音のために全力で懸命に生きなければならないのである。

また、「幸い（マカリオス）」という表現は、かつてイエスが、「義のために迫害を受けてきた人々は、幸いである。なぜなら、天の王国はその人々のものだからである」と語ったことを想起させる（マタ 5:10）。

回心前は教会を迫害していたパウロは、回心後は逆に数々の迫害を受ける身となったが（使徒 8:1-3, 9:1-2, コリ二 1:8-11, 11:23-29）、そのパウロも、イエス・キリストを信じて生きようとすれば迫害を受けると告白している（テモ二 3:12, cf. ペト一 3:14）。究極的にイエスの言動の内に見られる義を実践しようとする時（マタ 5:6）、迫害を受けるが、そのイエスは、迫害をする者のために祈ることを命じている。それは、天の父の子となるためである（マタ 5:44-45, cf. ロマ 12:14）。こうして、天の父の子として、天の父が完全であるのと同様に、完全になることが命じられている（マタ 5:48, cf. ヤコ 1:4 解説）。

13 節　誰でも試みられる時、「私は神から試みられている」と言ってはならない。神は悪に試みられることなく、御自身は誰をも試みないからです。

この 13 節は、人間の側の責任の重要性を強調している。種々の「試み」は、人間によって（ヤコ 1:14）、または悪魔に唆された人間によって引き起こされるものであり（ヤコ 3:15）、神がある人を「悪」に導くために「試み」を与えているのではない。ここで、「悪（カコス）」という表現は、原語では複数形であり、種々の「悪」を想定している。

確かに、例えば、かつて神はアブラハムに対して、その愛する独り子をささげるようにと命じてアブラハムを「試み（ペイラゾー）」たが（創世 22:1LXX）、それはアブラハムを悪に導くためではなかった。同様にして、神は出エジプト後のイスラエルの民がカナンの地にいる時（ヤコ 1:2 解説,

cf. ヨシ 1:1-2)、未征服の先住の異邦人たちを残しておいて、イスラエルの民を「試み（ペイラゾー）」（士師 2:22LXX）、また、神は南ユダ王国のヒゼキヤ王（在位前 728 年 - 前 700 年）がバビロンの使者たちを迎え入れた時に、そのままにしてヒゼキヤ王を「試み（ペイラゾー）」た（列王下 20:12-19, 歴代下 32:31LXX, cf. ムー, p.81）。このように、神は自分自身で悪の試みに屈したことがないだけでなく、誰かに悪を押し付けることもないのである。

14 節 しかし、一人ひとりが自分自身の欲望によって引きずり出され、釣られて、試みられるのです。

試みの元凶は「欲望」であり、「欲望（エピスミア）」とは、神の「御心（セレーマ）」や（マタ 6:10, 7:21, 8:2, 11:26, 12:50, 18:14, 26:39, 42, 27:43）、神の「思い（ブーレー）」ではなく（ルカ 7:30, 使徒 2:23, 4:28, 13:36, 20:27, cf. ヤコ 1:18 解説）、自分自身の思いを最優先する種々の強い願望である（ヨハ 8:44, ロマ 1:24, 6:12, 7:7-8, 13:14）。

「引きずり出す（エクセルコー）」と訳した表現は、文字どおり、「外に（エク）」「引き（ヘルコー）」出すことであり、「釣る（デレアゾー）」とは、「えさ（デレアル）」で釣ることを意味する。ここで、「引きずり出され、釣られて、試みられる」という三つの受動態は、その背後に悪魔がいると想定するなら（ヤコ 3:15, cf. ヨハ 8:44）、悪魔的受動態と言うことができるだろう（cf. ヤコ 1:11 解説）。

15 節 それから、その欲望がはらんで罪を生み、その罪が完遂されると死を生み出します。

「罪（ハマルティア）」とは、「的を外す、分け前（メロス）を逃す（ア）」という意味に由来し、「完遂する（アポテレオー）」と訳した表現は、「完成する（テレオー）」という表現の強調形であり、「完成する（テレオー）」という表現は、「目的、最後（テロス）」という語に由来し、目的を最後まで達成することを意味する。「生み出す（アポクエオー）」とは、母胎に宿し（クエオー）」た赤子をそこ「から（アポ）」生み出すことである。ここで、「完遂する（アポテレオー）」という表現と「生み出す（アポクエオー）」という表現の使用は、言葉遊びであり、「完遂する」という表現は、「生み出す」と

いう生物学的表現に合わせて、「完熟する」と訳すこともできるだろう。また、通常、「生み出す」ものが命であることを考慮すると、「死を生み出す」という逆説的表現は、極めて辛辣な皮肉でもある。

この 15 節の「その欲望がはらんで罪を生み、その罪が完遂されると死を生み出します」という文は（cf. 詩編 7:15, イザ 59:4）、「試練が忍耐を生じさせ」（ヤコ 1:3）、「その忍耐が完全な業を生む」という表現の正反対の内容を表しており（ヤコ 1:4）、神の思いからそれた人間の自己中心的な欲望が（ヤコ 1:14 解説）、際限なく転落して行く様子を正確に描いている。

かつて、パウロも、「罪の報酬は死だからです。しかし、神の賜物は、私たちの主キリスト・イエスにおける永遠の命です」と語っている（ロマ 6:23, cf. ロマ 5:12, 7:5, 10）。

「報酬（オプソーニオン）」とは、「食べるもの（オプソン）」を「買う（オーネオマイ）」ために支払われるもののことである（ロマ 4:4）。つまり、パウロは、皮肉にも人は罪を犯して何かを得ようとしても、与えられるものは死しかないと言う。報酬として死を与えられるということは、逆説的に命を取られるということであり、すべてを失うということなのである。つまり、主人である罪がそのしもべに与えることのできる報酬は死のみであり、実質上しもべからすべてを奪うことのみなのである。

しかし、義のしもべとなって聖を目指して歩むなら（ロマ 6:19, 22）、神の「恵み（カリス）」によって聖霊の種々の「賜物（カリスマ）」がこの世で与えられ（ロマ 5:15）、永遠の命も約束される（ガラ 6:8）。これは報酬ではなく、神からの無償の賜物である。義のしもべは、聖なる義の先駆けとして永遠の命をあふれるほど豊かに得ている救い主キリスト・イエスを通して、同様にして永遠の命を豊かに与えられるのである。

16 節　私の愛する兄弟たちよ、あなたたちは惑わされてはならない。

ヤコブは「罪」や「死」について厳しい言葉を述べた後に（ヤコ 1:15）、特にここで、「愛」情を込めて、同じ父なる神を父とする信仰上の「兄弟たち」に語りかけている。

「惑わされる」という表現は、この事態の背後に悪魔を想定するなら、言わば悪魔の計略によってそうされることを示す悪魔的受動態であり（ヤコ

3:15, cf. ヤコ 1:14 解説)、この「惑わす（プラナオー）」という表現から、「惑星（planet）」という英語が造られた。ヤコブは「道」や「旅」や競争に言及していることを考慮すると（ヤコ 1:8, 11, 12 解説）、道を歩いたり、競争で走ったりする時のことを兄弟たちに想起させて、進むべき方向から迷い出たりしないようにと、注意を促しているのだろう。

17節　あらゆる良い贈り物とあらゆる完全な贈られた物は、上から、光の父から下って来たのであり、父のもとには、移り変わりや運行によって影を作ることもないのです。

「父のもとには」と訳した表現は、原語では単に「彼のもとには」（直訳）である。

「与える（ディドーミ）」という表現から造られた「贈り物（ドーシス）」という表現と「贈られた物（ドーレーマ）」という表現は類義語であり（cf. ロマ 5:15-16)、厳密には、前者は与えることを意味し、後者は与えられた物を指している（Liddell & Scott, 1986,pp.210, 218)。

「光（フォース）」という表現は、原語では複数形であり、太陽や月や様々な星を指しており、「光の父」とは、父なる神がそのような光の創造主であることを示している（創世 1:3, 14-19, 詩編 136:7-9, cf.Johnson, p.196)。つまり、「欲望」や「罪」が（ヤコ 1:14-15）、人間の内側から、または、悪魔から出て来たものであるのに対して（ヤコ 3:15)、人間に与えられた「良い」もの、「完全な」ものは（ヤコ 1:4)、すべて「上から」、父なる神に由来することが確認されている。

しかし、父なる神には、季節による「移り変わり」も、天体の「運行」によってできる「影」もなく、真の光として恒久不変である（ヨハー 1:5, cf. マラ 3:6, テモ一 6:16, ヘブ 13:8)。ここで、ヤコブは「太陽」や（ヤコ 1:11)、さらには恐らく惑星にも言及して（ヤコ 1:16 解説）、読者の思いを天体に、そして、天の父なる神に向かわせつつ語っているようである。「移り変わり（パララゲー）」とは、「傍らに（パラ）」それて「異なる（アロス）」ものに「変わる（アラッソー）」ことである。「運行（トロペー）」とは、天体の運行であり、「影を作ること（アポスキアスマ）」とは、月の満ち欠けの際に「影（スキア）」ができることや、日食、月食も指していると考えられる。

1. 試みを喜びとし、御言葉を行う信仰（1:1-27）

　ちなみに、複数形の「光」の父という表現は、同様にして複数形の「悪」という表現の対義語であり（ヤコ 1:13 解説）、太陽などの天体の「光」が、人間の生活に必須の積極的役割を果たすものとして、父なる神との関連を示しているのに対して、父なる神と「悪」とのかかわりは全く示されていない（ヤコ 1:13）。

　この 17 節は、かつてイエスが、「もし、あなたたちは悪人であっても、自分たちの子どもたちには良い贈り物を与えることを知っているのなら、あなたたちの天の父は、自分に求める人々に良い物を一層多く与えるだろう」と語ったことも想起させる（マタ 7:11）。

　悪い人間であっても、自分の子には石ではなくパンを、蛇ではなく魚を与えることを人々は知っている（マタ 7:9-10）。すると善である神は（マル 10:18）、求める人にはなお一層多くの良い物を与えるはずである。イエスは後に、五つのパンと二匹の魚を手にして、父なる神に祈り、増やしてもらい、男だけで五千人の人を満腹させた（マタ 14:13-21）。確かに、父なる神は、子であるイエスの祈りを聞いて、五つのパンと二匹の魚から一層多くの物を人々に与えている。ちなみに、ルカによる福音書では、天の父なる神が、求める人々に聖霊を与えることを約束している（ルカ 11:13, cf. ヤコ 1:5 解説）。

18 節　父は思うままに、真理の言葉によって私たちを生み出しました。それは、私たちが父の被造物の一つの初穂となるためです。

　「父の」と訳した表現は、原語では単に「彼の」（直訳）である（ヤコ 1:17 解説）。この 18 節の「父は思うままに、真理の言葉によって私たちを生み出しました」という出来事は、15 節の「欲望がはらんで罪を生み、その罪が完遂されると死を生み出します」という事実と正反対の内容を記している（ヤコ 1:15）。

　「真理の言葉」とは、元々はイスラエルの民を生み出した律法であり（詩編 119:43, 142, 151, マラ 2:6）、今やキリスト者を生み出した福音である（ヤコ 1:1 解説, cf.Johnson, p.198）。この「福音」は、イエスが救い主であるという告知であり（エフ 1:13, コロ 1:5, cf. ヨハ 17:17, テモ二 2:15）、父なる神は自らが「思う（ブーロマイ）」ままに、つまり、自らの思いに従って（ヤコ 1:14 解説）、ある人々をキリスト者として新たにこの世に生み出した（ヨ

ハ 1:13, cf. ペト一 1:23)。「生み出す（アポクエオー）」とは、母胎に「宿し（クエオー）」た赤子をそこ「から（アポ）」生み出すことであるから（ヤコ 1:15 解説）、「父」が「生み出す」という表現は、読者に強い印象を与える効果を持っているだろう。ここは、新約聖書において神の女性的イメージを最も顕著に描いている箇所の一つである（Johnson, p.197）。

　こうして、キリスト者たちは、かつて神が創造した被造物の中で、最初に再創造されたのであり、そのようなものとして、この世において天における生活を、終末以後の生活を先取りしているのである。「初穂（アパルケー）」と訳した表現は元々、「最初（アルケー）」に生まれた家畜の額「から（アポ）」毛を切り取って火の中に入れてささげることを意味したが（Liddell & Scott, 1986, p.89）、広義で家畜や収穫物の初物も含まれる（出エ 13:1-16, 22:28, レビ 23:10-14, 申命 15:19, 26:1-11）。したがって、キリスト者たちはすべて「一つ」とされて神にささげられているのであり（ロマ 8:23, 11:16, 16:5, コリ一 15:20, 23, 16:15, テサ二 2:13, 黙示 14:4, cf. エレ 2:3）、この世において現在、真の初穂であるキリストに倣って将来の天の生活を立派に証ししなければならないのである（コリ一 15:20, cf.Henry, p.972）。

　19 節　私の愛する兄弟たちよ、あなたたちは知っておきなさい。また、あらゆる人は聞くのに早く、話すのに遅く、怒ることに遅くなりなさい。
　ヤコブは再び、「愛」情を込めて、同じ父なる神を父とする信仰上の「兄弟たち」に語りかけている（ヤコ 1:16 解説）。「あなたたちは知っておきなさい」と訳した表現は、「あなたたちは知っています」とも訳せる表現である。この場合、知っている内容は、前節を指しているとも考えられる（ヤコ 1:18）。

　「話す」ことと「怒ること」について、「遅く」なることを命じていることから、ここで「話す」ことは、特に相手に対する怒りの言葉を指しているのかもしれない（エフ 4:31, コロ 3:8, cf. 辻, p.84）。怒りとは一種の裁きであり（ヤコ 4:11）、最終的には「義」である神の怒りの裁きが待ち構えていることを考慮すると（ヤコ 1:20, cf. マタ 3:7, ロマ 1:18）、控えるべきものである（テモ一 2:8）。そして、「早く」「聞く」べきものは、相手の言葉であり、何よりもまず、神の「真理の言葉」である（ヤコ 1:18, cf. 箴言 10:19, 15:1, 16:32,

17:27, コヘ 5:1, 7:9)。

　また、「遅く」なることに「怒ること」が追加されていることに着目して、この 19 節の後半の文を想像的に補って再構成すると、「あらゆる人は聞くのに早く、慰めることに早く、話すのに遅く、怒ることに遅くなりなさい」、「あらゆる人は聞くのに早く、許すことに早く、話すのに遅く、怒ることに遅くなりなさい」という趣旨の文になるだろう。

　20 節　人の怒りは、神の義を生じさせないからです。
　「怒り」に対する抑制が命じられているのは、それが「神の義」をもたらすことがないからであり、「神の義」をもたらすことがないのなら、人の義をもたらすことも決してないだろう。「生じさせる（エルガゾマイ）」と訳した表現は、「業（エルゴン）」という表現の動詞形であり（ヤコ 1:3 解説, 4 解説）、「人の怒り」は「神の義」を実現する業ではない（マタ 5:22, cf. エフ 4:26, コロ 3:8）。逆に、神の怒りは人の不義を正し（ヤコ 1:19 解説）、神の愛は人の義を実現するだろう。

　21 節　そのため、あなたたちはすべての汚れとあふれるほどの悪意を素直に取り去り、あなたたちの魂を救うことができるようにと植え付けられた御言葉を受け入れなさい。
　「話す」ことや「怒り」との関連における「汚れ（ルパリア）」とは（ヤコ 1:19-20）、人の心の中の「悪意（カキア）」があふれ出た状態である。すると、「すべての汚れとあふれるほどの悪意」という表現は、後者の語が前者の語を修飾する二詞一意であり、「あふれるほどの悪意によるすべての汚れ」と訳すこともできるだろう（cf. マタ 12:34）。「あふれるほど（ペリセイア）」と意訳した表現は、一定の数や大きさを「超えて、周囲に（ペリ）」あふれていることであり、「取り去る（アポティセーミ）」と訳した表現は、ある所「から（アポ）」取って、別の所に「置く（ティセーミ）」ことである。ちなみに、「汚れ（ルパリア）」は「耳垢（ルポス）」をも意味するので（Martin, p.48）、耳垢を取り除いて、「御言葉」を聞きなさいという命令は確かに達意の文章である。

　「御言葉（ロゴス）」と訳した表現は、単に「その言葉」（直訳）であり、

直接的には「真理の言葉」を指している（ヤコ 1:18）。それが、「植え付けられ」ていることは、教えられて暗記していることを指し、さらには、やがて生長して実をならせること、つまり、御言葉を実践することが期待されているのだろう（ヤコ 1:22, cf. ヨハ一 3:9）。

そして、「すべての汚れとあふれるほどの悪意を素直に取り去」るということは、「植え付けられた御言葉を素直に受け入れ」るということでもあり、その言葉を取り去ることなく生長させ、実をならせることである。「優しさ」とも訳せる「素直（プラウテース）」という表現は、モーセやイエスに対しても用いられる表現であり（民数 12:3LXX, コリ二 10:1, cf. エフ 4:2, コロ 3:12）、モーセがシナイ山で授けられた十戒を中心とする律法を受け入れたように（出エ 19:5-6, 20:1-21）、また、イエスが生涯を通して神の言葉を受け入れ、最後に父なる神の御心を受け入れたように（マタ 26:39, 42）、モーセの律法とその後のイエスの福音を「素直に」受け入れて、イスラエルの民という共同体の後にキリスト教会という共同体を形成することの重要性を示唆している（ヤコ 1:18 解説）。

そして、この「御言葉」は、この世における迫害などで人の体が滅ぼされることがあっても、「魂（プシュケー）」を守り（マタ 10:28）、魂を中心とする人の体全体を最終的に救いに導く。

22 節　また、あなたたちは御言葉を行う人になりなさい。そして、自分自身を欺いて聞くだけの人になってはならない。

「欺く（パラロギゾマイ）」と訳した表現は、「それた（パラ）」「考えをさせる（ロギゾマイ）」ことであり（コロ 2:4）、「惑わす（プラナオー）」という表現の類義語である（ヤコ 1:16 解説）。

この 22 節は、かつてパウロも、「律法を聞く人々が［その］神のもとで義であるのではなく、律法を行う人々が義とされるだろう」と語ったことを想起させる（ロマ 2:13）。

イエス自身も、「私に『主よ、主よ』と言うあらゆる人ではなく、天にいる私の父の思いを行う人が、天の王国に入るだろう」と語り（マタ 7:21, cf. マタ 7:24-27）、実践の重要性を説いたが（ヨハ 13:17, ヨハ一 3:7）、パウロも同様にして、律法の内にいる人々に対しては、律法を単に聞くだけで

なく、実行して初めて神のもとで義とされると説いた（ヤコ 4:11, cf. エゼ 33:32）。しかし、重要なのは、誰一人として律法を完全に実行して義とされる人はいないという点であり、律法をすべて守ったイエスこそが救い主であるという福音が必要である（ヤコ 1:21 解説）。

23 節　なぜなら、もし、ある人が御言葉を聞く人であり、行う人でないなら、この人は自分の生まれつきの顔を鏡の中に見定める人のようであるからです。

この 23 節は、かつてパウロも、「私たちは今、鏡を通してぼんやりと見ていますが、その時には顔と顔を合わせるからです。私は今、部分的に知っていますが、その時には、私もはっきりと知られていたように、はっきりと知るだろう」と語ったことを想起させる（コリ一 13:12）。

「鏡（エソプトロン）」という表現は、「見える（ホラオー）」という語の未来形「見えるだろう（オプソマイ）」という語に由来し、「ぼんやり（アイニグマ）」という表現は、「なぞなぞで話す（アイニソマイ）」という語に由来する。当時の鏡は、銅などの金属を磨いて作られていたため、明瞭な鏡像は期待できなかった。そして、パウロが今、部分的に知っているのは特に神に関してであり、信仰によってパウロは今を生きている（コリ二 5:17, cf. フィリ 3:12）。「はっきりと知る（エピギノースコー）」と意訳した表現は、「知る（ギノースコー）」の強調形である。「はっきりと知られていた」という表現は神的受動態であるので、父なる神によって完全に知られていたということであり（コリ一 8:3, テモ二 2:19, cf. ヨハ 10:14）、パウロが幼子の時から神は彼の将来まで見通していたのである（コリ一 13:11）。そして、パウロも最終的に神と顔と顔とを合わせて出会い、それによって死ぬことなく（創世 32:31, 出エ 24:11, 33:20）、むしろ、神をはっきりと知り（民数 12:8, cf. コリ一 8:2, ヨハ一 3:2)、さらには神の永遠の命によって生かされる。

このように、当時の鏡によって自分の明瞭な顔の形を映し出すことは不可能であり、記憶に残りにくい。ヤコブの言葉で表現すると、鏡の中の自分の顔は、見る時の明るさや角度によって像の「移り変わり」や「影」ができて見えにくいのである（ヤコ 1:17）。「生まれつき（ゲネシス）」と訳した表現は、「誕生」（直訳）であり、他人と区別のつきにくい赤子の顔のように、化粧も

していないために、素「顔（プロソーポン）」の各部分の輪郭をそれほど明確に「見定める」ことができないことを示唆している。この様子は、彩り豊かな草花の「顔（プロソーポン）」、つまり、草花の様相とは正反対である（ヤコ 1:11）。「見定める（カタノエオー）」と訳した表現は、「心に止める（ノエオー）」、つまり、「心（ヌース）」に銘記するという表現の強調形であり、「ようである」という表現は、その内容がヤコブによるたとえであることを示している（ヤコ 1:6）。「御言葉を聞く」だけで、「行う」ことがない人が、どういう点で、「自分の生まれつきの顔を鏡の中に見定める人」にたとえられるかについては、次節で述べられている（ヤコ 1:24）。

24節 その人は自分自身を見定めたが、立ち去ると、それがどのようであったかをすぐに忘れたからです。

ヤコブは、神の言葉を聞いても行わない人がどのような人であるかを（ヤコ 1:23）、この24節でたとえとして説明している。ここで、このたとえが過去形で記されていることは、ヤコブが読者に対して、実際に存在した人であるかのようにこれをたとえとして物語っていることを示している。

つまり、神の言葉を聞いても行わない人は、最初からそれを一心不乱によく聞いてはいなかったのであり（ヤコ 1:25, cf. ヤコ 1:5 解説, 8 解説）、それゆえに記憶にも残らず、実践することもなかったのである。確かに、その人は鏡の中に自分の姿を一時的に見定めたかもしれないが、鏡の中の像自体が不明瞭であり、さらに、化粧をしていない生まれつきの顔も不明瞭であるから（ヤコ 1:23 解説）、そのような顔が明確に記憶しにくいのと同様に、おぼろげに聞いた神の言葉も正確に記憶できなかったのである。

25節 しかし、自由の完全な律法の中にかがみ込み、そこにとどまる人は、忘れがちな聞き手ではなく、業を行う人になります。この人は、その行いにおいて幸せになるだろう。

「自由の」「律法」という表現は、かつてパウロも、「信仰の律法」と語ったことを想起させる（ロマ 3:27, cf. ヨハ 13:34, コリ一 9:21, ガラ 6:2, ヨハ一 2:7-8, Ropes, p.178）。神はかつて、人々が律法を行うことによる義、つまり、業の律法を提示したが、その代わりに今やイエスを信じることによって義と

される律法、つまり、信仰の律法を人々に与えたのであり、この「信仰の律法」は、あなたはイエスを信じなさいという命令に集約される。律法をすべて実現したイエスに対するこの信仰を通して、律法はすべて実現されるからである（ロマ 3:31, cf. マタ 5:17）。ちなみに、「業の律法」と「信仰の律法」は、それぞれ「肉における割礼」と「心の割礼」に対応している（ロマ 2:28-29）。それぞれ前者は表面的な行為が明示されているのに対して、後者は内面的な意志に焦点が当てられている。

　さらに、パウロは、「キリスト・イエスにおける命の霊の律法が、あなたを罪と死の律法から自由にしたからです」とも語っている（ロマ 8:2, cf. ガラ 5:13）。ここで、「神の律法」と「罪の律法」は（ロマ 7:21-23, 25）、「命の霊の律法」と「罪と死の律法」と言い換えられている。「命の霊」とは、命を与える霊という意味であり（ヨハ 6:63）、「罪と死」という表現は、後者の語が前者の語を修飾する二詞一意だとすると、「死に至る罪」という意味になる。「罪と死の律法」は肉のことを行わせるが、「命の霊の律法」は霊のことを行わせ（ロマ 8:5）、特に、「キリスト・イエスにおける命の霊の律法」という表現は、救い主イエスのみが律法を完遂し、命を与えるという律法本来の役割を実現させたことを示している。そして、この復活した救い主イエスの内にいる以上（ロマ 8:1）、人は神の霊によってすでに命を得ており、罪を犯して死に至るような事態から解放されているのである（ロマ 6:18, 22, cf. ヨハ 8:32, 36, コリ二 3:17）。

　つまり、「自由の」「律法」とは、罪人に真の自由と命を得させる命令であり（ヤコ 2:12, cf. ヨハ 8:32）、それはイエスに対する信仰によって救われるという福音である。「完全な（テレイオス）」とは、「最後（テロス）」まで完遂することであり（ヤコ 1:4 解説）、律法の最終目標はイエスであることも示唆している（ロマ 10:4, cf. 詩編 19:8）。

　「かがみ込む（パラクプトー）」と直訳した表現は、かがみ込んでのぞき見ることを意味し（ヨハ 20:5, 11）、この表現と言葉遊びになっている「そこにとどまる（パラメノー）」という表現は、「傍らに（パラ）」「いる（メノー）」ことである。鏡が平板であるのに対して（ヤコ 1:23）、律法は巻物であったから（イザ 34:4, エレ 36:2）、実際に律法を読む時には開かれるにせよ、まだ開かれていない巻物を「かがみ込む」ようにしてのぞき見るという表現は、

律法の内容を一心に聞こうとして待つ様子を適切に示している。そして、「そこにとどまる（パラメノー）」という表現は、人が自分の「忘れがち」な頭の中にとどまるのではなく、自由の律法の中にとどまることによって、それを忘れないようにするという知恵を提示している。

「聞き手（アクロアテース）」と訳した表現は、「聞く人」（直訳）であり、「幸い（マカリオス）」とは元々、「死の女神（ケール）」が「いない（メー）」ことを意味する（ヤコ 1:12 解説）。また、自由の律法が福音であることを考慮すると、人が「幸せ」になるのは、自由の律法を行うこと、つまり、イエスの業に倣うことによってである（ヨハ 13:17）。イエスの弟子たちがイエスの墓の中をのぞき込んでも（ルカ 24:12, ヨハ 20:5, 11）、すでにイエスの死体はなく、復活していたように、人々は律法をのぞき込む時、むしろ、復活したイエスを期待して探さなければならないのである。

このことは、かつてイエスが、「あなたたちは聖書を調べている。なぜなら、あなたたち自身がその中に永遠の命を持つと思っているからである。しかし、それは私について証ししているものである。それなのに、あなたたちは命を持つために、私の所に来ようとは思わない」と語ったことを想起させる（ヨハ 5:39-40）。

ユダヤ人たちは律法や預言書などの聖書の中に永遠の命があると思い、聖書研究自体を目的にしていた（ロマ 7:10, cf. ロマ 2:17-20, テモ二 3:15-17）。しかし、イエスによると、その聖書はイエスについて証ししているのであり、そのイエスを通して永遠の命が人々にもたらされる（ヨハ 1:45, cf. ルカ 18:31, 24:27, 44, ペト一 1:10, 黙示 19:10）。つまり、永遠の命は聖書の中というよりも、むしろ、父なる神の内にあり、その父なる神の内にいる神の子イエスの内にある（ヨハ 14:10, 17:21）。そのことを聖書は証ししているのである。

しかし、ユダヤ人たちはイエスを証ししている聖書を調べているにもかかわらず、イエス自身の所へ来ようとはしない（マタ 23:37, cf. コリ二 3:14-18）。それは、彼らがすでに永遠の命を聖書の中に持っていると自負しているためであり（ヨハ 5:39）、永遠の命を生きるためにそれ以上は何も求めないからである。そして、永遠の命を生きるとは永遠に生きている父なる神の内で生きることであり、その父なる神の内にいる神の子イエスと共に生きることである（ヨハ 14:10, 17:21）。

1. 試みを喜びとし、御言葉を行う信仰 (1:1-27)

26節　もし、ある人が宗教的であると思っても、自分自身の舌にくつわをはめずに、自分自身の心をだますなら、このような人の宗教は無駄です。

「くつわをはめる（カリナゴーゲオー）」と訳した表現は、文字どおり、「くつわ（カリノス）」をはめて「引く（アゴー）」ことであり、制御することを示す。「だます（アパタオー）」という表現は、「仕掛け（アパテー）」によって人をだますことであり、「惑わす（プラナオー）」（ヤコ 1:16）、「欺く（パラロギゾマイ）」という表現と類義語である（ヤコ 1:22）。

つまり、心に「植え付けられた御言葉」があるにもかかわらず（ヤコ 1:21）、それがないかのように、自分の心をだまし、自分の「舌」を制御せずに（ヤコ 3:2, cf. 詩編 34:14, 39:2, 141:3）、御言葉に反することを語ったり、行ったりするなら（cf. ヤコ 1:22-25）、その人の「宗教（スレースケイア）」は「無駄（マタイオス）」なのである（コリ一 3:20, 15:17, テト 3:9）。

27節　孤児たちややもめたちをその苦難の中で見舞い、この世から自分自身をしみのないように守ること、これこそ父なる神のもとで清く、汚れがない宗教です。

「孤児（オルファノス）」とは、親のいない子のことであるが、先生のいない弟子をも指しうる（ヨハ 14:18）。ちなみに、英語の「孤児（orphan）」は、ギリシャ語の「孤児（オルファノス）」に由来し、ギリシャ語の「孤児（オルファノス）」はラテン語の「欠乏した（orbus）」に由来する。パウロは、夫のいない「やもめ」が教会に登録されるべきであることについて、「六十歳未満でなく、一人の夫の妻であったやもめが、登録されるようにしなさい。良い業をしていると証しされている女で、子を育て上げたとか、旅人を受け入れたとか、聖なる人々の足を洗ったとか、苦しめられている人々を助けたとか、あらゆる良い業に従事したとかでなければならない」と定めている（テモ一 5:9-10）。

「苦難（スリプシス）」とは、「押しつぶす（スリボー）」ような圧力を受けることであり、そのような状況の中の「孤児たちややもめたち」を「見舞う」ことは、見舞う人にまでその危険が及ぶことを示唆している（マタ 25:35-36, cf. 申命 14:29, 詩編 10:14, 18, 146:9）。「見舞う（エピスケプトマイ）」と

訳した表現は、あるもの「に（エピ）」接近して、「よく見る（スケプトマイ）」ことであり、助けることを意味する。

「しみのない（アスピロス）」という表現と（テモ一 6:14, cf. エフ 5:27）、「汚す、染める（ミアイノー）」ことが「ない（ア）」、つまり、「汚れがない（アミアントス）」という表現は（ヘブ 7:26, 13:4）、「清い（カサロス）」という表現と共に類義語であり、「父なる神（セオス・カイ・パテール）」という表現は、「神と父」（直訳）であるが、後者の語が前者の語を修飾する二詞一意であり、こう訳されている。

そして、ヤコブがここで記していることは、決して完全な信仰に基づく業ではなく（ヤコ 1:4）、一般に「宗教」と呼ばれるものに必要とされる最低条件であり、完全なものは、「この世から」一定の間を取った上で、天の父なる神のもとから与えられなければならないのである（ヤコ 1:17, cf. 詩編 68:6）。

2. 業を伴う信仰

2章1節－26節　私訳

¹ 私の兄弟たちよ、あなたたちは外見で判断しながら、私たちの栄光の主イエス・キリストへの信仰を持ってはならない。² 実に、もし、あなたたちの集会に、金の指輪をして派手な衣を着た人が入って来て、また、汚れた衣を着た貧しい人も入って来て、³ そこで、あなたたちが、その派手な衣を身に着けている人に目を留め、「あなたこそ、ここに心地よく座ってください」と言い、その貧しい人には、「あなた自身はそこに立っているか、私の足台の下に座っていなさい」と言うなら、⁴ あなたたちは、自分たち自身のなかで差別をし、悪い考え方によって判断する人にならなかったのですか。⁵ 私の愛する兄弟たちよ、あなたたちは聞きなさい。神はこの世の貧しい人々を信仰における豊かな人々、また、神を愛する人々に約束した王国の相続人たちとして選ばなかったのですか。⁶ しかし、あなたたち自身は、貧しい人を辱めたのです。豊かな人々は、あなたたちを押さえ付けて、その人々自身が、あなたたちを訴訟に引き入れないですか。⁷ その人々自身が、あなたたちに呼びかけられている良い名前を冒瀆しないですか。

⁸ ところが、もし、あなたたちが聖書に従って、「あなたは、あなたの隣人をあなた自身のように愛しなさい」という王国の律法を完遂しているなら、あなたたちは立派に行っています。⁹ しかし、もし、あなたたちが外見で判断しているなら、あなたたちは罪を犯しており、律法によって違反者として諭されます。¹⁰ 誰かが律法全体を守っても、そうして一つのことにおいてつまずくなら、すべてのことで責めを負っているからです。¹¹「あなたは姦淫してはならない」と言った方は、「あなたは殺してはならない」とも言ったからです。そこで、もし、あなたが姦淫していなくても、殺すなら、あなたは律法の違反者になったのです。

¹² あなたたちは、自由の律法を通して裁かれようとしている人々として、そのように語り、そのように行いなさい。¹³ 哀れみを行わない人に対して

は、哀れみのない裁きがあるからです。哀れみは、裁きに対して勝ち誇ります。

¹⁴ 私の兄弟たちよ、もし、ある人が信仰を持っていると言っても、業を持っていないなら、何の益がありますか。その信仰は、その人を救うことができないのではないですか。¹⁵ もし、兄弟か姉妹が裸であり、日々の食べ物に欠乏しているのに、¹⁶ あなたたちの中のある人が、その人々に、「あなたたちは平和に行き、暖を取って、満たされなさい」と言って、あなたたちが、体に必要なものをその人々に与えないなら、何の益がありますか。¹⁷ 信仰もそのようなものです。もし、それが業を持たないなら、それはそれだけでは死んでいます。

¹⁸ しかし、ある人は、「あなた自身は信仰を持ち、そして、私自身は業を持つ」と言うだろう。あなたは私に、業のないあなたの信仰を見せなさい。そうすれば、私自身はあなたに、私の業から信仰を見せるだろう。¹⁹ あなた自身は、「神は唯一である」と信じています。あなたは立派に行っています。悪霊たちも信じて、震えています。

²⁰ そして、ああ、むなしい人よ、業のない信仰が怠けているということを知りたいと思いますか。²¹ 私たちの父アブラハムは、自分の子イサクを祭壇にささげて、業によって義とされなかったのですか。²² あなたは、その信仰が彼の業と共に働いていて、信仰が業によって完全なものとされたことを認めています。²³ 「そして、アブラハムは神を信じて、それが彼にとって義と認められた」と言う聖書が実現され、彼は神の友と呼ばれました。²⁴ あなたは、人が業によって義とされるのであり、信仰のみによってではないことを見ています。²⁵ そして、同じように、娼婦ラハブもあの使者たちを迎え入れて、別の道から送り出し、業によって義とされなかったのですか。²⁶ 実に、霊のない体が死んでいるように、そのように、業のない信仰も死んでいます。

2章1節－26節　解説

1節　私の兄弟たちよ、あなたたちは外見で判断しながら、私たちの栄光の主イエス・キリストへの信仰を持ってはならない。

2. 業を伴う信仰（2:1-26）

　ヤコブは、同じ父なる神を父とする信仰上の「兄弟たち」に何度も語りかけている（ヤコ 1:19 解説）。

　「外見で判断（プロソーポレーンプシア）」するとは、「顔、外見（プロソーポン）」を「受け入れる（ランバノー）」という意味であり（ヤコ 1:11, 23）、父なる神にも、神の子イエス・キリストにも、全くそういう判断基準はない（申命 10:17, 使徒 10:34, ロマ 2:11, cf. 歴代下 19:7, ガラ 2:6, エフ 6:9, コロ 3:25, ヤコ 2:9, ペトー 1:17）。神も神の子イエスも、人種、性別、貧富、地位などに関係なく、つまり、その人の外見ではなく、心が善であるか悪であるかを見抜いて、霊的に判断を下すからである（レビ 19:15, サム上 16:7, ヨハ 2:25）。したがって、この神を信じるキリスト者たちの判断基準は、主イエス・キリストの判断基準にほかならない。このことと関連して、「主イエス・キリストへの信仰」という表現は、父なる神に対する「主イエス・キリストの信仰」と訳すこともできる（Johnson, p.220）。

　ここで、主イエス・キリストに「栄光」という表現が付加されているのは（コリー 2:8）、ヤコブの判断によれば、すべての人を超えてイエスのみが最高の神、最高の人であることを示すためであり（ヤコ 1:1 解説）、また、次節の人間的に「派手な、輝く（ランプロス）」衣を着た人との対比を準備しているためである（cf. テモー 6:16）。

　２節　実に、もし、あなたたちの集会に、金の指輪をして派手な衣を着た人が入って来て、また、汚れた衣を着た貧しい人も入って来て、

　元々は「共に（スン）」「導き（アゴー）」「上げ（アナ）」た人々の集まりという意味の「集会（スナゴーゲー）」とは、「会堂」とも訳せる表現であるが、実質上は教会のことである（ヤコ 5:14, cf. ヘブ 10:25）。このような表現を使うのは、この手紙の読者の社会的背景にユダヤ教があることを前提としているからである（ヤコ 1:1 解説）。

　「金の指輪をして（クルソダクトゥリオス）」とは、文字どおり、「金の（クルソス）」「指輪（ダクトゥリオス）」をしていることである。「派手な（ランプロス）」と訳した表現は（ルカ 23:11）、「輝く」とも訳せる表現であり（使徒 10:30）、英語の「たいまつ、ランプ（lamp）」は、ギリシャ語の「輝く（ランポー）」という表現から造られた「たいまつ（ランペー）」に由来する。「貧

しい人（プトーコス）」という表現は、「縮こまる（プトーソー）」という表現に由来し（ヤコ1:9解説）、この2節の文頭の「実に（ガル）」という強調形は、このような極端な対照的情景を設定している。また、「派手な、輝く（ランプロス）」という表現は、天の父なる神の真の「栄光、輝き（ドクサ）」とは対極的なこの世の富者の様相も示している（ヤコ2:1, cf. ゼカ3:3-4）。

　ちなみに、この「もし（エアン）」で始まる文は、原文では非現実的な条件を示しているので、ヤコブはここで集会における過去の出来事ではなく、たとえを語っているとも言えるが（ヤコ1:23解説, cf.Witherington, p.455）、実際に起こった出来事を逆に仮定の話として皮肉を込めて語っているとも言えるだろう（ヤコ2:6解説）。

　富者と貧者に関するたとえについては、かつてイエスが次のように語ったことを想起させる（Witherington, p.456）。

　「ある人から結婚式に招かれた時、あなたは上座に着いてはならない。それは、あなたより重んじられている人がその人から招かれているかもしれないからであり、あなたと彼を招いたその人が来て、『あなたはこの人に席を譲ってください』とあなたに言うだろう。そうすれば、その時あなたは恥をかいて、末席を占めることになるだろう。むしろ、招かれた時、あなたは末席に行って座りなさい。そうすれば、あなたを招いた人が来た時、『友よ、あなたはもっと上席へ進んでください』とあなたに言うだろう。その時、あなたと共に食卓に着いているすべての人々の前で、あなたには栄光があるだろう。なぜなら、すべて自分を高める人は低くされ、自分を低くする人は高められるだろうから」（ルカ14:8-11）。

　「あなたは昼食や夕食の会を催す時、あなたの友人たちも、あなたの兄弟たちも、あなたの親戚たちも、近所の富んでいる人々も呼んではならない。彼ら自身もまたあなたを招き、それがあなたへのお返しになるかもしれないからである。むしろ、あなたが宴会を催す時は、貧しい人々、体の不自由な人々、歩けない人々、目の見えない人々を招きなさい。そうすれば、あなたは幸いになるだろう。なぜなら、その人々はあなたにお返しをするものを持っていないからである。正しい人々が起き上がる時、あなたにお返しがなされるだろうから」（ルカ14:12-14, cf. ルカ16:19-31）。

2. 業を伴う信仰（2:1-26）

3節　そこで、あなたたちが、その派手な衣を身に着けている人に目を留め、「あなたこそ、ここに心地よく座ってください」と言い、その貧しい人には、「あなた自身はそこに立っているか、私の足台の下に座っていなさい」と言うなら、

　この3節は、富者に対しては「目を留め」るという行為があり、貧者に対しては同等の表現がないことから、おそらく目にも留めない様子を示唆している。「心地よく（カロース）」と意訳した表現は、単に「よく、うまく（カロース）」（直訳）という意味であり、「どうぞ」と訳すこともできるだろう（Ropes, p.190）。ちなみに、上席は、ガリラヤの会堂の建て方から想定するなら、入口付近にあったと考えられている（シュナイダー, p.41）。

　また、貧者に対する「私の足台の下に座っていなさい」という表現は、この集会を管理する立場の人も富者であることや、このような富者たちの席には椅子だけでなく、実際に「足台」もあったことを示している。「そこに（エケイ）」とは、上席から離れた所にという意味である（Bengel, p.13）。

4節　あなたたちは、自分たち自身のなかで差別をし、悪い考え方によって判断する人にならなかったのですか。

　「なかった、ない（ウー）」という表現は、肯定の返答を期待する疑問文に付けられるので、ヤコブは読者に、もし、そうなら（ヤコ2:2-3）、そういう人になったという確認をしている。

　「差別をする（ディアクリノー）」と訳した表現は、「判断する（クリノー）」際に「異なる方向に（ディア）」向かうことであり、「疑う」という意味もあるが（ヤコ1:6解説）、ここでは内容上、「差別をする」という意味である。この「差別をする（ディアクリノー）」という表現と言葉遊びになっている「考え方（ディアロギスモス）」と意訳した表現は、「悪い（ポネーロス）」という形容詞が掛かっているように、「言葉、理性、説明（ロゴス）」が「異なる方向に（ディア）」向かうという否定的な意味をここでは持っている。

5節　私の愛する兄弟たちよ、あなたたちは聞きなさい。神はこの世の貧しい人々を信仰における豊かな人々、また、神を愛する人々に約束した王国の相続人たちとして選ばなかったのですか。

この 5 節の「なかった、ない（ウーキ）」という表現は、肯定の返答を期待する疑問文に付けられる「なかった、ない（ウー）」という表現の強調形であるので（ヤコ 2:4 解説）、ヤコブは読者に、神は確かにこの世の貧しい人々を選んだという確認を前節以上に明確にしている。また、ヤコブは「差別」や「悪い考え」という厳しい言葉を述べた後に（ヤコ 2:4）、特にここで、「愛」情を込めて、同じ父なる神を父とする信仰上の「兄弟たち」に語りかけている（ヤコ 1:16 解説, 19 解説）。そして、「聞きなさい」という命令は、聞いたことの実践をも期待した表現である（ヤコ 1:22-25）。

　「選ぶ（エクレゴー）」とは、ある所「から（エク）」「集める（レゴー）」ことであり、「神を（アウトン）」と意訳した表現は、単に「彼を」（直訳）という表現である。「王国（バシレイア）」とは、父なる神と主イエスを王とする支配であり、これは「上から」贈られるものの中で最も栄光に満ちたものの一つである（ヤコ 1:17, cf. ヤコ 2:1）。これは、「神を愛する」ことの重要性を示している。「相続人（クレーロノモス）」とは、「分け前（クレーロス）」を受け継いで「所有する（ネモマイ）」人であり、キリスト者はこの「分け前」を「貧しい人々」と共に豊かに分け合う。具体的にこの「分け前」とは、「命の冠」、永遠の命である（ヤコ 1:12, cf. ロマ 8:28）。そして、「信仰における豊かな人々、また、神を愛する人々に約束した王国の相続人たち」という表現は、後者の語句が前者の語句を修飾する二詞一意であり、「神を愛する人々に約束した王国の相続人たちとなった、信仰における豊かな人々」と意訳することもできる。この意訳は、「この世の貧しい人々」が（コリ一 1:26-31）、永遠の命を相続したために霊的に豊かになったことを明示している。さらに、単に「この世の」と訳した表現は、「この世にとって」（直訳）という意味であり、この世の基準から判断すると「貧しい」という意味である（ヤコ 2:4 解説, cf. ルカ 12:21, 黙示 2:9）。

　この 5 節は、かつてイエスが、「霊の乏しい人々は、幸いである。なぜなら、天の王国はその人々のものだからである」、また、「優しい人々は、幸いである。なぜなら、その人々こそ地を受け継ぐだろうから」と語ったことを想起させる（マタ 5:3, 5, cf. マタ 25:34）。

　イエスを初めとして、弟子たちや伝道師たちなどは、神の必要とする時には神の霊に満たされていた。他方、世の中には、神の霊に満たされていない

人々、つまり、神の霊の乏しい人々も確かにいる。こうした人々は自らにおいて打ち砕かれ、悔い改め、へりくだった霊を持つなら、神が新しく、確かで、自由な霊を授ける（詩編 34:19, 51:12, 14, 19, イザ 57:15, 66:2, cf. ロマ 5:20）。イエスは、こうした人々を幸いであると明言する。天の王国は、イエスの到来と共に具体化し、天の父なる神が天からイエスを通してもたらす宝によって人々は満たされるからである（cf. コリ二 4:7, コロ 2:3, ペト一 1:4）。特に、神はその霊を限りなく与えることを約束している（ヨハ 3:34）。イエスは後に、天の王国は、与えられたものを純真に受け取る子どものような人々のためのものであると強調しているが（マタ 19:14）、ここでも、子どもたちに対して与えるものをふんだんに持つ天の父なる神の存在が示唆されている。

「優しい（プラウス）」という性質は、モーセやイエスに対しても用いられる表現であり（ヤコ 1:21 解説）、イエス自身、自分は優しく、へりくだっていると明言し、その優しさを象徴するかのように、ロバに乗ってエルサレムへやって来た（マタ 11:29, 21:5）。このイエスのように優しい人々が、地を受け継ぐだろうとイエスは説くが、地を相続として「受け継ぐ（クレーロノメオー）」にはその地の所有者が死ななければならない。イエスは、ロバに乗ってエルサレムに入城し、自分自身が十字架上で死ぬことによって、自分に与えられた世界というこの地を（ロマ 4:13-16）、イエスと同様に優しい人々に受け継がせ、その人々を地の塩としてこの世で神の業に参加させるのである（マタ 5:13）。

6節　しかし、あなたたち自身は、貧しい人を辱めたのです。豊かな人々は、あなたたちを押さえ付けて、その人々自身が、あなたたちを訴訟に引き入れないですか。

この 6 節の「ない（ウーキ）」という表現は、肯定の返答を期待する疑問文に付けられる「ない（ウー）」という表現の強調形である（ヤコ 2:5 解説）。「辱める（アティマゾー）」とは、相手を「価値（ティメー）」が「ない（ア）」ものとして扱うことであり、「押さえ付ける（カタドゥナステウオー）」とは、「力（ドュナミス）」で人を自分の「下に（カタ）」服従させることである（使徒 10:38）。「訴訟（クリテーリオン）」とは（コリ一 6:2, 4）、法的な「判断をする（クリノー）」場である。

「貧しい人」という表現は、原文では冠詞の付いた単数形であり、ヤコブは「あの貧しい人」（直訳）に関する実際の事件に言及しているのかもしれない（ヤコ 2:2 解説）。もし、そうだとするなら、おそらく金銭的に豊かな人々が、借金を返済できなくなった貧しい人を「訴訟」に陥れて（箴言 17:23, イザ 1:23, 5:23, 29:21, アモ 2:6, 5:12, ミカ 3:11)、わずかな財産のすべてを没収したり、家族もろとも自分の奴隷にしたり、または奴隷として売り飛ばしたりしたのだろう。その際に、他のキリスト者たちは、その貧しい人を「その苦難の中で」助けることをしなかったのだろう（ヤコ 1:27, cf. 箴言 14:21, コリ一 11:22)。

　7節　その人々自身が、あなたたちに呼びかけられている良い名前を冒瀆しないですか。
　この 7 節の「ない（ウー）」という表現は、肯定の返答を期待する疑問文に付けられる（ヤコ 2:6 解説)。「その人々」とは、前節の「豊かな人々」である（ヤコ 2:6)。
　かつて、イスラエルの民は、「主の民」と呼びかけられたが（申命 32:43, ロマ 15:10, cf. 申命 28:10, エレ 14:9, ルカ 1:77)、今や「あなたたちに呼びかけられている良い名前」の一つは（cf. ヤコ 1:18 解説)、「キリスト者（クリスチアノス)」だと考えられる（使徒 11:26, cf. 使徒 15:17, 26:28, ペト一 4:16, バークレー，p.94)。
　英語の「冒瀆する (blaspheme)」という表現の語源であるギリシャ語の「冒瀆する（ブラスフェーメオー)」とは、神に対してであれ、人に対してであれ、「愚かな（ブラクス)」ことを「言う（フェーミ)」、または、「傷つける（ブラプトー)」ことを「言う（フェーミ)」ことであり、言うだけでなく、行うことも含まれる。したがって、豊かな人々は、貧しい人々が多いために無力だったキリスト者たちを様々な形で侮辱していたのだろう（ヤコ 1:10 解説, 2:6 解説)。

　8節　ところが、もし、あなたたちが聖書に従って、「あなたは、あなたの隣人をあなた自身のように愛しなさい」という王国の律法を完遂しているなら、あなたたちは立派に行っています。

2. 業を伴う信仰（2:1-26）

「聖書（グラフェー）」と訳した表現は、単に「書かれたもの」（直訳）という意味であり、「王国の（バシリコス）」と意訳した表現は、「王（バシレウス）」に関する人やことを指しているが（ヨハ 4:46, 49, 使徒 12:20-21）、ここでは、「神を愛する人々に約束した王国」に関することを指していると考えられる（ヤコ 2:5）。「完遂する（テレオー）」と訳した表現は、「目的、最後（テロス）」という語に由来し、目的を最後まで達成することを意味する（ヤコ 1:25 解説）。また、「立派に（カロース）」と訳した表現は、「心地よく（カロース）」と訳した表現と原語では同じ語である（ヤコ 2:3 解説）。

「あなたは、あなたの隣人をあなた自身のように愛しなさい」という律法は、レビ記 19 章 18 節からの引用であり（レビ 19:18）、このレビ記 19 章では、かつてイスラエルの民がエジプトで寄留者であったことに言及され、寄留者を同胞の者と同様に愛することが命じられている（レビ 19:34）。また、イエス自身も、神に対する愛と共にこの隣人愛を最も強調したことで知られている（マタ 19:19, 22:37-40, ルカ 10:36, cf. ロマ 13:9, ガラ 5:14）。「あなた自身のように愛しなさい」とは、あたかも隣人を自分の体の一部であるかのように思い（エフ 4:25）、体の中にある心と魂と考えをその隣人と一つにして、その人を愛することを意味する。つまり、喜びと悲しみを共有し、命を共有し、思いを共有することによって、相手を愛するようにとこの戒めは命じている。この隣人愛は自己愛を前提としており、神に造られ、愛されている人間の中の一人として、すべての人は神の愛の対象としての自己を受け入れ、愛する必要がある。

特に、ヤコブがこの隣人愛を説く時、「貧しい人々」に対して（ヤコ 2:5）、「外見で判断」しない接し方の重要性を念頭に置いているのだろう（ヤコ 2:1）。

9節　しかし、もし、あなたたちが外見で判断しているなら、あなたたちは罪を犯しており、律法によって違反者として諭されます。

「外見で判断する（プロソーポレーンプテオー）」とは、「顔、外見（プロソーポン）」を「受け入れる（ランバノー）」という意味であり（ヤコ 2:1 解説）、「罪（ハマルティア）」とは、「的を外す、分け前（メロス）を逃す（ア）」という意味に由来し（ヤコ 1:15 解説）、ここではそのイエスへの信仰からそれていることを示している（ヤコ 2:1）。「犯す（エルガゾマイ）」と訳した表現は、

「業（エルゴン）」という表現の動詞形であり、「生じさせる（エルガゾマイ）」と訳すこともできる表現である（ヤコ 1:20 解説）。

「違反者（パラバテース）」とは、この場合、律法から「それて（パラ）」「進む（バイノー）」人のことであり（ロマ 2:25, 27, ガラ 2:18）、律法の完成者であるイエスからそれて行くことを指す（レビ 19:15, マタ 5:17, ロマ 10:4）。前節から続くこのようなヤコブの説明は、「王国の律法を完遂している」か（ヤコ 2:8）、「律法によって違反者と」されているかのどちらかであり、隣人に対する態度として中途半端なものはないことを戒めている。言うまでもなく、ヤコブは王国の律法の完遂を勧めているが、これはそれを完遂したイエスに対する信仰なしには実現しない（ヤコ 2:1）。

10節　誰かが律法全体を守っても、そうして一つのことにおいてつまずくなら、すべてのことで責めを負っているからです。

「そうして（デ）」と訳した表現は、ある程度の時間の経過を示しており、仮に律法全体を守っているとしても、後に律法の中の何か一点を破るなら、律法全体を破ったことになる。「責めを負う（エノコス）」と意訳した表現は、「内に持つ（エネコー）」、つまり、「内に（エン）」「持つ（エコー）」という表現の受け身形に由来し、何かの内に取り込まれていること、捕らえられていること、何かの影響を受けることを意味する。ここでは、律法の定めた裁きを受けるということである（ヤコ 2:12）。

この 10 節は、かつてイエスが、「これらの最も小さな戒めを一つでも破り、人々にそのように教える人は、天の王国で最も小さい人と呼ばれるだろう。しかし、それを守り、そのように教える人、この人こそ天の王国で偉大な人と呼ばれるだろう」と語ったことを想起させる（マタ 5:19）。

イエスは後に、律法学者たちやファリサイ派の人々が、十分の一のささげ物に関する規定は厳格に守っていても、律法の中で最も重要とされる、慈悲と誠実に満ちた裁きを実行していないという倒錯ぶりを厳しく非難した（マタ 23:23）。すると、逆に当時の一般の人々は、律法の中で重要とされる規定は、懸命に守ろうとしていたが、小さな規定や細かい規定は、守れていなかったとするなら、そこでイエスは、律法の一点一画に至るまで、神の壮大な計画の過程の内にあり、それらがすべて実現されていく必要性を強調したのであ

る。

　さらにイエスは、この世の最も小さい者の一人にしてあげたことは、イエス自身に対してしてあげたことであると説くが（マタ 25:40, cf. マタ 18:10-14, ルカ 16:10, 19:17）、このことは、このような小さい者こそ、神の計画の実現に重要な役割を果たしているということを明示している。したがって、戒めの中の小さい事柄にも留意し、それを実行する人、また、この世の弱く小さい人々に格段の配慮を払う人が、天では高く評価されるのである。

　パウロは、「私は再び、割礼を受けているあらゆる人に証しします。その人は、律法全体を行う負い目がある者です」と説いている（ガラ 5:3）。

　当時、自己証言は無効であり、証言が真実なものと見なされるためには、二人か三人の証人による証言が必要であったから（申命 19:15, マタ 18:16, ヨハ 8:17, コリ二 13:1, テモ一 5:19, ヘブ 10:28, 黙示 11:3）、ここでパウロと共に「証し」するのは、パウロに啓示を与えたキリスト自身である（ガラ 1:12, 16, 2:20）。そして、その証言によると、割礼を守っている人々は、ユダヤ教徒となるための最初の儀式である割礼の規定だけでなく（創世 17:12）、その他の律法もすべて守る義務があり（cf. 使徒 15:1）、無理なら途中からキリストにも頼るということは許されないのである。律法の一点一画に至るまですべて、神の言葉だからである（マタ 5:18）。しかし、それらすべてを人々が守れない以上、律法のすべてを守って実現したイエス・キリストに対する信仰のみが人々を救いに導く（マタ 5:17）。

　パウロはローマ人への手紙において同様のことを、「もし、あなたが律法を行うなら、割礼は役に立ちますが、もし、あなたが律法の違反者なら、あなたの割礼は無割礼になったからです」と語っている（ロマ 2:25）。

　割礼はユダヤ人たちの印であるが、律法全体を守らないのなら、それはユダヤ人たちの証しとして何の役にも立たないどころか（コリ一 7:19, cf. エレ 4:4, 9:24-25）、異邦人たちの中で悪評の印ともなるのである（ロマ 2:24）。また、「無割礼（アクロブスティア）」とは、男性性器の「包皮」（直訳）のことであるから、パウロはここで、ユダヤ人たちは割礼の時に切り捨てられるこの包皮先端の一部のように神から見捨てられていると警告しているのである。

11 節　「あなたは姦淫してはならない」と言った方は、「あなたは殺し

てはならない」とも言ったからです。そこで、もし、あなたが姦淫していなくても、殺すなら、あなたは律法の違反者になったのです。

「『あなたは姦淫してはならない』と言った方」、「『あなたは殺してはならない』とも言った」方は、モーセを通して律法の中の律法である十戒の中にこれらを定めた父なる神であるが、イエス自身もこれらの戒めを説いた。

例えば、かつてイエスは、「『あなたは姦淫してはならない』と言われたのを、あなたたちは聞いた。しかし、この私はあなたたちに、欲情を抱いて女を見るあらゆる人は、すでに自分の心の中で彼女と姦淫したのであると言う」と語った（マタ 5:27-28, cf. マタ 5:32, ロマ 2:22, 13:9）。

「あなたは姦淫してはならない」という戒めは（出エ 20:14, 申命 5:18, cf. 申命 22:22-29）、律法を実現するイエスから見れば、昔も今も適切に守られているわけではない。実際に姦淫を犯していなくても、人々は欲情を抱いて女を見るなら、姦淫と同じことを行っている。「女（グネー）」は、女性一般のみならず、結婚している女性をも指す。一般には、実際の姦淫よりも、欲情を抱いて女性を見る方がまだ罪は軽いと考えられるが、「自分の心」とは人間の存在と行為における最も中心的な部分を象徴していることから、イエスは心で罪を犯すことの重大さを説いているのである（ペト二 2:14, cf. ヨブ 31:1）。

また、イエスは、「『あなたは殺してはならない。殺す人は裁きを受けるだろう』と昔の人々に言われたのを、あなたたちは聞いた。しかし、この私はあなたたちに、自分の兄弟に対して怒るあらゆる人は、裁きを受けるだろうと言う。自分の兄弟に『能なし』という人は、最高法院に引き渡されるだろう。『愚か者』と言う人は、火の地獄の中に入れられるだろう」とも語った（マタ 5:21-22, cf. マタ 19:18）。

「あなたは殺してはならない」という命令も、十戒の一つであり（出エ 20:13, 申命 5:17)、「殺す人は裁きを受けるだろう」という警告における「裁き」とは、具体的に死刑であることが明記されている（出エ 21:12, レビ 24:17）。すると、ここでは「殺してはならない」という命令は、裁判に基づく死刑を除外していることが分かる。そして、神はその裁判において、徹底した正しさを要求している。つまり、裁判の判決を歪曲しないこと、偏見を持って判決を下さないこと、賄賂を横行させないことが、正しい判決を出すための具

体的な条件である（申命 16:18-20, 17:5-7, cf. 歴代下 19:5-7）。

「あなたたちは聞いた」という句は、この章で反復されているが（マタ 5:27, 33, 38, 43）、このような命令が昔の人々に言われたのをあなたたちは聞いたということは、次のことを示唆している。つまり、このような命令が昔の人々に言われたものの、それは必ずしも言われた後に適切に守られたわけではないこと、さらに、あなたたちもこの命令をそのようなものとして聞いただけで、必ずしも適切に守っているわけではないことを示唆している。ほとんどの人は、実際に他者を殺したことはないと言えるが、それでも律法を実現するイエスから見れば、人々は怒ることによって殺人と同じことを行っているのである。

聖書は、怒ることそれ自体を否定はしていないことを考慮すると（エフ 4:26, ヤコ 1:19-20）、ここでは「怒る」ということは具体的に、怒って自分の兄弟、つまり、親密な他者を「能なし」とか「愚か者」と言って罵倒することを意味している。律法の意図を実現するイエスによると、兄弟を実際に殺していなくても、罵倒することによってその人格を否定することは人殺しに等しいのである（cf. ヨハ一 3:15）。したがって、このような怒り方をする人は、祭司長、長老、律法学者から成る最高法院で裁かれ、地獄の中へ投げ込まれるのである（マタ 12:36）。「地獄（ゲエナ、ゲヘナ）」とは、語源的にはエルサレム南西の「ベン・ヒノム」の谷に由来し、この谷はかつて、モレク神に対する犠牲として子どもを焼いてささげる場所であった（列王下 23:10, 歴代下 28:3, 33:6, エレ 7:31-32, 19:2-6, 32:35）。後にこの場所は、廃棄物や死体を焼却する場所となり、最も厳しい裁きの場として理解されるようになった。

さて、ヤコブがイエスのこのような理解の仕方を踏襲しているとするなら、イエスによる律法の徹底化を再確認したのであり、欲情を抱いて女性を見ていなくても、兄弟に「能なし」と言う「一つ」の点において（ヤコ 2:10）、律法の違反者であることを示しているのだろう。「違反者（パラバテース）」とは、律法から、また、律法を実現したイエスから「それて（パラ）」「進む（バイノー）」人のことである（ヤコ 2:9 解説）。この 11 節のヤコブの言葉の背景には、「女」を「姦淫」しようとして「殺」してしまった人が、自分は殺したが姦淫はしていないというような主張をしていたことがあったのかも

しれない（ヤコ 4:2, 5:6）。

12節　あなたたちは、自由の律法を通して裁かれようとしている人々として、そのように語り、そのように行いなさい。

「自由の律法」とは、罪人に真の自由と命を得させる命令であり、それはイエスに対する信仰によって救われるという福音である（ヤコ 1:25 解説）。そして、「自由の律法を通して裁かれようとしている」とは、この律法の体現者であるイエスによって裁かれることである。したがって、人は裁かれないためには、イエスが律法を徹底化したように、例えば、姦淫と殺人を行わないだけでなく、欲情を抱いて女性を見ることも、自分の兄弟に「能なし」と言うことも禁じなければならないのである（ヤコ 2:11 解説）。

13節　哀れみを行わない人に対しては、哀れみのない裁きがあるからです。哀れみは、裁きに対して勝ち誇ります。

「哀れみ」という表現は、「愛」の類義語である（ヤコ 2:8, cf.Bengel, p.16）。「勝ち誇る（カタカウカオマイ）」という表現は、「誇る（カウカオマイ）」という表現の強調形であり（ヤコ 1:9 解説）、究極の裁き主である父なる神においても、御子イエス・キリストにおいても、「哀れみ」が「裁き」に勝っており、それは「誇り」でもあることが示唆されている。

また、この13節は、かつてイエスが、次のように語ったたとえを想起させる。

「このため、天の王国は、自分のしもべたちと決算をしようと思った一人の王にたとえられた。彼が決算を始めると、一万タラントンの借りのある一人の人が彼の所に連れて来られた。しかし、彼は返済できなかったので、その主人は彼に、妻も子どもたちも自分の持っているすべてのものも売って、返済するようにと命じた。そこで、そのしもべはひれ伏して、彼を拝んで、『私に猶予期間をください。そうすれば、私はあなたにすべてのものを返します』と言った。そのしもべの主人は、心から同情して彼を去らせ、彼の借りを許した。しかし、そのしもべは出て行って、自分に百デナリオンの借りのある仲間のしもべの一人を見つけると、彼を捕らえて首を絞め、『お前の借りているものを幾らかでも返せ』と言った。そこで、彼の仲間のしもべは、ひれ伏して彼に懇願して、『私に猶予期間をください。そうすれば、私はあなた

に返します』と言った。しかし、彼は思いを変えず、立ち去り、その人が借りを返すまで牢屋に入れた。そこで、彼の仲間のしもべたちは、起こったことを見て非常に悲しみ、自分たち自身の主人のもとに来て、起こったことをすべて説明した。こうして、彼の主人は彼を呼び寄せて、彼に言う。『悪いしもべよ、あなたが私に懇願したから、私はあなたのあの借りをすべて許したのだ。私もあなたを哀れんだように、あなたも自分の仲間のしもべを哀れむべきではなかったのか。』そして、彼の主人は怒り、彼が自分に対する借りをすべて返すまで、彼を獄吏たちに引き渡した。もし、あなたたちの一人ひとりが、自分たちの心からその兄弟を許さないなら、天の私の父も、あなたたちにそのようにするだろう」(マタ 18:23-35)。

イエス自身の言葉で端的に言うと、「哀れみ深い人々は、幸いである。なぜなら、その人々こそ哀れみを受けるだろうから」ということである(マタ 5:7)。

「哀れみ深い(エレエーモーン)」という語は、イエスが「哀れみ深い」大祭司として、罪以外のすべての点で人と同じようになり、試練を受けて苦しんだという形で使われていることからも明白なように(ヘブ 2:17-18)、相手と同等の立場に立ち、行為を伴いつつ同情することを意味する。そして、この大祭司イエスをこの世に送ったのは父なる神であり、父なる神は再三、自分が哀れみ深いことを強調している(ロマ 9:15, 18, 11:30-32, 15:9, cf. 出エ 20:5-6, 22:26, 33:19, 34:6)。イエスのように、自己の立場に固執せず相手の立場に立ち(フィリ 2:6-8)、同情の思いを実践することによって、人々は哀れみの源である父なる神から哀れみを受けるのである(箴言 21:13)。

14節　私の兄弟たちよ、もし、ある人が信仰を持っていると言っても、業を持っていないなら、何の益がありますか。その信仰は、その人を救うことができないのではないですか。

「ありますか」という表現は原文にはないが、ここでは補われており、「業」のない「信仰」には何の益もないことが説かれている。「その信仰は、その人を救うことができないのではないですか」と訳した文は、「その信仰は、その人を救うことができないのでは」(直訳)という疑問文であり、「できない」という否定の返答を期待する「ない(メー)」という表現が入っている。

「信仰」に基づいて「業」を行うことの重要性は、イエス自身も「私に『主よ、主よ』と言うあらゆる人ではなく、天にいる私の父の思いを行う人が、天の王国に入るだろう」と言って強調していたことである（マタ 7:21, cf. ヤコ 1:22 解説）。

パウロが強調するように、確かに聖霊によらなければ、「イエスは主である」とは言えない（コリ一 12:3）。しかし、この告白の後にその言葉に従い、生活のあらゆる領域でイエスを主として生きることで、その告白を実現しなければ、聖霊による一層大きな働きを期待することはできない（ヨハ 14:12-17）。そして、天の父の思いは、イエスの思いと一つであり（ヨハ 10:30）、イエスの思いを第一とすることは、天の父の思いを実現することと等しい。つまり、イエスに「主よ、主よ」と口先で告白するのみで、地上のイエスと一つである天の父の思いを実行しない人は、天の王国に入る資格がない。逆に、天の父の思いを実行する人は、イエスの兄弟姉妹となり、子として天の父の王国に入ることができるのである（マタ 12:50）。

15節　もし、兄弟か姉妹が裸であり、日々の食べ物に欠乏しているのに、
「兄弟」も「姉妹」も、同じ父なる神を父とする教会の信徒者を指しており、「裸（グムノス）」という表現は、着る物がないという意味でも使われる（Witherington, p.473）。「である（ヒュパルコー）」と訳した表現は、元々は「初め（アルケー）からある」という意味であり（Zerwick & Grosvenor, p.695）、ここで、通常の「である（エイミ）」ではなく「である（ヒュパルコー）」という表現が使われているのは、「初めから」このような状態が継続していることを示しているのかもしれない（Martin, p.84）。そして、同じ教会の中に、衣服も食べ物もない兄弟姉妹がいるということは、教会に死にかけている人がいることを示しており、緊急の援助が必要とされていることは明白である。

このような状況は、かつてイエスがたとえの中で、「私が空腹になったら、あなたたちは私に食べる物を与え、私が渇いたら、あなたたちは私に飲み物を与え、私が旅人であったなら、あなたたちは私を迎え入れ、裸であったなら、あなたたちは私に衣をまとわせ、私が弱っていたなら、あなたたちは私を見舞い、私が牢屋にいたなら、あなたたちは私の所へ来てくれた」と語ったことを想起させる（マタ 25:35-36, cf. ルカ 3:11）。

16節 あなたたちの中のある人が、その人々に、「あなたたちは平和に行き、暖を取って、満たされなさい」と言って、あなたたちが、体に必要なものをその人々に与えないなら、何の益がありますか。

「ありますか」という表現は原文にはないが、ここでは補われており（ヤコ 2:14 解説）、言うだけで行いのない姿勢には「何の益」もないことを示している（ヨハ一 3:16-17）。「平和（エイレーネー）」に行くとは、安心して行くことであり（ルカ 2:29, 11:21, 使徒 16:36, cf. 士師 18:6）、「満たす（コルタゾー）」という語は、元々は動物に「まぐさ（コルトス）」を与えるという意味であり（ヨハ 6:26, フィリ 4:12）、食べ物で腹を満たすことを意味する。「体に必要なもの」は、衣服と食べ物である（ヤコ 2:15）。

17節 信仰もそのようなものです。もし、それが業を持たないなら、それはそれだけでは死んでいます。

真の「信仰」は、その人自身を救うだけでなく（ヤコ 2:14）、信仰上の兄弟姉妹をも救うものであり（ヤコ 2:15）、そうして初めて生きた信仰となる。したがって、信仰に基づく「業」を行うことが必要とされる「信仰」は「信行」とも言うべきものであり、この業はパウロが示したように、「愛を通して働く」業である（ガラ 5:6）。

18節 しかし、ある人は、「あなた自身は信仰を持ち、そして、私自身は業を持つ」と言うだろう。あなたは私に、業のないあなたの信仰を見せなさい。そうすれば、私自身はあなたに、私の業から信仰を見せるだろう。

ヤコブは前節で（ヤコ 2:17）、業を伴った信仰の重要性を説いているが、この 18 節では、「あなた自身は信仰を持ち、そして、私自身は業を持つ」と言う人の反論を取り上げている。この人は、人によっては「信仰」だけを、または「業」だけを持つ場合があると想定しているのだろう（cf. Ropes, pp.208ff.）。つまり、この人は「信仰」と「業」を完全に分離して考えているのである。

しかし、ヤコブにとって信仰が業を伴うべきことは必須のことであり、業のない信仰は「死んで」いるから（ヤコ 2:17）、何も見せることはできない。逆に、「業」は「信仰」に基づくものであるから、「業」を見せることで、生

きて働いている「信仰」を見せることができるのである。ここで、「あなたは私に、業のないあなたの信仰を見せなさい」という命令は、不可能なことを命じるある種の皮肉だと考えられる（cf. カルヴァン，p.31）。

19節　あなた自身は、「神は唯一である」と信じています。あなたは立派に行っています。悪霊たちも信じて、震えています。

　ヤコブはここで、業のない信仰の最悪の例として悪霊たちの信仰に言及しているとも考えられるが、むしろ、信仰と業が一つであることを続けて皮肉によって印象づけているのかもしれない（ヤコ 2:18 解説）。

　まず、「神は唯一である」と信じることは間違いではないが、これは唯一の神を信じるという真の信仰ではなく、むしろ、「神は唯一である」という単なる知識を受け入れることにすぎない（カルヴァン，p.32）。実に、「神がどのようなお方であるかについての知識なら、地獄でも生きている」（シュラッター，p.51）。

　さらに、「唯一（ヘイス）」と意訳した表現は、「独り」（直訳）であり、それに対して、「悪霊（ダイモニオン）」たちが複数いるにもかかわらず、独りの神にはかなわないと「信じて」いるため、悪霊たちは「震えて」いる（cf. マタ 8:29-32, ルカ 4:34-36）。そして、このような悪霊たちの描写からすると、「あなた」も唯一の神を「信じて」いて、「震えて」いるはずである。この「震えて」いる「あなた」の様子が、「あなたは立派に行っています」と皮肉で記されているのだろう。

　つまり、信仰と業を分けて考える人に対して（ヤコ 2:18 解説）、ヤコブはユダヤ人の誰もが承認するはずの唯一神信仰を持ち出して（申命 6:4, cf. ヤコ 1:1 解説）、唯一神を信じている人が、この神を恐れて震えるという行為を伴っていることを指摘して、信仰と業が一体であることの皮肉な例示としているのだろう。

　この 19 節の「あなたは立派に行っています（カロース・ポイエイス）」という表現は、単数形と複数形の相違を除けば、「もし、あなたたちが聖書に従って、『あなたは、あなたの隣人をあなた自身のように愛しなさい』という王国の律法を完遂しているなら、あなたたちは立派に行っています」という時の「あなたたちは立派に行っています（カロース・ポイエイテ）」とい

2. 業を伴う信仰（2:1-26）

う表現と全く同じである（ヤコ 2:8）。

20 節　そして、ああ、むなしい人よ、業のない信仰が怠けているということを知りたいと思いますか。

「怠ける（アルゴス）」と訳した表現は、文字どおり、「業、仕事（エルゴン）」をし「ない（ア）」ことを意味するから（マタ 12:36, 20:3, 6)、「業（エルゴン）」のない信仰と、「業（エルゴン）」をし「ない（ア）」という表現は、同語反復的な言葉遊びである。信仰に基づいて「業」をしない人は、そのような者として「むなしい（ケノス）」が、そのむなしさは愛の業を行うことによって満たされる（ガラ 5:6)。ヤコブは、ここから業のある信仰の例を説明する（ヤコ 2:21-26)。

21 節　私たちの父アブラハムは、自分の子イサクを祭壇にささげて、業によって義とされなかったのですか。

この 21 節の「なかった、ない（ウー）」という表現は、肯定の返答を期待する疑問文に付けられている（ヤコ 2:7 解説）。つまり、「私たちの父アブラハムは、自分の子イサクを祭壇にささげて、業によって義とされ」たのである。

この節の内容は、創世記の 22 章に基づいている。それによると、神はアブラハム自身とすべての人々を神の祝福に入れるために、神によって年老いてからようやく与えられた独り子イサクをささげ物として焼き尽くすようにとアブラハムに命令した（創世 22:1-2)。神の命令どおりに、アブラハムはモリヤの山にロバを伴ってイサクを連れて行き、最終的にイサク自身を焼き殺すための薪をイサクに背負わせた。そして、アブラハムは祭壇を築き、イサクを薪の上に載せて刃物でほふろうとした時、神の御使いがアブラハムを呼び止めると、アブラハムも思いとどまった。その後アブラハムは、木の茂みに角を引っ掛けていた一匹の雄羊を見つけ、息子イサクの代わりに神にささげた（創世 22:3-13)。こうして、神はアブラハムの子孫を増やすという祝福を約束した（創世 22:14-18)。

「ささげる（アナフェロー）」と訳した表現は、「上に（アナ）」「運ぶ（フェロー）」ことであり、「義とする（デイカイオオー）」の受動態「義とされる」とは、神的受動態であり、父なる神によって正しさが認められることを示し

ている。ヤコブによると、このアブラハムの業は彼の信仰に基づくものであり、彼の信仰と一体である（ヤコ 2:22）。

ちなみに、パウロもアブラハムを引用して、「それでは、肉による私たちの先祖アブラハムは何を見いだしたと、私たちは言おうか。もし、アブラハムが業によって義とされたのなら、彼は誇れるものを持っているが、神に対してはそうではないからです」と説いている（ロマ 4:1-2, cf. ヤコ 2:23 解説, 24 解説）。ここでパウロは、不義に満ちた罪人が、義であるイエスと一体となることによって義とされる最初の段階を示すために「義とされ」るという表現を用いている（ムー, p.125）。つまり、アブラハムがイサクをささげる「業」を行おうとするより前に、神の約束を聞いて信じたために義とされたように（創世 15:6）、今や罪人はまず自らの業や力によってではなく、専ら真の義人であるイエス・キリストを通して父なる神を信じる信仰によって義とされることをパウロは説いたのである。こうして、一度義とされたのなら、人はヤコブの説くように、人々への証しとして義に伴う業を実践しなければならないのである（ヤコ 2:24 解説）。

22 節　あなたは、その信仰が彼の業と共に働いていて、信仰が業によって完全なものとされたことを認めています。

「認めている（ブレポー）」と意訳した表現は、「見ている」（直訳）という意味であり、「働いていて」という過去の進行形は、「信仰」と「業」が常に同時に進行していて、どちらか一方が独立して進行していた状況がないことを示している（ヤコ 2:18 解説）。

「完全なものとする（テレイオオー）」とは、神の命令を「最後（テロス）」まで徹底的に守ることであり（ヤコ 2:8 解説）、この受動態である「完全なものとされる」とは、神的受動態であり、父なる神によってそうされることを示しているから、アブラハムが信仰に基づいて行ったことは、アブラハムの信仰の業であると同時に、神の業であるとも言える。神への徹底した真の信仰に基づく業は、真に神の業なのである（ヘブ 11:17, cf. ヨハ 6:29, テサ一 1:3）。

23 節　「そして、アブラハムは神を信じて、それが彼にとって義と認め

2. 業を伴う信仰（2:1-26）

られた」と言う聖書が実現され、彼は神の友と呼ばれました。

この引用は、創世記15章6節からの引用である（創世 15:6, cf. ロマ 4:3, 9, 22, ガラ 3:6）。アブラハムは割礼などの規定を含む律法が与えられる前に（ロマ 4:10-12, cf. 創世 17:9-14, レビ 12:3, 申命 30:6）、神の最初の約束を信じただけであり、そのことによって義と認められた。この「認められる」という表現は神的受動態であり、父なる神によって認められたことを示している。しかし、ヤコブによると、アブラハムのこの信仰はイサクをささげるという業を伴っていたものである（ヤコ 2:21-22）。神は本来、悪人を正しいとはしないことを考慮すると（出エ 23:7, 箴言 17:15）、神が罪人を恵みによって義とすることの意義は絶大である（ロマ 3:24, 4:4, cf. ガラ 2:16）。

「聖書（グラフェー）」と訳した表現は、単に「書かれたもの」（直訳）という意味であり（ヤコ 2:8 解説）、「実現する（プレーロオー）」とは「満たす」（直訳）という意味である。そして、「実現され」、「呼ばれ」るという表現は神的受動態であり、父なる神によってそうされることを示している。また、紀元前9世紀の南ユダ王国のヨシャファト王によっても、その神に対する祈りの中で、アブラハムは「あなたの友アブラハム」と呼ばれている（歴代下 20:7, cf. イザ 41:8）。ちなみに、「友（フィロス）」という表現は、「愛する（フィレオー）」の受動態に由来することを考慮すると、神がアブラハムに親しく語りかけ、共に歩み始めた時から（創世 12:1-4）、アブラハムは神によって愛されている人、つまり、「神の友」であると言えるだろう。

24節　あなたは、人が業によって義とされるのであり、信仰のみによってではないことを見ています。

「見ています」という表現は、「見なさい」と訳すこともできる。いずれにせよ、ヤコブはアブラハムの出来事を明確に示したことに対して（ヤコ 2:21-23）、読者に確認をしている。

パウロは、「私たちは、人が律法の業なしに信仰によって義とされると考える」と説いているが（ロマ 3:28, cf. 使徒 13:39, ロマ 3:21, 4:6, ガラ 2:16）、彼は特に割礼などの規定を含む律法を守らなければ神に義とされないという主張を否定したのであり（ロマ 3:30, 4:9-12, cf. ヤコ 2:23 解説）、例えば、「キリスト・イエスにおいては、割礼や無割礼は何の力もないが、愛を通して働

ヤコブの手紙

く信仰は違う」と言って（ガラ 5:6）、隣人に「愛を通して働く信仰」の重要性を説いているように、業そのものをすべて否定しているのではない。このようなパウロとヤコブの視点の相違については（ヤコ 2:21 解説）、端的にこう言えるだろう。「パウロは回心前におけるいかなる働きの有効性をも否定する。しかし、ヤコブは回心後における行いが絶対的に必要であることを訴える」（ムー，p.117）。

25 節　そして、同じように、娼婦ラハブもあの使者たちを迎え入れて、別の道から送り出し、業によって義とされなかったのですか。
　この 25 節は、ヨシュア記 2 章、6 章に基づいている。
　モーセの後継者ヨシュアは、イスラエルの民によるエリコ征服の際に指導的役割を果たすが、エリコの町の城壁上に住んでいた娼婦ラハブは、ヨシュアの送った二人の偵察人をかくまい、エリコの王に彼らはもういないと嘘をついた。こうして、後にヨシュアがエリコを征服した時、ラハブの家族は助け出された（ヨシ 2:1-24, 6:17-25）。ラハブという名には「広い」という意味があるが、これは、天と地において主である神を信じていたラハブが（ヨシ 2:11）、二人の偵察人に門戸を広く開き、神の計画に対しても彼女の心が広く開かれていたことを象徴している。実際に、彼女はイスラエルの民の神が、民をエジプトから導き上った神であることや、天地における神であることを正しく告白していた（ヨシ 2:9-11）。実に、アブラハムと同様に、この「娼婦ラハブ」はイエスの祖先の一人である（マタ 1:1, 5, ヤコ 2:21, 23, cf. ヘブ 11:31）。ここで、ユダヤ人たちの尊敬する父祖アブラハムだけでなく（マタ 3:9）、「娼婦ラハブ」にも言及していることは、どのような人にも信仰に基づく業が必要であることを示している（カルヴァン，p.34）。
　ヤコブによると、ラハブがこのような信仰に基づいて、ヨシュアの送った二人の偵察人たちを守ったという業が、神によって義とされたのである（ヤコ 2:24）。ちなみに、英語の「ポルノ（porn）」は、ギリシャ語の「娼婦（ポルネー）」に由来する。

26 節　実に、霊のない体が死んでいるように、そのように、業のない信仰も死んでいます。

2. 業を伴う信仰（2:1-26）

霊は命を与えるものであるから（ヨハ 6:63, cf. コリ一 15:45, コリ二 3:6, ガラ 6:8, ペト一 3:18）、まさしく、「霊のない体」は死んでいる。そして、「業」は生きている人によって行われるものであるから、ヤコブによると、そのような業のない信仰は死んだものなのである（ヤコ 2:17, 20）。

ここで、「霊」と「業」、「体」と「信仰」が対比されていることは興味深い。「業」というものは、「霊」的なもので、神との関係におけるものであり、「信仰」というものは、言わば肉「体」的なもので、実践的なものなのである。つまり、ヤコブは、「霊」か「体」か、「業」か「信仰」かというような二元論的思考を持っていないのであり、パウロの「あなたたちの体を、神に喜ばれる生きた聖なる生けにえとして差し出しなさい」という命令に賛同するだろう（ロマ 12:1）。

3. 争乱ではなく、平和を築く言葉

3章1節－18節　私訳

[1] 私の兄弟たちよ、あなたたちは多くの人々が教師になってはならない。あなたたちは、私たちがより大いなる裁きを受けることを知っています。[2] 私たちはすべての人々が、多くのことでつまずくからです。もし、ある人が言葉においてつまずかないなら、この人は全身にもくつわをはめることができる完全な人です。[3] そして、もし、私たちが馬の口にくつわを掛けて、私たちに従わせるなら、私たちはその全身をも引いて行きます。[4] 見よ、あれほど大きく、ひどい風に押しやられる船も、ごく小さな舵によって、舵取りの意のままに引かれて行きます。[5] そのように、舌も小さな器官ですが、大きなことを自慢します。見よ、あれほどの火が、あれほどの森を燃やします。[6] また、舌は火であり、不正の世界です。舌は私たちの器官の中に定められていて、全身を汚し、生まれてからはその走路を燃やし、そして、地獄で燃やされます。[7] 実に、あらゆる種の野獣や鳥、はう物や海の物は、人という種によって制せられていて、また、制せられてきました。[8] しかし、人々の中の誰も、不安定な悪であり、致命的な毒に満ちた舌を制することはできない。[9] これによって私たちは父なる主を祝福し、また、これによって私たちは神に似た形で生じた人々を呪います。[10] 同じ口から祝福と呪いが出て来ます。私の兄弟たちよ、これらのことがそのように起こってはならない。[11] 泉は、同じ穴から甘い水と苦い水を噴き出させないのではないですか。[12] 私の兄弟たちよ、いちじくの木がオリーブを、ぶどうの木がいちじくを作ることはできないのではないですか。また、塩水が甘い水を作ることもないのです。

[13] あなたたちの中で知恵があり、分別があるのは誰ですか。その人は良い生き方によって、知恵の優しさの中で、自分の業を示しなさい。[14] しかし、もし、あなたたちが自分たちの心の中に、苦いねたみや利己心を持つなら、あなたたちは勝ち誇ったり、真理に反して偽ってはならない。[15] この知恵は上から下って来たものではなく、この世のもの、生来のもの、悪

霊によるものです。¹⁶ 実に、ねたみと利己心のある所、そこには争乱とあらゆる悪い事柄があります。¹⁷ しかし、上からの知恵は、まず一方で純真であり、次に平和的であり、寛容であり、従順であり、哀れみと良い実に満ち、差別がなく、偽りがないことです。¹⁸ そして、義の実は、平和を築く人々によって平和にまかれます。

3章1節－18節　解説

　1節　私の兄弟たちよ、あなたたちは多くの人々が教師になってはならない。あなたたちは、私たちがより大いなる裁きを受けることを知っています。

　ヤコブは、実践の伴わない信仰を批判しているから（ヤコ2:14-26）、「教師」に対する警告は、口先だけの教育を厳しく戒めるためのものだろう。そして、このヤコブの手紙がユダヤ教の背景を意識して書かれているとすると（ヤコ1:1解説）、律法学者などの律法に詳しい教師や、人生経験の豊富な長老がヤコブの念頭にあるのかもしれない（ヤコ5:14, cf. 辻, pp.156f.）。

　このことは、かつてイエスが律法学者たちを念頭に置いて（マタ23:1-2）、彼らが「人々に『先生』と呼ばれることを愛する。しかし、あなたたち自身は、『先生』と呼ばれてはならない。というのは、あなたたちの教師は一人であり、あなたたち自身はすべて兄弟だからである」と語ったことを想起させる（マタ23:7-8）。

　「先生（ラビ）」とは、元々ヘブライ語の敬称であり、ここから律法学者たちは、自分たちが愛しているはずの神からの賞賛よりは、むしろ、人々からの敬意を求めていることが明白である。律法学者たちが人々に先生と呼ばれることを愛するのに対して、イエスは、弟子たちや群衆が先生と呼ばれようとする願望自体を戒める。それは、弟子たちや群衆の社会的地位が低いからではなく、先生はイエス・キリストのみであり（マタ23:10）、それ以外はすべて、その先生の下で学ぶ兄弟として等しい存在だからである（cf. エレ31:34）。

　そして、兄弟とは、天にいるイエスの父なる神の思いを行う人々のことであり、実際の兄弟よりも強いきずなで結ばれており、彼らは相互に許し合い、

助け合うことが求められている（マタ 12:50, 18:35, 19:29, 25:40）。この兄弟たちを教えるイエス・キリストは、教師として地位が高いから先生であるのではない。むしろ、イエスが教師として教えようとしているのは、自らを低くし、へりくだることによって、父なる神によって高められ、たたえられる生き方であり（マタ 23:12）、イエスは、そのような生き方を自ら実践することによって教える教師なのである。

律法学者たちに対するイエスの厳しい姿勢は、「律法学者たちとファリサイ派の人々、あなたたち偽善者は不幸である。なぜなら、あなたたちは未亡人たちの家を食い尽くし、見せかけに長い祈りをするからである。このため、あなたたちはより厳しい裁きを受けるだろう」という言葉にも表れている（マタ 23:14）。

パウロ自身もこう述べている。「さて、もし、あなた自身がユダヤ人と名乗り、律法に頼り、神を誇り、そして、御心を知り、律法から教えられた優れたものを検討し、目の見えない人々の案内人、暗闇の中の光であると自負し、また、愚かな人々の養育者、幼子の教師として、律法において知識と真理の形を持っているとするなら、それなら、他人を教えながら、あなたは自分自身を教えないのですか。『盗むな』と説きながら、あなたは盗むのですか。『姦淫するな』と言いながら、あなたは姦淫するのですか。偶像を憎みながら、あなたは神殿を荒らすのですか。律法を誇りながら、あなたは律法違反によって神を辱めるのですか」（ロマ 2:17-23, cf. テモ一 1:7）。

2節　私たちはすべての人々が、多くのことでつまずくからです。もし、ある人が言葉においてつまずかないなら、この人は全身にもくつわをはめることができる完全な人です。

「すべての人（ハパス）」と訳した表現は、「あらゆる人（パース）」の強調形であり、「誰かが律法全体を守っても、そうして一つのことにおいてつまずくなら、すべてのことで責めを負っている」ことを考慮すると（ヤコ 2:10）、「私たちはすべての人々が、多くのことでつまずく」ということは、単に「誰か」ではなく「すべての人々」が、しかも、「一つのこと」ではなく「多くのこと」でつまずくということは、極めて深刻な事態を指している。そして、「言葉」のもたらす危険な結末の可能性については、すでに箴言におい

3. 争乱ではなく、平和を築く言葉（3:1-18）

て指摘されている（箴言 10:8, 11, 16:27-28, 18:7-8, cf. ムー，p.139）。

したがって逆に、業においてだけでなく、「言葉において」もつまずかないなら、その人は「完全な」人である。「完全な（テレイオス）」とは、「最後（テロス）」まで完遂することであり（ヤコ 1:25 解説）、「くつわをはめる（カリナゴーゲオー）」と訳した表現は、文字どおり、「くつわ（カリノス）」をはめて「引く（アゴー）」ことであり、制御することを示す（ヤコ 1:26 解説）。通常、つくわは動物の口にはめるから、「全身にも」はめることは、その人が自分の全体を制御していることを示している。この人はある意味で、時間的に自分の生涯の最後まで、また、空間的に自分の体の隅々に至るまで制御できる人なのである（ヤコ 1:4）。

この2節は、かつてイエスがこう語ったことを想起させる。「あなたたちは、木を良いとするなら、その実も良いとし、木を悪いとするなら、その実も悪いとしなさい。というのは、木はその実から知られるからである。毒蛇の子孫たち、どのようにしてあなたたちは悪い人でありながら、良いことを話すことができるのか。というのは、心に満ちているものから口は話すからである。良い人は、良い宝箱から良い物を取り出し、悪い人は、悪い宝箱から悪い物を取り出す。私はあなたたちに、人々が話すであろうむなしい言葉について、裁きの日にその人々は説明をするだろうと言う。というのは、あなたは自分の言葉によって正しいとされ、自分の言葉によって有罪とされるだろう」（マタ 12:33-37）。

3節　そして、もし、私たちが馬の口にくつわを掛けて、私たちに従わせるなら、私たちはその全身をも引いて行きます。

「くつわ（カリノス）」を「掛ける（バロー）」という表現は、前節の「くつわをはめる（カリナゴーゲオー）」と訳した表現と同義語であり（ヤコ 3:2 解説）、「従わせる（ペイソー）」と訳した表現は、元々は「説得する」（直訳）という意味である。「引いて行く（メタゴー）」とは、位置を「変える（メタ）」ために「引く（アゴー）」ことであり、大きな体を持つ馬を従わせることの困難さをこの3節は示している（詩編 32:9）。

4節　見よ、あれほど大きく、ひどい風に押しやられる船も、ごく小さ

な舵によって、舵取りの意のままに引かれて行きます。

「ごく小さな（エラキストス）」と訳した表現は、「最も小さい」（直訳）という意味であり、「舵取り（ユスノー）」と意訳した表現は、「真っすぐにする」（直訳）という表現に由来し（ヨハ 1:23）、真っすぐに導く人を指している。「引かれて行く」と訳した表現は、前節の「引いて行く（メタゴー）」という表現の受動態である（ヤコ 3:3 解説）。「意（ホルメー）」と訳した表現は、「衝動、攻撃」（直訳）という強い表現であり、そのような意の「ままに（ホプー・ブーロマイ）」と意訳した表現は、「思う所に」（直訳）という意味である。

つまり、いかに大きな船でも、言わば舵取りの一瞬の思いで動かされる「ごく小さな舵によって」制御されているのである。例えば使徒言行録によると、当時、二百七十六人も乗せられる船があった（使徒 27:37, cf.Martin, p.105）。そして、方向を定める舵によって、大きな船が右か左に向かうだけであるのに対して、言葉を発する「舌」によって、人は上か下に、つまり、天国か地獄に向かうのである（ヤコ 3:5-6, cf. シュラッター, p.60）。

5 節　そのように、舌も小さな器官ですが、大きなことを自慢します。見よ、あれほどの火が、あれほどの森を燃やします。

「自慢する（アウケオー）」と訳した表現は、「宣言する」とも訳せる表現であり、単に「あれほどの（ヘーリコス）」と訳した表現は、「小さな器官」と「大きなこと」という表現に基づけば、「あれほどの小さな火」と「あれほどの大きな森」という意味である。「舌」は教師が活用する重要な器官であり（ヤコ 3:1）、その危険性がここで警告されている（詩編 12:3-4, 73:8-9, 箴言 26:20-21）。ここで、注意しなければならないのは、決して沈黙が勧められているのではなく、言葉を賢く用いる必要性が説かれているという点である（ヤコ 3:9-10, cf. バークレー, p.116）。

この 5 節は、かつてイエスが、「あなたが施しを行う時は、人々から誉められようとして偽善者たちが会堂や通りで行っているように、自分の前でラッパを吹いてはならない」と語ったことを想起させる（マタ 6:2）。

「義」は（マタ 6:1）、貧しい人々への「施し」を通して具体的に実践されるが、それは人々から賞賛されるために行うべきものではない。ところが、偽善者たちは会堂や通りで、つまり、ユダヤ人の集まる宗教施設においてのみなら

ず、誰でも利用する一般的な通りにおいて、人々からの賞賛そのものを目的として施しを行っている。

当時ユダヤ地方では、毎年畑の収穫の終わる七月には、ラッパの一種である角笛の合図で収穫の完了と種々の祭りの開始を告知していた。しかも、七年目は畑を休閑地として畑に安息を与え（出エ 23:10-11, レビ 23:22-43, 25:1-12）、同胞の負債を免除したり、同胞の奴隷を解放することが定められていた（出エ 21:2, 申命 15:1-18, エレ 34:14）。つまり、角笛の合図で、人々の注目を集めながら貧しい人々に作物などの施しをしうる機会が到来するのである。また、神殿の中の献金箱には、十三個のラッパの形をした容器が用途ごとに付けられており（cf. 列王下 12:10-17, マル 12:41-44, ルカ 21:1-4, ヨハ 8:20）、他の人に気づかれるようにして、このラッパに向かって音を立ててお金を投げ入れれば、ラッパを吹いているのと同じことにもなるだろう。

さらに、「偽善者（ヒュポクリテース）」とは、元々は「俳優」を意味していた。偽善者たちは、俳優が劇場で観客の賞賛を期待してラッパを吹くように、義を大袈裟に見せびらかしているとイエスは難詰しているのかもしれない。こうして、偽善者たちはすでに人々からの賞賛を報いとして受け取っており、父なる神からの報いを謙虚に受けることができない。しかし、本来、施しは何の報いも期待せず、他人には気づかれないようにして貧しい人に与えるものである（マタ 6:4）。このような施しを行う人こそ、「自分の前で」はなく、神の前でラッパを吹く正しい人であり、天に自分の宝を積む人である（マタ 19:21, ルカ 12:33）。こうして、この人の施しは、天の神によって確実に聞かれ、見られ、神の目にかなうのである。

6節　また、舌は火であり、不正の世界です。舌は私たちの器官の中に定められていて、全身を汚し、生まれてからはその走路を燃やし、そして、地獄で燃やされます。

小さな火が大きな森を燃やすように（ヤコ 3:5）、使い方を誤ると（ヤコ 3:2-5）、小さな「舌は火であり」、神と隣人を愛する王国とは正反対の「不正の世界」である（ヤコ 2:5, 8）。「不正（アディキア）」とは、「正しさ（ディケー）」が「ない（ア）」ことである。

この6節の後半は、言わば「舌」の生涯を物語っている。つまり、舌は

人が生まれる前から、人の器官の一つとして定められていて（詩編 139:13）、すでに体の他の部分をも汚し始めている。イエスが、「口に入るものが人を汚すのではなく、口から出るもの、これが人を汚す」と語ったとおりである（マタ 15:11, cf. 詩編 120:3-4）。そして、「生まれてから（ゲネシス）」、つまり、「誕生」（直訳）の後は（ヤコ 1:23 解説）、その人自身の「走路」を自滅的に燃やす（箴言 16:27）。「走路（トロコス）」とは、文字どおり、「走る（トレコー）」所であり（cf. ヘブ 12:13）、人や物を走らせる「車輪」をも意味する。ちなみに、この「走路（トロコス）」という表現は、古代ギリシャの密儀宗教であるオルフェウス教の運命論的で円環的な歴史観を表す人生の「車輪（トロコス）」を指しているのではなく、単に「生まれてから」死ぬまでの人生「行路」という意味で用いられている（Witherington, p.495）。

こうして、最終的に舌は裁かれて（マタ 12:36）、地獄で燃やされる。このことも確かにイエスが、「自分の兄弟に『能なし』と言う人は、最高法院に引き渡されるだろう。『愚か者』と言う人は、火の地獄の中に入れられるだろう」と語ったとおりである（マタ 5:22）。

「地獄（ゲエナ、ゲヘナ）」とは、語源的にはエルサレム南西の「ベン・ヒノム」の谷に由来し、この谷はかつて、モレク神に対する犠牲として子どもを焼いてささげる場所であったが、後にこの場所は、廃棄物や死体を焼却する場所となり、最も厳しい裁きの場として理解されるようになった（ヤコ 2:11 解説）。地獄「で（ヒュポ）」と訳した表現は、地獄の火「によって」（直訳）という意味であり、「生まれてからはその走路を燃やし、そして、地獄で燃やされます」という文は、原語では「生まれてからは（テース・ゲネセオース）」という表現と「地獄（テース・ゲエネース）」という表現が、対照的な意味を内包する言葉遊びになっている。

また、否定的な意味において「舌は火」であるということは、逆に、肯定的な意味における「火のような分けられた舌」の出来事を想起させる（使徒 2:3）。それは、イエスの復活、昇天後の出来事である。「五旬祭の日が満たされて、すべての人々が共に一つになっていた。すると、天から突然、激しい風が運ばれて来るような音がして、人々が座っていた家全体を満たし、火のような分けられた舌がその人々に現れ、その人々の一人ひとりの上にとどまった。そして、すべての人々は聖霊に満たされ、霊がその人々に語り出さ

3. 争乱ではなく、平和を築く言葉（3:1-18）

せるままに、異なる言葉で語り始めた」（使徒 2:1-4）。

　イスラエルの民にとって重要な三つの祭りは、過越祭と五旬祭と仮庵祭である。

　シワンの月（太陽暦の 5-6 月に相当する）に祝われた五旬祭は、小麦の刈り入れの祭りであり（出エ 23:16）、穀物の初穂の祭りであった（出エ 34:22, レビ 23:17, 民数 28:26）。この祭りは、過越祭から七週間を経た翌日、つまり五十日目に持たれるので（レビ 23:15-21）、七週祭とも五旬祭とも呼ばれる（申命 16:9-12）。「五旬祭（ペンテーコステー）」とは、「五十番目」という意味である。新穀などがささげられたこの収穫祭でイエスの弟子たちが一つにされたことは、この機会に弟子たちがすべて新しい神の果実として神にささげられ、神の務めを新たに果たすように導かれていることを示唆している。

　ちなみに、過越祭は、イスラエルの民が神によってエジプトから解放されたことを想起するための祭りであり、元々は家族の人数に応じて傷のない一歳の雄の子羊が選ばれ、ほふられ、その血が家の門柱に振り掛けられた。これは、かつて主が家の門柱の血を見て、その家の初子を人であれ家畜であれ滅ぼさずに過ぎ越したことにちなんでいる（出エ 12:1-36）。この祭りは、アビブの月（太陽暦の 3-4 月に相当し、後にニサンの月と呼ばれる）に七日間かけて行われていた（申命 16:1-8）。

　エタニムの月（太陽暦 9-10 月に相当し、後にチスリの月と呼ばれる）に祝われた仮庵祭は、取り入れの祭りとも呼ばれ（出エ 23:16, 34:22）、収穫の終わりを告げると同時に、イスラエルの民が荒野を放浪したことを記念して、人々は木々の枝で造った仮小屋に七日間住んだ（レビ 23:39-43, 民数 29:12-38, 申命 16:13-15）。

　男性は、過越祭と五旬祭と仮庵祭の三つの祭りをエルサレムの神殿で祝うことが定められており、こうして彼らは一年に三度、主の前に出ることになっていた（出エ 23:14-17, 34:23, 申命 16:16）。しかし、イエスの頃には、遠隔地の人々は過越祭のみに参加する習慣になっていた。過越の生けにえをほふるのは、主がその名前を置くために選んだ場所であるエルサレムの神殿と定められていたため（申命 16:5-7, cf. 列王上 8:29）、イスラエルの民は過越祭だけはエルサレムに来る必要があったのである。

　さて、イエスは聖霊を送る約束をしていたから（ヨハ 14:16, 26, 15:26,

16:7, 13, 20:22)、天からの風は、昇天したイエスが父なる神の許しの下で弟子たちに送った聖霊である（使徒 4:31, ペト一 1:12, cf. 箴言 1:23）。風は吹こうと思う所に吹き、人々はその音を聞くが、それがどこから来て、どこへ行くのかを知らないのと同様に（ヨハ 3:8）、聖霊も「突然」やって来る。しかし、イエスの送る聖霊は天から運ばれて来てイエスの弟子たちが座っていた家に来る。その際、人々は座って祈っていたと考えられる（使徒 1:14）。また、「激しい」という表現や、「家全体を満たし」という様子は、聖霊が人間の力を超えた神の働きであることを示している。そして、その際に家全体が霊妙な神の香りで満たされたとも考えられる（イザ 6:4）。

　その聖霊は火の聖霊とも呼ばれ（ルカ 3:16, cf. 民数 11:25）、すべてのものを完全に清める働きを持つ。「現れる」という表現は、原語では「見る（ホラオー）」という動詞の受動態であるので、人々は舌の形をしたそのような聖霊が自分の上に到来するのを実際に見たのである（使徒 1:5）。なお、この時点で人々は家から通りに出ていたかもしれない（使徒 2:5-6）。「分けられた」という神的受動態の表現は、聖霊が元々は一つであり（エフ 4:4）、人々のために父なる神によって分け与えられ、本来一つであるその聖霊によって人々は一つとされることを示している。したがって、聖霊は一人ひとりのために分断されたのではなく、分配されたのである。

　「異なる言葉（グローサ）」とは「異なる舌」（直訳）であり、聖霊が「舌」の形をして一人ひとりの上に到来したのは（使徒 2:3）、どのような状況にあっても、一人ひとりが聖霊に助けられて、その場に合った異なるそれぞれの言葉で福音を伝えることができるようにするためである（cf. マタ 10:20, マル 16:17, コリ一 12:10-11, 14:21）。こうして、かつてイエスの約束した聖霊が到来し（使徒 1:4-5, 8）、弟子たちは地の終わりまでイエスを証しする準備ができたのである。かつて、後にバベルと呼ばれる町で人々は天にまで届く塔を建てて有名になろうとしたが、それに対する懲罰として神は、それまで同じ言葉を話していた人々の言葉を混乱させ、互いの言葉が聞き分けられないようにし、人々を全地に散らした（創世 11:1-9）。しかし、今や神はイエスの弟子たちに別々の言葉を語らせ、あちこちに散らばった人々に一つの祝福された状態をもたらしたのである。

3. 争乱ではなく、平和を築く言葉（3:1-18）

　7節　実に、あらゆる種の野獣や鳥、はう物や海の物は、人という種によって制せられていて、また、制せられてきました。

　「種（フュシス）」と訳した表現は、「生み出す（フュオー）」という表現に由来し、「自然、性質」とも訳せる表現である。人が他の生き物を制してきたことは、かつて神がそれらすべてを支配するように命じ（創世 1:26, 28）、さらに、大洪水の後には（創世 6:17, 7:6）、ノアの手にそれらすべてをゆだねたことも想起させる（創世 9:2）。

　8節　しかし、人々の中の誰も、不安定な悪であり、致命的な毒に満ちた舌を制することはできない。

　「不安定（アカタスタトス）」とは、「下に（カタ）」「立てる、据える（ヒステーミ）」、つまり、自らを「定める（カシステーミ）」ことができ「ない（ア）」ような不安定さを示しており（ヤコ 1:8 解説）、「致命的な（サナテーフォロス）」とは、文字どおり、「死（サナトス）」を「もたらす（フェロー）」ことである。人は他の生き物を制することができるにもかかわらず、自分自身の小さな舌を制することはできないのである。しかし、「人（アンスローポス）」には、その舌を制することができないとしても、神にはできるのであり、人がその舌を制することができたのなら、それは神の恵みである（ムー, p.147）。

　パウロも罪人について、「その人々ののどは開かれた墓であり、その舌で策略を行っていて、その唇の下にはまむしの毒があった」と語っている（ロマ 3:13）。

　これは、詩編 5 編 10 節、140 編 4 節からの引用である（詩編 5:10LXX, 140:4LXX）。これらの罪人たちののどが開かれた墓であるということは、内部は汚れた死体同然であり、悪臭を放っており（ヨハ 11:39）、舌を使ってその口から他人を陥れようとする策略を説き（ロマ 1:29）、毒を利用して人を自分と同じ生きたしかばねにしようとすることを意味している。こうした記述は、十字架上で処刑された後に閉ざされた墓から出て来たイエスの生き方を対照的に想起させる。つまり、イエスはその舌で福音を語り、その言葉には神の命があった。そして、イエスは多くの人々を永遠の命に導いたのである。

9節　これによって私たちは父なる主を祝福し、また、これによって私たちは神に似た形で生じた人々を呪います。

　「これ」とは、前節の「舌」を指している（ヤコ 3:8）。「父なる主（キュリオス・カイ・パテール）」という表現は、「主と父」（直訳）であるが、後者の語が前者の語を修飾する二詞一意であり、こう訳されている（ヤコ 1:27 解説）。「祝福する（ユーロゲオー）」とは、「良く（ユー）」「言う（レゴー）」という意味であり、「似た形（ホモイオーシス）」とは、「同じ（ホモス）」ではなく、「同じように（ホモイオス）」なることである。「生じる（ギノマイ）」とは、ここで実質上、「造られる」ことを意味する。「呪う（カタラオマイ）」とは、誰かに「対して（カタ）」否定的なことを「祈る（アラオマイ）」ことである。

　舌には実際に、父なる主を祝福するという肯定的な側面もあれば（歴代上 29:10, イザ 63:16）、人々を呪うという否定的な側面もある。特に、「神に似た形」の人々を呪うということは（創世 1:26-27）、神自身を呪うことに似た行為であり、舌の悪逆さはここに明白である。特に、古代社会では「祝福」や「呪い」の言葉は、現実的な効果を与えると信じられていたことを考慮すると、この9節の内容は極めて深刻な指摘である（ムー, p.148）。

　10節　同じ口から祝福と呪いが出て来ます。私の兄弟たちよ、これらのことがそのように起こってはならない。

　この10節において、「二心（double-minded）」が（ヤコ 1:8）、「二枚舌（double-tongued）」という形で露呈されている（Johnson, p.262）。そして、ヤコブの真意は、「同じ口から祝福と呪い」が別々に出て来れば、それで良いということではなく、「呪い」ではなく「祝福」が出て来ることを命じているのである。パウロも、「あらゆる悪い言葉が、あなたたちの口から出ることがあってはならず、むしろ、もし、建て上げるためなら、何か良いものが必要です。それは、聞いている人々に恵みを与えるためです」と説いているとおりである（エフ 4:29）。

　11節　泉は、同じ穴から甘い水と苦い水を噴き出させないのではないですか。

3. 争乱ではなく、平和を築く言葉（3:1-18）

「水」という表現は原文にはないが、ここでは補われている。「噴き出させないのではないですか」と訳した文は、「噴き出させないのでは」（直訳）という疑問文であり、「噴き出させない」という否定の返答を期待する「ない（メー）」という表現の強調形「ない（メーティ）」が入っている。ちなみに、英語の「ぶどう糖（glucose）」は、ギリシャ語の「甘い（グルクス）」に由来する。

12節 私の兄弟たちよ、いちじくの木がオリーブを、ぶどうの木がいちじくを作ることはできないのではないですか。また、塩水が甘い水を作ることもないのです。

ヤコブは、何度も「私の兄弟たちよ」と親しく語りかけている（ヤコ 3:1, 10）。「できないのではないですか」と訳した文は、「できないのでは」（直訳）という疑問文であり、「できない」という否定の返答を期待する「ない（メー）」という表現が入っている。当然、植物は、「種」の異なる植物の実をならせることはないし（ヤコ 3:7）、「海」や死海の塩水が（ヤコ 3:7）、泉からわき出るような甘い水を作ることもない。

いちじくの木は、聖書で最初に言及される木の名前であり（創世 3:7）、オリーブやぶどうと共に神の与える祝福や繁栄や平和を象徴する木である（民数 20:5, 列王上 5:5, 列王下 18:31）。いちじくの木は通常、初夏と夏の二回実をならせるが、春に新芽が出る頃まで枝に実を残していることもある（マタ 21:19-21）。ちなみに、小麦、大麦、ぶどう、いちじく、ざくろ、オリーブ、なつめやしのみつは、パレスチナ地方の重要な産物の一つである（申命 8:8）。

また、エルサレムの東方一キロほどの所には「オリーブの木々」（直訳）の山があり（使徒 1:12）、標高八百メートルほどの高さのこの山からはエルサレムを見下ろすことができる。オリーブの実からは油が取れ、その油は王、祭司、預言者が立てられる時にその人に注がれ（ヤコ 1:1 解説）、人々の食用や灯油としても利用された（出エ 27:20, 29:40, 30:25）。

イエスは、茨やあざみといった呪いを象徴する植物を引用して（創世 3:18, イザ 34:13, エゼ 2:6, ホセ 10:8, ヘブ 6:8, cf. マタ 27:29）、「あなたたちは、彼らの実から彼らを見分けるだろう。人々は、茨からぶどうの房を、または、あざみからいちじくを集めるだろうか」と語り（マタ 7:16）、偽預言者たちから良い物は実らないことを示した（マタ 12:33）。

13節 あなたたちの中で知恵があり、分別があるのは誰ですか。その人は良い生き方によって、知恵の優しさの中で、自分の業を示しなさい。

「素直」とも訳せる「優しさ（プラウテース）」という表現は、モーセやイエスの人柄に対しても用いられる表現であり（ヤコ 1:21 解説）、当時のギリシャ世界では推奨される徳ではなかったことを考慮すると、「優しさ」とは、キリスト教に独特の徳であると言える（ムー，p.153）。「生き方（アナストロフェー）」と訳した表現は、「再び（アナ）」「向かう（ストレフォー）」という意味に由来し、一定の生活様式を指す（ガラ 1:13, エフ 4:22, テモ一 4:12, ヘブ 13:7）。つまり、「知恵」や「分別」という美徳に基づく「業」は、平常の生き方においても、特定の機会に必要とされる知恵に満ちた「優しさ」の中でも発揮されるものなのである（ヤコ 2:18）。

ちなみに、英語の「哲学（philosophy）」は、ギリシャ語の「愛する（フィレオー）」と「知恵（ソフィア）」に由来し、英語の「認識論（epistemology）」は、ギリシャ語の「分別がある（エピステーモーン）」と「言葉（ロゴス）」に由来する。

14節 しかし、もし、あなたたちが自分たちの心の中に、苦いねたみや利己心を持つなら、あなたたちは勝ち誇ったり、真理に反して偽ってはならない。

「ねたみ（ゼーロス）」とは、熱意のことであるが、熱意が人に対して不適切な形で表現されたものが「ねたみ」であり（ロマ 10:2, 13:13, コリ一 3:3, コリ二 12:20, ガラ 5:20）、「利己心（エリセイア）」とは、自己利益の拡大を目指すことであり、神のみの栄光と神の王国の確立を求める心とは対照的である（ロマ 2:8, コリ二 12:20, ガラ 5:20, フィリ 1:17, 2:3, cf. ヤコ 2:5, 8）。

「勝ち誇る（カタカウカオマイ）」という表現は、「誇る（カウカオマイ）」という表現の強調形であり（ヤコ 2:13 解説）、「真理に反して」、「偽る」という類似表現の反復は強調である（ヤコ 1:18, 5:19）。この 14 節は、おそらく当時、ねたみや利己心から、「教師」の役割を担っていた人々がいたことを示しているのだろう（ヤコ 3:1）。

15節 この知恵は上から下って来たものではなく、この世のもの、生

3. 争乱ではなく、平和を築く言葉（3:1-18）

来のもの、悪霊によるものです。

「この知恵」とは、前節の「ねたみや利己心」といった言わば悪「知恵」のことであり（ヤコ 3:14）、それは「上から」、つまり、天からのものではなく、この世のものである（ヤコ 1:5, 17, cf. コリ二 1:12）。「生来の（プシュキコス）」と意訳した語は、「魂、命（プシュケー）」に由来する表現であり、ここでは自らの「魂、命」に支配されているものとして、「霊的（プネウマティコス）」という表現の対義語であり、まだ、霊的に生まれ変わっていないことを示している（コリ一 2:14, 15:44, cf. ユダ 19）。そのような人は、霊的なことを愚かなこととしか理解できず（コリ一 1:18）、それを知ることもできない（ヨハ 14:17, cf. ヨハ 8:43）。

「悪霊」は形式的な知識は持っていても、正しい信仰を実践せず、真理に反して偽る主体である（ヤコ 2:19, 3:14, cf. テモ一 4:1）。ここで、「この世のもの、生来のもの、悪霊によるもの」は、悪知恵の場所的起源と、時間的起源と、人格的起源を示している。

ちなみに、ヤコブの手紙における「知恵」は、福音書やパウロの手紙における「霊（プネウマ）」に相当する役割を果たしている（ヤコ 1:5 解説, cf. ムー, p.157）。

16 節　実に、ねたみと利己心のある所、そこには争乱とあらゆる悪い事柄があります。

「ある、あります」という表現は原文にはないが、ここでは補われている。「ねたみ（ゼーロス）」とは、熱意が人に対して不適切な形で表現されたものであり、「利己心（エリセイア）」とは、自己利益の拡大を目指すことである（ヤコ 3:14 解説）。「争乱（アカタスタシア）」とは、「落ち着かせる（カシステーミ）」ことができ「ない（ア）」状態である（ヤコ 3:8 解説）。このように、個人の「ねたみ」や「利己心」というものは、拡大していって社会全体を巻き込む「争乱」や、それにまつわる「あらゆる悪い事柄」を引き起こしうるものであるから、小さい火が消し易いのと同様に（ヤコ 3:5）、小さいうちに処理すべきものなのである。

17 節　しかし、上からの知恵は、まず一方で純真であり、次に平和的

であり、寛容であり、従順であり、哀れみと良い実に満ち、差別がなく、偽りがないことです。

「上から」とは、天の父なる神に由来することであり、この世の知恵とは対極的である（ヤコ 3:15 解説）。「純真（ハグノス）」とは罪に汚されていないことであり（コリ二 7:11, 11:2, フィリ 4:8, テモ一 5:22, テト 2:5）、「まず一方で（プロートン・メン）」という表現は、この「純真」さを特に強調している。

「平和的（エイレーニコス）」とは、神や人との友好的な関係であり（マタ 5:9, ヘブ 12:11）、「寛容（エピエイケース）」とは、不完全であっても相手を受け入れる優しさのことである（フィリ 4:5, テモ一 3:3, テト 3:2）。「従順（ユーペイセース）」とは、「従わせ（ペイソー）」「易い（ユー）」性格であり（ヤコ 3:3 解説）、「哀れみ（エレオス）」とは（ヤコ 2:13）、相手の立場になって同情し、行動をすることである。「良い実」は「致命的な毒」とは逆に（ヤコ 3:8）、相手を健全に成長させるものであり、「差別がない（アディアクリトス）」とは、文字どおり、「差別をする（ディアクリノー）」ことが「ない（ア）」性格である（ヤコ 2:4 解説）。「偽りのない（アヌポクリトス）」とは、「偽善者（ヒュポクリテース）」になら「ない（ア）」ことであり、「偽善者（ヒュポクリテース）」とは元々「俳優」を意味していたが（ヤコ 3:5 解説）、そこから転じて自分を正しく見せる人を指すようになった（ロマ 12:9, コリ二 6:6, テモ一 1:5, テモ二 1:5）。このように、「上からの知恵」は、実に神の国の様子を映し出している（ヤコ 2:5, 8）。

18 節　そして、義の実は、平和を築く人々によって平和にまかれます。

「平和を築く人々によって」という表現は、「平和を築く人々のために」と訳すこともできるが、イエスの「平和を築く人々は、幸いである。なぜなら、その人々こそ神の子と呼ばれるだろうから」という言葉がここに反映されていて（マタ 5:9）、平和を築く人々の働きが強調されているとすると、「平和を築く人々によって」という訳の方が原文の意味に近いと考えられる（Johnson, p.275）。

「義の実」とは、信仰に基づく正しい実践であり（フィリ 1:11, cf. イザ 32:17, ホセ 10:12）、具体的には前節の「上からの知恵」による数々の美徳で

ある（ヤコ 3:17）。これが「平和に」まかれるとは、無理なく実践されることであり、それが将来的に大きく成長することも示唆している。そして、「平和を築く人々によって平和にまかれます」という文において、「平和」という目的に対して、「平和に」まくという手段が明示されていることは、「上からの知恵」の実践が徹頭徹尾、「平和」を重視した業であることを示している。これは、「争乱とあらゆる悪い事柄」に対する極めて厳しい警告でもある（ヤコ 3:16, cf. ヤコ 4:1-3）。

4. 神に近づいて、悪を避ける信仰

4章1節－17節　私訳

¹あなたたちの中の戦いはどこから、争いはどこからですか。あなたたちの器官の中にあって、あなたたちの戦う快楽から、ここからではないですか。²あなたたちは望んでも得られないと、殺します。そして、あなたたちは熱望しても到達できないと、争い、戦います。あなたたちが得られないのは、あなたたちが求めないことによるのであり、³あなたたちが求めても受けることがないのは、あなたたちの快楽の中で使おうと、悪いやり方で求めるからです。⁴姦淫の女たちよ、あなたたちは、この世への愛が神への敵対心であることを知らないのですか。それで、この世の友になりたいと思う人は誰でも、神の敵とされます。⁵それとも、あなたたちは、聖書がむなしくこう言うと思うのですか。「神は私たちの中に住まわせた霊を嫉妬するほどに切望し、⁶そして、より大いなる恵みを与えます。」そのため、こう言います。

　「神は高慢な人々に対立し、
　　へりくだっている人々に恵みを与えます。」

⁷そこで、あなたたちは神に従い、悪魔に反対しなさい。そうすれば、彼はあなたたちから去って行くだろう。⁸あなたたちは神に近づきなさい。そうすれば、神はあなたたちに近づくだろう。罪人たちよ、あなたたちは手を清めなさい。そして、二心の人々よ、あなたたちは心を純真にしなさい。⁹あなたたちは苦しみ、悲しみ、泣きなさい。あなたたちの中の笑いが悲しみに、喜びが憂いに変えられるようにしなさい。¹⁰あなたたちは主の前で低くされなさい。そうすれば、主はあなたたちを高めるだろう。

¹¹兄弟たちよ、あなたたちはお互いに悪口を言ってはならない。兄弟に悪口を言ったり、自分の兄弟を裁いたりする人は、律法に悪口を言い、律法を裁いています。そして、もし、あなたが律法を裁くなら、あなたは律法を行う人ではなく、裁く人です。¹²律法を定める［あの］方、裁く方は一人であり、その方が救うことも滅ぼすこともできます。しかし、隣人を

裁くあなた自身は、誰ですか。

¹³ さあ、ところで、今日か明日これこれの町に行き、そこに一年いて、商売をし、もうけようと言う人々よ、¹⁴ あなたたちは、自分たちの命がどのようになるのか、明日のことは分からないのです。あなたたちは少しの間、現れて、それからまた消える霧だからです。¹⁵ むしろ、あなたたちは、「もし、主の思いであるなら、私たちは生きて、このことやあのことを行おう」と言うべきです。¹⁶ ところが、あなたたちは自分たちの虚勢の中で誇っています。そのような誇りは、ことごとく悪です。¹⁷ そこで、良いことを行うべきであると知りながら行わないなら、それはその人にとって罪です。

4章1節－17節　解説

　1節　あなたたちの中の戦いはどこから、争いはどこからですか。あなたたちの器官の中にあって、あなたたちの戦う快楽から、ここからではないですか。

「ない（ウー）」という表現は、肯定の返答を期待する疑問文に付けられる。「戦い（ポレモス）」とは、実際の力の行使を含む戦いであり、英語の「論争、論客（polemic）」は、ギリシャ語の「戦い（ポレモス）」に由来する。ユダヤ人キリスト者の中には、熱心党出身の人もいたと考えられるから、実際の「戦い」を警告することは現実的なことだと考えられる（ルカ6:15, 使徒1:13, cf.Martin,pp.144, 156）。「熱心党員」は（ルカ6:15）、十戒の第一戒を厳格に守り（出エ20:3）、神以外の政治的、宗教的支配者を排斥しようとする人々からなる戦闘的な一派である。

「争い（マケー）」は、律法や系図に関する論争を含み（テモ二2:23, テト3:9）、このような論争が高じて殺人があったのかもしれない（ヤコ4:2）。単に「戦う（ストラテウオー）」と訳した表現は、元々は「軍隊（ストラトス）」に入って戦争に行くことを意味し（テモ一1:18, テモ二2:4）、英語の「戦略（strategy）」は、ギリシャ語の「軍隊（ストラトス）」に由来する（ロマ7:23）。また、英語の「快楽主義（hedonism）」は、ギリシャ語の「快楽（ヘードネー）」に由来する。

「あなたたちの器官」、「あなたたちの戦う快楽」という表現の中の「あな

ヤコブの手紙

たち」という反復表現は、戦いや争いが「あなたたち」自身から来ていることを強調したものであり、この「快楽」は「上からの知恵」とは対極的な役割を果たしている（ヤコ 3:17, cf. ガラ 5:17）。

　２節　あなたたちは望んでも得られないと、殺します。そして、あなたたちは熱望しても到達できないと、争い、戦います。あなたたちが得られないのは、あなたたちが求めないことによるのであり、

　「望む（エピスメオー）」と訳した表現は、「欲望（エピスミア）」を持って「むさぼる（エピスメオー）」とも訳せる表現であり、極めて強い願望を示している。「得られる（エコー）」と意訳した表現は、単に「持つ」（直訳）であり、「持つ（エコー）」とは、しばしば性的関係を「持つ」ことを示すから（ヨハ 3:29, 4:18, コリ一 5:1, 7:2）、「望んでも得られないと、殺します」という事態は、相手の女性との性的関係を望んでも、種々の人間関係の中でそこに「到達できない」で相手を殺してしまうような悲惨な出来事を背景にしているのかもしれない（ヤコ 2:11 解説）。

　「熱望する（ゼーロオー）」と訳した表現は、「ねたみ（ゼーロス）」と訳した表現の動詞形であり（ヤコ 3:16）、「到達する（エピトゥンカノー）」と訳した表現は、「達する（トゥンカノー）」という表現の強調形である。また、「争う（マコマイ）」と訳した表現は、「争い（マケー）」と訳した表現の動詞形であり（ヤコ 4:1）、「戦う（ポレメオー）」と訳した表現は、「戦い（ポレモス）」と訳した表現の動詞形である（ヤコ 4:1）。

　「求める（アイテオー）」という表現は、「もし、あなたたちの中のある人が知恵に欠けているなら、その人は、すべての人々に純真に、ののしることなく与える神に求めなさい。そうすれば、それはその人に与えられるだろう。そして、その人は疑うことなく信仰によって求めなさい」と明示されているように（ヤコ 1:5-6）、適切なものを「信仰によって」「神に」求めることである。ヤコブによると、「あなたたち」にはこのような信仰がないのである。

　３節　あなたたちが求めても受けることがないのは、あなたたちの快楽の中で使おうと、悪いやり方で求めるからです。

　「受けることがない」と訳した表現は、単に「受けない」（直訳）であり、「悪

4. 神に近づいて、悪を避ける信仰（4:1-17）

いやり方で（カコース）」と訳した表現は、単に「悪く」（直訳）である。「使う（ダパナオー）」という表現は、「使い果たす」という強い表現である。「快楽の中で」使うという表現は、女性に対する不適切な性的関係を示唆しているのかもしれない（ヤコ 4:2 解説）。例えば、イエスが明示しているように、パンを求める自分の子に石を与える人はいないし、魚を求める自分の子に蛇を与える人はいないことを考慮すると（マタ 7:9-10, cf. ヤコ 1:5 解説, 17 解説）、神はたとえ自分の子たちが蛇を求めても、蛇を与えることはないから（Witherington, p.512）、神はこの世の男が、蛇に試みられた後に男を試みるような女を求めても（創世 3:1-6, コリ二 11:3, cf. 黙示 12:9-10, 20:2）、そのような女を与えることはない。男を試みる女を求めることは、「悪い」求め方だからである。したがって、男はこのような「試み」を、唯一真の神との交わりから受ける「喜び」に（cf. ヤコ 2:19）、さらには、例えば一人の妻との適切な関係から受ける「喜び」に変えなければならないのである（ヤコ 1:2 解説, cf. テモ一 3:2, 12, テト 1:6）。

また、この 3 節は、かつてイエスが、こう語ったことを想起させる。「あなたたちは求めなさい。そうすれば、それはあなたたちに与えられるだろう。あなたたちは探しなさい。そうすれば、あなたたちは見つけるだろう。あなたたちは門を叩きなさい。そうすれば、それはあなたたちに開かれるだろう」（マタ 7:7）。

イエスによると、一般に人の求めたものが与えられるためには、幾つかの条件がある。

第一に、それはイエスが主の祈りを教えたように、求める前から人の必要を知っている父なる神に対して、神の王国と神の義を求める祈りでなければならない（マタ 6:8-13, 33, cf. マタ 21:22, マル 11:24）。父なる神は天地万物を造り、維持しており、その中で人にとって何が必要であるかを知り、また、与えることができる。

第二に、それはイエスの名によって願わなければならない（ヨハ 14:13, cf. ヨハ 15:7, 16, 16:23-24, ヤコ 1:5-6, ヨハ一 3:22, 5:14-15）。イエスは、神の唯一の子としてその思いを完全に知っており、神と人の唯一の調停者として父なる神の思いを人に具体的に告げることができるからである。

第三に、それは個人勝手な求めではなく、複数の人が心を一つにして求め

続けなければならない（マタ 18:19）。天の王国は、一人の人によって構成されているのではなく、多くの人々のためのものだからである。また、すぐに完成するものではなく、神の定めた時まで引き伸ばされているからである。

ちなみに、ここでは、「求めなさい」、「探しなさい」、「叩きなさい」という動詞は、「求め続けなさい」、「探し続けなさい」、「叩き続けなさい」とも訳せる時制である。この天の王国は、探し求めるなら、地上の人々の間においても見つけることができるものであり（ルカ 17:21, cf. マタ 5:3, 12:28）、イエスの名においてその王国の仲間に入ることを希望する人に対して開かれている（ヨハ 10:9）。

さらに、父なる神は紀元前 10 世紀のソロモンの場合のように、正しい求めに対しては求めなかったものまで与え（列王上 3:13）、神に対して心を開いていれば、神は探さなかった者にも見いだされる（イザ 65:1, ロマ 10:20）。そして、最終的に天の王国の門は、叩かなくてもすべての人に対して開かれている（黙示 4:1, 21:25）。

　4 節　姦淫の女たちよ、あなたたちは、この世への愛が神への敵対心であることを知らないのですか。それで、この世の友になりたいと思う人は誰でも、神の敵とされます。

不適切な性的関係という主題は（ヤコ 4:3 解説）、この 4 節でもさらに展開されている。「姦淫の女（モイカリス）」と訳した表現は（cf. マタ 5:27, 32, 19:9, ロマ 2:22, 13:9）、夫と妻の関係にたとえられる神とイスラエルの民の関係において（イザ 54:5, エレ 3:6-13, エゼ 16:32, ホセ 2:4-25, 9:1, cf. マタ 12:39, 16:4, マル 8:38, ロマ 7:3）、この唯一真の神以外の異教の神々を慕うイスラエルの民が「姦淫の女」と呼ばれている。

そして、この世を「愛（フィリア）」して、この世の「友（フィロス）」となることは、神に「敵対心（エクスラ）」を持ち、神の「敵（エクスロス）」となることに等しい。「敵対心（エクスラ）」も「敵（エクスロス）」も、「憎しみ（エクソス）」に基づく思いのことであるから、神とこの世を同時に愛することも、神とこの世を同時に憎むこともできないのであり、神を愛するかこの世を愛するかのいずれか一つしか選択肢はないことを示している。イエスの言葉によると、「二人の主人に仕えることのできる人はいない」ので

4. 神に近づいて、悪を避ける信仰（4:1-17）

ある（cf. マタ 6:24, ヨハ 15:19）。つまり、天の唯一真の神とこの世の両方を愛するという中途半端な姿勢は、許されていない（ヤコ 2:9 解説）。神の敵と「される（カシステーミ）」と訳した表現は、神の敵として「定められる」という意味であり（ヤコ 3:6）、この世を愛するなら、父なる神によって神の敵として「定められる」ことを示す神的受動態である。

また、「この世（コスモス）」は、不正の「世界（コスモス）」であり（ヤコ 3:6）、「世界、秩序、宇宙（コスモス）」という表現の動詞形は「飾る（コスメオー）」であることを考慮すると、ヤコブは、「あなたたち」が異教の神々やその神殿を慕っているだけでなく、そこで着飾って待っている神殿娼婦たちをも慕っているような事態を非難しているのかもしれない。ちなみに、英語の「化粧品（cosmetics）」という表現は、ギリシャ語の「飾る（コスメオー）」に由来する。

この世への「愛（フィリア）」、この世の「友（フィロス）」という表現の動詞形である「愛する（フィレオー）」という表現には、「口づけをする（フィレオー）」という具体的な意味もあるから（マタ 26:48）、この世への「愛（フィリア）」、この世の「友（フィロス）」とは、この世の神々に仕える神殿娼婦に「口づけをする（フィレオー）」行為も示唆しているのかもしれない。「不正の世界」とは、「舌」が「火」のようになる世界であるから（ヤコ 3:6）、ヤコブは、神殿娼婦との性的関係において一定の役割を果たす「あなたたち」の「舌」は（ヤコ 3:6）、このような形でもヤコブによって厳しく非難されているのである（ロマ 8:7, cf. イザ 6:5-7, コリ一 5:1, ヨハ一 2:15, ユダ 23）。

このような「あなたたち」とは対照的に、アブラハムは天の唯一真の神を信じて、その信仰に基づく業を行うことによって「神の友」と呼ばれた（ヤコ 2:23）。そして、アブラハムの子孫であるイエスを救い主キリストと信じる人々から成る教会は、キリストの花嫁とされる（コリ二 11:1-2, エフ 5:24-28, 黙示 19:7, 21:9, cf.Ropes, p.260）。

5節　それとも、あなたたちは、聖書がむなしくこう言うと思うのですか。「神は私たちの中に住まわせた霊を嫉妬するほどに切望し、

「こう」、「神」という表現は原文にはないが、ここでは補われており、「聖書（グラフェー）」と訳した表現は、単に「書かれたもの」（直訳）という意

味である（ヤコ 2:23 解説）。この 5 節の引用は、紀元前 6 世紀のユダ王国の預言者ゼカリヤによるゼカリヤ書など（ゼカ 1:14, 8:2）、聖書の様々な箇所からの要約的な引用である（cf.Martin, p.149）。例えば、「私たちの中に住まわせた霊」という表現は、神が天地万物の創造において、人間に命の「息（プノエー、プネウマ）」、つまり、「霊（プネウマ）」を吹き込んだことに言及しているのだろう（創世 2:7）。また、神の「切望」は、霊を吹き込んだ民に対して神が「熱心な者（ゼーローテース）」であることを示すと考えられる（出エ 20:5, 34:14, cf. 列王下 19:31, イザ 9:6, 26:11, 37:32, 63:15, エゼ 5:13）。ちなみに、英語の「熱意（zeal）」と同様に、英語の「嫉妬（jealousy）」はギリシャ語の「熱心（ゼーロス）」に由来する（Ropes,pp.256, 263）。ある意味で神は、神自身ではなくこの世を愛する人に嫉妬しているのである（ヤコ 4:4）。

「嫉妬（フソノス）」とは本来、人間関係における倒錯した否定的感情であるが、ここでは逆説的に、神が人々の中に住まわせた霊に対する神の愛を強調するために使われている。「切望する（エピポセオー）」と訳した表現も、「慕い求める」とも訳せる強い意味を持っている。

パウロも同様にして、「あなたたちは、あなたたちの体があなたたちの中にある聖霊の神殿であり、それを神からもらっているので、あなたたちはあなたたち自身のものではないことを知らないのですか」と語っている（コリ一 6:19）。

かつて、イエスはユダヤ人たちに対して、「あなたたちは、この神殿を崩しなさい。そうすれば、私はそれを三日で起こすだろう」と言ったが（ヨハ 2:19）、「この神殿」は、イエス自身の体を指していた（ヨハ 2:21）。神殿とは父なる神の住む場所であり、イエスの内には父なる神が宿っているから（ヨハ 14:10, 17:21, 23）、その意味でイエスの体は真の神殿なのである。また、イエスは実際に十字架刑によって、自分の体という神殿が崩されてから三日目に復活し、最終的には天の都で父なる神と共に新しい自分自身の体を神殿とし、都の光として輝いている（黙示 21:22-22:5）。

さらに、イエスを信じて聖霊による洗礼を受けるすべての人も（ルカ 3:16）、自分の体に聖霊なる神が宿っているという意味で神の神殿である（コリ一 3:16, コリ二 6:16, cf. エフ 2:20-22, テサ一 4:8）。そして、このような人々が自分自身のものではないということは、神のものであるという意味であり、

具体的には、「誰も自分自身のために生きるのではなく、誰も自分自身のために死ぬのでもない」ということであり（ロマ 14:7）、神のために生き、神のために死ぬという意味である（ロマ 14:8, フィリ 1:21）。

6節　そして、より大いなる恵みを与えます。」そのため、こう言います。「神は高慢な人々に対立し、へりくだっている人々に恵みを与えます。」

「こう」という表現は原文にはないが、ここでは補われており、「言います」の主語は「聖書」である（ヤコ 4:5）。

前節における神による「嫉妬」が（ヤコ 4:5）、十戒に記されている神の「熱情」を背景としているなら（出エ 20:5, ヤコ 4:5 解説）、この 6 節における「大いなる恵み」も、十戒に記されている神の「慈しみ、恵み」を背景としていると言えるだろう（出エ 20:6, cf. 辻, p.193）。ただし、十戒では、偶像礼拝に陥って神を否定する人々の何代か後の子孫に至るまでその罪を問う神の熱情と、神のみを愛する人々とその子孫に対する神の永続的な慈しみに言及されている。

この「大いなる恵み」は「大いなる裁き」の対義語であり（ヤコ 3:1）、命を与える「霊」によって（ヤコ 4:5, cf. ヨハ 6:63, コリ一 15:45, コリ二 3:6, ガラ 6:8, ペト一 3:18）、永遠の命が豊かに与えられることを示唆している。「高慢な人（ヒュペレーファノス）」とは、限度を「超えた（ヒュペル）」「現れ（ファイノー）」方をすることであり、「対立する（アンティタッソー）」と訳した表現は、あるものに「対して（アンティ）」自分の立場を「定める（タッソー）」ことである。「へりくだっている（タペイノス）」とは、実際に地位の低い人々を指すだけでなく、そうでなくても謙虚に生きている人々も指す（ヤコ 1:9 解説）。

また、神が高慢な人々には裁きを下し、へりくだっている人々には栄光を与えるという趣旨の言葉は、イエスも、「自分自身を高める人は、低くされるだろうし、自分自身を低くする人は、高められるだろう」と語ったことを想起させる（マタ 23:12, cf. 箴言 3:34, 詩編 138:6, ルカ 14:8-11, ヤコ 1:9 解説, 2:2 解説, ペト一 5:5）。

7節　そこで、あなたたちは神に従い、悪魔に反対しなさい。そうすれ

ば、彼はあなたたちから去って行くだろう。

「従う（ヒュポタッソー）」とは、自分を誰かの「下に（ヒュポ）」「定める（タッソー）」ことであり、原語では「従わせられなさい」という受動態である。この場合、これは神的受動態であり、父なる神によってそうされることを示している。「反対する（アンシステーミ）」とは、自分をある人との立場とは「反対に（アンティ）」「立たせる（ヒステーミ）」という強い表現である。

天使は人間より大きな権力を持っているにもかかわらず人間を告発しないのに対して（ペト二2:11)、「責める、中傷する（ディアバロー）」者である「悪魔（ディアボロス）」とか「サタン」と呼ばれる人格は、神の前で人々を告発し、罪に定める者である（黙示12:9-10, cf.ゼカ3:1, ペト二2:4, ユダ6）。悪魔はヨブのような正しい人、イエスのような完全な人、また、弟子や信仰者をも執拗に探し回って試みる者である（歴代上21:1, ヨブ1:6-12, 2:1-7, マタ16:23, 使徒5:3, コリ二2:11, テサ一2:18, テモ一3:7, ヘブ2:14-15, ペト一5:8）。そして、イエス自身は悪魔に苦しめられている人を探し回って、その人をいやす（使徒10:38）。「この世」との関係で言えば（ヤコ4:4）、イエスは悪魔を「この世の指導者」と呼んでいる（ヨハ14:30, cf.Ropes, p.268）。

つまり、悪魔に勝るイエスを信じる信仰によって（ヤコ1:2解説）、人々は同様にして悪魔に立ち向かい、「彼」を退散させることができるのである(エフ4:27, 6:11)。

8節 あなたたちは神に近づきなさい。そうすれば、神はあなたたちに近づくだろう。罪人たちよ、あなたたちは手を清めなさい。そして、二心の人々よ、あなたたちは心を純真にしなさい。

二つ目の「神」という表現は原文にはないが、ここでは補われている。

本来、神に近づくことができるのは、人々の罪を贖う儀式を執り行う祭司だけであったが（出エ19:22, エゼ44:13）、今やキリスト者は、神がキリスト者の中に「住まわせた霊」の導きと（ヤコ4:5）、神と人との間を執り成す真の大祭司であるイエス・キリストのおかげで神に近づくことができる（ヘブ4:16, 7:19, cf.Johnson, p.284）。ただし、神に近づく時、次節で明示されているように、人々はまず神の前で回心しなければならない（ヤコ4:9解説）。また、この8節の「あなたたちは神に近づきなさい。そうすれば、神はあな

4. 神に近づいて、悪を避ける信仰（4:1-17）

たたちに近づくだろう」という文は、主に立ち帰るなら、主はあなたたちのもとに立ち帰るという預言を想起させる（ゼカ 1:3, マラ 3:7, cf. ホセ 12:7）。

「悪魔に反対」するためには「神に従い」（ヤコ 4:7）、さらには神に近づく必要がある。人は神に従うことで謙虚さを身に付け（ヤコ 4:6）、神に近づくことで清さを身に付ける（レビ 11:44）。「罪人（ハマルトーロス）」とは、「的を外す、分け前（メロス）を逃す（ア）」という意味に由来し（ヤコ 2:9 解説）、「二心の人（ディプシュコス）」とは、「二重（ディス）」の「魂（プシュケー）」を持つ人を指している（ヤコ 1:8 解説）。ここで呼びかけられている人々は、唯一真の神からそれて、表面的な神信仰と異教の神々崇拝という「二心」を持つ人々である。

「清める（カサリゾー）」という表現は、「清い（カサロス）」の動詞形であり（ヤコ 1:27 解説）、「純真にする（ハグニゾー）」という表現は、「純真（ハグノス）」の動詞形であり（ヤコ 3:17 解説）、異教の神々を崇拝することや罪を完全に断ち切ることが命じられている（cf. イザ 1:16）。また、ここで「手」は、実際に異教の神々の神殿娼婦に「手」を出すことを、「心」は思いが異教の神々に向かうことを示唆しているのかもしれない（ヤコ 4:4 解説, cf. 詩編 24:4）。

9節　あなたたちは苦しみ、悲しみ、泣きなさい。あなたたちの中の笑いが悲しみに、喜びが憂いに変えられるようにしなさい。

「あなたたち」が罪人であることを考慮すると（ヤコ 4:8）、「苦しみ、悲しみ、泣きなさい」という命令は、罪人の回心の様子を示しているのだろう（ヤコ 4:8 解説）。そして、罪深い生活における「笑い」や「喜び」は、回心した今や「悲しみ」や「憂い」になる。「苦しむ（タライポーレオー）」と訳した表現は、「耐え（トゥラオー）」つつ「運ぶ（ポレウオー）」という意味である。

こうして初めて、回心した罪人は、神からの真の慰めを受ける。イエスが、「悲しんでいる人々は、幸いである。なぜなら、その人々こそ慰められるだろうから」と語ったとおりである（マタ 5:4, cf. 箴言 14:13）。

10節　あなたたちは主の前で低くされなさい。そうすれば、主はあなたたちを高めるだろう。

「主は」という表現は原文にはないが、ここでは補われている。

「低くされる」という表現は、「へりくだっている（タペイノス）」という表現の動詞形である「低くする（タペイノオー）」の受動態である。この場合、これは神的受動態であり、父なる神によってそうされることを示している（ヤコ 4:7 解説）。この 10 節は、イエスも、「自分自身を高める人は、低くされるだろうし、自分自身を低くする人は、高められるだろう」と語ったことを想起させる（マタ 23:12, cf. ヤコ 4:6 解説）。

11 節　兄弟たちよ、あなたたちはお互いに悪口を言ってはならない。兄弟に悪口を言ったり、自分の兄弟を裁いたりする人は、律法に悪口を言い、律法を裁いています。そして、もし、あなたが律法を裁くなら、あなたは律法を行う人ではなく、裁く人です。

「兄弟」とは、信仰上の兄弟を指している。「悪口を言う（カタラレオー）」とは、元々はある人に「対立する（カタ）」ことを「語る（ラレオー）」という意味であり、「裁く（クリノー）」とは、兄弟を罪に定めることを示す。この場合、悪口を言って裁くという行為は、必ずしも事実ではないにもかかわらず、悪く言って罪を指摘することも含むだろう。そして、そのようなことをする人は、律法を行う人ではなく（ヤコ 1:22, 2:8）、自らが律法によって裁く主体となって、真の裁き主である神の立場になろうとしているから、神だけでなく、神の定めた律法をも侮辱しているのである。

この 11 節は、かつてイエスが、「あなたたちは裁いてはならない。あなたたちが裁かれないためである」と語ったことを想起させる（マタ 7:1）。

この世には日々不正や悪が蔓延し、人々は労苦を強いられるが（マタ 6:34）、それだからと言って、他者に対して安易な判断や裁きを下してはならないとイエスは説く。まず、人は裁きを下す時、裁きの基準となる律法の表面的な理解に基づくのではなく（ヨハ 7:24）、その趣旨を実現しなければならない（マタ 5:17-48）。次に、人は裁きを下す時、早急な判断をせず、最終的には神の裁きを待たなければならない。人は他者に対して早急な裁きを下す時、自分も同様のことをしていることに容易に気づかないからである（ロマ 2:1）。そして、唯一の正しい裁き主である神が、最終的には裁きの日にすべての人に対する決定的な裁きを下す（マタ 10:15, 11:22-24, 12:36, ロマ 14:4, コリ一 4:5, ヘブ 9:27）。つまり、人は他者を裁く時、同様のことをして

4. 神に近づいて、悪を避ける信仰（4:1-17）

いる自分をも裁いているのであり、最終的には神の正しい裁きにおいて、自分の表面的で一時的な不正な裁きが裁かれるのである（マタ 7:2）。

12節　律法を定める［あの］方、裁く方は一人であり、その方が救うことも滅ぼすこともできます。しかし、隣人を裁くあなた自身は、誰ですか。
「その方が」という表現は原文にはないが、ここでは補われている。
「律法を定める［あの］方、裁く方」も、唯一真の神であり（ヤコ 4:11 解説, cf. イザ 33:22、ヘブ 12:23）、その方のみが罪人を「救うことも滅ぼすことも」できる（申命 32:39, サム上 2:6, 列王下 5:7, マタ 10:28, cf.Ropes, p.275）。したがって、神の王国の律法によって、「あなたは、あなたの隣人をあなた自身のように愛しなさい」という命令があるにもかかわらず（ヤコ 2:8）、「隣人を裁く」ことは、神に成り上がろうとする最も「高慢な人」のすることであり（ヤコ 4:6）、神の裁きを免れえないだろう。

パウロも同様にして、「他の人の召使いを裁くあなた自身は、誰ですか。彼が立つのも倒れるのも、彼自身の主によるのです。しかし、彼は立つだろう。主は、彼を立たせることができるからです」と語っている（ロマ 14:4, cf. ロマ 2:1, 14:13）。

ここで実質上、「他の人」とは、主であるイエス・キリスト自身を指しており、「召使い（オイケテース）」とは、ある人の「家（オイキア）」で働くしもべである。つまり、信仰の強い人も弱い人も神の子なのであり（ロマ 14:1）、言わば神の家の働き手として、主人であるイエス・キリストの監督下にいるのである。したがって、主人であるイエス・キリスト以外の誰もその召使いを裁くことはできず、むしろ、常にイエス・キリストは彼を立たせて（コリ一 10:12）、召使いとしての仕事が継続できるようにする。そして、最終的に復活においてもイエス・キリストは、イエスを主とするすべてのしもべを死の床から立たせて、永遠の命に導き入れるだろう。

13節　さあ、ところで、今日か明日これこれの町に行き、そこで一年過ごし、商売をし、もうけようと言う人々よ、
「さあ（アゲ）」と訳した表現は、何かを催促する時に使われる表現であり、「ところで（ヌン）」と訳した表現は、「今」（直訳）という意味である。「過

ごす（ポイエオー）」と意訳した表現は、単に「する」（直訳）という意味である。

「商売をする（エンポレウオマイ）」とは、「途上にある（エン・ポロス）」という語から成り立っており、商売をしている人々が忙しく動き回っている様子に基づいている（ヤコ1:11解説, cf.マタ13:45, 22:5）。ちなみに、「商売をする（エンポレウオマイ）」の名詞形が「大商人（エンポロス）」であり（マタ13:45）、パウロが神の言葉を「売り物にする（カペーレウオー）」ことはないと言う時の「売り物にする（カペーレウオー）」とは（コリ二2:17）、「小売りする」（直訳）という意味であり、その名詞形が、「小売商人（カペーロス）」である（辻, p.203）。

「もうける（ケルダイノー）」と訳した表現は、「得る」（直訳）という意味である。この13節のような人々は、将来の自分に対する自負や自信に満ちているが、神の前にははかない存在である（箴言27:1, ヤコ4:14）。

14節　あなたたちは、自分たちの命がどのようになるのか、明日のことは分からないのです。あなたたちは少しの間、現されて、それからまた消される霧だからです。

「なるのか」と訳した表現は原文にはないが、ここでは補われている。

人の命ははかないものであり、明日でさえ、どうなっているかは未知である。人生は七十年であり、健康なら八十年であるとしても（詩編90:10）、神にとってそれは「少しの間（プロス・オリゴン）」のことであり、霧のようなものである（ヨブ7:7, 詩編39:5-7, 102:4, 144:4, ホセ13:3, cf.ルカ12:15）。「現されて」、「消される」という表現は神的受動態であり、父なる神によってそうされることを示している。ちなみに、英語の「大気、雰囲気（atmosphere）」は、ギリシャ語の「霧（アトゥミス、アトゥモス）」と「球（スファイラ）」に由来する。

15節　むしろ、あなたたちは、「もし、主の思いであるなら、私たちは生きて、このことやあのことを行おう」と言うべきです。

人の命は神の御心によるから（ヤコ4:14）、人の人生と仕事は神の許しのもとにある恵みにすぎない。したがって、「もし、主の思いであるなら」と

いう文によって、ヤコブは主に対する条件を述べているのではなく（ムー, p.183）、むしろ、主に対する謙虚な服従を説いているのである。つまり、これは、「ヤコブの条件（conditio Jacobaea）」というよりも（cf.Johnson, p.296）、「ヤコブの服従（obsequium Jacobaea）」であると言えるだろう。

パウロは、第一回伝道旅行（47年-48年, cf. 使徒 13:1-14:28）、第二回伝道旅行（49年-52年, cf. 使徒 15:40-18:22）、第三回伝道旅行（53年-57年, cf. 使徒 18:23-21:26）のうち、第二回伝道旅行中の終盤に、「神の思いなら、私は再びあなたたちの所に戻って来るでしょう」と言って別れを告げ、エフェソから船出した（使徒 18:21）。パウロは神の思いに応じて伝道旅行を実行していたが、それは神のみが語るべき言葉を与え、常に共にいて神の民を準備しているからである（使徒 18:9-11）。そして、実際にパウロは後にエフェソに戻って来た（使徒 19:1）。

16節　ところが、あなたたちは自分たちの虚勢の中で誇っています。そのような誇りは、ことごとく悪です。

「ところが（ヌン・デ）」と意訳した表現は、「ところで（ヌン）」と訳した表現と「しかし（デ）」という表現から成り立っている（ヤコ 4:13 解説）。人が自らの人生や仕事を誇ったとしても（ヤコ 4:13-14）、それは神の前には「霧」のようなものであるから、霧のようなはかないものを誇ることは、確かに「虚勢（アラゾネイア）」であり、「悪」い考え方である。

かつて、パウロもコリントの人々に対して、「あなたたちの誇りは、良いものではありません。あなたたちは、少しのパン種が練り粉全体を膨らませることを知らないのですか」と注意している（コリ一 5:6）。

「練り粉（フラマ）」とは小麦粉の練り粉のことであり（ロマ 11:16）、前回使用した練り粉の残りである少量のパン種をそれに混ぜて発酵させ、焼いてパンを作る。「少しの（ミクロス）」という表現は、少量のパン種で多量のパンが焼けることを示唆しているが、「小さな」とも訳せるから、小さなパン種をもとにして、大きく膨らんだパンができるという意味にもなる。いずれにせよ、パウロは少量の小さなものが、多量の大きなものになる卑近な例を挙げて（ガラ 5:9, cf. ホセ 7:4）、コリントの人々の誇りもそのように肥大化することを良くないと警告しているのである（コリ一 5:2）。

ヤコブの手紙

　パウロのこのたとえは、かつてイエスが弟子たちに、「あなたたちは、自分自身のためにファリサイ派の人々のパン種に注意しなさい。それは偽善である」と語ったことを想起させる（ルカ 12:1, cf. ルカ 13:21）。ファリサイ派の人々は、律法を形式的に遵守しようとする律法主義者で、彼らは偽善に満ちていた。偽善とは自分を正しく見せることであり、具体的にはファリサイ派の人々のように、イエスを食事に招き、「先生」と呼びながらも、イエスをひどく恨むような態度のことである（ルカ 11:37, 45, 53）。コリントの人々に対してパウロは、その誤った誇りが肥大化して、他の人々に対しても大きな悪影響を与えることを戒めているのである。

　17 節　そこで、良いことを行うべきであると知りながら行わないなら、それはその人にとって罪です。
　「知る（オイダ）」という表現は、「見て（エイドー）」知るという意味に近いから、この 17 節でヤコブは、明白な形で知っていながら行わないことの罪深さを強調しており、「良いこと」は「行う」か「行わない」かのいずれかのみであって、どちらでもないという中途半端な姿勢は、ここでも許されていない（ヤコ 4:4 解説）。
　このことは、かつてイエスが、「自分の主人の思いを知っていながら、その思いに対して準備や実行をしないあのしもべは、多くむち打たれるだろう」と語ったことを想起させる（ルカ 12:47, cf. ヨハ 9:41, ペト二 2:21）。律法によって悪い者が有罪とされ、むち打ちの刑に定められたら、その人はうつ伏せにされ、罪状に応じた数だけ打たれたが、多くても四十回とされていた（申命 25:2-3）。したがって、主人の思いを知りつつもそれに反した悪いしもべはその分だけ罪が重く、何十回もむち打たれるだろう。

5. 主の到来までの忍耐深い生活

5章1節－20節　私訳

^{1} さあ、ところで、豊かな人々よ、あなたたちは来るべき自分たちの苦しみを嘆いて、泣きなさい。^{2} あなたたちの富は朽ち果て、あなたたちの服は虫に食われ、^{3} あなたたちの金と銀はさびており、そして、それらの毒はあなたたちを証しするものとなり、火のようにあなたたちの肉を食べるだろう。あなたたちは、最後の日々の中で蓄えたのです。^{4} 見よ、あなたたちの土地の刈り入れをした労働者たちの報酬が、あなたたちにだまし取られて叫んでおり、収穫をした人々のその叫びは、万軍の主の耳に入っています。^{5} あなたたちはぜいたくに暮らし、気ままに生き、ほふられる日に自分たちの心を養い、^{6} 正しい人を有罪にして、殺しました。その人は、あなたたちに対立していないのです。

^{7} そこで、兄弟たちよ、あなたたちは主の到来まで忍耐しなさい。見よ、地が先の雨と後の雨を受け入れるまで、農夫は地の尊い実を忍耐して待ちます。^{8} あなたたち自身も忍耐しなさい。あなたたちは自分たちの心を力づけなさい。なぜなら、主の到来が近づいているからです。^{9} 兄弟たちよ、あなたたちが裁かれないためには、お互いに対してうめき合ってはならない。見よ、裁く方が戸の前で立っています。^{10} 兄弟たちよ、あなたたちは、主の名前において語った預言者たちを受難と忍耐の模範として受け入れなさい。^{11} 見よ、私たちは耐え抜いた人々を幸いだと言います。あなたたちはヨブの忍耐を聞き、主による結末を見ました。なぜなら、主は哀れみ深く、慈しみ深いからです。

^{12} 私の兄弟たちよ、あなたたちはすべてのことの前に、誓ってはならない。天にかけても、地にかけても、その他のどんな誓いもしてはならない。そして、あなたたちは裁きに陥らないために、あなたたちの「はい」を「はい」、「いいえ」を「いいえ」としなさい。

^{13} あなたたちの中で誰かが苦しんでいれば、その人は祈りなさい。誰かが元気であれば、その人はほめ歌いなさい。^{14} あなたたちの中で誰かが病

気であれば、その人は教会の長老たちを呼び寄せなさい。そして、その人々は主の名前によってオリーブ油を［彼に］塗り、彼のために祈りなさい。¹⁵ また、信仰の祈りは疲れ果てている人を救い、主がその人を起こすだろう。そして、もし、その人が罪を犯していれば、許してもらえるだろう。¹⁶ そこで、あなたたちはいやされるために、お互いにその罪を告白し、お互いのために祈りなさい。正しい人の願いはとても強く働きます。¹⁷ エリヤは私たちと同じような感情を持った人間でしたが、雨が降らないようにという祈りを祈ると、三年と六か月の間、その地に雨が降らなかったのです。¹⁸ そして、再び彼が祈ると、天が雨を与え、地はその実を実らせました。

¹⁹ 私の兄弟たちよ、もし、あなたたちの中の誰かが惑わされて真理からそれても、誰かがその人を立ち帰らせるなら、²⁰ 罪人をその惑わしの道から立ち帰らせる人は、その人の魂を死から救い、多くの罪を覆うだろうということを知っておきなさい。

5章1節－20節　解説

　1節　さあ、ところで、豊かな人々よ、あなたたちは来るべき自分たちの苦しみを嘆いて、泣きなさい。

「さあ（アゲ）」と訳した表現は、何かを催促する時に使われる表現であり、「ところで（ヌン）」と訳した表現は、「今」（直訳）という意味である（ヤコ 4:13 解説）。すでに、「へりくだっている兄弟は、自分の高さを誇りなさい。しかし、豊かな人は、自分の低さを。なぜなら、その人は草の花のように過ぎ去るだろうから。太陽が暑さと共に昇ると、草を枯らせ、その花は散り、その顔の美は滅びたからです。そのように、豊かな人もその旅の中で消し去られるだろう」と説かれているように（ヤコ 1:9-11, cf. ヤコ 2:5-6)、「豊かな人々」に到来する「苦しみ」とは、人生の途中で、または、仕事の途中ではかなく「消される」ことである（ヤコ 4:14, 5:2-3)。「苦しみ（タライポーリア）」とは、「耐え（トゥラオー）」つつ「運ぶ（ポレウオー）」という意味であり（ヤコ 4:9 解説, cf. ロマ 3:16, 7:24)、神から与えられた賜物を担って様々な人々のために活用するのではなく（ロマ 12:3-8, コリ一 12:1-14:40, コリ二 4:6-7)、この世の宝を運んで商売をする人々のはかなさを表している（ルカ

6:24, cf. テモ一 6:9)。

「豊かな人（プルーシオス）」は、その語源が示すように、この世の多くのものに「満たされている（プルートス）」だけなら、いずれはそれらのものを失うのであり（ヤコ 5:2)、それでも、嘆いて回心することによって神に立ち帰らずに、「嘆いて泣き」続けるだけである（Henry, p.994)。ちなみに、「嘆く（オロルゾー）」という表現も「泣く（クライオー）」という表現も、原語では擬声語であり、神の裁きを間近にした人々が嘆き泣いている時の音も示している（イザ 13:6LXX, 15:2-3LXX, cf.Martin,pp.172f.)。

2節　あなたたちの富は朽ち果て、あなたたちの服は虫に食われ、

富の代表的なものは、金や宝石類であり（使徒 3:6, 17:29, コリ一 3:12, テモ一 2:9, 黙示 18:12)、こういうものは食べ物とは異なり、腐ったりすることはないから、ここで富が食べ物のように「朽ち果てる（セーポー）」という表現は印象的である。ヤコブによると、この世の富は永遠ではなく、いずれ朽ち果てるものなのである（ヤコ 5:3)。また、当時、「服」の中には貴重な財産の一つとされるものもあった（創世 45:22, ヨシ 7:21, 士師 14:12, 列王下 5:5, 22, 使徒 20:33, cf. バークレー, p.157)。「虫に食われる（セートブロートス）」とは、文字どおり、「虫（セース）」が「食べる（ビブロースコー）」という表現から成り立っており、豊かな人々が身にまとっている豪華な服も、皮肉なことに卑小な「虫に食われ」てしまうのである（ヨブ 13:28, イザ 50:9, 51:8)。

この2節は、かつてイエスがこう語ったことを想起させる。「あなたたちは、自分たちのために地上に宝を蓄えてはならない。そこは、蛾や食べ物で醜く、盗人が入り込んで盗みをする。あなたたちは、自分たちのために天に宝を蓄えなさい。そこは、蛾や食べ物で醜くなることがなく、盗人が入り込んだり、盗みをすることもない」（マタ 6:19-20)。

「地上」、つまり、「地の上」は、第一に、かつて神が天からパンを降らせた場所であり（出エ 16:1-36)、第二に、イエスが五つのパンと二匹の魚で人々を満腹にした場所であり（マタ 14:13-21)、第三に、イエス自身が永遠の命のパンとして天から降って来た場所である（ヨハ 6:32-35)。このように地上は、神が人々に対して、この世の、そして永遠の命に至るパンという宝を準

備する場所である。その地上に人々は、自分たちが宝だと想定するものを蓄えてはならないとイエスは説く。

　この地上が、「蛾（セース）や食べ物（ブローシス）で醜い」のは、偽善者たちが食べ物を蓄えつつも断食をしている振りをしたり（マタ 6:16）、偽善者たちの倉には、長期間蓄えている宝物に蛾が住み着いているからである。ここで「醜く（アファニゾー）」という語は、「醜くする（アファニゾー）」と同じ語であり（マタ 6:16）、偽善者たちの顔の醜さと彼らの宝の醜さを同時に指している。「蛾」は幼虫の時、偽善者たちの豪華な衣服を食べ、成長したのだろう（cf. イザ 51:8）。また、地上では、宝物を蓄えたとしても、盗人によって盗まれる可能性もある。つまり、ここは、偽善者たちの姿に対する皮肉を述べているのである。これとは対照的に、イエス・キリストという永遠の生命に至る「食べ物（ブローシス）」は（ヨハ 6:27, 55）、栄光の輝きを美しく放ち（ヨハ 17:1-5）、イエスから与えられた永遠の生命は、誰によっても奪い取られることはない（ヨハ 10:28-29, cf. ロマ 8:35）。

　また、「自分たちのために地上に宝を蓄えてはならない」ということは（マタ 6:19）、もし、地上に宝を蓄えるのなら、自分たちのためにではなく貧しい人々のためにそうすべきであることを意味している（マタ 19:21）。そして、貧しい人々のために地上で宝を蓄えることが、究極的には「自分たちのために天に宝を蓄え」ることにつながるのは（マタ 6:20）、父なる神とその御子イエスは常にこの世の貧しい人々と共にいるからである（マタ 25:40）。地上とは異なり、天ではこの世の宝が蓄えられることはないので、蛾や食べ物で醜くなることはなく、地上の盗人が欲しがるようなものもない。天にあるのは、永遠の生命であるイエス・キリストの体であり、これこそ地上の信仰者が求めるものである。

　　3節　あなたたちの金と銀はさびており、そして、それらの毒はあなたたちを証しするものとなり、火のようにあなたたちの肉を食べるだろう。あなたたちは、最後の日々の中で蓄えたのです。

　前節の「朽ち果て」、「食われ」という表現と同様に（ヤコ 5:2）、この 3 節の「さびており（カティオオー）」と訳した表現は、原語では現在完了形であり、すでにさびに覆われ始めていることを読者に現実的に示している（cf.

Ropes, p.284)。そして、そのさびは有害な「毒（イオス）」と言い換えられており（ヤコ3:8, cf. ロマ3:13）、「あなたたち」自身の毒々しい姿を間違いなく証言することになる（cf. ヤコ2:2）。通常、金や銀はさびないが、それらがさびるという言い方は、神の前では、火が肉を焼き尽くすように、金属類はもろくてはかないものであることを示している（cf. 詩編21:10）。

　このようなものを「最後の日々の中で蓄えた」とは、皮肉なことであり、あたかも「あなたたち」が人生の「最後の日々」に生きていることに気づいていない状況を示唆している（ヤコ1:11, cf. ルカ12:13-21）。また、「蓄える（セーサウリゾー）」という表現が、「宝（セーサウロス）」を蓄えるという表現に由来するように、「あなたたち」が宝だと思って集めていたものが、毒を生み、その毒に食い尽くされるという自滅的な悲劇がここで描かれている。ちなみに、英語の「類義語辞典、言葉の宝庫（thesaurus）」は、ギリシャ語の「宝（セーサウロス）」に由来する。

　4節　見よ、あなたたちの土地の刈り入れをした労働者たちの報酬が、あなたたちにだまし取られて叫んでおり、収穫をした人々のその叫びは、万軍の主の耳に入っています。

　「労働者（エルガテース）」は、ヤコブの手紙において高く評価されている「業（エルゴン）」という表現に由来しているから（ヤコ2:14-26, 3:13）、同様にして高く評価され、大切にされるべき存在である。それにもかかわらず、労働者たちの刈り入れ、収穫といった労働の対価としての報酬が適切に支払われないことは、極めて深刻な問題である（出エ2:23, レビ19:13, 申命24:14-15, マラ3:5, cf. ヨブ24:10-11, 31:38-40, エレ22:13, ルカ10:7, テモ一5:18, テモ二2:6）。ここで、「刈り入れる（アマオー）」という表現と「収穫する（セリゾー）」という表現は同義語であり、「だまし取る（アポステレオー）」という表現は、悪意を含む行為である。

　その深刻さは、この「土地」の叫びが、空高く天の万軍の主に届くほどのものであり、「主の耳に」という表現は、その叫びが確実に主に聞き上げられていることを示している（詩編18:7, cf. イザ5:9）。また、「万軍（サバオース）」という表現は（ロマ9:29）、主が「労働者」の最強の味方となっていることを明示している。実に、主の「耳（ear）」に入ったことは、主の「心（heart）」

にも入ったのである（cf.Henry, p.998）。

　また、かつて、イエスがエルサレムに入り、弟子たちが大声で神を賛美し始めた時に、ファリサイ派の中のある人々が、そのような弟子たちをしかるようにとイエスに言ったが、この4節は、その際にイエス自身が、「もし、これらの人々が黙れば、石が叫ぶだろう」と答えたことを想起させる（ルカ19:40）。ヤコブも、豊かな人々に黙らされている「労働者たち」の代わりに（cf. ヤコ 5:1）、銀などで支払われるその「報酬」が叫んでいると訴えているのである（cf. ヤコ 5:3）。

　5節　あなたたちはぜいたくに暮らし、気ままに生き、ほふられる日に自分たちの心を養い、
　「ぜいたくに暮らす（トゥルファオー）」とは、例えば、「金と銀」の食器に囲まれて「肉を食べる」ことであり（ヤコ 5:3, cf. エゼ 16:49, ルカ 16:19, 25）、「気ままに生きる（スパタラオー）」とは（テモ一 5:6）、例えば、「労働者たちの報酬」を「だまし取る」ことである（ヤコ 5:4）。しかし、「あなたたち」はこのようなことをして、実は皮肉にも、自分自身が「ほふられる日」とは知らずに（cf. エレ 12:3, 25:34, ロマ 8:36）、そのような「最後の日」にさえ（ヤコ 5:3）、「自分たちの心を養」っていた。「心を養う」とは、慢心することである。

　6節　正しい人を有罪にして、殺しました。その人は、あなたたちに対立していないのです。
　「その人」という表現は原文にはないが、ここでは補われている。
　「有罪とする（カタディカゾー）」とは、相手「に対して（カタ）」不利な「裁きをする（ディカゾー）」ことであり、特に、「豊かな人々」が金の力で（ヤコ 5:1）、相手が不利に陥るような判決に導いたことを示唆している（ヤコ 2:11 解説, cf. 申命 16:18-20, アモ 5:10-12）。しかし、その相手は、豊かな人々に「対立」するほどの力を持っていなかったのであり、ここに豊かな人々の罪深さが現れている。「対立する（アンティタッソー）」と訳した表現は、あるものに「対して（アンティ）」自分の立場を「定める（タッソー）」ことであり（ヤコ 4:6）、ここでヤコブが過去形ではなく、現在形で「対立していない」

5. 主の到来までの忍耐深い生活（5:1-20）

と記しているのは、読者に現実的に訴えかけているためである（ヤコ 5:3 解説）。

ちなみに、イエスも「正しい人」と呼ばれていたから（使徒 3:14, 7:52, 22:14）、かつて、ユダヤ人たちがイエスを十字架刑に追いやったことも、ここで示唆されているのかもしれない（マタ 16:21, 20:17-19, 26:3-4, 59, cf. ヤコ 5:7 解説）。

7節　そこで、兄弟たちよ、あなたたちは主の到来まで忍耐しなさい。見よ、地が先の雨と後の雨を受け入れるまで、農夫は地の尊い実を忍耐して待ちます。

この 5 章の 1 節から 6 節までは、「豊かな人々」に対する警告であったのに対して（ヤコ 5:1）、この 7 節からは、「兄弟たち」に対する慰めと励ましが語られている（ヤコ 5:9-10, 12, 19）。この「兄弟たち」の中には、「豊かな人々」の下で苦しんでいた人々もいただろう（ヤコ 5:1）。ちなみに、キリスト者に対して記したこのヤコブの手紙に（ヤコ 1:1 解説）、キリスト者と対立する「豊かな人々」への警告をヤコブが挿入しているのは（ヤコ 5:1）、かつて、回心前のパウロが教会に潜入してキリスト者たちを引きずり出し、牢屋に引き渡していたように（使徒 8:3）、キリスト者の兄弟たちから成る教会に豊かなユダヤ人たちが偵察人として潜入している可能性があるためであり、ヨシュアの送った二人の偵察人をかくまった娼婦ラハブの話が入れられているのも（ヤコ 2:25 解説）、キリスト教会を偵察しているユダヤ人たちに対する当て付けかもしれない（ヤコ 2:6, cf.Witherington, p.526）。

「到来（パルーシア）」とは、キリストが再び「傍らに（パラ）」「いること（ウーシア）」、つまり、主イエスの再臨を示す表現であり（マタ 24:37, コリ一 15:23, テサ一 2:19, テサ二 2:1）、「忍耐する（マクロスメオー）」と訳した表現は、元々は「怒り（スモス）」を先に「長く（マクロス）」延ばすことである。主の到来の際には、すべてのことが正しく裁かれるから（ヤコ 4:12, 5:9）、人はその「怒り」を神にゆだねなければならないのである（ヤコ 1:20）。

「先の雨（プロイモス）」と訳した表現と「後の雨（オプシモス）」と訳した表現は、各々単に「先」（直訳）と「後」（直訳）であり、季節的には 10 月下旬から 11 月上旬の秋の雨と、4 月、5 月の春の雨を指す（エレ 5:24, ホ

セ 6:3, ヨエ 2:23, cf.Ropes, p.295)。秋の雨が「先の雨」なのは、ユダヤ教社会では秋が一年の最初だからである。「農夫(ゲオールゴス)」とは、「地(ゲー)」に対して「仕事をする(エルゴー)」人のことである。しかし、それ以前に、神が地に対して雨を降らせて仕事をしているのであり(申命 11:14)、そうして実を豊かに準備している。したがって、農夫には降雨と結実を忍耐して待つことが必要であり、同様にして、「あなたたち」にも忍耐が必要とされている。なお、原文では「忍耐して」という表現と共に「それについて(エプ・アウトー)」、つまり、「実について」という表現が再度記されており、農夫が結「実」を期待して待つ様子が強調されている。

ちなみに、パウロも、「耕作をする人が望みを持って耕作をし、脱穀をする人が分けてもらうことに望みを持つべきだからです」と述べている(コリ一 9:10)。つまり、この節は各人が希望を持って仕事に励むべきであることに言及しており、同じことは、パウロらの伝道の働きについても言える。

8節 あなたたち自身も忍耐しなさい。あなたたちは自分たちの心を力づけなさい。なぜなら、主の到来が近づいているからです。

「忍耐する(マクロスメオー)」と訳した表現は、元々は「怒り(スモス)」を先に「長く(マクロス)」延ばすことであり(ヤコ 5:7 解説)、「到来(パルーシア)」とは、キリストが再び「傍らに(パラ)」「いること(ウーシア)」、つまり、主イエスの再臨を示す表現である(ヤコ 5:7 解説)。この「主の到来」が「近づいている」と訳した表現は、原語では現在完了形であり、すでに近くにいることを示している(ヤコ 4:8, 5:9, cf. ヘブ 10:37)。したがって、「あなたたち」の忍耐が可能になるのであり、「心を力づけ」ることができるのである(テサ一 3:13)。ここで、「主の到来」を期待して「心を力づけ」ることは、「豊かな人々」が「ほふられる日に自分たちの心を養」っている姿とは対照的である(ヤコ 5:1, 5, cf. 辻, p.236)。

9節 兄弟たちよ、あなたたちが裁かれないためには、お互いに対してうめき合ってはならない。見よ、裁く方が戸の前に立っています。

「うめき(ステナゾー)」合うことは、お互いに対する不満を漏らして、裁こうとすることであり(ヤコ 4:11, cf. コリ一 4:5)、「裁く方」とは唯一真の

5. 主の到来までの忍耐深い生活（5:1-20）

神であるが（ヤコ 4:12）、ここではその神の代わりに、「最後の日々」に到来する主イエスである（ヤコ 5:3）。「戸の前で立って」いる主イエスは、次にその戸を叩いて中に入り（黙示 3:20, cf. ヨハ 20:19, 26）、「お互いに対してうめき合って」いる兄弟たちに対しては裁きを、お互いに対して許し合い、慰めて励まし合っている兄弟たちには祝福をもたらすだろう。

　この 9 節は、かつてイエスが、「このように、あなたたち自身もこれらのすべてを見たら、彼が戸口に近づいていると知りなさい」と語ったことを想起させる（マタ 24:33）。これらすべてとは、天変地異が起こり、人の子イエスが雲に乗って現れ、ラッパの合図で天使たちを遣わすのを見たらという事態である（マタ 24:29-31）。選ばれた人々の家の戸口に、イエスは共に食事をする者として到来し（黙示 3:20）、また、平安をもたらす者として戸口から家に入るが（ヨハ 20:19, 26）、それ以外の人々の家の戸口には、イエスは裁き主として到来するのである。

　10 節　兄弟たちよ、あなたたちは、主の名前において語った預言者たちを受難と忍耐の模範として受け入れなさい。
　「預言者（プロフェーテース）」とは、神の「前で（プロ）」人々に神の言葉を「語る（フェーミ）」人、または、人々の「前で（プロ）」神の言葉を「語る（フェーミ）」人、さらには、神の働きを「前もって（プロ）」「語る（フェーミ）」人を指す。旧約時代に多くの預言者たちは、主である神の名前において語るべきことを語り、種々の迫害を受けた（ヤコ 5:11, 17）。
　「受難（カコパセイア）」とは、「悪（カコス）」を「被る（パスコー）」ことであり（ヤコ 5:13, cf. テモ二 2:9, 4:5）、「忍耐（マクロスミア）」と訳した表現は、元々は「怒り（スモス）」を先に「長く（マクロス）」延ばすことである。この「受難と忍耐」は、後者の語が前者の語を修飾する二詞一意であり、「忍耐のいる受難」という意味である（Ropes, p.298）。「模範（ヒュポデイグマ）」とは、人々の目の「下に（ヒュポ）」、つまり、人々の目の前に置いて「示す（デイクヌミ）」もののことであるが（ヨハ 13:15）、ここでは、「受難と忍耐の模範」である「預言者たち」を単に目標として目の前に置くのではなく、そのような生き方を自分の内に「受け入れ」て、そのように生き抜くことが命じられている。

この 10 節は、かつてイエスが、こう語ったことを想起させる。「私のために人々があなたたちをののしり、迫害し、あなたたちに対してあらゆる悪い事を偽って言う時、あなたたちは幸いである。あなたたちは、喜び、楽しみにしていなさい。なぜなら、天におけるあなたたちの報いは多いからである。人々はこのように、あなたたちより前の預言者たちをも迫害したのである」（マタ 5:11-12）。

　ペトロは、イエスのためにののしられるなら、栄光の霊、神の霊が、ののしられている人々の上にとどまると説明しているが（ペト一 4:14, cf. マタ 10:22）、この説明は、かつてイエスが洗礼者ヨハネから洗礼を受けた時、天が開かれて神の霊が鳩のようにイエスの上に下り、天から「これは私の愛する子であり、私は彼を喜ぶ」という声がしたことを想起させる（マタ 3:16-17）。イエスに従う人々は、イエスのゆえに人々から悪口雑言を浴びせられる時、神が送った聖霊によって悪から清められ、輝かしい栄光によって賞賛されることがここで約束されている。

　また、神の霊がイエスや人の上にとどまり、神の霊によって神の計画が進展していくことを神は喜ぶが、イエスやイエスに従う人々に対する迫害も神の計画の一部である。かつて、預言者たちは、ありとあらゆる形で迫害を受け（ヘブ 11:32-38）、イエスも長老、祭司、律法学者たちから迫害され（マタ 16:21, 17:12）、使徒たちもイエスの名前のために受けた辱めを喜んだ（使徒 5:41）。これらの人々は、多くの天の宝を受け継ぐことを知っていたために迫害を耐え抜くことができた（ペト一 1:4）。そして、これらの人々の上にとどまっていた聖霊は、天の王国を受け継ぐことの保証として与えられていたのである（エフ 1:3-14）。

　11 節　見よ、私たちは耐え抜いた人々を幸いだと言います。あなたたちはヨブの忍耐を聞き、主による結末を見ました。なぜなら、主は哀れみ深く、慈しみ深いからです。

　「耐え抜く（ヒュポメノー）」とは、何かの「下に（ヒュポ）」「とどまる（メノー）」ことであり（ヤコ 1:12 解説）、「幸いだと言う（マカリゾー）」と訳した表現は（ルカ 1:48）、イエスが山上での説教において何度も使用した「幸い（マカリオス）」という表現に由来する（ヤコ 1:12 解説, 25 解説）。また、

5. 主の到来までの忍耐深い生活（5:1-20）

イエスは、「私の名前のためにあなたたちは、すべての人々に憎まれるだろう。しかし、最後まで耐え抜く人、この人は救われるだろう」と約束している（マタ10:22）。

この11節で「忍耐（ヒュポモネー）」と訳した表現は、「耐え抜く（ヒュポメノー）」という表現の名詞形であり、「主による（キュリウー）」「結末（テロス）」と訳した表現は、主イエスの死という意味も考えられるが、むしろ、ヨブに対して「主の」（直訳）もたらした「終わり」（直訳）という意味である。ヨブはサタンによって厳しい迫害を受けたが（ヨブ1:1-2:13）、最終的には、主によってそれまで以上の祝福を受けた（ヨブ42:7-17, cf. エゼ14:14, 20, ヘブ13:7）。このことは、主が「哀れみ深く、慈しみ深い」ことを物語っている（出エ34:6, 詩編103:8, 111:4）。「哀れみ深い（ポルスプランクノス）」と訳した表現は、「多くの（ポルス）」「思い（スプランクノン）」という意味であるが、「内臓（スプランクノン）」（直訳）は人間の感情の源であると考えられていた（ルカ1:78, 7:13）。「慈しみ深い（オイルティルモーン）」と訳した表現は、「ああ（オイ）」という感嘆の言葉に由来し、深い同情心を指している（ルカ6:36, cf. ロマ12:1, コリ二1:3）。

12節 私の兄弟たちよ、あなたたちはすべてのことの前に、誓ってはならない。天にかけても、地にかけても、その他のどんな誓いもしてはならない。そして、あなたたちは裁きに陥らないために、あなたたちの「はい」を「はい」、「いいえ」を「いいえ」としなさい。

この12節は、信仰に基づいて神や隣人に対して行われる行為に関しては、中途半端な姿勢は許されないというヤコブの基本的な考えを確認しているだけでなく（ヤコ2:9解説, 4:4解説, 17解説）、かつてイエスが、こう語ったことも想起させる。「この私はあなたたちに、一切誓ってはならない、天にかけてそうしてはならない、なぜなら、そこは神の御座だからであると言う。地にかけてそうしてもならない。なぜなら、そこは神の足台だからである。エルサレムにかけてそうしてもならない。なぜなら、そこは偉大な王の都だからである。あなたは自分の頭にかけて誓ってもならない。なぜなら、あなたは一本の髪の毛すら、白くも黒くもできないからである。あなたたちの『はい』という言葉を『はい』とし、『いいえ』を『いいえ』としなさい。これ

ら以上のものは、悪からのものである」（マタ 5:34-37, cf. コリ二 1:17）。

　人は自分よりも偉大なものにかけて誓うが（ヘブ 6:16）、「一切（ホロース）」誓ってはならないとは、天地に存在するいかなる偉大なものにかけても誓ってはならないことを意味する。まず初めに、天にかけて誓ってはならないのは、天には神の御座があり、そこに座している神にかけて誓うことになるからである（マタ 23:22, cf. 詩編 11:4, イザ 66:1, 使徒 7:49）。神の天地創造の業に見られるように、神は語ったことをすべて完全に実現する方であるが（創世 1:3-30）、人間は誓ったことをすべて完全に実現することはできない。それゆえ、人間が神に対して誓うことは、神の基準から見れば、最初から実現できないも同然なのである。

　また、人は天のみならず地にかけても誓ってはならないのは、地も神の足台として、神の存在する場の一部だからである（詩編 99:5, イザ 66:1, 使徒 7:49）。そして、その神の足の下にあるのは、神の敵対者たちである。つまり、神の足台とは神の敵対者であり、神が敵対者たちを自分の足元で制圧していないなら、敵対者に翻弄されやすい人間は、誰一人として神に対する誓いを部分的にでも果たせないのである。神は、天地万物の創造からその完成に至るまで、つまり、人間を惑わす蛇に対して、女の子孫が蛇の頭を踏み砕くと語ってから（創世 3:15）、神の右の御座でキリストが敵対者を自分の足台とするまで（ヘブ 10:13）、神の敵対者たちを支配しているのであり、このことは全く人間によって実現できないことなのである。

　さらに、エルサレムにかけて誓うことも、イエスは禁止する。エルサレムは神の都として（詩編 48:2-4）、言わば天と地をつなぐ聖域であり、そこは天の神と地の人を結び付ける偉大な王であるキリスト自身が住むにふさわしい場所だからである。このキリストも、その口に何の偽りもなく（ペト一 2:22）、語ったことをすべて実現した。こういう方に対して、すべての人間は誓いを果たせないのである。

　そして、天地万物の何かにかけて誓う人は、自分より偉大な、自分以外のものにかけて誓うのだが（ヘブ 6:16）、自分の頭にかけて、つまり、自分の知性や記憶にかけて誓う人は、自分をある意味で最も偉大であるとする人であり、自己を神と見なす倒錯者でもある。倒錯的であるのは、人は自己を絶対化しておきながら、その頭の髪の毛を一本でも白くしたり、黒くしたりで

5. 主の到来までの忍耐深い生活（5:1-20）

きないからである。つまり、人は自己を老化させて自分の髪を白くしたり、自己を成長させて自分の髪を黒くしたりすることはできないという意味で、自己の生死を全く支配していないのである。ちなみに、ここで頭の髪の毛に言及されているのは、白髪がその人の尊厳や栄光をも象徴しているからである（箴言 16:31, 20:29）。自分自身に対して誓うことができるのは、自分以上に偉大なものがいない神だけであり（ヘブ 6:13-14, 詩編 89:35-36）、この神は、自分の最愛の独り子を十字架上で殺すことも、墓場から復活させることもできる方であり、人間の創造後に蛇に語ったこと、つまり、蛇の滅びを終末において完全に実現することのできる方である。

　しかし、神は文字どおりすべての誓いを禁じているわけではない（cf. 申命 4:26, 30:19, 31:28, コリ二 1:23, ガラ 1:20）。完全な神の前で不完全な人間にできる最低限の誓いとは、神の命令に対する従順な応答とその実践である。「『はい』という言葉を『はい』」とするとは、「はい」と誓ったことを、「はい」と誓ったとおりに実行するということである。例えば、「はい、必ずいたします」という肯定的な表現で誓ったことであれ、「いいえ、決していたしません」という否定的な表現で誓ったことであれ、誓いにおける自分の「言葉」に基づいて実行することが、ここで要求されている。「はい」も「いいえ」も、律法などの形で神から要求されていることに対する誓約だとすると、「はい」を「はい」という形で、「いいえ」を「いいえ」という形で実行するように専心すること以上に、神の定めた律法の内容や命令の妥当性を人間が疑ったり、検討したり、その修正を提案したりすることは、悪い動機に基づくものである。ところが、まさしくこれこそ、最初の男と女に対して蛇が試みたことである。蛇は、神の言葉に疑いを差し挟み（創世 3:1）、最初に女を、そして、次に男を神の言葉の実行者ではなく、敵対者にしたのである。このように、最初の人アダムは（コリ一 15:45-49）、悪に由来するものに関与したが、最後のアダムであるキリストは、天地万物の創造者である神に由来し、神の約束をすべて「はい」と言って実現したのである（コリ二 1:17-20, cf. マタ 26:39）。そして、ここでパウロが、イエスにおいて「はい」だけが実現し、神の約束がすべて「はい」となったと力説するのは（コリ二 1:19-20）、御父なる神が御子なるイエス・キリストに対して与える命令はすべて、禁止事項ではなく、実現事項だからである。イエスは何一つとして禁止されることな

ヤコブの手紙

く、御父なる神の御旨を従順に、しかも、自由に実現したのである（cf. ヨハ 10:18）。

13節　あなたたちの中で誰かが苦しんでいれば、その人は祈りなさい。誰かが元気であれば、その人はほめ歌いなさい。

単に「苦しむ（カコパセオー）」と訳した表現は、「悪（カコス）」を「被る（パスコー）」という意味であり（ヤコ 5:10 解説）、「元気である（ユースメオー）」とは、「魂（スモス）」が「良い（ユー）」状態にあることを示している（使徒 27:22, 25）。

この 13 節で想定されている苦しみは、「主の名前において語った預言者たち」のような正しい人々の受ける苦しみであり、そのような正しい人の祈りは「万軍の主の耳に」入って聞き上げられる（ヤコ 5:4, cf. ヤコ 5:16）。「ほめ歌う（プサロー）」とは、元々は弦楽器で奏でることを意味し（Liddell & Scott, 1986, p.899）、ここでは、心からすべてのものの主である父なる神に、そして、主イエス・キリストに賞賛の歌を歌うことである（エフ 5:19, cf. コリ一 14:15, コロ 3:16）。したがって、苦しみも楽しみも、すべては祈りや賛美という神に対する正しい礼拝につながるように活用しなければならないのである。

ちなみに、ダビデ王（在位ヘブロンで前 1004 年 - 前 998 年、エルサレムで前 997 年 - 前 965 年）は、神の霊によって数々の詩を作ったが（サム下 23:2）、「詩編（プサルモス）」の多くはこのダビデ王によるものである（コリ一 14:26, cf. ルカ 20:42, 24:44, 使徒 1:20, 13:33）。

14節　あなたたちの中で誰かが病気であれば、その人は教会の長老たちを呼び寄せなさい。そして、その人々は主の名前によってオリーブ油を［彼に］塗り、彼のために祈りなさい。

「病気である（アスセネオー）」とは、「弱くなる、力がなくなる」（直訳）という意味であり、教会の指導者である長老たちは信仰歴が長い分、多くの「受難と忍耐」を経ているはずであり（ヤコ 5:10, cf. 使徒 21:18）、その祈りは神に聞き入れられる（ヤコ 5:16）。「その人々」とは「長老たち」を指している。

5. 主の到来までの忍耐深い生活（5:1-20）

オリーブ油を塗るという行為は、傷などに対する当時の治療であるが（イザ 1:6, ルカ 10:34）、油を塗ることを通して、イエス自身がキリスト、つまり、油注がれた者であり、王として全世界を統治し、祭司として神と人との間を調停し、預言者として神の言葉を人々に告知する者であることも示されている。つまり、オリーブ油を使用することは、病のいやしが根源的にはイエス・キリストの力によるものであることを想起するための習慣でもある（ヤコ 1:1 解説, cf. マル 6:13, 使徒 9:34, コリ一 12:9, 18, 20, ヤコ 3:12）。

15節　また、信仰の祈りは疲れ果てている人を救い、主がその人を起こすだろう。そして、もし、その人が罪を犯していれば、許してもらえるだろう。

単に「祈り（エウケー）」と訳した表現は、「誓願」とも訳せる表現であり（ヤコ 5:12 解説, cf. 使徒 18:18, 21:23）、「疲れ果てる（カムノー）」という表現は、特に何らかの働きの結果として疲れ果てることを意味する（ヘブ 12:3, cf.Liddell & Scott, 1986, p.398）。そして、「信仰の祈り」は、信仰者たちによってなされる祈りであるが、その信仰は主イエス・キリストに対するものであるから、病人をいやして立ち上がらせるのは、「主」である。また、この「起こす（エゲイロー）」という表現は、将来的な復活をも示唆している（マタ 16:21, 17:23, 20:19）。

「罪（ハマルティア）」とは、「的を外す、分け前（メロス）を逃す（ア）」という意味に由来し（ヤコ 4:8 解説）、「疲れ果てている」人が、自分の罪を許してもらえるということは（ヤコ 5:10-11）、この「疲れ果てている」状態が、自らの罪による場合もあることを示唆しているのかもしれない（申命 28:58-62, ヨハ 9:1-3, コリ一 11:27-31）。いずれにせよ、この 15 節は祈りの力の大きさを示している（ヤコ 5:16）。ここで、「許してもらえる」という表現は神的受動態であり、父なる神によってそうされることを示している。この 15 節の言葉は、「だろう」という表現が象徴しているように、単に当時の約束ではなく、「信仰」さえあれば（ヤコ 1:5-6）、現在でも起こりうる出来事である。

16節　そこで、あなたたちはいやされるために、お互いにその罪を告

白し、お互いのために祈りなさい。正しい人の願いはとても強く働きます。
　単に「告白する（エクソモロゲオー）」と訳した表現は、「告白する（ホモロゲオー）」の強調形であり、「告白する（ホモロゲオー）」とは、心の思いと「同じ（ホモス）」ことを口に出して「言う（レゴー）」ことであり（ロマ 10:10）、他の信仰者たちと共に「同じ（ホモス）」ことを口に出して「言う（レゴー）」ことでもある。「罪（ハマルティア）」とは、「的を外す、分け前（メロス）を逃す（ア）」という意味に由来し（ヤコ 5:15 解説）、「告白し」「祈りなさい」という命令形が、原語では現在形であることを考慮すると、そのような罪を繰り返し「告白し」続け、お互いのために「祈り」続ける必要があることを示している（Martin, p.210）。
　「願い（デエーシス）」とは、病がいやされるようにという祈りを指しており（ヤコ 5:14-15）、「いやされる」という表現は神的受動態であり、父なる神によってそうされることを示している。このように信仰者たちが集い合い、罪を告白して「正しい」祈りをすることによって（ヨハ 9:31, cf. 創世 18:23-33)、その願いが力強く働き、神に聞かれるのは、神の子イエスがそこに共にいるからである。イエスはこう約束している。「もし、あなたたちの中の二人が、自分たちの求めるあらゆることについて地の上で一致するなら、それは天にいる私の父によって、その人々のためにかなえられるだろう。というのは、私は二人か三人が私の名前において集められている所では、その人々の真ん中にいるからである」（マタ 18:19-20, cf. ヤコ 4:3 解説）。

　17 節　エリヤは私たちと同じような感情を持った人間でしたが、雨が降らないようにという祈りを祈ると、三年と六か月の間、その地に雨が降らなかったのです。
　エリヤは、紀元前 9 世紀の北イスラエル王国の預言者であり、そのような者として雨を支配する神の言葉を取り次いだ（列王上 17:1, 18:1）。「同じような感情を持つ（ホモイオパセース）」とは、「同じ（ホモス）」ではなく、「同じように（ホモイオス）」「感じる、受ける（パセオー）」ことであるが（ヤコ 3:9 解説, cf. 使徒 14:15)、ここでは特に「私たち」と同じように苦難を経たことを示しているのだろう（ヤコ 5:10 解説）。
　この 17 節の出来事が「三年と六か月の間」であるということは（列王上

17:1, 18:1, 42-25, cf. ルカ 4:25)、聖書において七という数字は完全を象徴しているから（創世 2:1-3）、七年の半分である三年半の間、降雨がなく、神の裁きが「その地」のものすべてを滅ぼすほど完全なものではなかったことを示している（cf. ダニ 7:25, 12:7, 黙示 11:2-3, 12:6, 14, 13:5）。

　エリヤの時代に北イスラエル王国の王であったのはアハブ（在位前871年 - 前852年）であり、アハブは彼以前の誰よりも主の目に悪とされることを行い、バアル神に仕えた（列王上 16:30-33）。神が天を閉ざしたのは、このようなアハブ王に対する警告である。当時、アハブ王はシドン人の王の娘イゼベルを妻としていて、そのイゼベルはイスラエルの民の預言者たちを多く殺し、バアル神の預言者たちを多く抱えていたことを考慮すると、その殺された預言者たちの妻がイスラエルの多くの「やもめ」と言われる人々かもしれない（ルカ 4:25, cf. 列王上 16:31, 18:4, 19）。

　18節　そして、再び彼が祈ると、天が雨を与え、地はその実を実らせました。
　確かに、「天（ウーラノス）」は雨を降らせるが、ここでは「神（セオス）」の婉曲表現でもあり（Ropes, p.312）、「実らせる（ブラスタノー）」という表現は、実際には「芽吹かせる」という表現である。ヤコブによると、エリヤの祈りは神の言葉を取り次ぐことによって（ヤコ 5:17 解説）、神の力によって「天」「地」に渡る壮大な出来事を引き起こしたのであり（列王上 18:41, 45）、実に確かに祈りの力強さを物語っている（ヤコ 5:16）。また、「地はその実を実らせました」という表現は、大地に「実」が現れることによって、エリヤの祈りの「実」現も見事に象徴している。

　19節　私の兄弟たちよ、もし、あなたたちの中の誰かが惑わされて真理からそれても、誰かがその人を立ち帰らせるなら、
　「惑わされる」という表現は、この事態の背後に悪魔を想定するなら、言わば悪魔の計略によってそうされることを示す悪魔的受動態であり、この「惑わす（プラナオー）」という表現から、「惑星（planet）」という英語が造られた（ヤコ 1:16 解説）。「からそれて（アポ）」と意訳した表現は、単に「から」（直訳）であり、「立ち帰らせる（エピストレフォー）」という表現は、唯一真の

神の前で回心させることを表す（コリ二 3:16, cf. ガラ 4:9, テサ一 1:9）。したがって、信仰の「兄弟たち」から成る共同体の中には、迷い出る人もいれば、そのような人を連れ戻す人もいて、実に様々な人々がいることを示している。

かつて、パウロは、「兄弟たちよ、もし、ある人が何らかの過ちに先に落とされでもしたなら、霊的な人々であるあなたたち自身が、そのような人を優しさの霊によって十分に訓練し、あなた自身も試みられないように、あなた自身に注意しなさい」と語り（ガラ 6:1）、イエス自身も、「あなたたちは、自分自身のために注意しなさい。もし、あなたの兄弟が罪を犯すなら、あなたは彼を戒めなさい。そして、もし、彼が回心するなら、あなたは彼を許しなさい」と語っている（ルカ 17:3）。

20節 罪人をその惑わしの道から立ち帰らせる人は、その人の魂を死から救い、多くの罪を覆うだろうということを知っておきなさい。

「罪人（ハマルトーロス）」とは、「的を外す、分け前（メロス）を逃す（ア）」という意味に由来し（ヤコ 5:16 解説）、「惑わし（プラネー）」という表現は、「惑わす（プラナオー）」という動詞の名詞形である（ヤコ 5:19 解説）。「立ち帰らせる（エピストレフォー）」という表現は、唯一真の神の前で回心させることを表す（ヤコ 5:19 解説）。

罪人の「魂を死から救」うのは、神の「御言葉」であるから（ヤコ 1:21, cf. コリ一 1:21）、「多くの罪を覆う」とは、罪人がそれ以上の罪を犯せないように、「罪人をその惑わしの道から立ち帰らせる人」が、その罪人に対して大きな力で働きかけることを意味するのだろう。「正しい人の願いはとても強く働」くからである（ヤコ 5:16, cf. 詩編 32:1, 51:15, 85:3, 箴言 10:12, エゼ 3:18-21, マタ 18:15, ロマ 4:7-8, ペト一 4:8）。そして、このような行為こそ、「あなたは、あなたの隣人をあなた自身のように愛しなさい」という王国の律法を完遂しているのである（ヤコ 2:8, cf. パーキンス, p.219）。

ペトロの手紙一

ペトロの手紙一

1. 神の言葉による新生

1章1節－25節　　私訳

¹ イエス・キリストの使徒ペトロから、ポントス、ガラテヤ、カパドキア、アジア、ビティニアに離散して寄留している選ばれた人々へ。² 父なる神の予知によって、霊による聖化において、イエス・キリストの血の振り掛けによる従順に至ったあなたたちに、恵みが、そして平和も増し加えられますように。

³ 私たちの主イエス・キリストの父なる神が、祝福されますように。神は自らの多くの哀れみによって私たちを新たに生まれさせ、死人たちの中からのイエス・キリストの復活を通して生きる希望に至らせて、⁴ あなたたちのために天において守られている、朽ちず、汚れず、しおれないものを相続させます。⁵ あなたたちは、終わりの時に啓示されるように準備されている救いのために、信仰によって神の力の中で見守られています。⁶ その中で、あなたたちは大いに喜んでいます。あなたたちは今は少し、色々な試みの中で悲しませられなければならない［ことがある］としても、⁷ それは、あなたたちの信仰の試練が、火によって精錬されても朽ちる金よりも高価であって、イエス・キリストの啓示の時に、賞賛と栄光と名誉に至る所を見つけられるためです。⁸ あなたたちはその方を見たことがないのに愛し、今、見ていなくても信じ、栄光を受けることによる語り尽くせない喜びによって大いに喜んでいます。⁹ それは、あなたたちが［あなたたちの］信仰の目的である魂の救いを受けているからです。¹⁰ この救いについて、あなたたちのための恵みについて預言した預言者たちは、探究し、調査しました。¹¹ 彼らは、自分たちの中のキリストの霊が、キリストのための苦難とその後の栄光を前もって証しすると、それが誰を、また、どの時を明示していたのかを調べたからです。¹² 彼らは自分たち自身のためにではなく、あなたたちのためにこれらのことに仕えていたということを啓示されました。これらは、あなたたちに天から遣わされた聖霊と［共に］福音を説いた人々を通して、今、あなたたちに告げられたのであり、天使

1. 神の言葉による新生（1:1-25）

たちはこれらをのぞき込むことを望んでいます。

¹³ そのため、あなたたちは、あなたたちの考えを腰帯で引き締め、しらふでいて、イエス・キリストの啓示の時にあなたたちにもたらされる恵みに希望を完全に置きなさい。¹⁴ 従順な子どもとして、あなたたちが以前、無知であった時の欲望に同化せず、¹⁵ あなたたちを呼び出した聖なる方に倣い、あなたたち自身もあらゆる生き方において聖なるものになりなさい。¹⁶「あなたたちは聖なるものになりなさい。なぜなら、私自身が聖［なるもの］であるから」と［いうことが］書かれているからです。¹⁷ そして、もし、あなたたちが一人ひとりの業に応じて、外見で判断することのない方を「父」と呼びかけているのなら、あなたたちの寄留の時を恐れつつ生きなさい。

¹⁸ あなたたちが知っているとおり、
　あなたたちの父祖伝来のむなしい生き方からあなたたちが贖われたのは、
　銀や金という朽ちるものによらず、
¹⁹ 非のない、しみのない子羊のようなキリストの尊い血によるのです。
²⁰ キリストはこの世の基の前から、前もって知られていましたが、
　時の終わりにあなたたちのために明らかにされました。
²¹ 彼を死人たちの中から起こして、彼に栄光を与えた神を、
　あなたたちは彼によって信じています。
　こうして、あなたたちの信仰と希望は神にかかっています。

²² あなたたちは偽りのない兄弟愛に向けて、真理への従順によってあなたたちの魂を純真にしているのですから、お互いに［清い］心から熱心に愛し合いなさい。²³ あなたたちは、朽ちる種からではなく、朽ちないものから、生き続けている神の言葉によって新たに生み出されました。²⁴ というのは、
　　「あらゆる肉は草のようであり、
　　　そのあらゆる栄光は草の花のようです。
　　　その草は枯らされ、その花は散りました。
　　²⁵ しかし、主の言葉は永遠にとどまります。」
そして、これこそ、あなたたちに福音として説かれた言葉です。

1章1節−25節　解説

　1節　イエス・キリストの使徒ペトロから、ポントス、ガラテヤ、カパドキア、アジア、ビティニアに離散して寄留している選ばれた人々へ。

　「イエス」という名前はヘブライ語の「ヨシュア」に相当し、「主は救い」という意味であり、イスラエルの民の間では一般的な名前であった。「キリスト」という名称はヘブライ語の「メシア」に相当し、「油注がれた者」という意味であり、イスラエルの民の間では、サウルやダビデなどの王、アロンなどの祭司、エリシャなどの預言者に対して油が注がれた。つまり、イエスが「油注がれた者」であるということは、イエスが王として全世界を統治し、祭司として神と人との間を調停し、預言者として神の言葉を人々に告知する救い主であることを示している（ヤコ 1:1 解説）。

　「ペトロ」は、「ペトロと呼ばれるシモン」であり（マタ 10:2）、元々はガリラヤ湖の漁師であったが（マタ 4:18）、汚れた霊に対する権威を与えられた十二人の「使徒（アポストロス）」たちの一人とされた（マタ 10:1）。シモン（「神は聞いた」という意味, cf. 創世 29:33）は、ペトロ（「岩」という意味）という名前をイエスから与えられた（マタ 16:18, マル 3:16, ヨハ 1:42）。「岩」は、イスラエルの民が切り出された元の岩であるアブラハムを指していたように、不動の象徴である（イザ 51:1-2, cf.Elliott, p.309）。ペトロは、一般的には律法などを学んでいない無学な人と見なされたが（使徒 4:13）、イエスの弟子の筆頭とされ（マタ 10:2）、イエスを「あなたこそキリスト、生きている神の子です」と告白し（マタ 16:16）、高い山で栄光をまとってモーセやエリヤと語るイエスの証人となり（マタ 17:1-3, cf. ヤコ 1:2 解説, 5:17 解説）、ゲツセマネにおけるイエスの祈りに伴われるなど（マタ 26:36-37）、重要な役割を果たした（マタ 16:13-28, 17:1-13, 26:36-46, cf. マル 5:35-43, 13:3）。

　「カパドキア」は現在のトルコのほぼ中央に（使徒 2:9）、「アジア」はトルコの西方、エーゲ海に面した地域に（使徒 2:9）、その間に「ガラテヤ」がそれぞれ位置する（使徒 16:6, コリ一 16:1, ガラ 1:2）。そして、「ビティニア」と「ポントス」は（使徒 2:9, 16:7, 18:2）、これらの地方の北方、黒海に面した地方である。「ポントス、ガラテヤ、カパドキア、アジア、ビティニア」という順序は、このペトロの手紙が回覧されるべき順序をペトロが示しているの

1. 神の言葉による新生（1:1-25）

かもしれないし（Elliott, p.317）、むしろ、実際にかつてペトロがシリアのアンティオキアから（使徒 11:26, 13:1)、使徒言行録に記録されているパウロの伝道旅行とは別の経路で伝道旅行をした順序かもしれない（使徒 12:17, 16:6-7, ロマ 15:20-22, コリ一 1:12, 9:5, ガラ 2:9, 11, cf.Witherington,pp.66ff.）。

「離散（ディアスポラ）」とは、「種をまく（スペイロー）」という表現の強調形「散らす（ディアスペイロー）」に由来し、そのようにして各地に散らばった人々を指している（ヤコ 1:1 解説）。「寄留している（パレピデーモス）」とは、ある「人々（デーモス）」の「傍ら（パラ）」「に（エピ）」一時的に身を寄せるように住む人のことである（歴代上 29:15, 詩編 39:13, ヘブ 11:13）。

このように、これらの地方に「離散して寄留している」という逆境に置かれている人々は、逆説的に「選ばれた人々」であり（Elliott, p.315）、具体的にはイエスを救い主キリストとして信じるキリスト者を指している。ここで、「選ばれた（エクレクトス）」という表現と「キリスト（クリストス）」という表現は、発音も内実も似ている点で言葉遊びかもしれない。そして、パウロが、「実に、私たちの本国は天にあります」と述べたように（フィリ 3:20, cf. ペト一 2:11）、キリスト者はこの世に寄留しているのであり、イエスが、「あなたたち自身が私を選んだのではなく、この私があなたたちを選び、あなたたちを定めた。それは、あなたたち自身が行って実を結び、あなたたちの実が残るためであり、あなたたちが私の名前で父に求めるものは何でも、彼があなたたちに与えるためである」と説いているように（ヨハ 15:16）、人々が「選ばれた」のは、主イエスの働きによる。ちなみに、英語の「選ぶ（elect)、エリート（elite)」は、ギリシャ語の「選ばれた（エクレクトス）」に由来する。

なお、「イエス・キリストの使徒ペトロから」、「選ばれた人々へ」と訳した表現は、「イエス・キリストの使徒ペトロが」（直訳）、「選ばれた人々に」（直訳）手紙を書くという意味である。

　２節　父なる神の予知によって、霊による聖化において、イエス・キリストの血の振り掛けによる従順に至ったあなたたちに、恵みが、そして平和も増し加えられますように。

「父なる神の予知によって、霊による聖化において、イエス・キリストの血の振り掛けによる従順に至った」という内容は、前節の「選ばれた人々」

の「選ばれ」方を示している（ペト一 1:1）。「に至った（エイス）」と意訳した表現は、単に「の中へ」（直訳）である。

父なる神の「予知（プログノーシス）」とは、文字どおり、父なる神が「前もって（プロ）」「知っていること（グノーシス）」すべてであり（使徒 2:23）、特に、人々に引き渡され、十字架刑を受けるイエスに関する父なる神の予知であり、それは父なる神の計画でもある（使徒 3:13, 18, 4:28, ペト一 1:20, cf. ルカ 22:22）。さらに、神の計画の中には、このイエスによってキリスト者となる人々も含まれている（ロマ 8:29）。

「聖化（ハギアスモス）」と訳した表現は、単に「聖」とも訳せる表現である（テサ二 2:13, cf. ロマ 6:19, 22, コリ一 1:30）。そして、「聖化」をする「霊（プネウマ）」とは聖霊にほかならない。したがって、この2節では、「父なる神」、聖「霊」なる神、神の御子「イエス」による三位一体の神の働きが示されている（cf. マタ 28:19）。ペトロは、ここで特にユダヤ人キリスト者である読者を念頭に置いているのかもしれない。ユダヤ人はすでに父なる神や神の霊との関係を保っており（cf. ペト一 1:10-12）、最後にイエス・キリストに出会ったからである。相手が異邦人なら、イエス・キリストとの出会いが最初であり、「イエス・キリストの血の振り掛け」が最初に来ると思われるからである（Witherington, p.68）。例えば、異邦人伝道を志したパウロによる祝福は（ガラ 2:9）、「主イエス・キリストの恵みと神の愛と聖霊の交わりが、あなたたちすべての人々と共にあるように」であり（コリ二 13:13）、「主イエス・キリストの恵み」が最初に来ている。

「振り掛け（ランティスモス）」とは、元々は生けにえの血を「振り掛け」て清めることであるが（出エ 24:7-8, レビ 16:11-19, cf. 出エ 29:20-22, レビ 14:1-7)、キリスト者の場合、この生けにえはイエス自身であり、その血は十字架上で流された血である（ヘブ 12:24, ペト一 1:18-19, cf. ヘブ 9:13-14, 19, 21, 10:22）。「振り掛けによる従順（ヒュパコエー・カイ・ランティスモス）」と訳した表現は、単に「従順と振り掛け」（直訳）であるが、後者の語が前者の語を修飾する二詞一意としてこのように訳されている。「従順（ヒュパコエー）」とは、誰かの「下で（ヒュポ）」その人に「聞くこと（アコエー）」であり、キリスト者はイエスの血によって、イエスを通して父なる神に対する従順に至ったのである。ちなみに、「霊による聖化（ハギアスモス・

プネウマトス）」という表現は、「血の振り掛け（ランティスモス・ハイマトス）」という表現が示唆しているように、「霊」が人々に降り注ぐようにして清めることを意味している（ヨハ 7:37-39, 使徒 2:1-4）。

ギリシャ語のあいさつは、「ごきげんよう（カイレ）」が普通であるが（マタ 26:49, cf. 使徒 15:23, 23:26）、ペトロはここで、パウロと同様に「恵み（カリス）」があるようにというあいさつをしている（ロマ 1:7, コリ一 1:3, コリ二 1:2）。三位一体の神が人々に与える恵みとは、基本的に人々の信仰に基づいて無償で与える救いであり、人々に対する神の愛である。この神の愛に基づいて人は神との「平和」、人と人との「平和」を保つことができる（cf. 民数 6:25-26）。つまり、神の恵みは人の平和の源泉であり、人の平和は神の恵みの結果である。

また、ユダヤ人たちのヘブライ語によるあいさつが、「平和がありますように（シャローム）」であったことを考慮すると、ペトロはこのヘブライ語のあいさつと「恵みがありますように」というあいさつを組み合わせているとも言える（Bigg, p.89）。「増し加える（プレースノー）」と訳した表現は、「満たす」という意味である。

ちなみに、この節で「父なる神」と「霊」と「イエス・キリスト」が並置されていることは、神の御子イエスの神性を示唆している。

3節　私たちの主イエス・キリストの父なる神が、祝福されますように。神は自らの多くの哀れみによって私たちを新たに生まれさせ、死人たちの中からのイエス・キリストの復活を通して生きる希望に至らせて、

「神は」という表現は原文にはないが、ここでは補われている。「に至らせて（エイス）」と意訳した表現は、単に「の中へ」（直訳）である（ペト一 1:2 解説）。

「父なる神（ホ・セオス・カイ・パテール）」と訳した表現は、「神と父」（直訳）であるが、後者の語が前者の語を修飾する二詞一意だと考えられる（ロマ 15:6, コリ二 1:3, 11:31, ガラ 1:4, エフ 1:3, cf. ヨハ 20:17）。「祝福される（ユーロゲートス）」とは、「良く（ユー）」「言う（レゴー）」という表現に由来し、賞賛されることを意味する（マル 14:61, ルカ 1:68, ロマ 1:25, 9:5）。この祝福される神は、救い主イエス・キリストの父であり（ペト一 1:1 解説）、イエス・

ペトロの手紙一

キリストは、「私たち」キリスト者がしもべとして仕え、信じている「主（キュリオス）」イエスである。したがって、「私たち」と「父なる神」を結び付けているのは、この「イエス」にほかならない。そして、父なる神がこの世でのイエスの使命を計画し（ペト一 1:2 解説）、それをイエスが立派に成し遂げたことを考慮すると、キリスト者は常にこのイエスを通して父なる神を祝福するのである。

「哀れみ（エレオス）」とは、相手の立場になって同情し、行動をすることであり、父なる神の「哀れみ」は、その御子を人と同じ肉をまとわせて、イエスとしてこの世に送ったことに明白に現れている。「新たに生まれさせる（アナゲナオー）」とは、文字どおり、「再び（アナ）」「生まれさせる（ゲナオー）」ことであり、人はこの世でイエスを信じることによってキリスト者として「新たに生まれ」変わる（ペト一 1:23, cf. テト 3:5）。これは、「第二の創造」であり（カルヴァン, p.27）、パウロによって、「私たちは神にこしらえられたものであり、神が前もって準備した良い業のためにキリスト・イエスにおいて造られたからです。それは、私たちがその中で歩むためです」と述べられているとおりである（エフ 2:10）。

「復活（アナスタシス）」とは、「死人たち」を「再び（アナ）」「起こす（ヒステーミ）」こと、「起き（ヒステーミ）上がらせる（アナ）」ことである。したがって、神の「哀れみ」は、単に御子イエスをこの世に与えたことだけでなく、イエスを復活させることによって、イエスを通して父なる神を信じるすべての人々を同様にして最終的に復活させる点においても示されている。また、「死人」は汚れているとされていたから（民数 6:7, 19:13, エゼ 44:25, マタ 23:27）、そのような死人を生き返らせることは、「霊による聖化」の最終的で究極的な行為であり（ペト一 1:2）、イエスも死を経て復活したことは、この世で「生き」続ける人々の「希望」の源泉である（ロマ 6:4, コリ一 15:20, cf. ヤコ 1:18）。

4節　あなたたちのために天において守られている、朽ちず、汚れず、しおれないものを相続させます。

「ものを相続させます」と意訳した表現は、単に「相続のため（エイス・クレーロノミアン）」（直訳）という表現である。「相続（クレーロノミア）」

1. 神の言葉による新生（1:1-25）

とは、「分け前（クレーロス）」を受け継いで「所有する（ネモマイ）」ことであり、具体的には「天」の神の王国であり（エフ 1:14, 18, 5:5、コロ 1:5, 12, 3:24、ヘブ 9:15）、そこで「守られている」永遠の命である（ペト一 1:5, 5:4）。この「守られている」という表現は神的受動態であり、父なる神によってそうされることを示している（Michaels, p.21）。ちなみに、「相続（クレーロノミア）」という表現は、かつて神がイスラエルの民に与えることを約束した土地カナン（地中海とヨルダン川に挟まれた広域の地に対する古代の名称）をも示したから（申命 2:12LXX、ヨシ 11:23LXX, cf. 使徒 7:5、ヘブ 11:8）、この 4 節は、今やキリスト者には天国が約束されていると示唆しているのである。

「天（ウーラノス）」という表現が、原語では複数形であるのは、当時の世界観によると、天は階層的であり、天の天も、さらにその上にあってこの世から隔絶した神の座である「第三の天」もあるとされていたからである（コリ二 12:2, cf. 申命 10:14、列王上 8:27、詩編 148:4、エフ 4:10、テサ一 4:17、ヘブ 4:14、黙示 12:5）。

「朽ちる（フサルトス）」ことが「ない（ア）」、つまり、「朽ちない（アフサルトス）」という表現と（ロマ 1:23、コリ一 9:25, 15:52）、「汚す、染める（ミアイノー）」ことが「ない（ア）」、つまり、「汚れがない（アミアントス）」という表現と（ヘブ 7:26）、「しおれる（マライノー）」ことが「ない（ア）」、つまり、「しおれない（アマラントス）」という表現はすべて、人間を含むこの世の動植物や財産がいずれ土とごみになるのに対して、天においてはすべてが逆に日々「新たに」され続けていることを示している（ペト一 1:3）。その日々「新たに」され続けているものの中で人々に最も「希望」を与えるのは命である（ペト一 1:3）。ちなみに、英語の「不死の花、アマランサス（amaranth）」は、ギリシャ語の「しおれない（アマラントス）」に由来する。

　5 節　あなたたちは、終わりの時に啓示されるように準備されている救いのために、信仰によって神の力の中で見守られています。

「あなたたちは」という表現は原文にはないが、ここでは補われている。

「時（カイロス）」とは、単に時間の長さを表す「時（クロノス）」とは異なり、特定の時期を指し、「機会」と訳すこともできる。「終わりの（エスカトス）時」

とは、キリストがこの世に到来した時であり（ペト一 1:20）、さらには、キリストが再びこの世に到来する時を指す。この 5 節では、この後者の意味で用いられている。ちなみに、英語の「終末論（eschatology）」は、ギリシャ語の「終わりの（エスカトス）」「言葉（ロゴス）」に由来する。

「啓示する（アポカルプトー）」とは、「覆い（カルプトラ）」を「取る（アポ）」ことを意味し、その「終わりの時」に、イエスを信じる「信仰」者たちは「救い」に導かれるが、その時までは「神の力の中で見守られて」いる。「見守る（フルーレオー）」と意訳した表現は、「道（ホドス）」を「先（プロ）」回りして見張るという軍事的な意味に由来し（コリ二 11:32, ガラ 3:23, フィリ 4:7）、神がすでに先に「終わり」の地点から信仰者たちを見守っていることを示している。また、「信仰によって神の力の中で」という表現は、「信仰」というものが、一方では神に対する人間の「信仰」であると同時に、他方、それは同時に「神の力」によるものであることを示している（エフ 2:8）。

6 節　その中で、あなたたちは大いに喜んでいます。あなたたちは今は少し、色々な試みの中で悲しませられなければならない［ことがある］としても、

「その中で（エン・ホー）」と訳した表現は、文法的には終わりの時「に（エン）」という表現を指すが（ペト一 1:5）、同時に内容的には、神の力「の中で（エン）」「見守られて」いるために、「多いに喜んで」いることを示している（ペト一 1:5）。

確かに、この世には「色々な試み」があり（ヤコ 1:2 解説, cf. ヤコ 1:12）、その試み「の中で（エン）」否応無しに「悲しませられなければならない［ことがある］としても」、信仰者たちはすでに「終わりの時に」生きつつ「神の力の中で」生きているため（ペト一 1:5）、「色々な試み」も、将来的に与えられる栄光の「救い」に比べれば（ペト一 1:5）、「少し（オリゴン）」のことなのである（cf. ロマ 5:3, コリ二 4:17, ペト一 5:10）。

7 節　それは、あなたたちの信仰の試練が、火によって精錬されても朽ちる金よりも高価であって、イエス・キリストの啓示の時に、賞賛と栄光と名誉に至る所を見つけられるためです。

1. 神の言葉による新生（1:1-25）

「の時に（エン）」と意訳した表現は、単に「の中で」（直訳）であり（ペトー1:6 解説）、「に至る所（エイス）」と意訳した表現も、単に「の中へ」（直訳）である。「見つける（ヒューリスコー）」という表現の受動態である「見つけられる」という表現は神的受動態であり、父なる神によってそうされることを示している(Michaels, p.31)。ちなみに、英語の「自己発見的(heuristic)」は、ギリシャ語の「見つける（ヒューリスコー）」に由来する。

「試練（ドキミオン）」と訳した表現は、「受け入れる（デコマイ）」に値するかどうかという資質を検査することであり、「試み（ペイラスモス）」の類義語である（ヤコ 1:2 解説, cf. 箴言 17:3）。「信仰の試練」とは、ある人の信仰が神に受け入れられるかどうかと試される試練であり、「説得する（ペイソー）」という表現から造られている「信仰（ピスティス）」という表現は、説得されている状態を示している（ヤコ 1:3 解説）。「精錬する（ドキマゾー）」と訳した表現は、ここでは人が「受け入れる（デコマイ）」ことができるように金の純度を高めることであり（コリ一 3:13）、「朽ちる（アポルミ）」と訳した表現は、「滅びる」という意味である。つまり、通常は朽ちることのない精錬された金も（ヨブ 23:10, ゼカ 13:9, マラ 3:3, cf. 詩編 66:10, イザ 48:10）、試練を経た「高価（ポルティモス）」な信仰に比べれば（マタ 13:46, ヨハ 12:3）、「朽ちる」程度の価値しかないのである。試練を経た信仰は、「イエス・キリストの啓示の時に」、つまり、イエスが再び現れる時に、「賞賛と栄光と名誉」の対象となるからである（ロマ 2:7, 10, cf. ヘブ 12:11）。この「賞賛と栄光と名誉」に至るという表現が、後者の語が前者の語を修飾する二詞一意の組み合わせであるとすると、父なる神から「栄光と名誉の賞賛」を受けるという意味になる。「啓示（アポカルプシス）」とは、「覆い（カルプトラ）」を「取る（アポ）」ことであり、ここではイエス・キリストが再びこの世に到来することを指す（ペト一 1:5 解説）。ちなみに、英語の「啓示、黙示書(apocalypse)」は、ギリシャ語の「啓示（アポカルプシス）」に由来する。

8節　あなたたちはその方を見たことがないのに愛し、今、見ていなくても信じ、栄光を受けることによる語り尽くせない喜びによって大いに喜んでいます。

「その方」とはイエス・キリストであり（ペトー1:7）、「その方を見たことがないのに愛し、今、見ていなくても信じ」ている「あなたたち」は、イエスを直接的に知っている世代より後の世代のキリスト者である。「愛する（アガパオー）」という表現も「信じる（ピステウオー）」という表現も共に、イエスに対する深い愛情を示している。かつて、パウロも「私たちは見えるものによってではなく、信仰によって歩んでいる」と述べ（コリ二5:7）、イエス自身も、「あなたたちの父アブラハムは、私の日を見ることを大いに喜び、そして、彼は見て喜んだ」と語っている（ヨハ8:56）。

「栄光を受けることによる語り尽くせない喜び（カラ・アネクラレートー・カイ・デドクサスメネー）」と訳した表現は、「語り尽くせず、また、栄光を受けた喜び」（直訳）であるが、「語り尽くせず、また、栄光を受けた」という表現は、後者の語が前者の語を修飾する二詞一意としてこのように訳されている。「語り尽くせない（アネクラレートス）」とは、文字どおり、「語り（ラレオー）」「尽くす（エク）」ことができ「ない（ア）」ことであり、その「喜び」は、「救い」を受けたことに対する喜びである（ペト一1:9）。

この8節は、かつてイエスがこう語ったことを想起させる。下記の「これらの人々」とは、イエスの弟子たちを指している。

「しかし、私はこれらの人々についてだけでなく、これらの人々の言葉を通して私を信じる人々についても願います。父よ、あなた自身が私の内に、この私もあなたの内にいるように、すべての人々が一つであり、その人々自身もまた私たちの内にいるようにしてください。それは、あなた自身が私を遣わしたことをこの世が信じるためです。そして、私たち自身が一つであるようにその人々自身も一つであるために、この私はあなたが私に与えた栄光をその人々に与えました。この私がその人々の内にいて、あなた自身が私の内にいるのは、その人々が一つに完成されるためであり、あなた自身が私を遣わしたことと、あなたが私を愛したようにその人々をも愛したことをこの世が知るためです。父よ、あなたが私に与えたもの、その人々もこの私がいる所に私と共にいることを私は願います。それは、この世の基の前からあなたが私を愛していたために私に与えた私の栄光をその人々が見るためです。また、正しい父よ、この世はあなたを知りませんでしたが、この私はあなたを知り、これらの人々もあなた自身が私を遣わしたことを知りました。そし

て、あなたが私を愛した愛がその人々の内にあり、この私もその人々の内にいるために、私はあなたの名前をその人々に知らせましたし、知らせるでしょう」（ヨハ 17:20-26, cf. ヨハ 20:29）。

9節　それは、あなたたちが［あなたたちの］信仰の目的である魂の救いを受けているからです。

「それは」という表現は原文にはないが、ここでは補われている。

「目的（テロス）」と訳した表現は、「終結」とも訳せる表現であり、英語の「目的論（teleology）」は、ギリシャ語の「目的（テロス）」と「言葉（ロゴス）」に由来する。「受ける（コミゾー）」と訳した表現は、「お返しを受ける」という意味であり（コリ二 5:10, エフ 6:8, コロ 3:25, ヘブ 10:36, 11:19, 39）、ペトロはここで一般的な読者の理解に合わせて、イエスに対する「信仰」をこの世で維持し続けることによって、「魂の救い」が得られると説き、激励の言葉としている。

パウロはこの9節と同趣旨のことを、「今、あなたたちは罪から自由にされて神のしもべとされ、聖に至る自分の実りを持っています。その終わりは永遠の命です」と述べている（ロマ 6:22）。ここで「終わり（テロス）」と訳した表現は、原語では「目的（テロス）」と同じである。

10節　この救いについて、あなたたちのための恵みについて預言した預言者たちは、探究し、調査しました。

「この救い」とは、「信仰の目的である魂の救い」であり（ペト一 1:9）、「恵み（カリス）」は、神が人間に無償で与えるものであり、その最大のものは「救い」である。「預言者（プロフェーテース）」とは、神の「前で（プロ）」人々に神の言葉を「語る（フェーミ）」人、または、人々の「前で（プロ）」神の言葉を「語る（フェーミ）」人、さらには、神の働きを「前もって（プロ）」「語る（フェーミ）」人を指す（ヤコ 5:10 解説）。

ペトロによると、かつての預言者たちはイエスを通してもたらされる「救い」について、「探究し、調査し」た上で、前もって公に証言していたのである。「探究する（エクゼーテオー）」と訳した表現は、「探し（ゼーテオー）」「出す（エク）」ことであり、その同義語である「調査する（エクセラウナオ

一)」と訳した表現は、「調べ（エラウナオー）」「出す（エク）」ことである（ペト一 1:11-12）。

　かつて、イエス自身は復活後、「モーセとすべての預言者たちから始めて、聖書全体の中で自分自身に関することを彼らに説き明かした」が（ルカ 24:27, cf. ヨハ 12:41, 使徒 7:52）、例えば、イエスはモーセを含める預言者たちの次のような箇所を説き明かしたと考えられる（cf. ルカ 16:29, 24:44, 使徒 3:18-26, 8:30-35, 26:22)。つまり、紀元前13世紀に、神がイスラエルの民を隷属の地エジプトから導き出す時の指導者モーセは、神がモーセと同じような預言者を後に立てると預言し（申命 18:15, cf. 申命 34:10）、イスラエル統一王国のダビデ王（在位ヘブロンで前1004年 - 前998年、エルサレムで前997年 - 前965年）は、イエスが十字架上で父なる神に捨てられた時の叫びの言葉を歌っており（詩編 22:1-3, cf. 使徒 2:30）、ナタンは、ダビデの子孫がいずれ王国を建て上げることを預言し（サム下 7:12-13）、紀元前8世紀の南ユダ王国の預言者イザヤは、乙女が身ごもって、インマヌエルと呼ばれる男の子を産むことや（イザ 7:14, マタ 1:23）十字架に引かれて行くイエスが、ほふり場へ引かれて行く子羊のようであることを預言している（イザ 53:1-12)。

　実に、イエス自身が弟子たちに対して証ししているように、「多くの預言者たちと王たちは、あなたたち自身が見ていることを見ようと思ったが見ず、あなたたちが聞いていることを聞こうと思ったが聞かなかった」のである（ルカ 10:24, cf. カルヴァン, p.35)。

　11節　彼らは、自分たちの中のキリストの霊が、キリストのための苦難とその後の栄光を前もって証しすると、それが誰を、また、どの時を明示していたのかを調べたからです。

　この11節は、キリストが霊として、イエスの誕生以前から預言者たちの中で生きていて、働き続けていたことを示している（黙示 19:10, cf. ロマ 8:9)。「苦難（パセーマ）」と「栄光（ドクサ）」という表現は、原語では複数形であり、「キリストのための苦難」とは、キリストのために数々の苦難がその後の栄光と共に準備されていることを示している。「栄光」も数々あるのは、イエスの苦難の頂点である十字架刑の後の栄光の復活だけでなく（ペ

1. 神の言葉による新生（1:1-25）

ト一 1:21, cf. ルカ 24:26, ロマ 6:4）、イエスを直接的に知らない人々もイエスを愛し、信じるようになり、その点でイエスも栄光を受けているからである（ペト一 1:8 解説）。

「前もって証しする（プロマルトゥロマイ）」とは、文字どおり、「前もって（プロ）」「証しする（マルトゥロマイ）」ことであり、英語の「殉教者（martyr）」は、ギリシャ語の「証人（マルトゥス）」に由来する。ペトロによると、預言者たちの中には、ダビデの子孫のイエスが救い主キリストであり、苦難と栄光の主人公であると前もって証ししていた人もいるのである。「時（カイロス）」とは、単に時間の長さを表す「時（クロノス）」とは異なり、特定の時期を指し、「機会」と訳すこともできる（ペト一 1:5 解説）。

12節 彼らは自分たち自身のためにではなく、あなたたちのためにこれらのことに仕えていたということを啓示されました。これらは、あなたたちに天から遣わされた聖霊と［共に］福音を説いた人々を通して、今、あなたたちに告げられたのであり、天使たちはこれらをのぞき込むことを望んでいます。

「と［共に］（エン）」と訳した表現は、単に「によって」（直訳）である。「これらのこと」、「これら」とは、前節を指しており（ペト一 1:11）、「仕える（ディアコネオー）」とは、しもべが主人に仕えるように奉仕することである。英語の「執事（deacon）」は、ギリシャ語の「奉仕者（ディアコノス）」に由来する。「啓示する（アポカルプトー）」とは、「覆い（カルプトラ）」を「取る（アポ）」ことを意味し（ペト一 1:5 解説）、預言者たちは後の時代の人々のために救い主に関する啓示を受けたのである。この「啓示されました」という表現は神的受動態であり、父なる神によってそうされたことを示している（Michaels, p.45）。

「遣わす（アポストロー）」とは、使命を担わせて送り出すことであり、そのようにして送り出された人が「使徒（アポストロス）」である（ペト一 1:1 解説）。英語の「使徒（apostle）」は、ギリシャ語の「使徒（アポストロス）」に由来する。「遣わされる」という表現は、神的受動態であり、父なる神によってそうされることを示している。「福音を説く（ユアンゲリゾマイ）」と訳した表現は、文字どおり、「良い（ユ）」「知らせ（アンゲリア）」である「福

音（ユアンゲリオン）」を説くことであり、具体的には御子イエスによる救いを指している（ペト一 1:10）。英語の「福音（evangel）」は、ギリシャ語の「福音（ユアンゲリオン）」に由来する。

「天から遣わされた聖霊と［共に］福音を説いた人々」とは、イエスの復活、昇天後に聖霊に満たされた人々を含むと考えられる。使徒言行録に次のように記録されているとおりである。「五旬祭の日が満たされて、すべての人々が共に一つになっていた。すると、天から突然、激しい風が運ばれて来るような音がして、人々が座っていた家全体を満たし、火のような分けられた舌がその人々に現れ、その人々の一人ひとりの上にとどまった。そして、すべての人々は聖霊に満たされ、霊がその人々に語り出させるままに、異なる言葉で語り始めた」（使徒 2:1-4, cf. ヤコ 3:6 解説）。

この 12 節には、部分的に重複する表現があり、「知らせ（アンゲリア）」の動詞が「告げる（アンゲロー）」であり、「告げる（アンゲロー）」者が「天使（アンゲロス）」である。英語の「天使（angel）」は、ギリシャ語の「天使（アンゲロス）」に由来する。「のぞき込む（パラクプトー）」と意訳した表現は、「かがみ込む（パラクプトー）」（直訳）という意味であり（ヤコ 1:25 解説, cf. ヨハ 20:5, 11）、人間より力強い天使でさえ（ペト二 2:11）、かがみ込んでのぞき見たいと思うほど、貴重な出来事なのであり（cf. テモ一 3:16）、この意味で「あなたたち」が極めて特権的な者として「選ばれた人々」であることを示している（ペト一 1:1）。「望む（エピスメオー）」と訳した表現は、「欲望（エピスミア）」を持って「むさぼる（エピスメオー）」とも訳せる表現であり、極めて強い願望を示している（ヤコ 4:2 解説）。つまり、ペトロは「あなたたち」が、かつての「預言者たち」や（ペト一 1:10）、今も活躍している「天使たち」以上に恵まれた状況に置かれていることを強調しているのである。

13 節　そのため、あなたたちは、あなたたちの考えを腰帯で引き締め、しらふでいて、イエス・キリストの啓示の時にあなたたちにもたらされる恵みに希望を完全に置きなさい。

この 13 節は、天使が望んでいることに続いて（ペト一 1:12）、「あなたたち」が望むべきことに言及している。「引き締める（アナゾーヌミ）」と意訳した

1. 神の言葉による新生（1:1-25）

表現は、仕事や格闘などを行うために「帯を締める（ゾーヌミ）」という表現の強調形であり（cf. 出エ 12:11, 箴言 31:17, ルカ 12:35, エフ 6:14）、「考えを腰帯で」と意訳した表現は、原文では「考えの腰を引き締め」（直訳）となっている。この「考え（ディアノイア）」という表現は、かつてイエスが、「あなたは、あなたの心のすべてにおいて、あなたの魂のすべてにおいて、あなたの考えのすべてにおいて、あなたの神である主を愛しなさい」と命じた時の「考え（ディアノイア）」であり（マタ 22:37, cf. ヘブ 8:10, 10:16）、自分の「考えを」「引き締め」るとは、その考えのすべてを父なる神に、そして、その神の御子イエス・キリストに、特に「イエス・キリストの啓示の時に」向けることを意味する。「しらふでいる」ことは、単に酒に酔っていないことではなく、逆に聖霊に満たされる必要を示唆している（エフ 5:18, ペト一 1:15, cf. 使徒 2:4, 15, 17, テサ一 5:6, 8, テモ二 4:5）。

「啓示（アポカルプシス）」とは、「覆い（カルプトラ）」を「取る（アポ）」ことであり、ここではイエス・キリストが再びこの世に到来することを指す（ペト一 1:7 解説）。また、「の時に（エン）」と意訳した表現は、単に「の中で」（直訳）であり（ペト一 1:7 解説）、「イエス・キリストの啓示の時にあなたたちにもたらされる恵み」とは、イエスが再び現れる時にキリスト者たちに与えられる「賞賛と栄光と名誉」である（ペト一 1:7）。また、この「もたらされる」という表現は神的受動態であり、父なる神によってそうされることを示している。

14 節　従順な子どもとして、あなたたちが以前、無知であった時の欲望に同化せず、

「従順（ヒュパコエー）」とは、誰かの「下で（ヒュポ）」その人に「聞くこと（アコエー）」であり（ペト一 1:2 解説）、ここでは父なる神に従順な「子ども」であることが求められている（ペト一 1:3 解説）。

「無知（アグノイア）」とは、特に神とイエス・キリストに対する頑迷な無知を指しており（ロマ 1:21, コリ一 2:8, エフ 4:18, cf. 使徒 3:17, 17:30）、極めて強い願望を意味する「欲望（エピスミア）」は（ペト一 1:12 解説）、「無知」ゆえに一層、神の目から見て不適切なものを求める思いである。この「無知」が父なる神を知らない無知だとすると、ペトロは、ここで特に異邦人キリス

ト者である読者も念頭に置いているのかもしれない（ペト一 1:2 解説, cf. ペト一 4:3）。

「同化する（ススケーマティゾー）」とは、「共に（ス）」同じ「形（スケーマ）」になることであり（ロマ 12:2）、父なる神に従順な子どもは自らの「欲望」にではなく、父なる神の思いに同化しなければならないのである（cf. ペト一 1:15）。ちなみに、かつてパウロも、「あなたたちはこの時代に同化せず、心の刷新による変貌を経なさい」と語り（ロマ 12:2）、イエスが再び現れる来るべき時代に向けて、人が完全に変化することを求めている。

15 節　あなたたちを呼び出した聖なる方に倣い、あなたたち自身もあらゆる生き方において聖なるものになりなさい。

「あなたたちを呼び出した聖なる方」とは父なる神であり、「聖なるものになりなさい」という表現と共に、レビ記の同趣旨の命令を想起させる（レビ 11:44-45, cf. ペト一 1:16）。すると、この 15 節は、特にユダヤ人のキリスト者を意識して記されたのかもしれない（ペト一 1:14 解説）。このように、ペトロの手紙には、ユダヤ人キリスト者を意識して書かれていると思われる箇所と、異邦人キリスト者を意識して書かれていると思われる箇所があることは、要するにペトロが両者に思いを馳せていることを示唆しており、場合によっては異邦人的な生活の影響下にあるユダヤ人たちのことが気になっていたのかもしれない。それはまさしく、かつてペトロが地中海に面した町ヤッファで幻を見た時に、天から下りて来た大きな布の中に、ユダヤ人にとって清い生き物も清くない生き物も入っていて、それらすべてを分け隔てなく受け入れるように示されたことと深く関係している（使徒 10:9-16, 28, 34）。

「生き方（アナストロフェー）」と訳した表現は、「再び（アナ）」「向かう（ストレフォー）」という意味に由来し、一定の生活様式を指す（ヤコ 3:13 解説）。ここでは、父なる神に呼び出された「あなたたち」における各人の「あらゆる生き方」を意味していると考えることもできるし、一人ひとりのあらゆる振る舞いを意味していると考えることもできる。つまり、どのような人も、どのような生き方も、父なる神に倣うなら、同様にして「聖なるもの」となることができるのである（ロマ 12:1, コリ二 7:1, テサ一 4:7, ヤコ 3:13）。

16節 「あなたたちは聖なるものになりなさい。なぜなら、私自身が聖[なるもの]であるから」と[いうことが]書かれているからです。

この引用は、レビ記11章44節や45節からのものである（レビ 11:44-45, cf. レビ 19:2, 20:7, 26）。

「あなたたちは聖なるものになりなさい」という命令は、「あなたたちは聖なるものになるだろう」という本来の未来形に訳すこともできるから、実に、「あなたたちは聖なるものになりなさい」という律法は、「あなたたちは聖なるものになるだろう」という福音でもある。それは、父なる神が「聖なるもの」であるからであり、その「聖」に「倣い」（ペト一 1:15）、人は「無知であった時の欲望に」ではなく（ペト一 1:14）、「聖」に同化することができるのである。

17節　そして、もし、あなたたちが一人ひとりの業に応じて、外見で判断することのない方を「父」と呼びかけているのなら、あなたたちの寄留の時を恐れつつ生きなさい。

「もし」、「呼びかけているのなら」と訳した表現は、原文では、「呼びかけているのだから」という意味に近い表現である。

この17節では、15節の「あらゆる生き方」という表現が（ペト一 1:15）、「一人ひとりの業」と言い換えられており、「一人ひとりの業に応じて」「父と呼びかけている」ということは（マタ 6:9, ロマ 8:15, cf. 詩編 89:27, エレ 3:19）、日々の行いにおいて父なる神の子として生きていることを自覚するという意味でもある。「外見で判断することのない（アプロソーポレーンプトース）」と訳した表現は、「顔、外見（プロソーポン）」で「受け入れる（ランバノー）」ことが「ない（ア）」という意味であり、父なる神にも、神の子イエス・キリストにも、全くそういう判断基準はない（ヤコ 2:1 解説）。つまり、神は「あなたたち」がユダヤ人であろうと、異邦人であろうと、自らの子として受け入れているのである（ペト一 1:15 解説）。

したがって、「あなたたち」は、このような偉大な父なる神を「恐れつつ生き」なければならない（cf. マラ 1:6, コリ二 5:11, 7:1, フィリ 2:11-12, ヘブ 12:28）。「寄留（パロイキア）」とは、本拠地ではなく、他国の地や他人の「家（オイコス）」の「傍ら（パラ）」に一時的に身を寄せるようにして生きることである

（使徒 7:6, 29, 13:17, エフ 2:19, ヘブ 11:9）。ちなみに、英語の「教区（parish）」という表現は、ギリシャ語の「寄留する（パロイケオー）」という表現に由来している（Bigg, p.118）。「生きている（アナストレフォー）」と意訳した表現は、「振る舞う」とも訳せる表現であり（ペト一 1:15 解説, cf. コリ二 1:12, エフ 2:3, テモ一 3:15)、実際に、このペトロの手紙は方々に寄留している人々に対して（ペト一 1:1）、また、天ではなく、言わばこの世に「寄留」しつつ「生き」ている神の子であるキリスト者たちに対して書かれたのである（ペト一 1:1 解説）。この「寄留の時」の「時（クロノス）」は、特定の時期を指す「時（カイロス）」とは異なり、時間の長さを表す表現である（ペト一 1:11 解説）。

18 節　あなたたちが知っているとおり、あなたたちの父祖伝来のむなしい生き方からあなたたちが贖われたのは、銀や金という朽ちるものによらず、

「父祖伝来の（パトロパラドトス）」と訳した表現は、文字どおり、代々「父（パテール）」が子に連綿と「引き渡す（パラディドーミ）」ことを指しており、「生き方（アナストロフェー）」と訳した表現は、「再び（アナ）」「向かう（ストレフォー）」という意味に由来し、一定の生活様式を指す（ペト一 1:17 解説）。その「生き方」が「むなしい（マタイオス）」のは（ヤコ 1:26 解説, ペト一 4:3, cf. コリ一 3:20, 15:17, エフ 4:17, テト 3:9）、真の父なる神から神の真の御子イエス・キリストを通して教えられたものではないからである。そして、この真の父なる神から神の真の御子を通して教えられたものは、「聖なる」「生き方」である（ペト一 1:15）。

天の父なる神とこの世の父との対比は、「あなたたちは、地の上であなたたちの父をそう呼んではならない。というのは、あなたたちの父は天にひとりいるからである」というイエスの言葉にも見られる（マタ 23:9, cf.Bengel, p.51）。ここで、イエスはこの世における自分たちの父を父と呼ぶことも禁止するが、この場合の父とは、主に老人や宗教的指導者に対する尊称としての父であろう（列王下 2:12, 5:13, 13:14）。それは、人々の真の父は、天にいる父なる神ひとりだけであり、地上での家族の名前がすべて、この父なる神から与えられているだけでなく（エフ 3:15）、父なる神が人々の学ぶべきあ

1. 神の言葉による新生（1:1-25）

らゆる事柄の源泉だからである。

　かつて、パウロはエフェソ人へ、「あなたたちはもはや異邦人たちが歩んでいるように、歩んではならない。その人々は、自分たちの思いの虚無の中で」歩んでいると書き送った（エフ 4:17）。ここで、「虚無（マタイオテース）」とは、「むなしい（マタイオス）」ことであり、その具体例の一つは、真の神を知らない偶像礼拝である（ロマ 1:21, 8:20, cf. 使徒 14:15）。したがって、この 18 節においてペトロは、異邦人キリスト者の読者を意識しているのだろう（ペト一 1:15 解説）。

　「贖う（ルトロオー）」とは、「身代金（ルトロン）」を払って、奴隷や捕虜や囚人を解放することであり（cf. 詩編 130:8, マル 10:45）、「あなたたち」の贖い、つまり、罪人がその罪から解放されたのは、この世において尊いものとされている「銀や金」によってではない（イザ 52:3）。ここで、通常は朽ちることのない「銀や金」も（ペト一 1:7 解説）、「朽ちる（フサルトス）」とされているのは（ペト一 1:4 解説）、真の贖い主であるイエス・キリストの前では（ペト一 1:19, cf. テト 2:14）、朽ち果てるこの世のすべてのものと何ら変わりがないからである（cf. カルヴァン, p.46）。確かに、紀元前 13 世紀に、神はモーセを通してイスラエルの民を隷属の地エジプトから導き出す時に（ペト一 1:10 解説）、エジプト人からの贈り物として「金銀」をイスラエルの民に持たせたが（出エ 12:35-36, 詩篇 105:37, cf.Elliott, p.372）、神が言わば究極的な意味でこの世において、この世から人々を導き出す時に必要なものは、金銀ではなく、「キリストの尊い血」である（ペト一 1:19）。実に、「銀や金」こそ、神の前では「むなしい」ものなのである。ちなみに、「贖われる」という表現は神的受動態であり、父なる神によってそうされることを示している（Elliott, p.370）。

　19 節　非のない、しみのない子羊のようなキリストの尊い血によるのです。

　「非のない（アモーモス）」という表現は、元々は生けにえにするための傷のない動物を指しており（エフ 1:4, 5:27, フィリ 2:15, コロ 1:22, ヘブ 9:14）、「しみのない（アスピロス）」という表現は、その同義語として強調の役割を果たしている（ヤコ 1:27 解説, cf. テモ一 6:14）。

イスラエルの民にとって羊は貴重な財産であり（ヨブ 1:3）、人々はその乳を飲み（申命 32:14）、肉を食べ（申命 14:4）、毛で服を作り（レビ 13:47）、皮を革袋や天幕の覆いにし（創世 21:14, 出エ 25:5）、角を笛や聖油入れにした（ヨシ 6:4, サム上 16:1）。そして、特に羊は父なる神へのささげ物としても重要な家畜であった（出エ 20:24, イザ 53:7, 使徒 8:32）。

また、かつて洗礼者ヨハネはイエスを見て、「この世の罪を取り除く神の子羊である」と言った（ヨハ 1:29）。子羊は毎日、朝夕にささげられるささげ物であり、贖罪のささげ物でもあり（出エ 29:38-39, レビ 9:3）、さらに昔、イスラエルの民が隷属の地エジプトから脱出する際に（出エ 12:1-28）、神の命令に基づいてささげた物であり（出エ 12:5）、苦難のしもべの象徴でもある（イザ 53:1-12, cf. エレ 11:19）。しかし、イエスが神の子羊であると言う時、それは人間が準備してささげる子羊なのではなく、神が準備してささげる子羊である（創世 22:8）。

すると、イエスが神の子羊であるということは、イエスが神の子として十字架から大地に流した「尊い血」によって、大地の土から造られた罪人を自分のものとして（創世 2:7, ペト一 1:2 解説, 18 解説, cf. ルカ 24:21, 使徒 20:28, コリ一 6:20, テト 2:14）、その罪を清めたのであり（ヘブ 9:12, 14）、この世の罪から救うために神にささげられる神の苦難のしもべの役割を担ったことを意味する（ヨハ 1:36, 使徒 8:32, コリ一 5:7, cf. 黙示 5:6-13, 7:14, 21:22-22:5）。かつて、父なる神が大地を地下から水で潤してその土で人を形造り、命の息を吹き込んで人としたように（創世 2:6-7）、イエスが十字架上から大地に血を落としたことは、この出来事を自分のためのものであると信じる人が、今やイエスの「尊い血」の染み込んだ土から新たに形造られた人であることを象徴的に示し、この人にはイエスを通して聖霊も吹き込まれるのである（ヨハ 20:22）。

20節 キリストはこの世の基の前から、前もって知られていましたが、時の終わりにあなたたちのために明らかにされました。

「キリスト」という表現は原文にはないが、ここでは補われている。単に「時（クロノス）」と訳した表現は（ペト一 1:17 解説）、原語では複数形であり、その「時の終わり」とは、キリストがこの世に到来した時である（ペト

一 1:5 解説, cf. ヘブ 1:2)。また、原文では、前半に「一方で（メン）」、後半に「他方で（デ）」という表現が入っている。

「基（カタボレー）」とは、「下に（カタ）」「据えられた（バロー）」土台や根底のことであり（マタ 13:35, ヨハ 17:5, 24, エフ 1:4)、「この世（コスモス）」と訳した表現は、単に「世、世界」である。「前もって知られていました」という表現も、「明らかにされました」という表現も神的受動態であり、父なる神によってそうされたことを示している（Elliott, p.376)。つまり、キリストは、神がこの世の基盤を最初に造った天地創造の時から、神によって知られており（ペト一 1:2, cf. 使徒 2:23)、今や終わりの時に「あなたたち」にも明確に知らされたのである。このことは、天地創造から「時の終わり」に至るまで、すべてを父なる神が永遠に支配していることも示している。

また、「あなたたち」に対して、天地創造の前から神によって準備されていたことが明らかにされたことは、「あなたたち」が「選ばれた」という極めて特権的な立場にいることを示唆しており（ペト一 1:1)、その意味で「あなたたち」も神によって前もって知られていたと言えるだろう（ロマ 16:25-26, テモ二 1:9-10, 黙示 13:8)。

21 節　彼を死人たちの中から起こして、彼に栄光を与えた神を、あなたたちは彼によって信じています。こうして、あなたたちの信仰と希望は神にかかっています。

「あなたたち」という表現は原文にはないが、ここでは補われている。「にかかって（エイス）」と意訳した表現は、「の中に」（直訳）である。

「あなたたち」が神を信じることができたのは、「彼によって」、つまり、キリストによってであり、キリストによってとは、神がイエス・キリストをその十字架上での死の後に、復活させたことによってという意味である（ロマ 4:24, 10:9)。さらに、神が復活させたイエス・キリストに「栄光」を与えたことによって、神の業は一層、明白になった。この「栄光」は、イエス・キリストが「天に上げられ、神の右に座った」ことによっても現されている（マル 16:19, cf. ヨハ 17:5, 22, 24, コロ 1:27, テモ一 3:16, ヘブ 1:3)。このように、この神によって復活が実現するのだから、「あなたたち」の信仰も希望もこの神に対して向けられるべきである（ペト一 1:3)。

「信仰と希望」という表現は、後者の語が前者の語を修飾する二詞一意として「希望に満ちた信仰」と意訳することもできる。すると、「神を、あなたたちは彼によって信じています」に続く文として、「信仰」を強調していることが明白になる。

ちなみに、この21節と次の22節において、ペトロは「信仰」と「希望」と「愛」に言及しているが（ペト一 1:22, cf.Michaels, p.74）、パウロもその手紙においてそれらをしばしば並列させている。例えば、パウロはコリント人への手紙一において、「さて今や、信仰、希望、愛、これらの三つが残ります。そして、これらの中で一層大いなるものは愛です」と説き（コリ一 13:13, cf. ガラ 5:5-6, コロ 1:4-5, テサ一 1:3, 5:8）、キリスト者がこの世で生きるための美徳を示している。これに対して、ペトロは後に悪徳に言及している（ペト一 2:1）。

22節 あなたたちは偽りのない兄弟愛に向けて、真理への従順によってあなたたちの魂を純真にしているのですから、お互いに[清い]心から熱心に愛し合いなさい。

「に向けて（エイス）」と意訳した表現は、「の中へ」（直訳）という意味である。「従順（ヒュパコエー）」とは、誰かの「下で（ヒュポ）」その人に「聞くこと（アコエー）」であり（ペト一 1:14解説）、「真理」である父なる神と神の御子イエス・キリストに対する従順こそが（ヨハ 14:6）、人の「魂を純真に」する。「純真にする（ハグニゾー）」とは（ヤコ 4:8解説）、「非のない、しみのない」状態にすることであり（ペト一 1:19）、「聖なるもの」にすることである（ペト一 1:15）。

「真理への従順」とは「偽りのない」ことであり、「偽りのない（アヌポクリトス）」とは、「偽善者（ヒュポクリテース）」になら「ない（ア）」ことである。ちなみに、「偽善者（ヒュポクリテース）」とは元々「俳優」を意味していたが、そこから転じて自分を正しく見せる人を指すようになった（ヤコ 3:17解説）。このように、神と神の御子への従順に基づいて、さらに同じ神と神の御子を信じる兄弟に対する真の愛が生み出されるのであり、この真の相互愛は「熱心に」追求し続けられるべきものである。

ここで、「[清い]心から」とは、「偽りのない」という表現の言い換えで

あり、「兄弟愛（フィラデルフィア）」とは、文字どおり、「兄弟（アデルフォス）」を「愛する（フィレオー）」ことである（ロマ 12:10, テサ一 4:9, ヘブ 13:1）。兄弟愛は、お互いに感謝しつつ敬虔さと恐れを抱いて神を礼拝できるように励まし合い（ヘブ 12:28）、慰め合うだけでなく、具体的に奉仕や献金をすることによってお互いに助け合う関係も指していると考えられる（cf. ヨハ 13:34）。

また、この22節のペテロの言葉は、かつてイエスが、「もし、あなたたちがお互いの間で愛を持つなら、このことによってすべての人々は、あなたたちが私に対して弟子たちであることを知るだろう」と語ったことを想起させる（ヨハ 13:35, cf.Witherington, p.109）。この「愛」とは、イエスが弟子たちに対して示した神の愛であり、それはしもべとして死に至るまで相手に奉仕する愛である（ヨハ 13:1, 14）。そのような奉仕を見て初めてこの世の人々は、イエスの弟子たちが、死に至るまで人々にささげ尽くした弟子であることを知る（ヨハ一 2:5）。

ちなみに、英語の「フィラデルフィア（Philadelphia）」という地名は、ギリシャ語の「兄弟愛（フィラデルフィア）」に由来している。「熱心に（エクテノース）」とは（使徒 12:5）、「伸ばす（テイノー）」という表現の強調形に由来し、自分に与えられた力の限りを尽くすことを意味する。

23節　あなたたちは、朽ちる種からではなく、朽ちないものから、生き続けている神の言葉によって新たに生み出されました。

「あなたたちは」という表現は原文にはないが、ここでは補われている。「朽ちる（フサルトス）種」とは、人の子「種」のことであり、「朽ちないもの（アフサルトス）」とは、朽ちない種、つまり、神の言葉である（cf. ペト一 1:4, 18）。「生き（ザオー）続けている（メノー）」とは、「生きて」「とどまっている」（直訳）という意味であり、神が永遠に生き続けている以上（テモ一 6:16）、その神の口から出る言葉も永遠に生き続けている（ヘブ 4:12）。

「種（スポラ）」という表現は、「種をまく（スペイロー）」という表現に由来し、この手紙の読者は「離散（ディアスポラ）」している人々、つまり、種がまかれるように各地に散らばった人々であるから（ペト一 1:1 解説）、実に適切な表現である。各地に散らばったキリスト者たちは、「神の言葉によって

新たに生み出され」た人々であり、同様にして各地で神の言葉をまいて、多くの人々を新たに生み出す役割を担っている。「新たに生み出される」と訳した表現は、「新たに生まれさせる（アナゲナオー）」という表現の受動態であり、人はこの世でイエスを信じることによってキリスト者として「新たに生まれ」変わる（ペト一 1:3 解説, cf. ヨハ 1:13, 3:3, ヤコ 1:18）。

また、この 23 節は、かつてイエスが、「種をまく人」のたとえを群衆に語って（ルカ 8:5）、「種は神の言葉である」と説いたことを想起させる（ルカ 8:11）。

「種をまく人が、自分の種をまくために出て行った。そして、彼が種をまいていると、あるものは道端に落ち、踏み付けられ、天の鳥がそれを食べ尽くした。また、他のものは岩の上に落ち、生え出たが、水分を持たなかったために枯れた。さらに、他のものは茨の間に落ち、茨が共に生え出て、それを押しふさいだ。そして、他のものは良い土の中に落ち、生え出ると、百倍の実を結んだ」（ルカ 8:5-8）。

「そのたとえはこうである。種は神の言葉である。道端のものとは、聞く人々であるが、後に悪魔が来て、その人々が信じて救われることがないように、その人々の心から御言葉を取り去る。岩の上のものとは、聞く時は喜んで御言葉を受け入れるが、これらの人々は根を持たず、しばらく信じていても、試みの時に離れて行く。茨の中に落ちるもの、これらの人々は聞く人々であるが、歩みつつ人生の煩いや富や快楽にふさがれて、実が熟するまでに至らない。良い土の中のもの、これらの人々は美しい良い心で御言葉を聞いて引き止め、忍耐して実を結ぶ人々である」（ルカ 8:11-15）。

24 節　というのは、「あらゆる肉は草のようであり、そのあらゆる栄光は草の花のようです。その草は枯らされ、その花は散りました。

この引用は、イザヤ書 40 章 6 節、7 節からのものである（イザ 40:6-7, cf. ペト一 1:10 解説）。「その草は枯らされ、その花は散りました」という過去形を格言的過去と見なし、「その草は枯らされ、その花は散ります」と現在形で訳すこともできる。

「あらゆる肉」とは、肉体を持ったあらゆる人を指し、この世における人の栄光は、草の花のように短い間、はかない輝きしか持たない（ヤコ 1:10-

11)。「枯らされ」るという表現は神的受動態であり、父なる神によってそうされることを示している。つまり、人は神に支配されているのであり、神に枯らされると、その栄光の花も散ることを余儀なくされる。しかし、「神の言葉」は「朽ちない」種であり（ペト一 1:23）、この神の種によって生まれ変わった人は、神の栄光を帯びて永遠の命を約束される（ペト一 1:25）。

25節　しかし、主の言葉は永遠にとどまります。」そして、これこそ、あなたたちに福音として説かれた言葉です。

「永遠に（エイス・トン・アイオーナ）」と意訳した表現は、「あの時代に至るまで」（直訳）という意味であり、「あの時代」とは「時の終わり」のさらに後に（ペト一 1:20）、再びイエスが到来して、すべてが改まる時代である。「とどまる（メノー）」とは、生き続けるという意味であり（ペト一 1:23 解説）、「これ」とは、特にこの1章の23節、24節を指している（ペト一 1:23-24）。

つまり、ペトロによると、「離散して寄留している」人々に説かれたことは、朽ちない神の言葉こそが、人々を新たに生まれ変わらせ、栄光に満ちた永遠の命をもたらすということである。「福音として説く（ユアンゲリゾマイ）」と訳した表現は、文字どおり、「良い（ユ）」「知らせ（アンゲリア）」である「福音（ユアンゲリオン）」を説くことである（ペト一 1:12 解説）。

2. 教会の頭石であり、監督者であるキリスト

2章1節－25節　私訳

[1] そこで、あなたたちはあらゆる悪意、あらゆる策略、偽善、ねたみ、すべての悪口を取り去り、[2] 生まれたばかりの赤ん坊として、純粋な言葉という乳を切望しなさい。あなたたちがそれによって成長させられて、救いに至るためです。[3] もし、あなたたちが、主は良い方であるということを味わったのであれば。[4] あなたたちはこの方の所に近づきなさい。この方は、人々によっては捨てられましたが、神のもとでは選ばれて重んじられている、生きている石です。[5] あなたたち自身も、［その］神に快く受け入れられる霊的な生けにえをイエス・キリストを通してささげる聖なる祭司職に至るために、生きている石として霊的な家に建て上げられなさい。[6] なぜなら、聖書に書いてあるからです。

　「見よ、私は、選ばれて重んじられている隅の頭石をシオンに置く。
　　そして、これを信じる人は決して失望させられないだろう。」

[7] そこで、信じているあなたたちには、その名誉がありますが、信じていない人々には、「家を建てる人々の捨てた石、これが隅の頭石になった」のです。[8] また、「つまずきの石、妨げの岩」です。その人々は、御言葉に不従順なのでつまずきますが、そこに至るように定められてもいたのです。[9] しかし、あなたたち自身は選ばれた種族、王族の祭司たち、聖なる民族、神のものとなった民です。それは、あなたたちを暗闇から御自身の驚くべき光の中に呼び出した方の偉業を語り告げるためです。[10] あなたたちは、「かつては民ではなかったが、今では神の民であり、哀れみを受けなかったが、今では哀れみを受けた者である」のです。

[11] 愛する人々よ、魂に対して戦う肉の欲望を居留者、また、寄留者として避けるようにと私は勧めます。[12] あなたたちは異邦人たちの中で、あなたたちの良い生き方を保ちなさい。それは、その人々がそのことによってあなたたちを悪人と非難しても、良い業から観察して、訪れの日に神に栄光を与えるためです。

2. 教会の頭石であり、監督者であるキリスト（2:1-25）

¹³ あなたたちは、あらゆる人間的な被造物に主によって従いなさい。それが上に立つ王であっても、¹⁴ 悪人たちに報復し、善人たちを賞賛するために、王によって派遣された総督であっても。¹⁵ なぜなら、そのように、善を行って愚かな人々の無知を封じることは、神の思いだからです。¹⁶ 自由人として、しかし、自由を悪の隠れみのとして持たずに、神のしもべとして。¹⁷ あなたたちはすべての人々を敬い、兄弟たちを愛し続け、神を恐れ続け、王たちを敬い続けなさい。

¹⁸ 召使いたちよ、あなたたちは、善良で寛容な主人だけでなく、ひねくれた主人にも、あらゆる恐れの中で従いなさい。¹⁹ 実に、もし、ある人が不当に苦しめられても、神への良心によって悲しみを耐え抜くなら、これは恵みです。

²⁰ 実に、もし、あなたたちが罪を犯して、そして、こぶしで殴られて耐え抜くとしても、どのような名声がありますか。しかし、もし、善を行って、そして、苦しめられて耐え抜くなら、これは神の傍らにいる恵みです。

²¹ 実に、このためにあなたたちは呼び出されたのです。
　なぜなら、キリストもあなたたちのために苦しめられ、
　あなたたちに手本を残したからです。
　この方の足跡にあなたたちが付き従うために。
²² 「この方は、罪を犯したことがなく、
　その口に策略は見いだされなかった。」
²³ この方は、ののしられても、ののしり返さず、
　苦しめられても、脅すことなく、
　そして、正しく裁く方にゆだねていました。
²⁴ この方自身が、私たちの罪を運び上げました。
　自らの体であの木の上に。
　それは、私たちが罪を離れ、
　義に生きるためです。
　その方の傷によって、あなたたちはいやされました。
²⁵ 実に、あなたたちは羊のようにさ迷っていましたが、
　今は、あなたたちの魂の牧者であり、
　監督者である方のもとに立ち帰らせられました。

2章1節－25節　解説

　1節　そこで、あなたたちはあらゆる悪意、あらゆる策略、偽善、ねたみ、すべての悪口を取り去り、

「あなたたちは」という表現は原文にはないが、ここでは補われている。

「悪意、あらゆる策略、偽善、ねたみ、すべての悪口」という悪徳は、特に、かつてイエスが、律法を厳格に守ろうとするファリサイ派の人々を「偽善（ヒュポクリシス）」に満ちていると非難したことや（マタ 23:28, ペト一 1:22 解説）、祭司長たちが「策略（ドロス）」によってイエスを捕らえようとしたことや（マタ 26:4, cf. ロマ 1:29）、人々が「ねたみ（フソノス）」によってイエスを権力者の手に引き渡したことを想起させる（マタ 27:18, cf. ロマ 1:29）。

また、「悪意（カキア）」が人々の心の中の悪い思いであり、それが様々な形で実行されることであるとすると（ヤコ 1:21, cf. ロマ 1:29）、「悪口（カタラリア）」（コリ二 12:20, cf. ロマ 1:30）、つまり、相手に「対立する（カタ）」思いを「語る（ラレオー）」ことは（ヤコ 4:11 解説）、悪意が口を通して心の外に明白にあふれ出たものである。神と神の御子が「真理」であり（ペト一 1:22）、善であるとすると（マル 10:18, ペト一 2:3）、「悪意」も「悪口」も概して、神に敵対するすべてのことであり、これらは「取り去る」必要がある。「取り去る（アポティセーミ）」と訳した表現は、ある所「から（アポ）」取って、別の所に「置く（ティセーミ）」ことである（ヤコ 1:21 解説, cf. エフ 4:31, コロ 3:8）。

　2節　生まれたばかりの赤ん坊として、純粋な言葉という乳を切望しなさい。あなたたちがそれによって成長させられて、救いに至るためです。

「に至るため（エイス）」と意訳した表現は、単に「のため」（直訳）という意味である。

「生まれたばかりの（アルティゲネートス）」とは、「今（アルティ）」「生まれた（ゲネートス）」という意味である（マタ 11:11）。「赤ん坊（ブレフォス）」という表現は（ルカ 2:12, 16, 18:15, 使徒 7:19, テモ二 3:15）、「胎児」とも訳せる表現であるから（ルカ 1:41, 44）、「生まれたばかりの」と形容されていることは真に適切である（cf. ペト一 1:14 解説）。

2. 教会の頭石であり、監督者であるキリスト（2:1-25）

「純粋な（アドロス）」と意訳した表現は、「策略（ドロス）」の「ない（ア）」という意味であり（ペト一 2:1 解説）、「乳（ガラ）」とは初歩的な教えを指している（コリ一 3:2, ヘブ 5:12-13）。また、「言葉という（ロギコス）」と意訳した表現は、単に「言葉（ロゴス）」の形容詞であるから（ロマ 12:1）、ここでは、赤ん坊が最初は乳しか飲めないように、「あなたたち」の中にも、神の「言葉」、つまり、教えに関しては、実はそのような初歩的な段階にしかいない人もいることを認識させている（cf. ペト一 1:23-25）。「切望する（エピポセオー）」と訳した表現は、「慕い求める」とも訳せる強い意味を持っている（ヤコ 4:5 解説）。

「成長させられる」という表現は神的受動態であり、究極的には父なる神によってそうされることを示している（cf. エフ 4:15-16）。「救い（ソーテーリア）」とは、永遠の命を授けられることであり（ペト一 1:4 解説, cf. ペト一 1:5, 9-10）、人は命を授かって誕生するように、さらに永遠の命を授かって新たに再生するのである（ペト一 1:23）。ちなみに、英語の「補助者（auxiliary）」は、ギリシャ語の「成長する（アウクサノー）」に由来する。

人が「救いに至るため」には、まず子羊キリストの「尊い血」が必要であるが（ペト一 1:19, cf. ペト一 1:2）、さらにこの 2 節では、神からの「純粋な言葉という乳」が必要であることを明示している。キリストの「尊い血」が、人々の救いのためにキリストの体から流される犠牲の血であるのと同じように、神から与えられる「乳」も、人々の救いのために言わば神の母体から与えられる犠牲の乳である。

3 節 もし、あなたたちが、主は良い方であるということを味わったのであれば。

この 3 節は、詩編 34 編 9 節に基づくものであり（詩編 34:9, cf. 詩編 33:9LXX）、「味わったので」あるから（cf. ヘブ 6:5）、「成長させられて、救いに至」りなさいという意味である（ペト一 2:2）。「良い（クレーストス）」という表現は、「使う（クラオマイ）」という語に由来するが、ここでおそらくペトロは言葉遊びをしつつ、「良い（クレーストス）」という表現で「キリスト（クリストス）」を想起させようとしているのだろう（ロマ 2:4, コリ一 15:33, エフ 4:32, cf.Witherington, p.113）。確かに、父なる神がこの世に与えた「キ

リスト（クリストス）」は、この世に「救い」をもたらす点で（ペト一2:2）、「良い方（クレーストス）」である（ヨハ3:16）。「味わった」とは、赤ん坊が乳を飲むように「味わった」という意味である（cf. ペト一2:2）。

4節　あなたたちはこの方の所に近づきなさい。この方は、人々によっては捨てられましたが、神のもとでは選ばれて重んじられている、生きている石です。

この4節は、詩編118編22節に基づいており（詩編118:22, cf. マタ21:42）、詩編のその言葉は元々、イスラエルの民について語られたものである。「この方」という表現は原文にはないが、ここでは補われており、キリストを指している（ペト一2:3）。また、「人々によっては」という表現と「神のもとでは」という表現には、それぞれ「一方で（メン）」、「他方で（デ）」という表現が入っていて（ペト一1:20解説）、対照的な意味合いを強調している。

「この方」であるイエス・キリストの所に近づく必要があるのは、共に「霊的な家」を建て上げるためであるが（ペト一2:5）、キリストは人々に「捨てられ」た。「捨てる（アポドキマゾー）」と訳した表現は、「検査して（ドキマゾー）」それを「否定（アポ）」することであり、確かにイエスは裁判において審問され（マタ26:57-68, 27:11-26）、最終的に死刑とされた（マタ27:26）。しかし、「生きている」という表現が明示しているように、イエスは父なる神によって死人たちの中から起こされて、今に至るまで「生きている」（cf. マタ28:1-20）。

「選ばれた（エクレクトス）」という表現と「キリスト（クリストス）」という表現は、発音も内実も似ている点で言葉遊びかもしれない（ペト一1:1解説）。「重んじられている（エンティモス）」とは（フィリ2:29）、「名誉（ティメー）」ある地位「に（エン）」置かれていることであり（ペト一1:7, cf. ペト一1:19）、復活したイエスは、キリスト者たちとイエスが共に建て上げる家の中心的な位置に据えられている（ペト一2:5-7, cf. イザ28:16LXX）。

ちなみに、英語の「改宗者（proselyte）」という表現は、ギリシャ語の「近づく（プロスエルコマイ）」の現在完了形「近づいた（プロスエレールサ）」に由来している。

2. 教会の頭石であり、監督者であるキリスト（2:1-25）

　5節　あなたたち自身も、[その]神に快く受け入れられる霊的な生けにえをイエス・キリストを通してささげる聖なる祭司職に至るために、生きている石として霊的な家に建て上げられなさい。

　「に至るために（エイス）」と意訳した表現は、単に「の中へ」（直訳）という意味であり、「建て上げられなさい」という命令形は、「建て上げられています」という平叙文に訳すこともできる。

　「[その]神」とは、キリストを選んで重んじている神であり（ペト一 2:4）、「快く受け入れられる（ユープロスデクトス）」とは、「受け入れるべき（デクトス）」という表現の強調である（ロマ 15:16, 31, コリ二 6:2, 8:12）。「聖なる（ハギオス）」「祭司職（ヒエラテウマ）」とは、「神聖な（ヒエロス）」役割を担っている「祭司（ヒエレウス）」の集団やその職であり、祭司は通常、レビ族の特にアロンの家系に属する者で、生けにえをささげたり、律法を説くなどして、神殿や祭壇での聖務に携わった（出エ 4:14, 28:1-29:46）。しかし、この5節では、例えば子羊などの生けにえではなく（ペト一 1:19 解説）、「霊的な生けにえ」、つまり、自分自身のすべてを全身全霊、父なる神にささげる必要が説かれている（ロマ 12:1, 15:16, cf. イザ 61:6, 66:21, ヘブ 13:15-16, 黙示 1:6）。実に、人は自分自身のすべてを神にささげなければ、何物をも神にささげることができないからである（カルヴァン, p.60）。「ささげる（アナフェロー）」と訳した表現は、祭壇などの「上に（アナ）」「運ぶ（フェロー）」ことであるが（ヤコ 2:21 解説）、ここでは「イエス・キリストを通して」、つまり、イエス・キリストの歩みに従って、自分自身のすべてを天の父なる神にささげることを意味する（ヘブ 13:15）。

　「建て上げる（オイコドメオー）」と訳した表現は、「家（オイコス）」を「建てる（デモー）」という意味に由来し、建徳的に人を真に成長させることも意味する（ロマ 14:19, cf. ヘブ 3:13）。「建て上げられなさい」という表現は神的受動態であり、父なる神によってそうされることを示している。この神的受動態の命令形は、神の働きかけと共に人による応答の必要性も示唆している（cf.Witherington, p.114）。このような表現は、「あなたたちは聖なるものになりなさい」という律法に人が応答してそれを守らなければならないのと同時に、この律法が「あなたたちは聖なるものになるだろう」という福音として神の働きかけでもある点と似ている（ペト一 1:16 解説）。福音でもある

153

この律法は、命令と希望という両方の意味を込めて、「あなたたちは聖なるものになるのです」と訳すこともできる。同様にして、「霊的な家に建て上げられなさい」という神の命令は、人による応答を必要とすると同時に、「霊的な家に建て上げられています」という希望に満ちた神の働きかけも示唆しているのである。

そして、「あなたたち」が「生きている石」であるのは、キリストが「生きている石」であり（ペト一 2:4）、このキリストを中心として共に「霊的な家」である教会を建て上げるためである（テモ一 3:15, cf. ガラ 6:10）。特に、ペトロはかつてイエスに、「あなたこそペトロであり、この岩の上に、私は私の教会を建てるだろう」と言われたことがあるから（マタ 16:18, cf. ペト一 1:1 解説）、「石」という言葉にも親近感があり、教会を建て上げ続ける使命も感じていただろう。

また、この 5 節は、かつてイエスがエルサレム神殿を指して、「決して、ここでは一つの石も崩されずに他の石の上に残されることはないだろう」と語ったことを想起させる（マタ 24:2）。つまり、エルサレム神殿の石組がいずれ崩されることを考慮すると、神殿の石は言わば「死んでいる石」であると言えるのに対して、キリスト教会は「生きている石」によって建て上げられつつあると言えるだろう（コリ一 3:9, エフ 4:12）。

6 節　なぜなら、聖書に書いてあるからです。「見よ、私は、選ばれて重んじられている隅の頭石をシオンに置く。そして、これを信じる人は決して失望させられないだろう。」

「これ」とは、「隅の頭石」を指しており、この 6 節の引用はイザヤ書 28 章 16 節からのものである（イザ 28:16, cf. ロマ 9:33）。この引用箇所も、元々はイスラエルの民について書かれたものである（ペト一 2:4 解説）。「聖書（グラフェー）」と訳した表現は、単に「書かれたもの」（直訳）という意味であり（ヤコ 4:5 解説）、「書いてある（ペリエコー）」と訳した表現は、「取り囲む」（直訳）という意味も持つ表現である（ルカ 5:9）。

「シオン」とはエルサレムを指す語であり、元々はダビデがエブス人の町であったシオンを陥れたことに由来する（サム下 5:6-9, 列王上 8:1, 歴代上 11:5, cf. ペト一 1:10 解説）。「隅の頭石（アクロゴーニアイオス）」と意訳し

2. 教会の頭石であり、監督者であるキリスト（2:1-25）

た表現は（エフ 2:20）、「頂点（アクロス）」と「隅（ゴーニア）」という表現の合成語から成り立っており、原文では「石（リソス）」という表現も記されている。この「隅の頭石（アクロゴーニアイオス）」は、次節の「隅の頭石（ケファレー・ゴーニアス）」と同義語であり（ペト一 2:7）、建物の屋根の隅に置かれた目立つ石や、丸天井やアーチ型の建築物の頂点にはめ込む石か、建物の土台の礎石である（ヨブ 38:6, イザ 28:16, エレ 51:26, ゼカ 4:7, 10:4）。いずれにせよ、「隅の頭石」とは、建物の中で中心的な役割を果たしている石であり、ユダヤ人たちにとって最も重要なエルサレム神殿のある「シオン」に、神が「選ばれて重んじられている隅の頭石」である「生きている石」キリストを置くということは（ペト一 2:4 解説）、エルサレム神殿の崩壊や（ペト一 2:5 解説）、それに代わるキリスト教会の成長を示唆しているのだろう。

「失望させる（カタイスクノー）」と意訳した語は、「恥じ入らせる」（直訳）ことを意味する。つまり、イエス・キリストを信じる人は決して恥じ入ることなく（ロマ 5:5, 9:33, 10:11, cf. ロマ 1:16）、逆に、栄光に満たされて永遠の命に至るのである（ペト一 1:25 解説, 2:2 解説）。

7節 そこで、信じているあなたたちには、その**名誉**がありますが、信じていない人々には、「家を建てる人々の捨てた石、これが隅の頭石になった」のです。

この 7 節の引用は、詩編 118 編 22 節からのものである（詩編 118:22, cf. 詩編 117:22LXX, マタ 21:42）。

「その名誉（ヘー・ティメー）」とは（ペト一 1:7, 2:4 解説）、シオンに新たに置かれた石であるキリストを「信じている」人々が、「聖なる祭司職」を与えられて（ペト一 2:5）、「失望させられない」ことを指し（ペト一 2:6）、逆に信じていない人々が、それを「捨てた」ために、失望させられていることを示唆している。

「捨てる（アポドキマゾー）」とは、「検査して（ドキマゾー）」それを「否定（アポ）」することを意味する（ペト一 2:4 解説）。つまり、家を建てる時に不要だと大工に判断されて捨てられた石こそが、驚くべきことに、「隅の頭石（ケファレー・ゴーニアス）」として中心的な役割を果たす場合があるように（ペト一 2:6 解説）、イエス自身が（使徒 4:10-12, エフ 2:20, cf. コリ一 3:11）、裁

155

判において審問され、最終的に死刑とされたが、父なる神はそのイエスを死人たちの中から起こし、キリスト教会の礎としたのである（ペト一 2:4 解説, 5 解説）。

　　8節　また、「つまずきの石、妨げの岩」です。その人々は、御言葉に不従順なのでつまずきますが、そこに至るように定められてもいたのです。
　「御言葉（ホ・ロゴス）」と訳した表現は、単に「言葉」（直訳）であり、「に至る（エイス）」と訳した表現は、「の中へ」（直訳）という意味である。この8節の引用は、イザヤ書8章14節からのものである（イザ 8:14, cf. イザ 28:16）。
　「つまずき（プロスコンマ）」、「つまずく（プロスコプトー）」とは、元々はあるものに「対して（プロス）」「ぶつかる（コプトー）」ことを意味し、「妨げ（スカンダロン）」と意訳した表現は、「つまずき」とも訳せる表現であり、元々は敵のために仕掛けたわなを指し（ヨシ 23:13, 士師 2:3, サム上 25:31）、人を滅びに導くものの象徴として、救いの対義語でもある（cf. ルカ 9:21-27）。つまり、イエス・キリストの「御言葉」に従順でない人々にとって、キリストは救いを阻むものでしかないのである（ロマ 9:33, cf. コリ一 1:23, ガラ 5:11）。ちなみに、英語の「醜聞（scandal）」は、ギリシャ語の「妨げ（スカンダロン）」に由来する。
　しかし、そのような不従順は、一方で、不信仰な人間の責任であると同時に、他方では、神に定められていたものでもある。「定める（ティセーミ）」と訳した表現は、「置く（ティセーミ）」と訳した表現と原語では同じ語であり（ペト一 2:6）、「定められて」いたとは神的受動態であり、父なる神によってそうされていたことを示している。また、こうした記述と共に重要なのは、つまずく人々は再び起こされないとは定められていないばかりか、逆に「神の民」でなかった人々が「神の民」とされ、神の「哀れみ」を受けなかっ人々が神の「哀れみ」を受けるという点である（ペト一 2:10, cf.Witherington, p.119）。
　さらに、ペトロがイエスに、「あなたこそキリスト、生きている神の子です」と正しく信仰告白をすると（マタ 16:16）、イエスから「あなたこそペトロであり、この岩の上に、私は私の教会を建てるだろう」と約束されたが（マタ

2. 教会の頭石であり、監督者であるキリスト（2:1-25）

16:18)、イエスが後に自分はエルサレムで、長老たち、祭司長たち、律法学者たちから多くの苦しみを受け、殺され、三日目に起こされなければならないと説いたことに対してペトロが戒めると（マタ 16:21-22)、イエスから、「サタンよ、私の後ろに引き下がりなさい。あなたは私のつまずきである」と逆に厳しい注意を受けたように（マタ 16:23)、この 8 節の「岩」や「つまずき」という表現は、ペトロ自身によるイエスとのやりとりの際の言葉と著しい一致を示している（cf.Michaels, p.106)。

9 節　しかし、あなたたち自身は選ばれた種族、王族の祭司たち、聖なる民族、神のものとなった民です。それは、あなたたちを暗闇から御自身の驚くべき光の中に呼び出した方の偉業を語り告げるためです。

この 9 節は、信仰を持っている人々の特権的な立場をまとめている（cf. ペト一 2:7)。

「選ばれた（エクレクトス）」という表現は、言葉遊びとして「キリスト（クリストス）」という表現を想起させるものであり（ペト一 2:4 解説, cf. イザ 43:20)、「種族（ゲノス）」と訳した表現は、「種類」（直訳）という意味である。「王族の（バシレイオス）」と訳した表現は、単に「王の」（直訳）という意味であり、「祭司職（ヒエラテウマ）」とは、「神聖な（ヒエロス）」役割を担っている「祭司（ヒエレウス）」たちの集団やその職である（ペト一 2:5 解説, cf. イザ 61:6, 66:21)。「聖なる（ハギオス）」「民族（エスノス）」とは、神の与えた特別な目的のために他から取り分けられた民族を指し（コロ 3:12)、「神のものになった民（ラオス・エイス・ペリポイエーシス）」と意訳した表現は、「所有のための民」（直訳）という意味である（cf. 出エ 19:5, 申命 7:6)。これらの表現は、神が自らの目的を遂行するためにキリスト者を選んだことを様々な形で示している（エフ 1:14, 黙示 1:6, cf. マラ 3:17)。特に、「王族の祭司たち、聖なる民族」という表現が、かつて神によってイスラエルの民に対して名づけられたものであることを考慮すると（出エ 19:6)、今やキリスト者たちは新しいイスラエルとして選ばれたことを示している（ガラ 6:16, cf. ロマ 4:16)。

神は確かに、天地創造において暗闇の中で光を呼び出し（創世 1:2-3)、その「光を家とする方」であり（テモ一 6:16)、人々を神のいない「暗闇」か

ら呼び出して、光の家に入れて「光の子」とする（ヨハ12:36, エフ5:8, テサ一5:4-5, cf. 使徒26:18, コリ二4:6）。「偉業（アレテー）」と意訳した表現は、「徳」とも訳せる表現であり（フィリ4:8）、「語り告げる（エクサンゲロー）」とは、「告げる（アンゲロー）」の強調形である。つまり、キリスト者は神の光を受けて、その光を他の人々にも伝える使者であり、神の偉業を語り告げるキリスト者は、神の証人でもある（cf. イザ42:12, 43:21）。

10節 あなたたちは、「かつては民ではなかったが、今では神の民であり、哀れみを受けなかったが、今では哀れみを受けた者である」のです。

「あなたたちは」、「者」という表現は原文にはないが、ここでは補われている。この10節の引用は、紀元前8世紀の北イスラエル王国の預言者ホセアによるホセア書2章25節からのものである（ホセ1:6, 9, 2:25, cf. ロマ9:25, 10:19, エフ2:4）。この引用箇所は、偶像礼拝に陥った背信のイスラエルの民が、再び神の恩恵を受けることを預言した箇所であり、ペトロはこれをキリスト者に当てはめて、「あなたたち」がイエス・キリストを通して神の民とされ、哀れみを受けたと説いている。

「哀れみを受ける」と訳した表現は、「哀れむ（エレエオー）」という表現の受動態であり、神的受動態として、父なる神によってそうされることを示している。「哀れむ（エレエオー）」とは、相手の立場になって同情し、行動をすることである（ペト一1:3解説）。つまり、父なる神はその御子を、人と同じ肉をまとわせてイエスとしてこの世に与えたことによって（ヨハ3:16）、真の「哀れみ」を「あなたたち」に示し、「あなたたち」はこの神の御子イエスを受け入れることによって、同様にして神の子となり、「神の民」とされるのである。

11節 愛する人々よ、魂に対して戦う肉の欲望を居留者、また、寄留者として避けるようにと私は勧めます。

「居留者（パロイコス）」と訳した表現は、本拠地ではなく、他国の地や他人の「家（オイコス）」の「傍ら（パラ）」に一時的に身を寄せるようにして生きる人のことであり、「寄留者」とも訳せる表現である（ペト一1:17解説）。「居留者（パロイコス）」の同義語である「寄留者（パレピデーモス）」

2. 教会の頭石であり、監督者であるキリスト（2:1-25）

とは、ある「人々（デーモス）」の「傍ら（パラ）」「に（エピ）」一時的に身を寄せるように住む人のことである（ペト一 1:1 解説）。かつては、イスラエルの民の父祖アブラハムやイスラエルの王ダビデも（ペト一 1:1 解説, 10 解説）、自らを「居留者（パロイコス）」、「寄留者（パレピデーモス）」と見なしていた（創世 23:4LXX, 歴代上 29:15, 詩編 38:13LXX, 詩編 39:13, cf.Elliott,pp.459ff.）。

「戦う（ストラテウオー）」と訳した表現は、元々は「軍隊（ストラトス）」に入って戦争に行くことを意味し（ヤコ 4:1 解説）、「欲望（エピスミア）」とは、極めて強い欲求を意味する（ペト一 1:14 解説）。こうした表現は、「肉」の欲求の激しさを物語っており、これに対しては、「霊的な生けにえ」、つまり、自らの全身全霊を神にささげるという言わば霊的な戦いが必要とされる（ペト一 2:5 解説, cf. ロマ 13:14, ガラ 5:16-17, 24）。ちなみに、パウロも「肉の業」を、「不品行、汚れ、好色、偶像礼拝、魔術、敵対心、争い、ねたみ、憤り、利己心、分裂、分派、嫉妬、深酒、遊興、そして、これらと似たようなもの」としているように（ガラ 5:19-21）、「肉の欲望」とは、単なる肉体的欲望以上のものを指している（バークレー, p.265）。

ペトロは、「ポントス、ガラテヤ、カパドキア、アジア、ビティニアに離散して寄留している」人々に対して（ペト一 1:1）、現地の習慣や風俗に身を落とすことなく、清く保つことを勧めている（ペト一 1:15-16）。それは、次節で明示されているように、良い証しを立てるためであり（ペト一 2:12）、伝道のためである。

12 節　あなたたちは異邦人たちの中で、あなたたちの良い生き方を保ちなさい。それは、その人々がそのことによってあなたたちを悪人と非難しても、良い業から観察して、訪れの日に神に栄光を与えるためです。

イスラエルの民以外の人々を指す「異邦人たち（エスノス）」という表現は、「民族（エスノス）」という表現の複数形であるが（ペト一 2:9 解説）、キリスト者たちは今や新しいイスラエルとして選ばれたことを考慮すると（ペト一 2:9 解説）、この 12 節での「異邦人たち」とは、キリスト者でない人々を指していると考えられる（Elliott, p.466）。「生き方（アナストロフェー）」と訳した表現は、「再び（アナ）」「向かう（ストレフォー）」という意味に由来し、

一定の生活様式を指す（ペト一 1:18 解説）。「異邦人たちの中で、あなたたちの良い生き方を保ちなさい」という命令は、「異邦人たち」の生活様式が「肉の欲望」をかき立てるものであり（ペト一 2:11）、決して勧められないことを示している（ヤコ 3:13）。

「非難する（カタラレオー）」と意訳した表現は、相手に「対立する（カタ）」思いを「語る（ラレオー）」という意味であり（ペト一 2:1 解説）、「観察する（エポプテウオー）」と訳した表現は、「見る（ホラオー）」の強調形「よく見る（エフォラオー）」に由来する。「良い業から観察する」とは、相手を観察する時に、その人の外見に基づいて観察するのではなく、専らその人の業からその人の良し悪しを判断することを意味する。これこそ、「外見で判断することのない」見方である（ペト一 1:17）。

「訪れ（エピスコペー）」とは「上（エピ）」から「見る（スコペオー）」ことであり、イエス・キリストが再びこの世に、上から見下ろすようにして到来することを示しており（cf. ルカ 19:44, 使徒 1:11）、かつてはキリスト者を非難していた人も、最終的に神をたたえるようになるということは（cf. イザ 10:3）、キリスト者は最後の日まで懸命に「良い生き方を保ち」続けなければならないことを示唆している（コリ二 8:21, フィリ 2:15, テト 2:8）。

この 12 節は、かつてイエスが、「あなたたちこそ、この世の光である。山の上にある町は、隠されえない。また、人々はランプに火をともすと、それを升の下にではなく、ランプ台の上に置く。それで、それは家のすべてのものを照らす。このように、あなたたちの光を人々の前で輝かせなさい。それは、その人々があなたたちの良い行いを見て、天にいるあなたたちの父に栄光を与えるためである」と語ったことを想起させる（マタ 5:14-16, cf. ペト一 2:9 解説）。

13 節　あなたたちは、あらゆる人間的な被造物に主によって従いなさい。それが上に立つ王であっても、

「人間的な（アンスローピノス）」と訳した表現は、単に「人の」（直訳）という意味であり、「被造物（クティシス）」（直訳）とは、父なる神によって造られた物であり、父なる神の対極にいる存在である。この「人間的な被造物」（直訳）という表現は、しばしば「人の立てた制度」と意訳されるが、

2. 教会の頭石であり、監督者であるキリスト (2:1-25)

「制度」という日本語の表現は、新約聖書ギリシャ語の中では、むしろ、「ポリテウマ」に近いだろう。この「ポリテウマ」とは、「市民（ポリテース）」を治める行政のことである（フィリ 3:20, cf. 使徒 23:1, フィリ 1:27）。そして、ペトロが「王」や「総督」を（ペトー 2:14）、神ではない単なる「被造物」としている点は（Witherington, p.141）、しばしば横暴になる両者に対する皮肉だろう。

「従う（ヒュポタッソー）」とは、自分を誰かの「下に（ヒュポ）」「定める（タッソー）」ことであり、原語では「従わせられなさい」という受動態である。この場合、これは神的受動態であり、父なる神によってそうされることを示している（ヤコ 4:7 解説）。この「従う（ヒュポタッソー）」という表現は、後に「敬う（ティマオー）」と言い換えられている（ペトー 2:17, cf.Witherington, p.141）。「主によって（ディア・トゥー・キュリウー）」とは、「主を通して」（直訳）であり、「人間的な被造物」に対する「従い」方は、「あなたたち」が主である父なる神、または主イエス・キリストとの合意の上で従うというものである。この「主によって」という条件は、この 13 節で最も重要な役割を果たしている（ペトー 2:16 解説）。また、概して、父なる神や神の子に対して、「従順（ヒュパコエー）」な信仰が説かれるのに対して（ペトー 1:2, 14, 22）、「人間的な被造物」に対しては、「従う（ヒュポタッソー）」姿勢が説かれていることは（ペトー 2:18, 3:1, 5, 5:5）、両者を区別した上で、「従順」の方を重視しているとも考えられる（Michaels, p.124）。

したがって、「あなたたち」が、ある「王」について「主」と合意できない場合は、従ってはならないのである。ある「王」について主と合意できない場合とは、例えば、その「上に立つ王」が主よりも「上に立つ」ことを試行したり、主よりも「上に立つ」者であると宣言している場合である（ロマ 13:1-7, cf. エフ 5:21）。「人間的な（アンスローピノス）」という表現には、確かに「人情味のある、人間に適した」という意味もあるから（Liddell & Scott, 1986, p.71）、自らを神のような者として横暴を働く王や総督は、人情味がないだけでなく、人間には適していない存在であるから、「人間的」ではないそのような被造物に従ってはならないのである。

ちなみに、「王（バシレウス）」と訳した表現は、「総督」を派遣する「王」だとすると（ペトー 2:14）、ローマ「皇帝（バシレウス）」と訳すこともでき

る（ペト一 2:17 解説, cf. カルヴァン, p.73）。

14節　悪人たちに報復し、善人たちを賞賛するために、王によって派遣された総督であっても。
　「王」という表現は原文にはないが、ここでは補われている（ペト一 2:13）。「報復（エクディケーシス）」とは、「裁き（ディケー）」をしようという思い「から（エク）」仕返しをすることであり（ロマ 12:19）、ここでは、地方の統治を「王」からゆだねられている「総督」が（ペト一 2:13 解説）、裁判の場で被害者に代わって「悪人」を罰することを意味する。逆に、「善人」は総督から賞賛される（ロマ 13:3-4）。この「賞賛」は、日々の生活でなされる「良い業」に対するものであり（ペト一 2:12）、特に、公共の建物を建設、修理したり、穀物を安く提供したり、市民の反乱を鎮める協力をした人々に、総督がその人々の名前を彫った顕彰碑を授けたり、公共の建物に飾ったりすることも含まれる（Witherington,pp.144f.）。しかし、人に対する「報復」や「賞賛」は、最終的には、決定的な形でイエス・キリストの再来の時になされる（ペト一 1:7, 24, 2:7-8）。
　ちなみに、ペトロの時代のローマ帝国の属州ユダヤの「総督」には（ペト一 2:13 解説）、ローマ皇帝ティベリウス（在位 14 年 -37 年）の下で第五代ユダヤ総督とされて、イエスを死刑にしたポンティオ・ピラト（在位 26 年 -36 年, cf. ルカ 3:1, 23:23-25）や、フェリクス（在位 52 年 -60 年, cf. 使徒 23:24）とその後継者フェストゥス（在位 60 年 -62 年, cf. 使徒 24:27, 25:1）などが知られている。このユダヤ地方は、ヘロデ大王（在位前 37 年 - 前 4 年, cf. マタ 2:1, ルカ 1:5）の後にその子の一人であるアルケラオ（在位前 4 年 - 後 6 年, cf. マタ 2:22）が支配したが、紀元 6 年にローマ帝国の属州となり、以後総督が配置されることになった。

15節　なぜなら、そのように、善を行って愚かな人々の無知を封じることは、神の思いだからです。
　「そのように」とは、キリスト者たちが人々から「悪人と非難」されても（ペト一 2:12）、「善を行って」、「総督」に「賞賛」されることである（ペト一 2:14）。こうして、キリスト者は「愚かな人々の無知」に基づく言動を封

2. 教会の頭石であり、監督者であるキリスト（2:1-25）

じ込めることができるのであり、キリスト者のこのような善行は、「神の思い」と合致している（ペト一 2:13 解説）。「愚かな人（アフローン）」とは、「考え（フレーン）」の「ない（ア）」人であり、「無知（アグノーシア）」とは、「知識（グノーシス）」の「ない（ア）」人である（ペト一 1:14 解説）。

16節　自由人として、しかし、自由を悪の隠れみのとして持たずに、神のしもべとして。

　この 16 節は、13 節の「従いなさい」という命令を補足説明している（ペト一 2:13）。

　「隠れみの（エピカルンマ）」と意訳した表現は、「上（エピ）」から「覆う（カルプトー）」ことによって、内部の「悪」を隠すものであり、「自由」の名の下に「悪」を行うことは禁じられている（ロマ 6:1-2）。「自由人として」生きるということは、自由に「善を行って」生きるということであり（ペト一 2:15）、「善を行って」生きるということは、「善」そのものである「神」に従う「神のしもべ」として生きることである（マタ 19:17, ペト一 2:3, cf. ロマ 6:22, コリ一 7:22）。したがって、ペトロは、キリスト者が「人間的な被造物」に従うのは、「主によって」であるという条件を示したように（ペト一 2:13 解説）、この 16 節でも、人間的な被造物に従うのは、「神のしもべとして」であることを再び強調し、究極的には「神のしもべ」として「神」に従う重要性を説いている。

　この 16 節は、かつてパウロが、「あなたたち自身は自由のために招かれたからです。あなたたちは、ただその自由を肉のための機会とせずに、愛によってお互いにしもべとして仕えなさい」と語ったことを想起させる（ガラ 5:13）。

17節　あなたたちはすべての人々を敬い、兄弟たちを愛し続け、神を恐れ続け、王たちを敬い続けなさい。

　他者との関係において基本的に重要な姿勢は、「敬う（ティマオー）」ということであり、それは「兄弟たち」であれ、「王」であれ、神の「被造物」の一部として（ペト一 2:13）、あたかも神の一部でありうるかのように接し続けることである。

ペトロの手紙一

　「兄弟たち」は、同じ父なる神を父とする信仰者同志を指す（ロマ 12:10）。ペトロの時代の「王たち」には、ユダヤ地方のヘロデ大王（前 73 年 - 前 4 年、在位前 37 年 - 前 4 年, cf. マタ 2:1, ルカ 1:5）の子であり、ガリラヤの領主ヘロデ・アンティパス（在位前 4 年 - 後 39 年, cf. ルカ 3:1）、ヘロデ大王の孫であるヘロデ・アグリッパ 1 世（在位 37 年 -44 年, cf. 使徒 12:1）とその子ヘロデ・アグリッパ 2 世（cf. 使徒 25:13）、ナバテア王国のアレタ 4 世（在位前 9 年 - 後 39 年, cf. コリ二 11:32）などがおり、ローマ皇帝に対しても「王」という名称が使われていた（ペト一 2:13 解説, cf. テモ一 2:2）。このような「王」たちを「敬い続け」ることには、具体的に税金を納めることも含まれるだろう（マタ 22:21, cf. 箴言 24:21）。

　ちなみに、ペトロが、この「王たちを敬い続けなさい」という趣旨の命令を書いたのは、キリスト者が迫害される時期より前であり、ローマ皇帝ネロ（在位 54 年 -68 年）が、寛容論で知られるルキウス・セネカ（前 1 年 - 後 65 年）の指導下にあった良き時代であって、64 年のローマの大火後のいわゆる暴君ネロの時代ではないと考えられる（Witherington, p.143）。ネロ自身が放火したと疑われているローマの大火が、キリスト者の仕業だとされたことはよく知られている。

　この 17 節は、かつてパウロが、「あなたたちは、すべての人々にその借りを返しなさい。税金を返すべき人には税金を、関税を返すべき人には関税を、恐れるべき人には恐れを、敬うべき人には敬意を」と語ったことを想起させる（ロマ 13:7）。

　「すべての人々にその借りを返しなさい」という命令は、人々は教会や国家においていかに多くの人々によって支えられているかを示している（ロマ 11:18, cf. マタ 22:21）。信仰者たちはそれぞれ、教会の一部分であるように、国家の一部分でもある。したがって、教会に対する義務と同様に、国家に対する義務も生じる。

　「税金（フォロス）」とは直接税を、「関税（テロス）」とは間接税を指している。例えば、ローマ帝国はその支配下の人々に次の三種類の「税金」を課していた。第一に、自分の土地で産出した果物や穀物の十分の一を現物か現金で納めなければならない土地税があった。第二に、収入の百分の一を納めなければならない収入税があった。第三に、十四歳から六十五歳までの成人一人につき

2. 教会の頭石であり、監督者であるキリスト（2:1-25）

一年間に一デナリオンとされていた人頭税を払う義務があった（マタ 22:17）。一デナリオンとは、労働者の一日分の賃金である（マタ 20:2）。また、「間接税」には関税や輸出入税、さらに、道路の使用、渡橋、市場や港への入場、動物の所有、荷馬車の使用などに課せられる税金があった。これら以外にも、ユダヤ人たちは一年間に銀半シェケルの神殿税を納めることになっていた（出エ 30:13, cf. ネヘ 10:33）。銀半シェケルは、二ドラクメ、つまり、二デナリオンに相当する（マタ 17:24）。

イエスがかつて、「あなたたちは、体を殺しても魂を殺すことのできない人々を恐れてはならない。むしろ、あなたたちは、魂と体を地獄で滅ぼすことのできる方を恐れなさい」と語ったように（マタ 10:28）、ユダヤ人たちにとって最も恐れるべき方は神である。また、ユダヤ人たちが敬うべき人は、十戒にもあるように何よりもまず父母である（出エ 20:12, 申命 5:16, cf. エフ 6:2, フィリ 2:29）。

このように人々は、神に、父母に、国家に種々のものを負っているのであり、その程度に応じて相当のものを返す義務が生じる。しかし、重要なことは、父母や国家に対する義務がこの世における一時的なものであるのに対して、神に対する義務は天においても継続される永遠のものであり、それはまた同時に喜びでもある。信仰者たちは本来、天に属しているからである（フィリ 3:20）。

18 節　召使いたちよ、あなたたちは、善良で寛容な主人だけでなく、ひねくれた主人にも、あらゆる恐れの中で従いなさい。

「主人（デスポテース）」という表現は（テモ一 6:1-2, テモ二 2:21, テト 2:9）、この 18 節の原文では一つのみであり、複数形である。「召使い（オイケテース）」とは、その主人の「家（オイキア）」で働くしもべである（ルカ 16:13, 使徒 10:7, ロマ 14:4）。ここで、通常は主人の所有物として家畜のように取り扱われることもあった奴隷たちが、「召使いたちよ」と呼びかけられ、棒で打たれるなどの「脅し」ではなく（エフ 6:9, cf. 出エ 21:20-21, レビ 25:45）、言葉で説かれていることは極めて画期的なことである（エフ 6:5-8, コロ 3:22-25）。ちなみに、当時の奴隷は、戦争捕虜だけでなく、意図的になった者もおり、後に解放されたり、ローマ市民になることもあった。また、

奴隷はローマ帝国の都市によっては人口の三分の一を占め、十分な教育を受けて医者、教師、事務員として働くこともあったが、何の権利もない奴隷の処遇は主人次第であった（Witherington, pp.147ff.）。

「善良（アガソス）で（カイ）寛容な（エピエイケース）」という表現は、後者の語が前者の語を修飾する二詞一意だとすると、「寛大なゆえに善良な」という意味であり、「寛容」とは、不完全であっても相手を受け入れる優しさのことである（ヤコ 3:17 解説, cf. ヤコ 1:17）。逆に、「ひねくれた（スコリオス）」とは、「曲がっている」（直訳）という意味であり（使徒 2:40, フィリ 2:15）、素直さのない性格を示している。この「ひねくれた」という表現は、そういう「主人」に対する痛烈な皮肉でもある。

「あらゆる恐れの中で（エン・パンティ・フォボー）」（直訳）という表現は、「召使い」が実際に恐ろしい出来事の中に陥れられている事態と考えることもできるし、心の中で恐れ敬う気持ちを抱いている状態と考えることもできる。「従う（ヒュポタッソー）」とは、自分を誰かの「下に（ヒュポ）」「定める（タッソー）」ことである（ペト一 2:13 解説）。そして、「あらゆる恐れの中で」最も重要な「恐れ」は、「主」である父なる神、「主」イエス・キリストに対するものであるから（ペト一 2:13 解説）、召使いたちは、常にこの「主」に対する「恐れ」を最優先して、この世の「主人」に従わなければならないのである。したがって、この 18 節のこのような命令は、単に「主人」に対する隷従ではなく、「人間的な被造物」の一つである「主人」に対する敬意を求めていると言える（ペト一 2:13, 17, cf. エフ 6:5-9, コロ 3:22-4:1）。こうした態度は、「ひねくれた主人」に安全に接する際の知恵であり、同様の態度は、「王」や「総督」に接する際にも必要とされる（ペト一 2:13-14, 17）。

ちなみに、英語の「君主（despot）」は、ギリシャ語の「主人（デスポテース）」に由来する。

19 節　実に、もし、ある人が不当に苦しめられても、神への良心によって悲しみを耐え抜くなら、これは恵みです。

この 19 節から 21 節まで、「実に（ガル）」という強調表現が、「苦しめられる」という表現と共に三度続けて用いられていることは（ペト一 2:20-21, cf. ペト一 3:18, 4:1, 13）、「召使いたち」だけでなく（ペト一 2:18, cf. ブロッ

2. 教会の頭石であり、監督者であるキリスト（2:1-25）

クス，p.174）、一般に「ある人」を悩ます苦難の問題に関して核心的な解説に入っていることを示している。

「不当に苦しめられる（パスコー・アディコース）」と訳した表現は、「不正な形で（アディコース）」苦しみを「受ける（パスコー）」（直訳）という意味であり、「耐え抜く（ヒュポフェロー）」とは、その苦しみの「下で（ヒュポ）」「持ち（フェロー）」こたえることである（コリ一 10:13, テモ二 3:11）。「悲しみ（ルペー）」という表現は、原語では複数形であり、不当な苦しみのゆえに数々の「悲しみ」があることを示唆している。

「神への良心（スネイデーシス・セウー）」と訳した表現は、「神（セオス）」と「共に（スン）」「見る、知る（エイドー）」ことであり、そうすることによっても恥じることのない思いである。そして、神のこのような判断を含めたとしても、自分の受けている苦しみが、自分の招いたものではなく、全く不当なものであると確信できる場合は、それは実に逆説的なことであるが、神の「恵み」なのである。「恵み（カリス）」は、神が人間に無償で与えるものであり、その最大のものは「救い」であるが（ペト一 1:10 解説, cf. ペト一 1:2 解説）、完全に不当な苦しみは、実は神からの恵みであり、そして、それが神からの恵みであるのは、罪を犯さなかったにもかかわらず有罪とされたイエスの受けた不当な苦しみと同じ苦しみを受ける点で（ペト一 2:22, cf. マタ 26:60, 27:19, 26）、その時こそイエスと完全に一体になれるだけでなく（ペト一 2:21, cf. ペト一 3:14, 17）、その後も、復活に至ったイエスと同じ歩みに導かれるからである。イエスの兄弟ヤコブも、「あなたたちが色々な試みに出くわす時、ことごとく喜びとしなさい」と励ましの言葉を語っている（ヤコ 1:2）。

20 節　実に、もし、あなたたちが罪を犯して、そして、こぶしで殴られて耐え抜くとしても、どのような名声がありますか。しかし、もし、善を行って、そして、苦しめられて耐え抜くなら、これは神の傍らにいる恵みです。

「ありますか」という表現は原文にはないが、ここでは補われている。
「罪を犯す（ハマルタノー）」とは、「的を外す、分け前（メロス）を逃す（ア）」という意味に由来し（ヤコ 5:16 解説）、「こぶしで殴る」という表現は（コ

リ一 4:11, コリ二 12:7, cf. マタ 26:67)、しばしば人を死に至らせる行為を意味する（民数 35:21)。「耐え抜く（ヒュポメノー）」とは、何かの「下に〔ヒュポ）」「とどまる（メノー）」ことであり（ヤコ 5:11 解説)、「苦しめられる〔パスコー）」と訳した表現は、苦しみを「受ける（パスコー）」という意味である（ペト一 5:19 解説)。

したがって、殴り殺されても仕方のないような罪を犯して、耐え抜いたとしても、それは何の名誉にもならないが、逆に、正しい善を行っても、苦しめられ、それを耐え抜くなら、その時、神は共にいるのであり（マタ 1:23, 28:20)、「神の傍らにいる（パラ・セオー）」という特権が「恵み」として与えられる（ペト一 2:19 解説)。それは神の横に招かれて擁護される名誉であり、その際に神から与えられる賞賛であり、それに基づいて人々の間に広められる「名声」でもある。

この 20 節は、かつてイエスがこう語ったことを想起させる。「もし、あなたたちがあなたたちに善を行う人々に善を行ったとしても、［一体］どんな恵みがあなたたちにあるのか。罪人たちも、同じことをしている。さらに、もし、あなたたちが取り返すつもりで貸したとしても、どんな恵みがあなたたちに［あるのか]。罪人たちも、同じだけのものを返してもらおうとして罪人たちに貸している。むしろ、あなたたちは失望することなくあなたたちの敵を愛し、善を行い、貸しなさい。そうすれば、あなたたちの報いは多く、あなたたちはいと高き方の子となるだろう。なぜなら、その方こそ、恵みのない人々にも悪い人々にも優しいからである」（ルカ 6:33-35, cf Bigg, p.143)。

21 節　実に、このためにあなたたちは呼び出されたのです。なぜなら、キリストもあなたたちのために苦しめられ、あなたたちに手本を残したからです。この方の足跡にあなたたちが付き従うために。

「このために（エイス・トゥート）」と訳した表現は、「この中に」（直訳）という意味であり（ペト一 2:9)、「善を行って、そして、苦しめられて耐え抜く」ことや（ペト一 2:20)、キリストの「足跡にあなたたちが付き従うために」という文を指している。「呼び出される」という表現は神的受動態であり、父なる神によってそうされることを示している（Elliott, p.523)。

「苦しめられる（パスコー）」と訳した表現は、苦しみを「受ける（パスコー）」

2. 教会の頭石であり、監督者であるキリスト (2:1-25)

という意味であり（ペト一 2:20 解説）、「手本（ヒュポグラモス）」とは元々、その「下で（ヒュポ）」「書く（グラフォー）」ための「手本」を指し、人々の目の「下に（ヒュポ）」、つまり、人々の目の前に置いて「示す（デイクヌミ）」ものである「模範（ヒュポデイグマ）」の同義語である（ヤコ 5:10 解説）。キリストが言わば地に付けた刻印である「足跡（イクノス）」は、キリストの信仰の動的で活発な歩みを象徴しており（ロマ 4:12, コリ二 12:18）、その歩みは苦難の歩みである。「付き従う（エパコルーセオー）」とは、「同じ（ア）」「道（ケレウソス）」を歩んで「従う（アコルーセオー）」という表現の強調形であり（テモ一 5:10, 24, cf. マル 16:20）、キリスト者には、キリストと同じ道を歩むように呼びかけられている。

かつて、父なる神が大地を地下から水で潤して、その土で人を神の像に倣って形造ったように、イエスが十字架上から大地に血を落としたことは、この出来事を自分のためのものであると信じる人が、今やイエスの「尊い血」の染み込んだ大地の土から新たに形造られた人であることを象徴的に示しているが（ペト一 1:19 解説）、イエスが苦難の歩みにおいて大地に「足跡」を残したことは、神の像に倣って土から形造られた人が、イエスと同じ苦難の道を歩むなら、今やイエスの苦難の「足跡」が刻み込まれた大地の土から新たに形造られた人であることを象徴的に示していると言えるだろう。かつて、神の「像（エイコーン）」に倣って造られた人は（創世 1:26LXX, 2:6-7）、今やキリストの「足跡（イクノス）」に倣って新たに造り変えられなければならないのである。

この 21 節は、かつてイエスが、「もし、誰でも私の後ろから付いて来ることを願うのなら、自分を拒み、自分の十字架を担い、私に従いなさい」と語ったことを想起させる（マタ 16:24, cf. マタ 11:29-30, 使徒 14:22）。

22 節　「この方は、罪を犯したことがなく、その口に策略は見いだされなかった。」

この 22 節は、部分的にイザヤ書 53 章 9 節からの引用である（イザ 53:9, cf. ヨハ 8:46, コリ二 5:21）。また、19 節から 21 節まで、「実に（ガル）」という強調表現が、「苦しめられる」という表現と共に三度続けて用いられたように（ペト一 2:19-21）、この 22 節から「この方（ホス）」という表現が、

24節まで三度続けて用いられている（ペト一 2:23-24）。これは苦難の問題の回答が、「この方」であるイエス・キリストの内に秘められていることを示している。

「罪（ハマルティア）」とは、「的を外す、分け前（メロス）を逃す（ア）」という意味に由来し（ペト一 2:20 解説）、「策略（ドロス）」の対義語は「純粋（アドロス）」である（ペト一 2:1 解説, 2 解説）。つまり、イエス・キリストは心の中で「策略」をたくらんだこともなければ、それを実際に実行したこともなかったのである（マタ 27:4, ヨハ 8:29, 46, 18:38, コリ二 5:21, ヘブ 4:15, cf. グルーデム, p.143）。このように告白しているペトロ自身が、かつてイエスを知らないと三度も否認したことを考慮すると（マタ 26:31-35, 69-75）、これはペトロ自身の悔い改めの言葉でもある。

23節　この方は、ののしられても、ののしり返さず、苦しめられても、脅すことなく、そして、正しく裁く方にゆだねていました。

確かに、イエス自身、「悪に対抗せずに、誰であってもあなたの右の頬を打つ人には、もう一方の頬をも向けなさい」と教え（マタ 5:39, cf. ペト一 3:9）、実際にイエスは十字架上に自らの全身を差し出した（マタ 27:35）。「正しく裁く方」とは父なる神であり、「ののしり返さず」、「脅すことなく」、「ゆだねていました」という表現はすべて過去の進行形であり、イエスの恒常的な姿勢を指し示している（エレ 11:20, ヨハ 8:50, cf. ヨハ 5:22, 27, 30）。「ゆだねていました」という動詞には、原文では目的語がないが、ゆだねていたものは、その時の全状況である（グルーデム, p.145）。「ゆだねる（パラディドーミ）」と訳した表現は、ある人やある事柄を、別の人の「もとに（パラ）」「与える（ディドーミ）」ことである。

24節　この方自身が、私たちの罪を運び上げました。自らの体であの木の上に。それは、私たちが罪を離れ、義に生きるためです。その方の傷によって、あなたたちはいやされました。

この24節は、部分的にイザヤ書53章4節、5節、12節からの引用である（イザ 53:4-5, 12, cf. ヨハ 1:29, ヘブ 9:28）。

私たちの苦難は、「私たちの罪」に由来するものが多いが（ペト一 2:20 解

2. 教会の頭石であり、監督者であるキリスト（2:1-25）

説）、イエスは罪がないにもかかわらず（ペト一 2:22）、十字架刑を受けた。「運び上げる（アナフェロー）」と直訳した表現は、文字どおり、「上に（アナ）」「運ぶ（フェロー）」ことであり（ペト一 2:5 解説）、「自らの体で」という表現は、イエスの人間性を強調している。つまり、この出来事は、歴史的に実在したイエスによって実現したのである（Witherington, p.157）。

「木（クスロン）」とは、「木に掛けられるあらゆる人は、呪われている」と申命記に記されているように（申命 21:23, cf. 申命 27:26）、ここでは死刑という呪いの象徴である（ガラ 3:13, cf. 使徒 5:30, 10:39, 13:29）。律法によると、死刑に処せられた人のその死体は木に掛けられなければならず、死刑自体は律法では石打ちによるものであった（申命 21:21-22, cf. レビ 20:2, 27, 24:16, 民数 15:35, ヨシ 10:26-27）。十戒や、死刑の規定を含む律法は、石に書かれたからである（申命 5:1-22, 27:1-8）。すると、ある意味でイエスが石打ちの後にではなく、むち打ちの後に十字架に掛けられたことは（マタ 27:26）、イエスが律法を破るような罪を犯さず、逆に守りとおして無実であったために、ユダヤ人たちの反感を買って十字架に掛けられたことを示唆しているとも言えるだろう。

そして、イエスが十字架に掛けられたのは、単にそのようなユダヤ人たちの「策略」のみによるのではなく（ペト一 2:1, 22）、イエスが自らの体で「私たちの罪」を十字架上に運び上げて、その罪を死に絶えさせるためである。こうして初めて、私たちは罪を離れ、「義」そのものである神のために生きることができる（ロマ 1:17, 3:21-25, 10:3, cf. マタ 6:33, ヤコ 1:20）。つまり、イエスが十字架上で、また、十字架に掛けられる途上で受けた「傷」とそれによる死に基づいて罪人はいやされ、その罪が許されたのである（cf. コロ 1:22, ヘブ 10:10）。確かに、キリスト者は、自分自身の全身全霊を「霊的な生けにえ」としてイエス・キリストの歩みに従って天の父なる神に「ささげる（アナフェロー）」こと、「運び上げる（アナフェロー）」ことが命じられているが（ペト一 2:5）、このように、それは同時にイエスが運び上げる働きでもある。

この 24 節は、かつてパウロも、「あなたたち自身は自分たちが罪に対しては死人で［あり］、神に対してはキリスト・イエスにおいて生きていると認めなさい」（ロマ 6:11）、また、「あなたたちは罪のしもべでしたが、引き渡

された教えの型に心から従順になり、罪から自由にされ、義のしもべとされました」と語ったことを想起させる（ロマ6:17-18）。

　25節　実に、あなたたちは羊のようにさ迷っていましたが、今は、あなたたちの魂の牧者であり、監督者である方のもとに立ち帰らせられました。
　この25節は、部分的にイザヤ書53章6節からの引用である（イザ53:6, cf. エゼ34:5, 16）。
　「羊（プロバトン）」とは、「前に（プロ）」「進む（バイノー）」動物であり、「さ迷う」と意訳した表現は、「惑わす（プラナオー）」という表現の受動態「惑わされる」であり、これはこの事態の背後に悪魔を想定するなら、言わば悪魔の計略によってそうされることを示す悪魔的受動態である。ちなみに、英語の「惑星（planet）」は、ギリシャ語の「惑わす（プラナオー）」に由来する（ヤコ5:19解説）。
　「牧者（ポイメーン）」と訳した表現は、「羊飼い」とも訳せる表現であり（ヨハ10:2, ヘブ13:20, cf. イザ63:11）、迷い出易い罪人を象徴する羊に対して、そのような罪人を正しく導く人を指し、イエス自身も自らを「羊飼い」に同定している（ヨハ10:11-16, cf. 詩編23:1, マタ9:36）。英語の「監督制度（episcopacy）」の語源であるギリシャ語の「監督者（エピスコポス）」とは、このような羊の「上に（エピ）」「目を向ける（スコペオー）」ことによって、その群れ全体の世話をしている人のことであり、教会の指導者を意味するが（使徒20:28, フィリ1:1, テモ一3:2, テト1:7）、ここではイエス自身を指している（ペト一5:4）。そして、このイエスのもとに「立ち帰らせられる（エピストレフォー）」ということは、十字架に掛けられたイエスと同様に、十字架に掛けられるということであり（ペト一2:24解説）、そこで自らの罪が死に絶えさせられ、復活したイエスと共に永遠の命を生きることを意味する。この「立ち帰らせられる」という表現は回心を意味し、神的受動態として、父なる神によってそうされることを示している（ヤコ5:19解説, 20, cf.Elliott,pp.538f.）。

3. 神に従う良心的な生き方

3章1節－22節　私訳

¹ 同じように、[その]妻たちよ、自分自身の夫に従いなさい。それは、もし、ある人々が御言葉に不従順であっても、その妻の無言の振る舞いによって獲得されるためです。² その人々は、恐れの中にいるあなたたちの純真な振る舞いを観察するからです。³ あなたたちの装いは、髪の編み込みや金の飾り、または、着込んだ服という外面的なものではなく、⁴ 優しく静かな気質という朽ちないものの中に隠されている心の人であるべきです。この人は、神の前で高価です。⁵ 実に、かつて、神に希望を置いていた聖なる女たちも、このように自分自身を装い、自分自身の夫に従っていました。⁶ 例えば、サラはアブラハムを主人と呼んで彼に従いました。あなたたちは善を行い、また、どのような脅かしも恐れなければ、彼女の子たちとなったのです。

⁷ 同じように、夫たちよ、女という器がより弱いものであるという知識に従って共に暮らし、あなたたちの祈りが阻まれないために、命の恵みの共同相続人としても敬意を払いなさい。

⁸ さて、終わりに、すべての人々が考えを一つにし、共に苦しみ、兄弟を愛し、心から同情し、謙遜になりなさい。⁹ 悪に悪を、悪口に悪口を返さずに、逆に祝福しなさい。なぜなら、あなたたちはこのため、祝福を引き継ぐために呼び出されたからです。

¹⁰ 「実に、命を愛し、
　　良い日々を見たいと思う人は、
　　その舌に悪をやめさせ、
　　唇に策略を語らせず、
¹¹ また、悪から離れ、善を行い、
　　平和を求めて、それを追いなさい。
¹² なぜなら、主の目は正しい人々の上に、
　　主の耳はその人々の願いの中にあるからです。

しかし、主の顔は悪を行う人々に向かう。」

¹³ そして、もし、あなたたちが善に熱心な人々になるなら、誰があなたたちを虐げるのですか。¹⁴ しかし、もし、あなたたちが義のために苦しむこともあるのなら、幸いです。また、人々に対する恐れを抱いてはならないし、動揺させられてはならない。¹⁵ そして、あなたたちは、あなたたちの心の中で主であるキリストを聖なるものとし、あなたたちの中の希望について、あなたたちに説明を求めるあらゆる人のために、弁明の準備を常にしておきない。¹⁶ また、あなたたちは、優しさや恐れと共に立派な良心を持ちなさい。それは、キリストにおけるあなたたちの良い生き方を侮辱する人々が、あなたたちが非難される時に失望させられるためです。¹⁷ 実に、もし、神の思いであるのなら、善を行って苦しむ方が、悪を行うことよりも良いのです。

¹⁸ なぜなら、キリストも罪のために、一度苦しんだからです。
　　正しい方が正しくない人々のためにです。
　　それは、その方があなたたちを神のもとに連れて行くためです。
　　その方は、肉においては死に定められ、
　　霊においては生きるようにされました。
¹⁹ 霊においてその方は、牢屋にいる霊たちのもとに行き、説教をしました。

²⁰ それらの霊たちは、かつて、ノアの日々に箱船が造り上げられていた間、神が忍耐して待ち望んでいた時に不従順でした。箱船の中に入った少しの人々、これは八つの魂であり、水を通して救い出されました。²¹ そして、水と対になる型である洗礼は、肉の汚れを取り去ることではなく、神の中に立派な良心を尋ね求めることであり、それは今、イエス・キリストの復活を通して私たちも救います。²² この方は天に入ると、神の右にいて、天使たちと権威と権力は、この方に従わせられています。

3章1節－22節　解説

1節　同じように、[その]妻たちよ、自分自身の夫に従いなさい。それは、もし、ある人々が御言葉に不従順であっても、その妻の無言の振る舞いに

3. 神に従う良心的な生き方（3:1-22）

よって獲得されるためです。

「同じように（ホモイオース）」とは、「召使いたち」がその主人に従うのと同じようにという意味であるが（ペト一 2:18, cf. ペト一 2:13）、この従い方は、召使いと主人の関係と全く「同じに（ホモース）」ではなく、夫婦の場合は相互的、互恵的である（ペト一 3:7 解説）。「［その］妻たち」とは、まだ信仰の旅路を「さ迷って」いる夫の「妻」を含む（ペト一 2:25）。「従う（ヒュポタッソー）」とは、自分を誰かの「下に（ヒュポ）」「定める（タッソー）」ことである（ペト一 2:18 解説）。

「御言葉（ホ・ロゴス）」と訳した表現は、単に「言葉」（直訳）であり、それに「不従順」であることは、この言葉の主体である神と神の子イエス・キリストに不従順であることを示す（ペト一 2:8 解説）。「振る舞い（アナストロフェー）」とは、「生き方」と訳した表現であり、「再び（アナ）」「向かう（ストレフォー）」という意味に由来し、一定の生活様式を指す（ペト一 2:12 解説）。伝道の成果をも意味する「獲得する（ケルダイノー）」という表現は（マタ 18:15, コリ一 9:22）、「もうける」とも訳した表現であり（ヤコ 4:13 解説）、「得る」（直訳）という意味である。

「御言葉」を従順に聞こうとしない夫に対して、そのような夫にふさわしく、妻の「無言」の振る舞いが有効であるというペトロの言葉には、皮肉が込められているだろう。また同様にして、ここでは、そのような夫を「獲得する」という表現にも、かたくなな夫を物のように見なす気持ちが込められているだろう。「獲得される」という表現は神的受動態であり、父なる神によってそうされて、キリストのもとに導かれることを示している。当時、家庭の宗教は夫の指導の下にあったから、その夫の宗教を変えることは一大事であり、実に神の働きがなければ困難なのである。

この 1 節は、かつてパウロも、「妻たちは、主に対するように自分自身の夫に従いなさい」と語ったことを想起させる（エフ 5:22, cf. コロ 3:18）。

2節　その人々は、恐れの中にいるあなたたちの純真な振る舞いを観察するからです。

「その人々は」という表現は原文にはないが、ここでは補われている。「恐れの中にいる（エン・フォヴォー）」（直訳）とは、ここでは神に対す

る畏敬の念に満たされていることを示し（cf. ペトー 1:17, 2:18）、それゆえに、「純真（ハグノス）」、つまり、罪に汚されていない「振る舞い」が定着している（ヤコ 3:17 解説）。「振る舞い（アナストロフェー）」と訳した表現は、「再び（アナ）」「向かう（ストレフォー）」という意味に由来し、一定の生活様式を指す（ペトー 3:1 解説）。「観察する（エポプテウオー）」と訳した表現は、「見る（ホラオー）」の強調形「よく見る（エフォラオー）」に由来する（ペトー 2:12 解説）。

このように、伝道の仕方は相手に応じて様々であり、相手が御言葉を聞かないなら、御言葉に従っている生き様を示すことができる（ペトー 3:1, cf. ペトー 2:12）。

3節　あなたたちの装いは、髪の編み込みや金の飾り、または、着込んだ服という外面的なものではなく、

「装い（コスモス）」と意訳した表現は、「世界（コスモス）」（直訳）という表現であり、「世界、秩序、宇宙（コスモス）」という表現の動詞形は「飾る（コスメオー）」である（ヤコ 4:4 解説）。「編み込み（エンプロケー）」とは、文字どおり、「編み（プレコー）」「込む（エン）」ことであり、「飾り（ペリセシス）」とは、身の「回り（ペリ）」に「付ける（ティセーミ）」ことである。「髪の編み込みや金の飾り」と訳した表現が、後者の語が前者の語を修飾する二詞一意だとすると、「金の飾りを編み込んだ髪」となる。「着込む（エンドゥオマイ）」と訳した表現も、そのような派手な服を指していると考えることもできるし、種々の服を着込んでいる様子を指していると考えることもできる。

4節　優しく静かな気質という朽ちないものの中に隠されている心の人であるべきです。この人は、神の前で高価です。

「優しい（プラウス）」という表現は、モーセやイエスの人柄に対しても用いられる表現であり（ヤコ 3:13 解説）、「静かな（ヘースキオス）」「気質（プネウマ）」と意訳した表現は、「静かな」「霊（プネウマ）」（直訳）である（cf. テモー 2:2）。「朽ちないもの（アフサルトス）」の代表は「朽ちない」種、つまり、「神の言葉」であり（ペトー 1:23）、「霊（プネウマ）」は「息吹（プネ

ウマ)」とも訳せることを考慮すると、この人は、「優しく静かな息吹」で神の言葉を「心」から語る「心の人（カルディアス・アンスローポス）」である（cf. ロマ 7:22）。

このような「心の人」は、「髪の編み込みや金の飾り、または、着込んだ服」という「外面的な」「装い」をした言わば肉の人とは逆に（ペト一 3:3)、「心」の中にため込んだ神の言葉を少しずつ取り出して生きている。このような生き方をしている人は、確かに聖「霊（プネウマ）」にも満たされているだろう（使徒 2:4, 4:31, 13:52, cf. ルカ 4:1）。こういう人こそ、神の前で高い評価を受ける人である。この「神の前で（エノーピオン・トゥー・セウー）」という表現は、神の裁きの座に立たされることを示唆しており、男の前で高価な装飾を身にまとう女たちは、「神の前で」その価値を認めてもらえないという皮肉も含まれているだろう。

前節とこの 4 節は（ペト一 3:3)、かつてパウロが、「女たちはきちんとした身なりをして、慎みと健全さで自分自身を装い、編んだものによってではなく、金や真珠や高価な服によってでもなく、むしろ、良い業によって装うことが、神を敬うことを約束している女たちにふさわしいことです」と語ったことを想起させる（テモ一 2:9-10, cf. イザ 3:18-24）。

5 節 実に、かつて、神に希望を置いていた聖なる女たちも、このように自分自身を装い、自分自身の夫に従っていました。

この 5 節が示しているように、「聖なる（ハギオス）」とは、何よりもまず「神に希望を置いて」、神のために自分自身を取り分けてささげることである（ペト一 2:9 解説）。そして、そのような「女たち」の夫に対する「従い」方は、「このように」、つまり、「優しく静かな気質という朽ちないものの中に隠されている心の人」に徹することであった（ペト一 3:4)。「従う（ヒュポタッソー）」とは、自分を誰かの「下に（ヒュポ）」「定める（タッソー）」ことである（ペト一 3:1 解説）。

6 節 例えば、サラはアブラハムを主人と呼んで彼に従いました。あなたたちは善を行い、また、どのような脅かしも恐れなければ、彼女の子たちとなったのです。

「例えば（ホース）」と意訳した表現は、「……として、……のように」という意味であり、「聞き従う（ヒュパクーオー）」とは、相手の「下で（ヒュポ）」「聞く（アクーオース）」ことである（cf. ペト一2:13解説）。「善を行い、また（カイ）、どのような脅かしをも恐れなければ」という表現が、後者の語が前者の語を修飾する二詞一意であるなら、「どのような脅かしをも恐れずに善を行うなら」という意味になる。

「善を行う」とは、善そのものである神の思いを実践することである（ペト一2:16解説）。「脅かし（プトエーシス）」と訳した表現は、文字どおり、「脅す（プトオー）」もののことであり（箴言3:25）、ここでは、神以外のものから受ける恐怖を示している（ペト一3:2解説, cf. ペト一3:14）。「どのような脅かしも恐れなければ」という条件は、特に、かつて美形で知られていたサラが（創世12:11, 14）、夫であるアブラハム以外の男性から女性としての尊厳を脅かされる経験をしたことを考慮すると、そのような「脅かし」に対して毅然とした態度を示すことも含まれるだろう（創世12:11-20, 20:1-18, cf. シュナイダー, pp.173f.）。

高齢になってからイサクを生んだ「サラ」は、人間的に考えれば「子ども」を生めないが、神の約束によって「子ども」を生む女の代表であり（創世21:1-2, cf. 創世18:12）、そのような女の「子ども」とされることは、いつの時代の人であっても、「善を行い、また、どのような脅かしも恐れなければ」、アブラハムの子孫となり、「子ども」として、神の約束した祝福を受け継ぐことができるのである（ロマ4:16）。

当時の社会における結婚の主要な目的は、妻に男の子を産ませて、その子に家族の財産を受け継がせることにあったが、ペトロがここでそのような義務には一切触れずに、サラの「子」となる恵みや、女性としての徳を説いていることは注目に値する（ペト一3:1-5, cf.Elliott,pp.569f.）。

7節　同じように、夫たちよ、女という器がより弱いものであるという知識に従って共に暮らし、あなたたちの祈りが阻まれないために、命の恵みの共同相続人としても敬意を払いなさい。

「同じように（ホモイオース）」という表現は、妻が夫に従うのと「同じように（ホモイオース）」、夫も妻に従うようにという意味であり（ペト一3:1

解説)、これは両者の相互的、互恵的な関係を明示している（エフ 5:25, コロ 3:19, cf.Michaels, p.167)。「器（スケウオス）」は通常、土から造られるから、男であれ、女であれ、土から造られたとされる人の体も指す（cf. 創世 2:7, ヨブ 4:19, 10:9, 33:6, イザ 45:9, 哀歌 4:2）。そして、キリスト者は、神から受けた恵みに対する感謝の印として自らのこの体を神にささげ（ペト一 2:5 解説)、その器の中にキリストを抱いているから（コリ二 4:6-7, cf. 使徒 9:15, ロマ 9:21-23, テモ二 2:20-21)、この体は神の器として聖なるものとされ、名誉あるものとされたのであり、そのような者に対しては「敬意を払う」必要がある（cf. テサ一 4:4)。「払う（アポネモー）」と意訳した表現は、「割り当てる」（直訳）という意味であり、本来は神に対するものを女にも「割り当てる」という姿勢を示している。

夫はこのように聖なるものとされた妻との夫婦関係において、相手が「弱い（アスセネース)」、つまり、「強さ（スセノス)」が「ない（ア)」にもかかわらず、かえって「敬意を払い」つつ、生活することが命じられている。「共に暮らす（スンオイケオー）」とは、文字どおり、「共に（スン)」「家（オイキア)」にいることであるから、夫は妻との夫婦生活において、単に、自分たちの子どもを生み育てるだけでなく、まず、自分たちが、父なる神から授かる永遠の「命の恵み」という「分け前（クレーロス)」を「共に（スン)」「分配する（ネモー)」「共同相続者（スンクレーロノモス)」（ロマ 8:17, エフ 3:6, ヘブ 11:9)、つまり、共に受け継いでいる子たちとして、お互いに父なる神への「祈りが阻まれない」ように生活しなければならない。「阻む（エンコプトー）」とは、「切り（コプトー）込む（エン)」（直訳)、「討ち（コプトー）入る（エン)」（直訳）という意味であり、強引な介入も示唆する表現である（使徒 24:4, ロマ 15:22, ガラ 5:7, テサ一 2:18)。このような記述は、当時の「祈り」がかなり長時間に及ぶものであったことを想像させる。夫婦は夫婦関係の前に（マル 10:6-9)、父なる神との言わば親子関係を確立していることが求められているのである。

この 7 節は、かつてパウロも、「あなたたちは、お互いにその権威を奪い取ってはならない。もし、あなたたちが祈りに専念してから再び一つになるために、ある時まで合意して、というのでないなら。それは、サタンがあなたたちの放縦さのゆえに、あなたたちを試みることがないようにするためで

す」と語ったことを想起させる（コリ一 7:5）。

　8節　さて、終わりに、すべての人々が考えを一つにし、共に苦しみ、兄弟を愛し、心から同情し、謙遜になりなさい。

　「考えを一つにする（ホモフローン）」と訳した表現は、「同じ（ホモス）」「考え（フレーン）」を持つことであり（ペト一 2:15 解説, cf. ロマ 15:5-6)、「共に苦しむ（スンパセース）」とは、「共に（スン）」「受ける、苦しむ（パスコー）」ことであり（ペト一 2:21 解説）、英語の「同情する（sympathise）」という表現は、ギリシャ語の「共に苦しむ（スンパセース）」に由来している（cf. ヘブ 4:15, 10:34）。「兄弟を愛する（フィラデルフォス）」とは、文字どおり、「兄弟（アデルフォス）」を「愛する（フィレオー）」ことであり（ペト一 1:22 解説, cf. ロマ 12:9-21）、「心から同情する（ユスプランクノス）」と意訳した表現は、「良い（ユ）」「はらわた、内臓（スプランクナ）」（直訳）を持っているという意味であり、当時は、内臓が人間の感情の源であると考えられていた（ルカ 1:78, コリ二 6:12, 7:15, エフ 4:32）。「謙遜になる（タペイノフローン）」とは、自らを「低い（タペイノス）」と「考え（フレーン）」ることであり、この「謙遜（タペイノフロスネー）」という表現は、キリスト教以前、また、キリスト教以外のギリシャ語文献においては、自尊心の欠如という否定的意味で使用されていたことで知られている（Elliott, p.605）。

　そして、重要なのは、すべての人々が単に自分たちの間で考えを一つにするのではなく、主イエスと考えを同じにして、お互いの考えを一つにすることであり（マタ 18:19-20, ヨハ 17:21-23, 使徒 1:14, 4:32）、十字架刑を受けた主イエスと共に苦しみ（ペト一 2:24 解説）、お互いの苦しみを一つに近づけることである。また、それは、弟子たちの足を洗う主イエスが象徴的に示したように（ヨハ 13:1-20）、徹底的に仕えて兄弟を愛することであり、主イエスもかつて、あらゆる立場の人々に心から同情していたように（ルカ 7:13）、相手の立場に寄り添うことであり、さらには、十字架刑に至るまで父なる神に従順であった主イエスと同じように、謙遜になることである（マタ 11:29, フィリ 2:1-11）。このように、キリスト教は、この「謙遜」という美徳をイエスとの関係において積極的意味で活用したと言える（使徒 20:19, エフ 4:2, フィリ 2:3, コロ 3:12 ペト一 5:5）。

3. 神に従う良心的な生き方（3:1-22）

9節　悪に悪を、悪口に悪口を返さずに、逆に祝福しなさい。なぜなら、あなたたちはこのため、祝福を引き継ぐために呼び出されたからです。

「祝福する（ユーロゲオー）」とは、「良く（ユー）」「言う（レゴー）」という意味であり（ヤコ 3:9 解説）、相手の繁栄を祈ることである（カルヴァン, p.93）。報復を禁じるだけでなく、逆に祝福を返すことは、単に悪を働き、悪口を浴びせる相手のためだけではなく、自分のためでもある。「引き継ぐ（クレーロノメオー）」とは、「分け前（クレーロス）」を受け継いで「所有する（ネモマイ）」ことを意味し、「祝福（ユーロギア）」を引き継ぐとは、祝福の源である父なる神の子であることを示している（cf. ガラ 3:14, ヘブ 6:13-14）。実に、「あなたたち」は、「悪」や「悪口」を引き継いで、それらの源である「悪魔」の子となるためにではなく（ヨハ 8:44）、父なる神の子として「呼び出された」のである（cf. ペト一 2:21, 23）。この「呼び出された」という表現は神的受動態であり、父なる神によってそうされたことを示している（Elliott, p.610）。

この9節は、かつてイエスが、「あなたたちはあなたたちを呪う人々を祝福し、あなたたちを侮辱する人々のために祈りなさい」と語ったことを想起させる（ルカ 6:28）。

呪いは相手の滅びを神に願うことであり、侮辱は相手の欠点をあげつらって、それを人々に知らせることである。イエスはこのような敵を逆に祝福し、そのような人に対する善を祈ることを命令する。敵を愛するというこの愛は、イエスと敵対する人々に向けられたイエスの愛に由来する。パウロによると、イエスは人々が神と敵対していた時から人々を愛し、自らの死を通して神と人々との和解を実現したが（ロマ 5:10, エフ 2:14-16, コロ 1:20-21）、十字架上での死においてイエスは、自分を迫害している人々のために父なる神に祈った（ルカ 23:34, cf. 使徒 7:60, ロマ 12:14, コリ一 4:12）。敵を祝福し、敵のために祈れというイエスの命令はすべて、イエス自身が実践していることである。パウロも、「誰にも悪に対して悪を返すことなく、すべての人々の前で良いことを図りなさい」と述べている（ロマ 12:17, cf. 箴言 20:22, テサ一 5:15）。

10節　「実に、命を愛し、良い日々を見たいと思う人は、その舌に悪をやめさせ、唇に策略を語らせず、

この10節の引用は、詩編34編13節と14節からのものである（詩編34:13-14, cf. 詩編33:13-14LXX）。
　「命を愛する」とは、命の源である父なる神に対する愛に基づいて、自分や隣人の命を大切にすることであり、「良い日々を見る」とは、「良い（アガソス）」方である父なる神と共に日々を過ごすことであり（ペト一2:15解説）、そういう生き方を望む人は、舌と唇に悪や策略を語らせないことが必須である（ペト一2:22解説）。「その舌に悪をやめさせ」という表現と「唇に策略を語らせず」という表現は、同じ内容を反復して強調していると考えることもできるが、両者に区別があるとするなら、前者は不適切な性的関係を示唆していると言えるだろう（ヤコ4:4解説）。
　そして、人は悪や策略から離れるだけでなく、逆に、口と唇には神を賛美し告白する言葉を満たす必要がある（ヘブ13:15, cf. マタ15:8）。

　11節　また、悪から離れ、善を行い、平和を求めて、それを追いなさい。
　この11節の引用は、詩編34編15節からのものである（詩編34:15, cf. 詩編33:15LXX）。
　「離れる（エククリノー）」と訳した表現は、ある所「から（エク）」「それる（クリノー）」ことであり、「悪」や「策略」をやめるためには（ペト一3:10）、「善を行う」という積極的な行動が必要であり、「善を行う」とは、善そのものである神に倣うことである（ペト一3:6解説, cf. ペト一3:10解説）。そして、人間関係においてこの神の善は、「平和」という形で実現する。神は平和の神だからである（ロマ15:33, 16:20, コリ一14:33, フィリ4:7, 9, ヘブ13:20）。
　この11節は、かつてイエスが、「平和を築く人々は、幸いである。なぜなら、その人々こそ神の子と呼ばれるだろうから」と語ったことを想起させる（マタ5:9）。
　イエスは、紀元前8世紀の南ユダ王国の預言者イザヤによって「平和の君」と呼ばれると預言され（イザ9:5）、実際に十字架によって平和を打ち立て、万物を自己と和解させた（コロ1:20, cf. エフ2:14-22）。こうして、イエスが築き上げ、残した平和によって（ヨハ14:27, 20:19, 26）、人々はイエスを通して神と和解して、イエスと同じ神の子とされ、敵をも愛し（マタ5:44-45）、神の家族を形成する（エフ2:19, cf. コロ3:15）。ここで、「平和（エイレーネ

3. 神に従う良心的な生き方（3:1-22）

一）」という概念は、「神の子」イエス・キリストと深い関係を持った語であることが明白である。

12節 なぜなら、主の目は正しい人々の上に、主の耳はその人々の願いの中にあるからです。しかし、主の顔は悪を行う人々に向かう。」

この12節の引用は、詩編34編16節と17節からのものである（詩編34:16-17, cf. 詩編33:16-17LXX）。「に向かう（エピ）」と意訳した表現は、単に「の上に」（直訳）という意味である。

「主の目」は「正しい人々」を見守り、その人々の「願い（デエーシス）」、つまり、祈り願うことに「耳」を傾けるが（ヤコ 5:16 解説）、「悪を行う人々」に対しては、裁きの「顔」を向ける。このような表現は、罪人は神の顔を直視すると死を招くと考えられていたことに由来している（出エ 33:20, cf. 出エ 24:11）。

13節 そして、もし、あなたたちが善に熱心な人々になるなら、誰があなたたちを虐げるのですか。

「虐げる（カコオー）」とは、「悪（カコス）」を与えることであり、確かに、「善」や義を行っていても、迫害を受けることがある現実を考慮すると（ペト一 3:14, 16）、この13節は、自分が迫害を受ける理由として、悪を熱心に行っていたということがあってはならないことを示している（ロマ 13:3, ペト一 3:17, cf. イザ 50:9LXX, テト 2:14）。

14節 しかし、もし、あなたたちが義のために苦しむこともあるのなら、幸いです。また、人々に対する恐れを抱いてはならないし、動揺させられてはならない。

この14節の「義（ディカイオスネー）」は、前節の「善（アガソス）」と同義語であり（ペト一 3:13）、概して、「義」の対義語が「罪」であるのに対して（ペト一 2:24）、「善」の対義語は「悪」である（ペト一 3:12）。「幸い（マカリオス）」とは元々、「死の女神（ケール）」が「いない（メー）」ことを意味する（ヤコ 1:25 解説）。そして、「義のために苦しむこと」が「幸い」でありうるのは、「神の思い」に基づく場合である（ペト一 3:17, cf. ペ

ト一 2:19-20)。それは、逆境の中で主イエス・キリストを正しく証しし、信仰を告白する機会となるからである（ペト一 3:15）。なお、この「苦しむ（パスコー）」という表現は、原文では希求法という形であり、「苦しみたいこともあるのなら」という趣旨に訳すこともできる（ペト一 3:17, cf. ブロックス, p.212)。

そして、「義のために苦しむ」ような場合は、信仰者には唯一恐れるべき神が共いるため（イザ 8:12-13, cf. イザ 7:14)、人々を恐れたり、動揺する必要もないのである（ペト一 3:6）。この「人々に対する恐れを抱く」と意訳した表現は、「人々への恐れを恐れる、人々の恐れを恐れる」（直訳）であるから、「人々の恐れるものを恐れてはならない」と訳すこともできる（グルーデム, p.169)。「動揺させる（タラッソー）」という表現は、「かき乱す（タラッソー）」と訳すこともできる強い表現であり、「動揺させられる」という表現が、この事態の背後に悪魔を想定するなら、言わば悪魔の計略によってそうされることを示す悪魔的受動態である（cf. 黙示 2:10）。

この 14 節は、かつてイエスが、「義のために迫害を受けてきた人々は、幸いである。なぜなら、天の王国はその人々のものだからである」と語ったことを想起させる（マタ 5:10）。

回心前は教会を迫害してきたパウロは、回心後は逆に数々の迫害を受ける身となったが（使徒 8:1-3, 9:1-2, コリ二 1:8-11)、そのパウロは、イエス・キリストを信じて生きようとすれば迫害を受けると告白している（テモ二 3:12）。究極的にイエスの言動の内に見られる義を実践しようとする時、迫害を受けるが、そのイエスは、迫害をする者のために祈ることを命じている。それは、天の父の子となるためである（マタ 5:44-45, cf. ロマ 12:14）。こうして、天の父の子として、天の父が完全であるのと同様に、完全になることが命じられている（マタ 5:48）。

15 節　そして、あなたたちは、あなたたちの心の中で主であるキリストを聖なるものとし、あなたたちの中の希望について、あなたたちに説明を求めるあらゆる人のために、弁明の準備を常にしておきない。

罪人が実際に神やキリストを聖なるものにすることは不可能であるから、この 15 節の「心の中で」「聖なるものとする」という表現は、自らの言動に

3. 神に従う良心的な生き方（3:1-22）

よって神やキリストを汚すことなく、聖なるものとして礼拝することを意味する（イザ 8:13, マタ 6:9）。そして、そのような内的な礼拝は、人々に弁明をするという外的な証言と密接に関係している。

「希望」とは、復活の希望であり（ペト一 1:3, 21）、主イエス・キリストの再来の希望である（ペト一 1:13, ペト二 3:10）。「説明（ロゴス）」と訳した表現は、「言葉」とも訳せる表現であり（cf. ルカ 16:2）、一定の立場「からの（アポ）」「言葉（ロゴス）」である「弁明（アポロギア）」という表現は、裁判における「弁明」という意味を持つ法廷用語でもある（使徒 22:1, 25:16, cf. コリ一 9:3, コリ二 7:11, フィリ 1:7, 16, テモ二 4:16）。したがって、キリスト者は裁判に限らず一般に公共の場で、「弁明」という形で証しをする機会があることを想定して、常に準備をしておかなければならないのである。

ちなみに、パウロは具体的な弁明の方法として、「あなたたちが、一人ひとりにどのように答えるべきかを知るために、あなたたちの言葉がいつも塩で味付けられて、恵みの内にあるようにしなさい」と述べている（コロ 4:6）。

このパウロの言葉は、かつてイエスが、「また、塩は良い物である。しかし、もし、塩までも効き目を失ったら、それは何によって塩気を付けられるだろうか」と語ったことを想起させる（ルカ 14:34）。塩味は、料理の味付けとして不可欠であるだけでなく（ヨブ 6:6, cf. エゼ 43:24）、食物の腐敗を防ぐことから、この世を新鮮に保つ知識や知恵をも意味した。したがって、聖書において「塩の契約」という時、それは廃れることのない不変の契約を指している（レビ 2:13, 民数 18:19, 歴代下 13:5）。また、食事には塩が必要なことから、塩は契約を結んだ者同志の食事を交えた深い交わりを示すとも考えられる。

「効き目を失う（モーライノー）」と訳した語は、「愚かになる」（直訳）という意味で、知識や知恵の欠落することも表している。イエスの弟子となった人々は、知恵と知識の宝を持つイエスからこの世での弟子のあり方を学ぶことができるが（コロ 2:3）、その弟子の役割は、イエスから引き出した知恵や知識によってこの世を味付けし、この世を言わばおいしくし、この世で人々がお互いの交わりの中で成長しつつ生き続けられるようにすることにある。それと同時に、イエスの知恵と知識に基づいて、この世の腐敗を防ぎ、神が人々のために造ったこの世を後の人々のために保存することにある。このようにして、人々は平和に暮らすことができるのである（ロマ 12:18, コリ

二 13:11, テサ一 5:13, cf. ルカ 14:32)。

そして、塩で味付けられたキリスト者のこのような言葉が「恵みの内にあるように」するとは、それがいつでも無償で提示できるようにしておくことであり（コロ 3:16, cf. エフ 4:29)、誰に対してであっても、「キリストの奥義」を語る際に必要なことは（コロ 4:3）、「一人ひとりに」丁寧に喜んで語るということである（コロ 4:6)。

16節　また、あなたたちは、優しさや恐れと共に立派な良心を持ちなさい。それは、キリストにおけるあなたたちの良い生き方を侮辱する人々が、あなたたちが非難される時に失望させられるためです。

キリスト者が人々に自らの「希望」について「弁明」する際に必要なことは（ペト一 3:15）、キリストが持っていたような「優しさ（プラウテース）」と（ペト一 3:4 解説)、神に対する「恐れ（フォボス）」を抱くことであり（ペト一 3:14 解説）、神と「共に（スン）」「見る、知る（エイドー）」ことによっても恥じることのない「良心（スネイデーシス)」を持つことである（ペト一 2:19 解説, cf. 使徒 23:1)。「立派な（アガソス)」と意訳した表現は、単に「良い」（直訳）という意味である（ヘブ 13:18)。

「生き方（アナストロフェー）」とは、「振る舞い」とも訳せる表現であり、「再び（アナ)」「向かう（ストレフォー）」という意味に由来し、一定の生活様式を指す（ペト一 3:2 解説)。「非難する（カタラレオー）」と意訳した表現は、相手に「対立する（カタ）」思いを「語る（ラレオー)」という意味であり（ペト一 2:12 解説)、「失望させる（カタイスクノー）」と意訳した語は、「恥じ入らせる」（直訳）ことを意味する（ペト一 2:6 解説)。

つまり、「良い生き方」をしているキリスト者を侮辱する人々は、キリスト者が「非難され」ても、根拠のないそのような非難に効果がなく、そのために失望する。「失望させられる」という表現は神的受動態であり（Elliott, p.632)、父なる神によってそうされることを示し、他方、キリスト者が「非難される」とは、この事態の背後に悪魔を想定するなら、言わば悪魔の計略によってそうされることを示す悪魔的受動態である。

17節　実に、もし、神の思いであるのなら、善を行って苦しむ方が、

3. 神に従う良心的な生き方（3:1-22）

悪を行うことよりも良いのです。

「神の思いである」と訳した表現は、「神の思いが思う」（直訳）という意味であり、この「思う」という表現は、原文では希求法という形であるから、神の強い思いを強調していると言える（ペト一 4:14 解説）。「悪を行うこと」という表現は、「悪を行って苦しむこと」という内容の省略形である（ペト一 2:20）。「苦しむ」ことは通常、「良い」とは思われないことであるが、「悪を行う」ことよりも「良い」のは、次節にあるように、キリストの生き方に近づくからであり、さらには、父なる神のもとにも導かれるからである（ペト一 3:18）。

18節　なぜなら、キリストも罪のために、一度苦しんだからです。正しい方が正しくない人々のためにです。それは、その方があなたたちを神のもとに連れて行くためです。その方は、肉においては死に定められ、霊においては生きるようにされました。

二つ目の「その方」という表現は、原文にはないが、ここでは補われている。

罪「のために（ペリ）」、正しくない人々「のために（ヒュペル）」と訳した表現は、原語では別の語であり、罪「について（ペリ）」、正しくない人々「の代わりに（ヒュペル）」とも訳せる表現である。しかし、ここでは、キリストが死んだのは、キリスト自身の罪のためでなく、「正しくない人々」の「罪のために」であることを明示するためにこのように訳されている（cf. ガラ 1:4, ヘブ 5:3, 9:26, 28）。

この 18 節は、正しいにもかかわらず苦しみを受けたキリストに言及して（ペト一 3:17, cf. 使徒 3:14）、その理由を明示している。つまり、正しいキリストの苦しみは、正しくない罪人を最も正しい父なる神のもとに連れて行くためであるが、その前にまず、罪人の罪を十字架上で滅ぼして（ペト一 2:24, 4:1）、その後に初めて、聖なる父なる神のもとに人々を聖なる姿で連れて行くことができるのである（エフ 3:12, コロ 1:22, ヘブ 10:10）。

単に、「肉においては」、「霊においては」と訳した表現は、実際には「一方で（メン）肉においては」、「他方で（デ）霊においては」という表現であり、対照的な内容であることを示しており（cf. テモ一 3:16）、キリストは、肉においては汚れた死体と同じ姿を取ったが（ペト一 1:3 解説）、霊に

おいて再び聖なる命を与えられて（ヨハ 6:63, cf. コリー 15:45, コリ二 3:6, ガラ 6:8）、他の罪人たちの聖なる先駆けとして父なる神のもとにいる（ペト一 3:22, cf. ペト一 2:21-24）。この「死に定められ」、「生きるようにされた」という表現は神的受動態であり、父なる神によってそうされたことを示している（列王下 5:7, cf.Michaels, p.204）。

19節　霊においてその方は、牢屋にいる霊たちのもとに行き、説教をしました。

「霊において（エン・ホー）」と訳した表現は、単に「それにおいて」（直訳）であり、「牢屋にいる（エン・フラケー）」霊たちを、キリストが「霊において（エン・ホー）」訪ねて行けることは（ペト一 4:6, cf. ロマ 10:7, エフ 4:8-9）、「霊」の力が「牢屋」の力に勝っていることを示している（cf. 使徒 12:6-7, 16:25-26）。かつて、イエスの教えを説いていたために「牢屋（フラケー）」に入れられていたペトロは、天使に働いた神の霊の力によってその「牢屋」から導き出されたから（使徒 12:6-7, cf. 使徒 23:8-9, ヘブ 1:14）、この世の力に基づく「牢屋」の力よりも、天の力である霊の力の方がはるかに強いことを体験的に実感していたはずである。

なお、「霊において（エン・ホー）」と訳した「それにおいて」（直訳）の「それ」は前文全体を指していると考えて、「その際に」と訳すこともできる（ペト一 1:6, 2:12, 3:16, 4:4, cf. ブロックス, p.231）。「説教をする（ケールッソー）」と訳した表現は、単に「説く」とも訳せる表現であり、「先駆者（ケールクス）」的に教えを宣言することであり、また、公式に布告することでもある。この表現は、後に「福音を説く」と言い換えられている（ペト一 4:6, cf. ペト一 1:12, 25）。

この「牢屋にいる霊たち」とは、洪水によってその肉体が滅ぼされて、この世の自然の力によって泥の中に閉じ込められている霊たちであり、次節でさらに解説されている（ペト一 3:20）。神は最初の人を湿った土から造って命の息を吹き込んだことを考慮すると（創世 2:6-7）、霊たちが湿った泥の中にいるということは、福音をもたらすキリストによって再創造され（コリ二 5:17）、聖霊によって再び命が与えられることを示唆しているのかもしれない（ペト一 3:18 解説）。

3. 神に従う良心的な生き方（3:1-22）

20節　それらの霊たちは、かつて、ノアの日々に箱船が造り上げられていた間、神が忍耐して待ち望んでいた時に不従順でした。箱船の中に入った少しの人々、これは八つの魂であり、水を通して救い出されました。

「それらの霊たちは」という表現は原文にはないが、ここでは補われている。二つ目の「箱船」という表現も原文にはないが、ここでは補われている。

キリストが霊において説教をした霊たちとは（ペト一 3:19)、ノアの時代に不従順によって死んだ人々である。ノアは神と共に歩んでいたので（創世 6:9)、神が悪に満ちた人々とその地を洪水によって滅ぼす時に、ノアとその家族、動物たちを「箱船（キボートス）」によって救った（創世 6:5, 14, 17, 19）。「救い出された」という表現は神的受動態であり、父なる神によってそうされたことを示している（Elliott, p.667）。箱船を「造り上げる（カタスケウアゾー）」と訳した表現は、「整える（スケウアゾー）」という意味の語の強調形である。「整える（スケウアゾー）」とは、「容器、カバン（スケウオス）」をそろえ、そこに物を片づけることであり、箱船の場合は、単に箱船を造ることではなく、箱船を造り、その中に必要な人や動物や道具などを入れて完成させることである。

このノアは、聖書において「正しい（ディカイオス）」と評価された最初の人であり（創世 6:9LXX)、「八つの魂」とは、ノアとその子どもたちであるセム、ハム、ヤフェテと、その各々の妻たちである（創世 7:13, cf. 創世 6:10, 18, 7:7, ペト二 2:5）。しかし、神の命令に従順であったノアと同じ歩みをしていなかった不従順な人々は、箱船に乗らずに滅ぼされた（創世 7:23, ヘブ 11:7, cf. マタ 24:38）。神が忍耐して待ち望んでいたにもかかわらず、不従順であったからである（cf. ペト一 3:1）。「神が忍耐して待ち望んでいた」と意訳した表現は、「神の忍耐が待ち望んでいた」（直訳）という意味であり、「忍耐（マクロスミア）」と訳した表現は、元々は「怒り（スモス）」を先に「長く（マクロス）」延ばすことである（ヤコ 5:10 解説，cf. ペト二 3:9）。また、「待ち望む（アペクデコマイ）」とは通常、神が人を「待ち望む」という形ではなく（Elliott, p.664)、人が神を「待ち望む」という形で使われることを考慮すると（ロマ 8:19, 23, 25, コリ一 1:7, ガラ 5:5, フィリ 3:20, ヘブ 9:28)、神は謙虚に人と同じ立場に立ち、人々が来るのを待ち望んでいたことを示唆している。こうした神の姿勢を考慮すると、神に不従順であった人々の罪は大

きいと言えるだろう。このような不従順のために水によって滅ぼされた人々の状態が、「牢屋にいる霊たち」と表現されているのだろう（ペト一 3:19）。

そして、それでもなお、キリストが霊においてそのような霊たちのもとに生き、説教をして福音を説いたことは（ペト一 3:19, 4:6)、キリストの「優しさ」を示している（ペト一 3:16 解説）。このキリストの優しさに基づけば、他の時代の滅んだ霊たちに対するキリストの働きかけも想定しうるだろう（ペト一 4:6）。つまり、かつて神がノアを通して準備した箱船への招きに「不従順」であったために滅ぼされた人々のもとにキリストが向かって行き、「説教」をしたように（ペト一 3:19）、いつの時代であっても、教会の準備している洗礼の機会に「不従順」であったために滅ぼされた人々のもとにもキリストは向かって行き、「説教」をするだろう。そして、神の口から出る言葉はむなしく神のもとに戻ることはなく、言葉は出来事となって実現して神のもとに戻って来るから（イザ 55:11, cf. 列王下 10:10, イザ 40:8）、神の言葉を語るキリストの説教は必ずすべての霊を哀れんで回心させ、その霊を父なる神のもとに導くのである（ペト一 3:18）。

21 節　そして、水と対になる型である洗礼は、肉の汚れを取り去ることではなく、神の中に立派な良心を尋ね求めることであり、それは今、イエス・キリストの復活を通して私たちも救います。

「それは」という表現は、形式的に「洗礼」を、内容的には「神の中に立派な良心を尋ね求めること」を指しており、原文にはないが、ここでは補われている。

「対になる型（アンティテュポス）」と訳した表現は、文字どおり、「対（アンティ）」になる「型（テュポス）」である（ヘブ 9:24）。ちなみに、「型（テュポス）」とは、他の人や物の「模範（テュポス）」となるもののことであり、元々は「打ち叩く（テュプトー）」ことによって作られた金属や石の「型」を意味していた（cf. フィリ 3:17, テモ一 4:12）。つまり、ノアの時代の洪水は、イエスの時代以降の洗礼と対比的関係にあり、共に水を通しての救いを示しているが、洗礼は、イエスの死と永遠の「復活」に基づく儀式として、後の人々も救いに導くものである。「復活（アナスタシス）」とは、「死人たち」を「再び（アナ）」「起こす（ヒステーミ）」こと、「起き（ヒステーミ）上がらせる

3. 神に従う良心的な生き方（3:1-22）

（アナ）」ことである（ペト一 1:3 解説）。

　「汚れ（ルポス）」は元々、「耳垢（ルポス）」という意味であり（ヤコ 1:21 解説）、「取り去ること（アポセシス）」とは、ある所「から（アポ）」取って、別の所に「置く（ティセーミ）」ことである（ペト一 2:1 解説）。このような「汚れ」の除去は、単に水による清めであるのに対して、イエスの死と永遠の「復活」に基づく洗礼は、「神の中に立派な良心を尋ね求めること」、つまり、神と「共に（スン）」「見る、知る（エイドー）」ことによっても恥じることのない「良心（スネイデーシス）」を神の中から見いだして確立しようとする信仰を必要とする（ペト一 3:16 解説, cf. エフ 5:26, テト 3:5, ペト一 1:3）。「立派な（アガソス）」と意訳した表現は、単に「良い」（直訳）という意味である（ペト一 3:16 解説）。

　また、「洗礼（バプティスマ）」は「救います」という表現は、「洗礼を授ける、水に浸す（バプティゾー）」という動詞が、大水によって人を死に至らせることや、一般に人に死を覚悟させる意味を持つことを考慮すると（サム下 22:5, 詩編 42:8, 69:2-3, マル 10:38-39, ルカ 12:50）、この逆説的な組み合わせのゆえに極めて印象的である。そして、「洗礼、水に浸すこと（バプティスマ）」が逆説的に人々を「救い」うるのは、木造りの「箱舟」が水の中で浮くためであり（創世 6:14, ペト一 3:20）、同様にして、木造りの十字架に掛けられたイエス・キリストの名前において受けた洗礼を通して（使徒 2:38, 8:12, 16, 10:48, 19:5, コリ一 1:10, 13, 15, cf. マタ 28:19）、イエスが罪人を父なる神のもとに連れ上るためである（ペト一 2:24, 3:18）。箱船の閉鎖的な造りが象徴しているように、少しの人しか救えなかった箱船とは異なり（ペト一 3:20）、上下左右に開放的な造りをしている十字架は、実に多くの人を救うのである（ペト一 3:19）。

22 節　**この方は天に入ると、神の右にいて、天使たちと権威と権力は、この方に従わせられています。**

　キリストは復活の後に昇天して、父なる神の右に栄光を伴って座っている（ペト一 1:21 解説）。天において父なる神に仕えている天使たちも（ヘブ 1:14）、この世の「権威（エクスーシア）」も（ロマ 13:1）、悪霊を含むこの世の種々の強力な霊的働きである「権力（デュナミス）」も、究極的には父

なる神と、その右にいるキリストの支配下に置かれている（ロマ 8:38, cf. エフ 1:21, 6:12, コロ 1:16, 2:15）。「従う（ヒュポタッソー）」とは、自分を誰かの「下に（ヒュポ）」「定める（タッソー）」ことであり（ペト一 3:5 解説）、「従わせられる」という表現は神的受動態であり、父なる神によってそうされることを示している（Elliott, p.688）。

4. 善行によって受ける苦難と栄光

4章1節－19節　私訳

　[1] そこで、キリストは肉において苦しんだので、あなたたち自身も同じ思いで武装しなさい。なぜなら、肉において苦しんだ人は、罪を断ち切っているからです。[2] それは、もはや人間の欲望ではなく、神の思いによって肉における残された時を生きるためです。[3] 実に、異邦人たちの願いを実行し、好色、欲望、泥酔、遊興、暴飲、そして、禁じられている偶像礼拝にふけっていた時は過ぎ去ったのであり、十分です。[4] そのように、あなたたちがこの度を越した放とうに共に駆けつけないので、人々は奇妙に思い、冒瀆します。[5] その人々は、生きている人々と死んでいる人々を裁く準備をしている方に、説明をすることになるだろう。[6] 実に、死んでいる人々にも福音が説かれたのは、人々に従って肉においては裁かれても、神に従って霊においては生きるため、このためです。

　[7] さて、すべてのものの終わりが近づいています。そこで、あなたたちは健全な心を持ち、祈りのためにしらふでいなさい。[8] すべてのものの前に、あなたたちはお互いに対する熱心な愛を持ちなさい。なぜなら、愛は多くの罪を覆うからです。[9] あなたたちは不平なしに、お互いにもてなし合いなさい。[10] 一人ひとりが、神の色々な恵みの管理人として賜物を受けたように、それによってお互いに仕え合いなさい。[11] もし、ある人が語るなら、神の述べた言葉として、もし、ある人が仕えるなら、神が与える強さによって。それは、すべてのものにおいて、神がイエス・キリストを通して栄光を受けるためです。この方に、力ある栄光が、いつの世からいつの世に至るまでもありようにに。アーメン。

　[12] 愛する人々よ、あなたたちの中であなたたちへの試みとして生じる火炎を、あなたたちに奇妙なことが起こっているかのように、奇妙に思ってはならない。[13] むしろ、あなたたちはキリストの苦難を共有するにしたがって、喜びなさい。それは、その方の栄光の啓示の時にも、あなたたちが大いなる喜びで喜ぶためです。[14] もし、あなたたちがキリストの名前のため

にののしられるなら、幸いです。なぜなら、神の栄光の霊があなたたちの上で休んでいるからです。[15] 実に、あなたたちの中の誰も、人殺し、盗人、悪を行う人、他人に干渉する人として苦しみを受けてはならない。[16] しかし、もし、キリスト者としてなら、その人は恥じてはならない。むしろ、その人は、その名前によって神に栄光を与えなさい。[17] なぜなら、神の家から裁きが始まる［その］時だからです。そして、もし、まず私たちからなら、神の福音に不従順な人々の終わりは何ですか。[18] そして、もし、正しい人がかろうじて救われるなら、不信心な人や罪人は、どこに現れるのだろうか。[19] こうして、神の思いに従って苦しんでいる人々も、善を行うことによって、自分たちの魂を真実な創造者にゆだねなさい。

4章1節－19節　解説

　1節　そこで、キリストは肉において苦しんだので、あなたたち自身も同じ思いで武装しなさい。なぜなら、肉において苦しんだ人は、罪を断ち切っているからです。

「そこで（ウーン）」とは、天使たちと権威と権力はキリストに従わせられているので（ペト一 3:22）、「あなたたち」の方ではさらに武装が必要であるという意味であり、「武装する（ホプリゾー）」とは、文字どおり、「武器（ホプロン）」で身を守ることである（ヨハ 18:3、ロマ 6:13、13:12、コリ二 6:7、10:4）。「思い（エンノイア）」とは、心の「中で（エン）」「感じる（ノエオー）」ことであり（ヘブ 4:12）、肉において苦しんだキリストと「同じ思い」で武装するとは（cf. フィリ 2:5）、通常は武器や防具によって武装することを考慮すると、意外な表現である（エフ 6:10-20）。つまり、キリスト者が自らを「罪」から守るためには、キリストと「同じ思い」を身にまとい、父なる「神の思い」に従う必要があるが（ペト一 4:2）、具体的にその「思い」を抱くとは、正しいキリストが人々を父なる「神のもとに連れて行くため」に（ペト一 3:18）、本来は正しくない人々を処刑するはずの十字架刑によって苦しんだ時のその苦しい思いを共に抱くことである。

したがって、「肉において苦しんだ」とは、単に自らの体に苦痛を受けたという意味ではなく、正しいことをしたにもかかわらず、苦しみを受け、し

4. 善行によって受ける苦難と栄光（4:1-19）

かも、十字架に掛けられるほどの苦しみを受けたことを意味する。「あなたたち自身」が罪を断ち切るには、これほどのことが必要であり、それは十字架刑を受けたイエス・キリストに導かれなければ不可能なのである（ペト一 2:21, cf. ロマ 6:2, 6, コリ二 5:14-15）。「罪（ハマルティア）」とは、「的を外す、分け前（メロス）を逃す（ア）」という意味に由来し（ペト一 2:22 解説）、「断ち切る（パウオー）」と意訳した表現は、「やめる」（直訳）と訳した表現であり（ペト一 3:10）、原文では完了形である。

この 1 節は、かつてパウロも、「私たちの古い人が共に十字架に掛けられたのは、罪の体が無効にされ、私たちがもはや罪に仕えないためです。死んだ人は、罪から離れて義とされています」と語ったことを想起させる（ロマ 6:6-7, cf. コロ 3:3）。

2 節　それは、もはや人間の欲望ではなく、神の思いによって肉における残された時を生きるためです。

「それは」という表現は原文にはないが、ここでは補われており、この 2 節は「武装」しなければならない理由を説いている。

「欲望（エピスミア）」とは、極めて強い欲求を意味し（ペト一 2:11 解説）、「思い（セレーマ）」と対比されているように、「人間（アンスローポス）」は、「神（セオス）」と対極にある人間である。具体的に「人間の欲望」は、次節で解説されている（ペト一 4:3）。

「神の思いによって肉における残された時を生きる」という表現は、人間は神の思いに従って生きるために、自分の肉の体を殺す必要はなく、痛めつける必要もないことを示している。必要とされることは、肉の体を通して「神の思い」を実現することである（ロマ 12:1, cf. ヨハ一 2:16-17）。

3 節　実に、異邦人たちの願いを実行し、好色、欲望、泥酔、遊興、暴飲、そして、禁じられている偶像礼拝にふけっていた時は過ぎ去ったのであり、十分です。

イスラエルの民以外の人々を指す「異邦人たち（エスノス）」という表現は、「民族（エスノス）」という表現の複数形であるが、キリスト者たちは今や新しいイスラエルとして選ばれたことを考慮すると、この 3 節での「異邦人た

195

ち」とは、キリスト者でない人々を指していると考えられる（ペト一 2:12 解説, cf. エフ 4:17）。「実行する（カテルガゾマイ）」と訳した表現は、「働き、業（エルゴン）」という表現に由来する「働く、生じさせる（エルガゾマイ）」の強調形である（ヤコ 1:3 解説）。

　そして、「異邦人たちの願い」とは、不道徳な性的欲求である「好色（アセルゲイア）」（マル 7:22, ロマ 13:13, コリ二 12:21, ガラ 5:19, エフ 4:19）、極めて強い欲求である「欲望（エピスミア）」（ペト一 4:2 解説）、「酒（オイノス）」に「あふれる（フルオー）」生活を示す「泥酔（オイノフルギア）」、度を越した生活習慣である「遊興（コーモス）」（ロマ 13:13, ガラ 5:21）、「飲み（ピノー）」過ぎる「暴飲（ポトス）」、目に「見える（エイドー）」像、つまり、「偶像（エイドーロン）」に「仕えること（ラトレイア）」である「偶像礼拝（エイドーロラトリア）」にふけることである（コリ一 10:14, ガラ 5:20, エフ 5:5, コロ 3:5）。「禁じられている（アセミトス）」とは、「定められていること（セミス）」によって許されてい「ない（ア）」ことであり、ここでは律法によって明白に禁じられていることを示している（出エ 20:4-5, 申命 5:8-9）。

　「ふける（ポレウオマイ）」と意訳した表現は、単に「行く」（直訳）であり、こうした悪徳に「ふける」ことは（cf. マル 7:21-23, ロマ 1:29-32, ガラ 5:19-21）、天に「入る（ポレウオマイ）」ことと対極的であり（ペト一 3:22）、この天に導かれるキリスト者にとって（ペト一 3:18）、それは「過ぎ去った」ものなのである（cf. ペト一 1:18）。この「時は過ぎ去った」と訳した表現は、「過ぎ去った時」（直訳）である（cf. ヤコ 1:10）。

　4節　そのように、あなたたちがこの度を越した放とうに共に駆けつけないので、人々は奇妙に思い、冒瀆します。

　「度を越した（アナクシス）」と意訳した表現は、「あふれ出る（アナケオー）」という意味に由来し、「放とう（アソーティア）」と訳した表現は、「救い（ソーゾー）」ようの「ない（ア）」こと、または、自分や自分の財産を「維持する（ソーゾー）」ことができないほどに身を持ち崩すことである（エフ 5:18, テト 1:6）。「共に駆け付ける（スントレコー）」と訳した表現は、「共に（スン）」「走る（トレコー）」という意味であり（マル 6:33, 使徒 3:11）、このような表現は、かつての「度を越した放とう」生活に対する皮肉が込められていると

4. 善行によって受ける苦難と栄光（4:1-19）

言えるだろう。

「奇妙に思う（クセニゾー）」と意訳した表現は、「知らない人、外国の人（クセノス）」を「もてなす、驚かせる（クセニゾー）」という表現の受動態であり、このような表現も、今や「度を越した放とう」生活から離れた「あなたたち」に対する人々の皮肉の気持ちを表している（使徒 17:20）。「冒瀆する（ブラスフェーメオー）」とは、神に対してであれ、人に対してであれ、「愚かな（ブラクス）」ことを「言う（フェーミ）」、または、「傷つける（ブラプトー）」ことを「言う（フェーミ）」ことであり、言うだけでなく、行うことも含まれる（ヤコ 2:7 解説）。このような冒瀆は、「あなたたち」が、「放とう」にも至る「偶像礼拝」をやめることで（ペト一 4:3）、偶像として祭られている神々の怒りを招くという強い懸念などに由来しているのだろう（Witherington, p.197）。このように、「あなたたち」は今や、かつての遊興仲間から様々な形で侮辱されるのである。

5節　その人々は、生きている人々と死んでいる人々を裁く準備をしている方に、説明をすることになるだろう。

「生きている人々と死んでいる人々を裁く準備をしている方」とは父なる神であり、この神の子イエス・キリストである（使徒 10:42, テモ二 4:1, cf. ロマ 14:9）。この準備は、単に人々を断罪するための準備ではなく（ペト一 3:12 解説）、人々の回心を待ち望むことも含まれる（ペト一 3:20 解説, cf. ペト二 3:9）。「説明をする（ロゴン・アポディドーミ）」とは、「言葉（ロゴス）を返す」（直訳）ことであり（ペト一 3:15 解説）、神がこの世に律法という神の言葉や、肉をまとった神の言葉であるイエス・キリストを与えた以上（ヨハ 1:14, 3:16）、いずれ人々はその神に対して言葉を返す、つまり、返答することが定められている（ルカ 16:2, 使徒 19:40, ロマ 14:12, cf. ペト一 3:15 解説）。こうして、すべての人々は神やキリストと語り合う機会が与えられるのである。そして、キリストはこの機会を「福音を説く」機会として活用する（ペト一 4:6）。

この5節は、かつてイエスが、「人々が話すであろうむなしい言葉について、裁きの日にその人々は説明をすることになるだろう」と語ったことを想起させる（マタ 12:36）。

6節　実に、死んでいる人々にも福音が説かれたのは、人々に従って肉においては裁かれても、神に従って霊においては生きるため、このためです。

キリストが霊において、「牢屋にいる霊たちのもとに行き、説教をしました」という内容は（ペト一 3:19）、この6節では、「死んでいる人々にも福音が説かれた」と説明されている。「福音を説く（ユアンゲリゾマイ）」と訳した表現は、文字どおり、「良い（ユ）」「知らせ（アンゲリア）」である「福音（ユアンゲリオン）」を説くことである（ペト一 1:25 解説）。

「人々に従って（カタ・アンスロープース）」、「神に従って（カタ・セオン）」と訳した表現は、実際には「一方で（メン）人々に従って」、「他方で（デ）神に従って」という対照的な内容を示しており（ペト一 3:18 解説）、「人間的に見れば（カタ・アンスロープース）」、「神から見れば（カタ・セオン）」と意訳することもできるが（cf. ロマ 3:5）、ここではおそらく、ノアの箱船の出来事のように、「人々に従って」神に「不従順」であることと、逆に、「神に従って」「神に従順」であるという対照的な生き方を示しているのだろう（ペト一 3:20, 5:2, cf. コロ 2:8）。つまり、いつの時代であっても、神に不従順な人は、いずれ神の裁きを受けてその肉体が滅ぼされるが、そのようにして「死んでいる人々」にも、キリストは福音を説き、御自身が無罪であるにもかかわらず「肉においては死に定められ、霊においては生きるようにされた」ように（ペト一 3:18）、聖霊によって新たな命を与えるとともに、すべての死人を回心させるのである（ペト一 3:20 解説, cf. ヨハ 5:25, ロマ 8:10, コリ一 5:5）。

このような「福音」は、偶像礼拝者のまま死んだ家族や親友、または、依然として偶像礼拝者である家族や親友がいるキリスト者にとって大きな慰めになっただろう。また、「死んでいる人々」の中に、キリスト教を迫害していた「王たち」がいるとしても（ペト一 2:17）、キリスト者は、迫害の頂点である十字架上のイエスによる、「父よ、あなたは彼らを許してください。人々は何をしているのか知らないのですから」という愛に満ちた祈りが（ルカ 23:34, cf. 使徒 7:60）、その「死んでいる人々」に届くと信じることもできるだろう（ペト一 3:19, 4:8）。

4. 善行によって受ける苦難と栄光（4:1-19）

　7節　さて、すべてのものの終わりが近づいています。そこで、あなたたちは健全な心を持ち、祈りのためにしらふでいなさい。

　「すべてのもの」とは、この世の「すべてのもの」であり、「近づいている」と訳した表現は、原語では現在完了形であるから、すでに近くにあることを示している（ヤコ 5:8 解説, cf. ロマ 13:11-12, コリ一 10:11）。「健全な心を持つ（ソーフロネオー）」と訳した表現は、文字どおり、「健康な（ソース）」「心（フレーン）」を持つことであり、そうして、病んだ思いや行いで滅びに至ることなく、究極的には永遠に健全な命を志すことを意味する（cf. マル 5:15, ロマ 12:3, コリ二 5:13, テト 2:6）。「しらふでいる（ネーフォー）」ことは、単に酒に酔っていないことではなく、逆に聖霊に満たされる必要を示唆しており（ペト一 1:13 解説）、このような状態になって初めて人は神に祈ることができる（ルカ 21:36）。

　この「祈り」は、初めであり、「終わり」でもあるキリストが（黙示 1:8, 21:6, 22:13）、再びすべてを新しく始めることを願う祈りであり、その終わりの日まで、「神の思いによって肉における残された時を生きる」ことができるようにと願う祈りである（ペト一 4:2, cf. ペト一 3:8, 16）。

　8節　すべてのものの前に、あなたたちはお互いに対する熱心な愛を持ちなさい。なぜなら、愛は多くの罪を覆うからです。

　「すべてのものの前に」とは、「すべてのものの終わりが近づいて」いるから（ペト一 4:7）、その前にという意味であり、さらには「すべての人々の前で」とも訳せることを考慮すると、どのような環境に置かれても、その場でキリスト者たちが相互の愛を具体的に実践して、良い証しをしなければならないことも示している（ペト一 1:22, 2:17, 3:8）。「熱心な（エクテネース）」という表現は、「伸ばす（エクテイノー）」という意味に由来し、言わばお互いに手を伸ばして相手に届き、配慮をすることがここで求められている。

　この相互に対する「愛」は、父なる神からイエスを通して人々にもたらされる愛に由来するから（ヨハ 3:16, cf. ペト一 3:8 解説）、「愛は多くの罪を覆う」とは、犯した罪を隠蔽することではなく、神に由来する愛が人々の相互愛の中で働くと、相手の罪を許すことができ（詩編 32:1, ロマ 4:7-8, cf.Witherington, p.204）、また、多くの罪が未然に防がれることを意味している（箴

199

言 10:12、ペト一 4:3-4, cf. ルカ 7:47)。

また、この「愛は多くの罪を覆う」という表現は、ヤコブの手紙にある「罪人をその惑わしの道から立ち帰らせる人は、その人の魂を死から救い、多くの罪を覆うだろう」という表現を想起させる（ヤコ 5:20)。ちなみに、英語の「大量、多量（plethora)」は、ギリシャ語の「多く、多数（プレーソス)」に由来する。

9節 あなたたちは不平なしに、お互いにもてなし合いなさい。

多くの罪を覆う「愛」の具体的な実践の一つが、「もてなし合い」である（ペト一 4:8)。

「不平（ゴングスモス)」とは、「不平を漏らす、不平を言う（ゴングゾー)」という動詞の名詞形であり、人がぶつぶつと不平を言う時の音に由来する擬音語である（ヨハ 7:12, 使徒 6:1, フィリ 2:14, cf.Witherington, p.204)。

かつて、イスラエルの民の中のレビ人コラは、ダタン、アビラム、オンらと組み、さらに二百五十人もの指導者たちを巻き込んでモーセに逆らい、不平を漏らしたため、口を開いた大地に飲み込まれたり、主のもとから出た火に焼き尽くされたりした（民数 16:1-35, cf. 出エ 16:2-3, 民数 14:2-3, 36)。

そのことに言及してパウロは、コリント人への手紙一において、「その人々の中のある人々が不平を漏らして、滅ぼし尽くす者によって滅ぼされたように、あなたたちは不平を漏らしてはならない」と説いた（コリ一 10:10)。大地が口を開いたことは、イスラエルの民が口を開いて不平をもらしたことに対する神の裁きであり、主が烈火のごとく火を発したことは、イスラエルの民が怒りを発したことに対する神の裁きである。「滅ぼし尽くす者」とは、神の裁きを執行する天使のことである（出エ 12:23, サム下 24:16, 歴代上 21:15, ヘブ 11:28)。実に、神の計画に対する反抗は、神自身に対する反抗と同じなのである。パウロは、かつてイスラエルの民がこのような悲惨な滅び方をしたのだから、神に対してだけではなく、神が内的に働いているお互いに対しても不平を漏らしてはいけないと警告しているのだろう（フィリ 2:13)。

「もてなす（フィロクセノス)」と訳した表現は、元々は「知らない人、外国の人（クセノス)」を「愛する（フィレオー)」ことであり（ペト一 4:4 解説)、

4. 善行によって受ける苦難と栄光（4:1-19）

宿泊や食事などを提供することも意味するようになった（テモ一 3:2, テト 1:8, ヘブ 13:2）。そして、ここでは、各自がその賜物に応じてお互いに奉仕することを意味すると同時に（ペト一 4:10-11, cf. ロマ 12:13）、実際に、キリスト者たちが伝道も兼ねた旅行などの際に、旅先でもてなしを受けることもあるのだから、旅の途中のキリスト者たちを自分たちの家に暖かく迎え入れてもてなす必要があることも意味しているだろう（使徒 10:6, 21:16, cf. バークレー，p.336）。実に、このような習慣がなければ、教会の宣教活動は不可能であっただろう（Bigg, p.173）。

10節 一人ひとりが、神の色々な恵みの管理人として賜物を受けたように、それによってお互いに仕え合いなさい。

「賜物（カリスマ）」とは、神の「恵み（カリス）」によって与えられたキリスト者の種々の役割である（ペト一 4:11, cf. ロマ 12:3-8, コリ一 12:4-11, 27-31, 13:1, 13, 14:1, エフ 4:11）。「管理人（オイコノモス）」とは、「家（オイコス）」を「管理する（ネモー）」ことを任されている人のことであり、教会という神の家を守るために必要なものは、神から与えられた種々の賜物である（コリ一 4:1-2, テト 1:7）。「仕える（ディアコネオー）」とは、しもべが主人に仕えるように奉仕することである（ペト一 1:12 解説）。キリスト者は、キリストがしもべとして人々に仕えたように（ヨハ 13:14-15）、お互いに対して仕え合うことが求められている。

11節 もし、ある人が語るなら、神の述べた言葉として、もし、ある人が仕えるなら、神が与える強さによって。それは、すべてのものにおいて、神がイエス・キリストを通して栄光を受けるためです。この方に、力ある栄光が、いつの世からいつの世に至るまでもありますように。アーメン。

ある人の「賜物」が「語る」ことであるなら（ペト一 4:10）、人の言葉ではなく、逆に神の「述べた言葉」として神の言葉に基づいて語る必要があり（テサ一 2:13, cf. コリ一 2:13, コリ二 2:17）、ある人の「賜物」が「仕える」ことであるなら（ペト一 4:10）、しもべという立場の弱さではなく、逆に主なる神に由来する「強さ」を証しする必要がある。「述べた言葉（ロギオン）」と意訳した表現は、「言葉（ロゴス）」という表現の指小辞であり（使

徒 7:38, ロマ 3:2, ヘブ 5:12)、単に「与える（コレーゲオー）」と訳した表現は（cf. コリ二 9:10）、元々は様々な音域を担当する「合唱団（コロス）」を作ったり、上演させたりするための費用を支払うという意味である（Liddell & Scott, 1986, p.891）。ちなみに、英語の「合唱、合唱団（chorus）」は、ギリシャ語の「合唱団（コロス）」に由来する。

　つまり、キリスト者たちは、言わば神が集めた合唱団であり、一人ひとりが様々な役割を担当し、その場に応じた適切な神の言葉を美しく語る集団である。そして、教会というこの集団を作るために、主イエス・キリストは、十字架上で流した尊い「血」によって支払を済ませたのである（ペト一 1:2, 19）。

　「すべてのものにおいて」とは、「すべての人々の中で」とも訳せる表現であり、言わば神の合唱団のすべての衣装や道具に基づく上演を通して、また、観客を含むすべての人々の中で、この合唱団を準備した神は賞賛を受けるべき方である。教会の様々な働きが実行されることによって、また、人々の間でその働きが賞賛されることによって、神自身が栄光を受けるのである。

　「この方」という表現は、父なる神を指していると考えることもできるし、主イエス・キリストを指していると考えることもできる。「力ある栄光（ヘー・ドクサ・カイ・ト・クラトス）」と訳した表現は、「栄光と力」（直訳）であるが、後者の語が前者の語を修飾する二詞一意としてこのように訳されている。また、「いつの世からいつの世に至るまでも（エイス・トゥース・アイオーナス・トーン・アイオーノーン）」と訳した表現は、単に「永遠に」と訳すこともできる（ペト一 1:25 解説）。

　「アーメン（アメーン）」とは「確かに」という意味であり、相手の言葉や命令に対する強い確認と承認として、相手の言葉や命令が終わった時に、それに対して「確かに」が付け加えられた（申命 27:15-26, 歴代上 16:36）。ペトロは、自分の祈願が神の前に確かであることをここで強調している。

　12節　愛する人々よ、あなたたちの中であなたたちへの試みとして生じる火炎を、あなたたちに奇妙なことが起こっているかのように、奇妙に思ってはならない。

　ペトロは、人々を悩ます「試み」について語る際に（ヤコ 1:2 解説）、「愛

4. 善行によって受ける苦難と栄光（4:1-19）

する人々よ」と呼びかけて、「お互いに対する熱心な愛」を自ら確認している（ペト一 4:8）。また、この 12 節の短い警告文の中に三度も「あなたたち」という表現が使われていることも、「あなたたち」への愛情を強調している（cf.Witherington, p.211）。

「火炎（プローシス）」とは、「火（プル）」が燃えている状態であり、「試みとして生じる火炎」とは、「試み」が燃え広がる勢いを持っていることを示している（ペト一 1:6, cf. ペト一 1:7）。「奇妙なこと（クセノス）」と訳した表現は、「知らない人、外国の人（クセノス）」という意味であり、「奇妙に思う（クセニゾー）」と意訳した表現は、「知らない人、外国の人（クセノス）」を「もてなす、驚かせる（クセニゾー）」という表現の受動態である（ペト一 4:4 解説）。「生じる（ギノマイ）」という表現と「起こる（スンバイノー）」という表現は、類義語であるが、ここでの「生じる（ギノマイ）」は神の意図に基づくものとして、「起こる（スンバイノー）」は偶然によるものとして使われている（Bengel, p.77）。つまり、「試み」は日常的に起こりうるものであり、そのようなものとして、いかに活用しうるかを心得ておかなければならないのである（ペト一 4:13-14）。

13 節　むしろ、あなたたちはキリストの苦難を共有するにしたがって、喜びなさい。それは、その方の栄光の啓示の時にも、あなたたちが大いなる喜びで喜ぶためです。

「苦難（パセーマ）」という表現は、原語では複数形であり、キリストが数々の苦難を経たことを示唆しており（ペト一 1:11 解説）、「共有する（コイノーネオー）」とは、「共通の（コイノス）」ものとすることであるから、「試み」が振り掛かって来るとしても（ペト一 4:12）、その分、キリストの受けた苦難に近づくのであり、キリストに近づける分、「喜び」にもなる（cf. マタ 5:12, 使徒 5:41, ロマ 8:17）。ここで、「喜ぶ（カイロー）」という表現は、「あいさつをする（カイロー）」とも訳せる表現であるから（ヤコ 1:1）、試みや苦難はキリストと共有できる点において、言わば親しくあいさつをする相手でもある。

「啓示（アポカルプシス）」とは、「覆い（カルプトラ）」を「取る（アポ）」ことであり、ここではイエス・キリストが「栄光」を伴って再びこの世に到

来することを指し、「の時に（エン）」と意訳した表現は、単に「の中で」（直訳）である（ペトー 1:13 解説）。「大いなる喜びで喜ぶ」と訳した表現は、「大いに喜んで（アガリアオー）」「喜ぶ（カイロー）」という表現であり（ペトー1:6, 8）、キリスト者は、試みや苦難を通してキリストとの一体感を深め続けるなら、最終的にキリストが到来した時には、現在の喜び以上の最高の喜びに包まれるのである。

14節　もし、あなたたちがキリストの名前のためにののしられるなら、幸いです。なぜなら、神の栄光の霊があなたたちの上で休んでいるからです。

キリストを信じる信仰者たちは、「キリスト者（クリスチアノス）」と呼ばれたから（使徒 11:26, cf. 使徒 26:28、ペトー 4:16）、確かに、「キリストの名前」を帯びており、キリストが迫害されたのと同様に（ペトー 4:1）、このキリストを信じるキリスト者たちも迫害される（ヨハ 15:21, cf. ヤコ 2:7）。パウロはキリスト者として、「キリストの名前のために」迫害を受けていることを「イエスの焼き印を私の体に担っている」と証ししている（ガラ 6:17, cf. カルヴァン, p.124）。「ののしられる」という表現は、この事態の背後に悪魔を想定するなら、言わば悪魔の計略によってそうされることを示す悪魔的受動態である（黙示 12:9-10）。「幸い（マカリオス）」とは元々、「死の女神（ケール）」が「いない（メー）」ことを意味する（ペトー 3:14 解説）。

「神の栄光の」霊と訳した表現は、「栄光の、また、神の」霊（直訳）であるが、後者の語が前者の語を修飾する二詞一意としてこのように訳されている（Elliott, p.782）。このような霊がキリスト者の上で「休んでいる（アナパウオー）」のは、この聖「霊」が「火」のようであるにもかかわらず（マタ 3:11）、燃え広がる「火炎」とは異なり（ペトー 4:12）、キリスト者を静かに見守り、語るべき言葉を与えるからである（マタ 10:20, 使徒 2:1-4）。

この 14 節は、かつてイエスが、「私のために人々があなたたちをののしり、迫害し、あなたたちに対してあらゆる悪い事を偽って言う時、あなたたちは幸いである」と語ったことを想起させる（マタ 5:11）。また、このイエスが洗礼者ヨハネから洗礼を受けた時、天が開かれて神の霊が鳩のようにイエスの上に下り、天から「これは私の愛する子であり、私は彼を喜ぶ」という

4. 善行によって受ける苦難と栄光（4:1-19）

声がしたことも想起させる（マタ 3:16-17, cf. イザ 11:2-3）。このように、イエスに従う人々は、イエスのゆえに迫害される時、イエスに近づき（ペト一 4:13 解説）、イエスに近づく聖霊にも近づくのである。

15 節 実に、あなたたちの中の誰も、人殺し、盗人、悪を行う人、他人に干渉する人として苦しみを受けてはならない。

かつて、神がモーセを通してイスラエルの民に与えた十戒は、前半が神への愛を（出エ 20:1-11）、後半が人への愛を命じている（出エ 20:12-17）。すると、「人殺し」と（出エ 20:13）、「盗」みと（出エ 20:15）、さらには、隣人に偽証したり（出エ 20:16）、隣人や隣人のものを欲しがったりして（出エ 20:14, 17）、「他人に干渉する」ことは、十戒の後半で禁じられていることである（cf. テサ一 4:11, テサ二 3:11）。「悪を行う」ことは、偶像礼拝や安息日違反、この世の父母に対する不敬など（出エ 20:3-11）、善そのものである父なる神に反するすべてのことであるから（ペト一 3:11 解説, cf. ペト一 2:3）、十戒の前半で禁じられていることである。つまり、この 15 節は、十戒の要約でもある。そして、キリスト者はこのような基本的なことで罪を犯し、その結果として「苦しみを受け」るようなことがあってはならないのである（ペト一 2:20）。

「他人に干渉する人（アロトリエピスコポス）」とは、「他の人の（アロトリオス）」もの「の上に（エピ）」「目を向ける（スコペオー）」ことによって、干渉しようとする人を指している（cf. ペト一 2:25 解説）。

16 節 しかし、もし、キリスト者としてなら、その人は恥じてはならない。むしろ、その人は、その名前によって神に栄光を与えなさい。

「しかし（デ）」、「むしろ（デ）」と訳し分けた表現は、原語では同じ語である。「キリスト者としてなら」とは、キリスト者であるという理由だけで苦しみを受けるのならという意味である（ペト一 4:15, cf. ペト一 4:14 解説）。そして、そのような理由で迫害されるなら、キリスト者は恥じるどころか（cf. テモ二 1:12, ペト一 3:16 解説）、自信を持って神を賞賛すべきなのである。そのような迫害によって、キリスト者はキリストに近づくからであり（ペト一 4:13）、キリストに近づくことによって父なる神に近づくことができるか

らである（ペト一 3:18）。

　17節　なぜなら、神の家から裁きが始まる[その]時だからです。そして、もし、まず私たちからなら、神の福音に不従順な人々の終わりは何ですか。
　「神の家」とは、キリスト者の教会であり（ペト一 3:11 解説, 4:10 解説, cf. テモ一 3:15, ヘブ 3:6, ペト一 2:5）、ここから神の裁きが開始されるが、それは、かつて紀元前6世紀のユダ王国の預言者エゼキエルによって、イスラエルの民の裁きは、「神の家」であるエルサレム「神殿」から開始されると預言されたからであり（エゼ 9:6, cf. エレ 25:29, アモ 3:2, ロマ 2:9）、今やキリスト者たちは新しいイスラエルとして選ばれているからである（ペト一 4:3 解説）。「時（カイロス）」とは、単に時間の長さを表す「時（クロノス）」とは異なり、特定の時期を指し、「機会」と訳すこともできる（ペト一 1:11 解説）。そして、神の「良い（ユ）」「知らせ（アンゲリア）」である「福音（ユアンゲリオン）」に不従順な人々の結末は（ペト一 4:6 解説, cf. ペト一 2:8, 3:1, 20）、一層厳しい裁きを経ることが示唆されている（ペト一 4:18, cf. テサ二 1:8, 2:8）。
　一方で、「神の家」に対する「裁き」は、「正しい人がかろうじて救われる」というものであり（ペト一 4:18）、パウロは、「裁かれるなら、私たちは[その]主によって懲らしめられているのです。それは、私たちがこの世と共に有罪とされないためです」という慰めも説いている（コリ一 11:32）。
　この「懲らしめる（パイデウオー）」という表現は（ルカ 23:16, 22）、「教育する」と訳せることからも明白なように（使徒 7:22, 22:3）、単に人に懲罰を与えることではなく、不適切な点を教え、改めさせるという意味を持つ（サム下 7:14, 詩編 94:12, ヘブ 12:5-7, 10, 黙示 3:19）。これは、非常に慰めに満ちた言葉である。したがって、主イエスは教育を通して、神の家の人々が、不品行な人々や貪欲な人々、また、強欲な人々や偶像礼拝をする人々で満ちた世の人々と共に断罪されることのないようにするのである（コリ一 5:10, cf. コリ一 1:20-21, 2:12, 3:19, 4:13, 6:2, 7:31-34, 8:4）。そして、主イエスの教育方法は、具体的には病弱な人や死人が出ている事態を懲らしめるべき人々に直面させて（コリ一 11:30）、そのような事態がその人々にも到来することを示すというものである。

4. 善行によって受ける苦難と栄光（4:1-19）

他方、「神の福音に不従順な人々」とは、特に、「キリスト」という名前を帯びているという理由だけで「キリスト者」を迫害する人々を指している（ペト一4:16解説）。

18節 そして、もし、正しい人がかろうじて救われるなら、不信心な人や罪人は、どこに現れるのだろうか。
　この節の引用は、箴言11章31節からのものである（箴言11:31LXX）。「正しい人（ディカイオス）」が、かろうじて救われるとは（cf. ペト一3:12）、例えば、「正しい（ディカイオス）」ノアが（ペト一3:20解説）、箱船を通してかろうじて救われることであり、「正しい方（ディカイオス）」と呼ばれたイエスが（ペト一3:18）、十字架刑を経た後に、父なる神に起こされたような事態を指している。「救われる」とは神的受動態であり、父なる神によってそうされることを示している（Elliott, p.803）。
　そして、もし、そうなら、神に対する「崇敬の念（セバス）」が「ない（ア）」「不信心な人々（アセベース）」や（ロマ4:5, 5:6, テモ一1:9）、神とその思いからそれた生き方をしている「罪人（ハマルトーロス）」の結末は（ペト一4:1解説）、キリストの特別な働きがなければ（ペト一3:19, 4:6）、そのままでは絶望的であり、「どこに現れるのだろうか」という疑問が示唆しているように、神の裁きの座の後に天に導かれ、そこで「正しい人」たちと共に現れるだろうと期待することは難しいのである（ペト一4:6解説）。

19節 こうして、神の思いに従って苦しんでいる人々も、善を行うことによって、自分たちの魂を真実な創造者にゆだねなさい。
　善を行って苦しむことは、「神の思い」であり（ペト一2:20, 3:17）、そのまとめとしてペトロは、「自分たちの魂を真実な創造者にゆだねなさい」と命じる。「ゆだねる（パラティセーミ）」と訳した表現は、「傍らに（パラ）」「置く（ティセーミ）」ことであり、例えば、イエスが、「父よ、私はあなたの手に私の霊をゆだねます」と叫んで息絶えたことを考慮すると（ルカ23:46）、実にキリスト者は常に、迫害の最悪の事態である死をも意識し、自らの魂を父なる神にゆだねて生きなければならないのである。そして、生きている間、キリスト者は「善を行うこと」によって、善そのものである父なる神に自ら

の魂をゆだねているのであり（ペト一 4:15 解説）、このゆだねるという行為は、神の思いに従った苦難が、決して消極的な諦めではなく、積極的な従順であることを示している（Elliott, p.807）。

　「真実である（ピストス）」とは、人間に関して形容される場合には「信仰がある」とも訳せる表現であるが、ここでは神が最後まで約束を誠実に守り、完遂することを意味する（ロマ 8:28, コリ一 1:9, 10:13, コリ二 1:18, テサ一 5:24, テサ二 3:3, cf. 申命 7:9, イザ 49:7）。したがって、父なる神が「真実（ピストス）」であるとは、人々がその魂をゆだねるようになることを待ち続けるという「信仰深い（ピストス）」態度を維持して（ペト一 3:20 解説）、ゆだねられた魂を確実に受け取るということである。その神が「創造者」であるということは、迫害の結果、死に至ったキリスト者の体を再び創造するだけでなく、すでに「死んでいる人々」の体も、キリストと聖霊の働きに合わせて再び創造することを示唆している（ペト一 4:6, cf. ペト一 3:19 解説）。

5. 苦難の中の栄光と平和

5章1節－14節　私訳

 [1] そこで、長老仲間であり、キリストの苦難の証人であり、啓示されようとしている栄光にあずかる者でもある私が、あなたたちの中の長老たちに勧めます。[2] あなたたちは、あなたたちの中の神の群れの世話をしなさい。強制されてではなく、神に従って自発的に、恥ずべき利益のためにではなく、熱意を持って［監督しなさい］。[3] また、割当て地を支配し尽くさずに、むしろ、その群れの模範になりなさい。[4] そうすれば、大牧者が明らかにされる時に、あなたたちはしおれることのない栄光の冠を受けるだろう。[5] 同じように、若い人々よ、あなたたちは長老たちに従いなさい。そして、すべての人々は、お互いに謙遜を身にまといなさい。なぜなら、「［その］神は高慢な人々に対立し、へりくだっている人々に恵みを与える」からです。

 [6] そこで、あなたたちは、神の力強い手の下で低くされなさい。それは、その方がある時にあなたたちを高めるためです。[7] あなたたちのあらゆる心配を、その方に投げ掛けなさい。なぜなら、あなたたちについてはその方が気にしているからです。[8] あなたたちはしらふでいて、目を覚ましていなさい。あなたたちの敵対者である悪魔が、ほえたける獅子のように、［誰かを］飲み込もうと探して、歩き回っています。[9]［この］世のあなたたちの兄弟たちに、同じ苦難が十分にもたらされたことを知っているのですから、あなたたちは悪魔に対して信仰によって堅固に反対しなさい。[10] そして、あなたたちをキリスト［・イエス］における御自身の永遠の栄光の中に招いたあらゆる恵みの神は、少し苦しんだあなたたちを、御自身で整え、力づけ、強くし、支えるだろう。[11] この方に力が、いつの世に至るまでもありますように。アーメン。

 [12] 私は忠実な兄弟と認めているシルワノを通して、あなたたちに短く書き、勧め、これこそ神の真の恵みであると証ししました。その中に、あなたたちは立ちなさい。[13] 共に選ばれてバビロンにいる人々と私の息子マル

コが、あなたたちによろしくと伝えています。¹⁴ あなたたちは、お互いに愛の口づけによってあいさつしなさい。

　平和が、キリストの内にいるあなたたちすべての人々にありますように。

5章1節－14節　解説

　1節　そこで、長老仲間であり、キリストの苦難の証人であり、啓示されようとしている栄光にあずかる者でもある私が、あなたたちの中の長老たちに勧めます。

　「そこで（ウーン）」とは、「神の家から裁きが始まる［その］時だから」（ペト一 4:17）、教会を指導する立場にいる長老たちに留意してもらわなければならないことがあるという意味である。「長老仲間（スンプレスブテロス）」と意訳した表現は、他の長老たちと同様に「共に（スン）」「長老（プレスブテロス）」であるという意味であり、「長老（プレスブテロス）」は「老人（プレスブス）」の比較級である。この「長老」は、教会を代表して「監督」する責任者である（テモ一 3:1-7, テト 1:6-7）。ペトロはイエスの弟子の筆頭であったにもかかわらず（ペト一 1:1 解説）、ここでその首位権を主張せずに、「長老仲間」であることを明示している（カルヴァン, p.132）。教会において第一の立場を締めるのは、イエスのみだからである（ペト一 5:4 解説）。ちなみに、英語の「長老（presbyter）」は、ギリシャ語の「長老（プレスブテロス）」に由来する。この長老の起源は、かつて紀元前 13 世紀にモーセが隷属の地エジプトから多くの民を率いる際に、神によって立てられたモーセの協力者七十人である（民数 11:16-17, 24-25）。

　「苦難（パセーマ）」という表現は、原語では複数形であり、キリストが数々の苦難を経たことを示唆しており（ペト一 4:13 解説）、ペトロは実際にキリストの十二使徒の一人であり（ペト一 1:1 解説）、キリストの苦難の「証人（マルトゥス）」である（ペト一 1:11 解説）。例えば、イエス・キリストは最終的に捕らえられて十字架に掛けられる前に、ゲツセマネという名前の場所に「ペトロとヤコブとヨハネを共に連れて行くと、非常に恐れ苦しみ始め」（マル 14:33）、彼らに、「私の魂は死ぬほどに悲しい。あなたたちはここにいて、目を覚ましていなさい」と言ったから（マル 14:34）、確かにペトロはイエス

5. 苦難の中の栄光と平和（5:1-14）

の苦難を近くで見聞きしている「証人」である（cf. マタ 26:56）。

　また、使徒言行録は、ペトロらの次のような出来事を記録している。「そして、人々が彼らを連れて来て、議会の中に立たせると、大祭司が彼らに尋ねて、言った。『私たちはあなたたちに、この名前で教えてはならないという命令で命じた［ではないか］。しかし見よ、あなたたちはエルサレムをあなたたちの教えで満たしてしまい、この男の血を私たちにもたらそうと思っている。』そこで、ペトロと使徒たちは、答えて言った。『人間よりも、むしろ、神に従うべきです。私たちの父祖たちの神は、あなたたち自身が木に掛けて手を下したイエスを起こしました。イスラエルに回心と罪の許しを与えるため［に］、神はこの人を、導き手、救い主として自分の右に引き上げました。そして、私たち自身はこれらのことの証人であり、神が自分に従う人々に与えた聖霊もです』」（使徒 5:27-32, cf. ルカ 24:48）。

　「啓示する（アポカルプトー）」という表現は、「覆い（カルプトラ）」を「取る（アポ）」という意味に由来し（ペト一 4:13 解説）、「啓示される」という表現は神的受動態であり、父なる神によってそうされることを示している（Elliott, p.821）。「あずかる者（コイノーノス）」と意訳した表現は、「共有している人、仲間（コイノス）」（直訳）という意味であり、ペトロは、イエス・キリストが「栄光」を伴って再びこの世に到来する時に（ペト一 4:13 解説, cf. ペト一 1:5, 7, 13）、その栄光の中に導かれることを確信している。この確信は、かつてペトロとヤコブとその兄弟ヨハネが、イエスに導かれて高い山に登ると、モーセとエリヤも現れ、輝く雲が満ちた出来事に基づいているのかもしれない（マタ 17:1-8, cf.Henry, p.1033）。

　このような長老としてペトロは、「ポントス、ガラテヤ、カパドキア、アジア、ビティニア」の教会の長老たちに次節以下のことを勧めている（ペト一 1:1, 5:2-11）。「勧める」と訳した表現は、「慰める（パラカレオー）」とも訳せる表現であり、元々は「傍らに（パラ）」「呼び寄せる（カレオー）」（直訳）ようにしてそうすることを意味し、この働きは本質的には、「助け主、慰め主（パラクレートス）」である聖霊の働きに基づく（ペト一 2:11）。

　2節　あなたたちは、あなたたちの中の神の群れの世話をしなさい。強制されてではなく、神に従って自発的に、恥ずべき利益のためにではなく、

熱意を持って［監督しなさい］。

「あなたたちの中の」神の群れと訳した表現は、「ポントス、ガラテヤ、カパドキア、アジア、ビティニア」など、長老である「あなたたち」の住んでいる地域にある神の群れである（ペト一 5:1 解説）。「神の群れ」とは、究極的には「神」が言わば羊飼いとして世話をしている羊の「群れ（ポイムニオン）」という意味であり（ルカ 12:32, 使徒 20:28-29）、具体的に、教会を指している（ペト一 4:17 解説）。

「強制されて（アナンカストース）」とは、「義務、危機、強要（アナンケー）」によってという意味であり、「恥ずべき利益のため（アイスクロケルドース）」と訳した表現は、文字どおり、「恥（アイスコス）」となる「利益（ケルドス）」を求めることである（cf. テモ一 3:8, テト 1:7）。つまり、確かにペトロは教会を牧することを命令しているが、それは、「自発的に（ヘクーシオース）」、「熱意を持って（プロスモース）」実行すべきことなのである。

「監督する（エピスコペオー）」とは、あるものの「上に（エピ）」「目を向ける（スコペオー）」という意味であり、教会を代表する責任者の役割である（フィリ 1:1, テモ一 3:1-7, テト 1:6-9, cf. 使徒 20:17, 28, ペト一 2:25）。

この 2 節は、かつて復活後のイエスがペトロ自身に、「あなたは、私の羊の世話をしなさい」と語ったことを想起させる（ヨハ 21:16, cf. ヨハ 10:11-18）。「世話をする（ポイマイノー）」とは、単にえさを与えて「飼う（ボスコー）」だけでなく（ヨハ 21:15）、毛の手入れをすることや野獣から守ることなども含めて広範囲に面倒を見ることを意味する（Elliott, p.822）。したがって、イエスは自分の弟子たちに対する入念な配慮をするようにとペトロに命令したのである。

3 節　また、割当て地を支配し尽くさずに、むしろ、その群れの模範になりなさい。

「割当て地（クレーロス）」と意訳した表現は、単に「くじ、分け前（クレーロス）」（直訳）という意味であり（ペト一 1:4 解説）、くじによって割り当てられたものを指し、多くの場合、割り当てられた土地を意味した（Liddell & Scott, 1986, p.436）。それは、「ポントス、ガラテヤ、カパドキア、アジア、ビティニア」の各地方であり（ペト一 1:1）、より具体的には、父なる神によ

って「長老たち」に割り振られた「神の群れ」を指す（ペト一 5:1-2, cf. ブロックス, p.318）。ちなみに、英語の「聖職者（clergy）」は、ギリシャ語の「くじ、分け前（クレーロス）」に由来する。

「支配し尽くす（カタキュリエウオー）」と訳した表現は（マタ 20:25, 使徒 19:16）、「支配する（キュリエウオー）」という表現の強調形であるから、ペトロは「支配し尽くさずに」という表現によって、真に「支配する（キュリエウオー）」のは、真の「主（キュリオス）」である神であり、「主（キュリオス）」イエス・キリストであることを示唆しているのだろう（cf. エゼ 34:4）。

したがって、「その群れ」とは、長老たちの群れではなく、神の群れである。「模範（テュポス）」と訳した表現は、他の人や物の「型（テュポス）」となるもののことであり、元々は「打ち叩く（テュプトー）」ことによって作られた金属や石の「型」を意味していた（ペト一 3:21 解説）。このペトロの手紙一では、キリスト者たちへの迫害があることを明示しているから（ペト一 4:1, 7, 12-19）、長老たちも迫害によって言わば打ち叩かれて、神の群れの「模範」になるのである。また、この「なりなさい」という表現は、原語では「なり続けなさい」とも訳せる表現であるから、長老という立場は、迫害の日々の中で確立されていくものであると言える。

この 3 節は、かつてイエスが、「あなたたちは、異邦人たちの支配者たちが人々を支配し、偉大な人々が人々に権力を振るっていることを知っている」と語ったことや（マタ 20:25）、パウロが、「私たちはあなたたちの信仰の主となるのではなく、あなたたちの喜びの同労者です。あなたたちは信仰によって立っているからです」と語ったことを想起させる（コリ二 1:24）。ここで、「支配する（カタキュリエウオー）」と訳した表現も「主となる（キュリエウオー）」と訳した表現も、「主（キュリオス）」という表現に由来する。

4節　そうすれば、大牧者が明らかにされる時に、あなたたちはしおれることのない栄光の冠を受けるだろう。

「大牧者（アルキポイメーン）」と訳した表現は、「最初、第一（アルケー）」の「牧者（ポイメーン）」であり、「牧者（ポイメーン）」とは、羊の「世話をする（ポイマイノー）」「羊飼い（ポイメーン）」とも訳せる表現である（ペト一 5:2 解説, cf. エフ 4:11）。この「大牧者」とは、主イエス・キリストで

あり（ペト一 2:25, 5:1, cf. ヘブ 13:20）、「明らかにされる」という表現は神的受動態であり、父なる神によってそうされることを示しているから（ペト一 1:20 解説，cf.Elliott, p.834）、最終的にこの世に再来することを指している。ちなみに、英語の「牧師（pastor）」は、ギリシャ語の「羊飼い（ポイメーン）」に相当するラテン語の「羊飼い（pastor）」に由来する。

　「しおれることのない（アマランティノス）」と訳した表現は、「しおれる（マライノー）」ことが「ない（ア）」、つまり、「しおれない（アマラントス）」という表現と同義語であり（ペト一 1:4 解説, cf. ヤコ 1:11）、「受ける（コミゾー）」と訳した表現は、元々は「お返しを受ける」という意味である（ペト一 1:9 解説）。つまり、迫害下に苦難を受けつつも、神の群れを守った長老たちには、キリストから勝利の印が与えられる。この「しおれることのない栄光の冠」という表現は、この世の統治者たちが、いずれは朽ちる冠を身に着けていたことを想像させるものである（ペト一 1:7, 18）。ちなみに、ここでペトロは実際に、ギリシャ語の「しおれない（アマラントス）」という表現に由来する「不死の花、アマランサス（amaranth）」と、この花から造られる花飾りの冠を思い描いていただろう（ペト一 1:4 解説, cf.Michaels,pp.278f.）。

　この 4 節は、かつてパウロが、「競技をするあらゆる人はすべてのことで節制します。その人々は朽ちる冠を、私たち自身は朽ちない冠を受け取るためにそうします」（コリ一 9:25）、また、「あなたたちの命であるキリストが明らかにされる時、その時、あなたたち自身も彼と共に栄光の中で明らかにされるだろう」と語ったことを想起させる（コロ 3:4）。

　　5 節　同じように、若い人々よ、あなたたちは長老たちに従いなさい。そして、すべての人々は、お互いに謙遜を身にまといなさい。なぜなら、「[その] 神は高慢な人々に対立し、へりくだっている人々に恵みを与える」からです。

　この 5 節の引用は、箴言 3 章 34 節からのものである（箴言 3:34）。

　「新しい（ネオス）」の比較級である「若い人（ネオーテロス）」という表現は、「長老」との対比で（ペト一 5:1）、教会において比較的若い人のことを指しているのだろう。「従う（ヒュポタッソー）」とは、自分を誰かの「下に（ヒ

5. 苦難の中の栄光と平和（5:1-14）

ュポ）」「定める（タッソー）」ことである（ペト一 3:22 解説）。しかし、ペトロは長老であっても、若い人であっても、「すべての人々」に対して謙遜を求める（ロマ 12:10, コリ一 4:7, ガラ 5:13, エフ 5:21, フィリ 2:3, コロ 3:12, ペト一 4:10）。「謙遜（タペイノフロスネー）」とは、自らを「低い（タペイノス）」と「考え（フレーン）」ることであり、このような姿勢の「模範」は（ペト一 5:3）、実に十字架刑に至るまで父なる神に従順であった主イエスである（ペト一 3:8 解説）。

「身にまとう（エンコムボオマイ）」とは、「結び目（コムボス）」のある服、つまり、前掛けのような作業着を奴隷などが着ることを意味する。このような表現は、かつてイエスが、弟子たちに「謙遜」に仕えた次のような行為を想起させる。「食事の席から起き上がって上着を脱ぐ。そして、彼は手ぬぐいを取って自分の腰にまとった。次に、彼はたらいに水を入れる。そして、彼は弟子たちの足を洗い、腰にまとっていた手ぬぐいでぬぐい始めた」（ヨハ 13:4-5, cf.Elliott, p.846）。

「高慢な人（ヒュペレーファノス）」とは、限度を「超えた（ヒュペル）」「現れ（ファイノー）」方をすることであり、「対立する（アンティタッソー）」と訳した表現は、あるものに「対して（アンティ）」自分の立場を「定める（タッソー）」ことである。「へりくだっている（タペイノス）」と訳した表現は、実際に地位の低い人々を指すだけでなく、そうでなくても謙虚に生きている人々も指す（ヤコ 4:6 解説）。高慢な人の極致は、自らが神であるかのように振る舞う人であるから（cf. サム上 15:23）、神はこのような人と対立し、謙遜な人である御子イエスに倣う人々に救いの手を差し伸べる（ペト一 5:6）。

　6節　そこで、あなたたちは、神の力強い手の下で低くされなさい。それは、その方がある時にあなたたちを高めるためです。

「力強い（クラタイオス）」と訳した表現は、「力（クラトス）」の形容詞形であり（ペト一 4:11 解説）、「神の力強い手の下」にいることは、単に、「低くされ」ることではなく、力強い神に守られることでもある（ヨハ 10:29）。この「低くされる」という表現は神的受動態であり、父なる神によってそうされることを示している（Elliott, p.850）。

「時（カイロス）」とは、単に時間の長さを表す「時（クロノス）」とは異なり、

特定の時期を指し、「機会」と訳すこともできる（ペト一 4:17 解説）。この「時」とは、「大牧者が明らかにされる時」であり（ペト一 5:4）、その時に神は謙遜な人々に「栄光の冠」を与える（ペト一 5:4, cf. ヤコ 4:10 解説）。したがって、「ある時に」とは、神に対する人々の信仰を前提にしている表現である。

7節　あなたたちのあらゆる心配を、その方に投げ掛けなさい。なぜなら、あなたたちについてはその方が気にしているからです。

「その方」と訳した表現は、「神」を指している（ペト一 5:6）。「心配（メリムナ）」とは、あれこれの色々な「部分（メリス）」に自分の心が「分けられる（メリゾマイ）」ことであり、そうして思い悩むことである（コリ二 11:28）。それを神に「投げ掛ける」とは、あれこれ悩まずに、思い切ってゆだねることを意味する（cf. 詩編 55:23, マタ 6:25）。こうして、キリストは人の罪を担い（ペト一 2:24）、神は人の心配を担うのである。

この7節は、かつてパウロが、「あなたたちは何も心配せずに、感謝と共に祈りと願いによって、あらゆることにおいてあなたたちの要求が、神に対して知られるようにしなさい」と語ったことを想起させる（フィリ 4:6, cf. シュラッター, p.171）。

8節　あなたたちはしらふでいて、目を覚ましていなさい。あなたたちの敵対者である悪魔が、ほえたける獅子のように、［誰かを］飲み込もうと探して、歩き回っています。

「しらふでいる（ネーフォー）」ことは、単に酒に酔っていないことではなく、逆に聖霊に満たされる必要を示唆しており（ペト一 4:7 解説）、「目を覚ましている（グレーゴレオー）」とは、単に寝ていないことではなく、むしろ、天を見上げてキリストの再来を待ち望むことを示している。この8節は、かつてイエスが、「あなたたちは目を覚ましていなさい。なぜなら、あなたたちは、どの日にあなたたちの主が来るかを知らないからである」（マタ 24:42）、また、「あなたたちは目を覚ましていなさい。なぜなら、あなたたちはその日、その時を知らないのだから」と語ったことを想起させる（マタ 25:13）。

「敵対者（アンティディコス）」とは、ある人「に対して（アンティ）」「正

義（ディケー）」をかざす人のことであり（マタ 5:25, cf. テサ二 1:9）、元々は法廷における相手方を指していた。天使は人間より大きな権力を持っているにもかかわらず人間を告発しないのに対して（ペト二 2:11）、「責める、中傷する（ディアバロー）」者である「悪魔（ディアボロス）」とか「サタン」と呼ばれる人格は、神の前で人々を告発し、罪に定める者である（ヤコ 4:7 解説）。ちなみに、英語の「悪魔（devil）」は、ギリシャ語の「悪魔（ディアボロス）」に由来する。

　「ほえたける（オールオマイ）」という表現は、動物がほえる時の音に由来する擬音語であり（詩編 22:14, エゼ 22:25, テモ二 4:17, cf.Witherington, p.235）、「飲み込む（カタピノー）」という表現は、「飲む（ピノー）」という表現の強調形である。このように悪魔は、動物的に叫び、食べる生き物であり、あちこちをうろうろと巡回している（ヨブ 1:7）。これに対して、主イエス・キリストは人々に優しく語りかけ、重い荷を共に担って歩く同伴者である（マタ 11:28-30）。

　9節　[この]世のあなたたちの兄弟たちに、同じ苦難が十分にもたらされたことを知っているのですから、あなたたちは悪魔に対して信仰によって堅固に反対しなさい。
　「悪魔に対して」と訳した表現は、原語では単に「彼に」（直訳）という表現である。
　「同じ苦難」とは、ペトロらの受けた苦難と同じ苦難であり、さらには主イエス・キリストの受けた苦難と同じ苦難であり（ペト一 5:1）、「十分にもたらす（エピテレオー）」と意訳した表現は、「最後（テロス）」までやり遂げることであるから、場合によっては、「兄弟たち」の中に、迫害によって処刑された人もいることを示唆しているのかもしれない。
　「反対する（アンシステーミ）」とは、自分をある人の立場とは「反対に（アンティ）」「立たせる（ヒステーミ）」という強い表現であり（ヤコ 4:7 解説）、同じ苦難を受けたキリストに対する信仰によって、人は悪魔に強く抵抗できるのである（エフ 6:10-16, cf. 使徒 14:22）。「十分にもたらされる」とは、この事態の背後に悪魔を想定するなら、言わば悪魔の計略によってそうされることを示す悪魔的受動態である。

10節　そして、あなたたちをキリスト［・イエス］における御自身の永遠の栄光の中に招いたあらゆる恵みの神は、少し苦しんだあなたたちを、御自身で整え、力づけ、強くし、支えるだろう。

「あなたたち」が栄光を受けるのは（ペト一 5:1, 4）、主イエス・キリストの再来の時であるが、苦難を受けているなら、「神の栄光の霊」がすでに到来しているから（ペト一 4:14）、ある意味で、神は苦難を通してすでに「あなたたち」を「御自身の永遠の栄光の中に招いた」とも言える。この苦難は厳しいものであるが、「永遠の栄光を与える」神から見れば「少し（オリゴン）」のことであり（ペト一 1:6 解説）、傷ついた「あなたたち」を「整え、力づけ、強くし、支える」。

「整える（カタルティゾー）」と訳した表現は、網などを「繕う」こと（マル 1:19）、また、一般に「補う」ことであり（ヘブ 10:5, 11:3, 13:21）、「力づける」ことも（ヤコ 5:8 解説）、「強くする」ことも（ペト一 3:7 解説）、弱くなった体に栄養と休養を与えることである。「支える（セメリオオー）」と意訳した表現は、「土台（セメリオス）」という表現に由来し、下から建て直すことを意味する。このように神は、苦難を経た人々を内側からも、外側からも完全にするのである。

この 10 節は、かつてパウロが、「あなたたちが知っているとおり、いかに私たちは、父がその子たちにするようにあなたたちの一人ひとりを、あなたたちを慰め、励まし、証ししたか。それは、自らの栄光の王国にあなたたちを招いている神にふさわしくあなたたちが歩むためです」（テサ一 2:11-12）、また、「現在の苦難の軽さは、過度に、過度になるまで、永遠の栄光の重みを私たちのために生じさせるからです」と語ったことを想起させる（コリ二 4:17）。

ちなみに、英語の「固定観念（stereotype）」は、ギリシャ語の「堅固な（ステレオス）」「型（テュポス）」という意味に由来し（ペト一 5:3 解説, 9）、「力づける（ステーリゾー）」という表現は、「堅固な（ステレオス）」という表現に由来する（ペト一 5:9）。

　11節　この方に力が、いつの世に至るまでもありますように。アーメン。
「この方」とは「神」であり（ペト一 5:10）、「力（クラトス）」とは、栄光

5. 苦難の中の栄光と平和（5:1-14）

を満ちあふれさせる働きである（ペト一 4:11 解説）。また、「いつの世に至るまでも（エイス・トゥース・アイオーナス）」と訳した表現は、単に「永遠に」と訳すこともできる（ペト一 4:11 解説）。

「アーメン（アメーン）」とは「確かに」という意味であり、相手の言葉や命令に対する強い確認と承認として、相手の言葉や命令が終わった時に、それに対して「確かに」が付け加えられた（申命 27:15-26, 歴代上 16:36）。ペトロは、自分の祈願が神の前に確かであることをここで再び強調している（ペト一 4:11 解説）。

12 節　私は忠実な兄弟と認めているシルワノを通して、あなたたちに短く書き、勧め、これこそ神の真の恵みであると証ししました。その中に、あなたたちは立ちなさい。

「忠実な（ピストス）」と訳した表現は、神について「真実である（ピストス）」とも訳せる表現であり、人間について「信仰がある」とも訳せる表現である（ペト一 4:19 解説）。「シルワノ」（「木、森」という意味）はラテン語名であり（コリ二 1:19, テサ一 1:1, テサ二 1:1)、そのギリシャ語名がシラスである。シルワノもテモテと同様に、かつてパウロらと共に各地で福音伝道において活躍した（使徒 15:22-29, 40, 16:1, 25, 17:14-15, 18:5, 19:22）。

「短く（ディ・オリゴーン）」と訳した表現は、「少し（オリゴン）」と訳した表現と同じ語を含み（ペト一 5:10）、神の栄光と比較すれば、この世の苦難が「少し」のことであるのと同様に、神の思いのすべてと比較すれば、このペトロの手紙一に「シルワノを通して」書かれた内容も「少し」のことである（cf. ヨハ 20:30, 21:25, エフ 3:3, ヘブ 13:22）。

「勧める（パラカレオー）」と訳した表現は、「慰める」とも訳せる表現であり、元々は「傍らに（パラ）」「呼び寄せる（カレオー）」（直訳）ようにしてそうすることを意味し、この働きは本質的には、「助け主、慰め主（パラクレートス）」である聖霊の働きに基づく（ペト一 5:1 解説）。「書き、勧め、これこそ神の真の恵みであると証ししました」という過去形は、このペトロの手紙一が相手に届けられる頃には、ペトロは当然すでにこの手紙を書き終えていることを示す書簡における過去形である（Bigg, p.196）。

「これこそ」と訳した表現は、単に「これ」（直訳）であり、この手紙で書

かれた内容を指している。「神の真の恵み」は、苦難の中でも確信することのできる神の栄光であり（ペト一 2:19-20, cf. ペト一 5:10 解説）、「あなたたち」はその栄光の中に自覚的に立ち、信仰の道を歩み続けなければならないのである。

13節　共に選ばれてバビロンにいる人々と私の息子マルコが、あなたたちによろしくと伝えています。

「共に選ばれて（スンエクレクテー）」「いる人々」と訳した表現は、原語では単数形の女性形であるが、おそらく選ばれた人々の集まりである「教会（エクレーシア）」を指していると考えられる（ペト一 1:1 解説, cf. エフ 5:22-23）。それは、「兄弟たち（アデルフォテース）」という表現が、原語では単数形であるにもかかわらず、内容的に兄弟の集団を表すのと同様である（ペト一 5:9）。そして、キリスト者たちが今や新しいイスラエルと見なされていることを考慮すると（ペト一 2:9 解説）、「バビロン」とは、かつて紀元前6世紀にバビロンがイスラエルの民を支配したように（マタ 1:11-12, 17, 使徒 7:43, cf. 列王下 25:1-30, 歴代下 36:11-23）、今この新しいイスラエルを支配しているローマを意味すると考えられる（黙示 14:8, 17:5, 18, 18:2, 10, 21, cf. グルーデム，p.226）。いずれにせよ、この時点でメソポタミアの実際のバビロンは廃墟に近い状態である（Elliott, p.882）。

イエスの生涯について記述した四福音書であるマタイによる福音書、マルコによる福音書、ルカによる福音書、ヨハネによる福音書のうち、「マルコ」による福音書は最古のものであり、成立年代は1世紀中葉以降とされているが、ペトロの通訳であるマルコがペトロの記憶を書き記したという証言は2世紀に入ってからのものである（Witherington, p.247）。

聖書の内的証言によると、使徒言行録においてマルコは「マルコと呼ばれるヨハネ」（使徒 12:12, 25, 15:37）、「ヨハネ」（使徒 13:5, 13）、または単に「マルコ」（使徒 15:39）と記されている。これらのマルコが同一人物だとすると、マルコの母マリアの家は大勢の人が集まって祈ることができるほど大きく、門があり女中もいたことから（使徒 12:11-16）、ある程度裕福な家庭と考えられる。

また、マルコは「バルナバ（慰めの子）」と呼ばれていたレビ族のヨセフ

のいとこであり（使徒 4:36, コロ 4:10）、パウロの第一回伝道旅行（47 年 -48 年, cf. 使徒 13:1-14:28）にバルナバと共に同行したが、途中でエルサレムに帰ってしまった（使徒 13:5, 13）。こうして、パウロが第二回伝道旅行（49 年 -52 年, cf. 使徒 15:40-18:22）に行く際、マルコを同行させるかどうかでパウロとバルナバの間に激しい対立が起こったため、両者は別行動を取り、バルナバはマルコを連れてキプロス島へ向かった（使徒 15:36-41）。ちなみに、パウロはシルワノを連れて第二回伝道旅行に出た（使徒 15:40）。

　このようなことがあったものの、後にマルコはパウロから「同労者」と呼ばれ（フィレ 24）、さらにパウロの伝道の働きに対して良い奉仕をしてくれる人物であると評価されるに至った（テモ二 4:11）。その後、マルコはペトロと共にローマにいて、ペトロの働きを助けたのだろう。このようにペトロの指導の下にいた「息子マルコ」とは、信仰におけるペトロの息子という意味だと考えられる。ちなみに、シルワノとマルコがペトロと共にいることは（ペト一 5:12）、この時点ですでにパウロが死んでいることを示唆しているのかもしれない（Witherington, p.248）。

　「よろしくと伝える（アスパゾマイ）」と訳した表現は、「あいさつをする」と訳すこともできる表現であり、原語で単数形であることは、かつて別行動を取らざるをえなかった「マルコ」と「シルワノ」（ペト一 5:12）、そして今ローマにいる教会の一人ひとりも、一致して活動していることを示唆している。

14 節　あなたたちは、お互いに愛の口づけによってあいさつしなさい。平和が、キリストの内にいるあなたたちすべての人々にありますように。

　「あいさつをする（アスパゾマイ）」と訳した表現は、「よろしくと伝える」と訳した表現である（ペト一 5:13）。

　「口づけ（フィレーマ）」という表現は、「愛する（フィレオー）」という語に由来し（ロマ 16:16, コリ一 16:20, コリ二 13:12）、「お互いに愛の口づけによって」という命令は、愛の根源である神からの愛を相互に確認することを求めていると言える。そして、この神の愛に基づく口づけは、人間の心の中のあらゆる悪意を封印することの象徴的行為でもある（ロマ 1:29-31, ペト一 4:3, cf. ロマ 12:21）。ちなみに、この口づけは男と男、女と女の間で交わされ、

時として手に口づけをしていたとも考えられている。

　ペトロらがローマ、つまり、「バビロンに」いて迫害を受けていることを考慮すると（ペト一 5:13 解説）、このような状況において、最後にキリスト者らに対して「キリストの内にいる」ことを思い起こさせて、「平和」があるようにと祈ることは賢明な終わり方である。ここで、「バビロンにいる」という表現の「にいる（エン）」と（ペト一 5:13）、「キリストの内にいる」という表現の「の内にいる（エン）」は、原語では同じ語である。キリスト者はどこで迫害を受けていようとも、究極的には「キリストの内にいる」のであり、そこにとどまる限り、神のもたらす「平和」に守られているのである。

ペトロの手紙二

ペトロの手紙二

1. 人々を導く神の力と神の言葉

1章1節－21節　私訳

[1] イエス・キリストのしもべであり、使徒であるシメオン・ペトロから、私たちの神であり、救い主であるイエス・キリストの義によって、私たちと同じ尊い信仰を引き受けた人々へ。[2] 神と私たちの主イエスをはっきりと知ることによって、恵みが、そして平和も増し加えられますように。

[3] イエスの神的な力は、私たちが御自身の栄光と徳によって私たちを呼び出した方をはっきりと知ることを通して、命と敬虔に向かうすべてのものを私たちに与えています。[4] それは、それらのものを通して、尊く極めて偉大な約束を私たちに与えています。これらのものを通して、あなたたちが欲望の中にあるこの世の朽ちるものを避け、神の本性にあずかる者となるためです。[5] そこで、あなたたちはこのためにも、あらゆる熱意を投入して、あなたたちの信仰には徳を、徳には知識をさらに備えなさい。[6] また、知識には節制を、節制には忍耐を、忍耐には敬虔を、[7] そして、敬虔には兄弟愛を、兄弟愛には愛を。[8] 実に、あなたたちにこれらのものがあり、豊かになるなら、怠ける人々や実を結ばない人々にならず、私たちの主イエス・キリストをはっきりと知るようになります。[9] 実に、その人にこれらのものが備わっていないなら、目が見えず、近視眼であり、自分の以前の罪の清めを忘れています。[10] そのため、兄弟たちよ、あなたたちは、あなたたちが呼び出されていること、選ばれていることを、努めて一層、確固としたものにしなさい。実に、これらのことをしていれば、いつかつまずくということは決してないのです。[11] 実にこのようにして、私たちの主、救い主イエス・キリストの永遠の王国への入口が、あなたたちのために豊かにさらに備えられるだろう。

[12] そのため、あなたたちが知っていることであり、あなたたちは傍らの真理によって力づけられているけれども、私は常にこれらのことについてあなたたちに思い起こさせようとします。[13] そして、私がこの住まいにいる間、思い起こさせることによってあなたたちを奮い立たせることが正し

いと考えます。¹⁴ 私たちの主イエス・キリストも、私に明示したように、間もなく私のこの住まいを取り去ることを私は知っています。¹⁵ そして、私の脱出の後にも、あなたたちにこれらのことを絶えず想起してもらえるように私は努めます。

¹⁶ 実に、私たちはあなたたちに、私たちの主イエス・キリストの力と到来を知らせましたが、それは、知恵の込められた作り話に従ったのではなく、あの方の偉大さの目撃者になったからです。¹⁷ 実に、その方は、父なる神から名誉と栄光を受けましたが、威厳ある栄光によって、「これは私の愛する私の子であり、私自身はこれを喜ぶ」というような声が彼にもたらされたのです。¹⁸ 私たち自身も、その方と共に聖なる山にいて、天からもたらされたこの声を聞きました。¹⁹ そして、私たちは一層、確固とした預言の言葉を持っています。あなたたちは、夜が明けて明けの明星があなたたちの心に昇る時まで、荒廃した所で輝くともし火であるこれに、よく専念してください。²⁰ あなたたちはまず、聖書の預言はどれも私的な説き明かしになってはいないということ、このことを知りなさい。²¹ 実に、預言はかつて人の思いによってもたらされたことはなく、聖霊に導かれた人々が神から語ったのです。

1章1節－21節　解説

1節　イエス・キリストのしもべであり、使徒であるシメオン・ペトロから、私たちの神であり、救い主であるイエス・キリストの義によって、私たちと同じ尊い信仰を引き受けた人々へ。

ペトロの手紙一と比較すると、ペトロはこのペトロの手紙二の冒頭で、自分が「使徒」であるだけでなく（ペト一 1:1）、イエス・キリストの「しもべ」でもあることを最初に強調し、「ポントス、ガラテヤ、カパドキア、アジア、ビティニア」という地名を出さずに（ペト一 1:1）、どこにいようと、同じ信仰を持つ人々に対して手紙を書いている（使徒 11:17, ロマ 1:12, コリ二 4:13, テト 1:4）。ペトロが、「シメオン」というユダヤ人の名前も付記していることは、ギリシャ人もユダヤ人も含むすべての人々にこの手紙を書いていることを示唆している（ペト二 3:1, cf.Witherington,pp.294f.）。

ペトロの手紙二

　「イエス」という名前は、「主は救い」という意味であり、「キリスト」という名称は、「油注がれた者」という意味である（ペト一 1:1 解説）。「しもべ（ドゥーロス）」とは、「奴隷」とも訳せる表現であり、「使徒（アポストロス）」とは、主人の代わりに特別な役割を担わされて送り出される人を指すから、イエスという主人に付き従う人は、言わば、奴隷と大使という対極的な任務を同時に引き受けているのである。それは一方で、主イエスと人々に仕え、他方で、人々に主イエス・キリストに対する信仰を伝える働きである。
　「シメオン」（「神は聞いた」という意味）は、元々はガリラヤ湖の漁師であったが、イエスによって十二人の「使徒（アポストロス）」たちの一人とされ、「ペトロ」（「岩」という意味）という名前を与えられた（ペト一 1:1 解説）。
　「同じ尊い（イソティモス）」とは、文字どおり、「同じ（イソス）」「尊さ（ティメー）」があるという意味であり、「引き受ける（ランカノー）」と意訳した表現は、「くじを引く」（直訳）という意味であり（ルカ 1:9, ヨハ 19:24, 使徒 1:17, cf. ペト一 5:3 解説）、神の思いによって選ばれたことを示している（cf. 使徒 15:14）。この神の思いは、神の御子であり、「義（ディカイオスネー）」なる方であるイエス・キリストへの信仰によって、人々が「義」とされることでもある。「私たちの神であり、救い主であるイエス・キリスト」という表現は、後者の語が前者の語を修飾する二詞一意として、「私たちの救い主であり、神でもあるイエス・キリスト」と訳すこともできる。いずれにせよ、イエスはここで明白に「神」とされている（テト 2:13）。そして、このイエスに対する信仰が「尊い」のは、罪のない「義」であるイエスが、罪人であるかのように十字架に掛けられ、罪人のために血を流して（ペト一 1:2, cf. ロマ 3:21-26）、永遠の命を準備したからである（ペト二 1:3, cf. テモ二 1:10）。
　なお、「シメオン・ペトロから」、「人々へ」と訳した表現は、「シメオン・ペトロが」（直訳）、「人々に」（直訳）手紙を書くという意味である（ペト一 1:1 解説）。

　2節　神と私たちの主イエスをはっきりと知ることによって、恵みが、そして平和も増し加えられますように。
　「はっきりと知ること（エピグノーシス）」と意訳した表現は、「知ること、

知識（グノーシス）」の強調形であり、「認識」とも訳せる表現である。そして、「神と私たちの主イエスをはっきりと知ること」とは、特に「私たち」がしもべとして仕えている主イエスは、父なる神の子として神でもあり、罪のない「義」なる方であると認識することである（ペト二 1:1, cf. ヨハ 17:3, フィリ 3:8, コロ 1:9-10, ペト二 1:3, 8, 2:20, 3:18)。

「恵み（カリス）」とは、基本的に人々の信仰に基づいて神が無償で与える「義」であり（ペト二 1:1）、「救い」であり（ペト二 1:1）、要するに、人々に対する神の愛である。この神の愛に基づいて人は神との「平和」、人と人との「平和」を保つことができる。「増し加える（プレースノー）」と訳した表現は、「満たす」という意味であり、「恵み」と「平和」が「増し加えられますように」とは、主イエスに対する信仰が今以上に広がることを願う祈りであり、父なる神の「恵み」の豊かさも示唆している（cf. ユダ 2）。

3節　イエスの神的な力は、私たちが御自身の栄光と徳によって私たちを呼び出した方をはっきりと知ることを通して、命と敬虔に向かうすべてのものを私たちに与えています。

「イエス」、「私たちが」という表現は原文にはないが、ここでは補われており、「私たちを呼び出した方」とは、父なる神を指している。また、原文では冒頭に「……ので（ホース）」という理由を示す表現があり、5節に掛かっている（ペト二 1:5）。

「栄光と徳」とは、後者の語が前者の語を修飾する二詞一意として、「徳のある栄光」とも訳せる表現であり（Witherington, p.303)、「徳（アレテー）」は「偉業」という意味もある（ペト一 2:9）。つまり、栄光に満ちた神の偉業の一つは、「私たち」を選んで呼び出し、主イエスに対する信仰を与えたことであり、その「私たち」を通して「同じ尊い信仰」を他の人々に伝えていることでもある（ペト二 1:1）。

「敬虔（ユーセベイア）」とは、神に対して「崇敬の念（セバス）」を抱いていることであり、「命と敬虔」という表現も、後者の語が前者の語を修飾する二詞一意だとすると、「敬虔な命、敬虔な生活」という意味になる（Witherington, p.303）。つまり、「私たち」は、父なる神を「はっきりと知ること」によって、父なる神の真の命を知り、この命に向けて生きるように導

かれる。この時、その父なる神の御子であるイエスの神としての力が必要であり、その力とは、「私たち」を父なる神に向かわせる働きである。前節の「恵み」は（ペト二 1:2）、この3節では、「命と敬虔に向かうすべてのものを私たちに与えています」と説明されている。

　4節　それは、それらのものを通して、**尊く極めて偉大な約束を私たちに与えています。これらのものを通して、あなたたちが欲望の中にあるこの世の朽ちるものを避け、神の本性にあずかる者となるためです。**

「それ」とは、「イエスの神的な力」であるが（ペト二 1:3）、「その方」であるイエスとすることもできる。「それらのもの」、「これらのもの」とは、「命と敬虔に向かうすべてのもの」である（ペト二 1:3）。「尊い（ティミオス）」という表現は、「尊い血」を想起させる表現であり（ペト一 1:19）、「極めて偉大な（メギストス）」と意訳した表現は、「偉大な（メガス）」という表現の最上級である。そして、「尊く極めて偉大な」という表現が、後者の語が前者の語を修飾する二詞一意だとすると、「極めて偉大な尊さのある」という意味になる。つまり、「極めて偉大な尊さのある約束」とは、イエスの十字架上での尊い血によって約束されている許しやそれに基づく永遠の命であり（cf. ペト二 3:13）、確かに、「命と敬虔に向かうすべてのもの」を通して（ペト二 1:3）、人はその永遠の命に向かって生きている。

「欲望（エピスミア）」とは、極めて強い欲求を意味し（ペト一 4:3 解説, cf. エフ 4:22, ペト一 1:14）、「朽ちるもの（フソラ）」とは、「永遠の命」の対義語であり（ガラ 6:8, cf. ロマ 8:21, コリ一 15:42, 50）、この4節では、「神の（セイオス）本性（フュシス）」の対義語でもある。「あずかる者（コイノーノス）」と意訳した表現は、「共有している人、仲間（コイノス）」（直訳）という意味であり（ペト一 5:1 解説）、この世の朽ちるものを避けるには、同時に神の本性にあずかることが必須なのである（ペト二 2:18, 20, cf. ヨハ 1:12）。この「神の（セイオス）」と訳した表現は、前節の「神的な（セイオス）」と訳した表現と原語では同じ語であるから（ペト二 1:3）、「神の本性にあずかる者」となるためには、「神的な力」を持つイエスを受け入れて信じる必要がある（ヘブ 12:10, cf. エフ 4:13, 24）。そして、これが可能であるのは、イエスに確かに人としてもこの世に来たからである。

1. 人々を導く神の力と神の言葉（1:1-21）

5節　そこで、あなたたちはこのためにも、あらゆる熱意を投入して、あなたたちの信仰には徳を、徳には知識をさらに備えなさい。

「そこで（デ）」と訳した表現は、単に「そして」（直訳）であるが、この5節が3節と4節の理由を受けているものとして（ペト二 1:3 解説）、このように訳されており、「このため（アウト・トゥート）」という強調表現は、「神の本性にあずかる者となるため」という内容を指している（ペト二 1:4）。

「投入する（パレイスフェロー）」と意訳した表現は、「傍らに（パラ）」「運び（フェロー）」「込む（エイス）」ことであり、神の本性にあずかる者となるためには、本質的にはイエスの中心的な働きが必要であり（ペト二 1:3, 4 解説）、人の「熱意（スプーデー）」は、イエスの傍らで同伴することに向けられなければならないのである。

「信仰」とは、主イエス・キリストに対する信仰であり、「徳」とは、その信仰に基づく偉業であり、「知識」とは、その偉業を検討するためのものであり、特にイエスの生き方に関する知識である（コロ 2:3）。「さらに備える（エピコレーゲオー）」と直訳した表現は（Liddell & Scott, 1986, p.307）、「備える、与える（コレーゲオー）」という表現の強調形であり、この「備える、与える（コレーゲオー）」という表現は、元々は様々な音域を担当する「合唱団（コロス）」を作ることを意味した（ペト一 4:11 解説）。つまり、この5節から記されている種々の美徳は（ペト二 1:6-7）、人々が合唱団を作って美しい合唱を奏でるように、美しい生き方を送るために適度に調和させるべきものである。

ちなみに、当時、合唱団を作るのに、三千ドラクメも必要であった（バークレー, pp.392f.）。一ドラクメは、労働者の一日分の労働賃金である一デナリオンと等価である（マタ 17:24, 20:2）。そして、人が種々の美徳を調和良く身に付けるには、生涯に渡る一生分の「熱意を投入」しなければならないのである。

6節　知識には節制を、節制には忍耐を、忍耐には敬虔を、

「節制（エンクラテイア）」とは、自分の「力（クラトス）」の「内に（エン）」収めておくことであり（ガラ 5:23, cf. 使徒 24:25, コリ一 9:25, テト 1:8）、節度ある態度を意味するから、自分の「知識」は抑制的に活用することが求められている（ペト二 1:5 解説）。「忍耐（ヒュポモネー）」とは、何かの「下に（ヒ

ュポ）」「とどまる（メノー）」ことであり、「耐え抜くこと」であるから（ヤコ 1:3 解説, cf. ヤコ 1:4, 5:11）、「節制」は、長期間に及んで「忍耐」してこそ、その真価が現れる。「敬虔（ユーセベイア）」とは、神に対して「崇敬の念（セバス）」を抱いていることであり（ペト二 1:3 解説, cf. テモ一 6:11）、自らの努力による「忍耐」よりも、神に対する「敬虔」さに基づく忍耐が必要とされている（ペト二 1:5 解説）。

7節　敬虔には兄弟愛を、兄弟愛には愛を。

　神への「敬虔」さには（ペト二 1:6 解説）、具体的に「兄弟（アデルフォス）」を「愛する（フィレオー）」「兄弟愛（フィラデルフィア）」が必要であり（ペト一 1:22 解説, cf. ロマ 12:10, テサ一 4:9）、さらにこの「兄弟愛」は、神からの「愛（アガペー）」に基づいていなければならない（ヨハ 3:16, 13:1）。「愛（アガペー）」については、かつてパウロも、「さて今や、信仰、希望、愛、これらの三つが残ります。そして、これらの中で一層大いなるものは愛です」と語り（コリ一 13:13）、その重要性を強調している（ロマ 5:1-5, cf.Neyrey, p.155）。このように、パウロの言う「信仰、希望、愛」と同様に、ペトロの手紙二においても、美徳は「信仰」が最初であり（ペト二 1:5）、「愛」が最後である点は注目に値する。

8節　実に、あなたたちにこれらのものがあり、豊かになるなら、怠ける人々や実を結ばない人々にならず、私たちの主イエス・キリストをはっきりと知るようになります。

　「これらのもの」とは、信仰、徳、知識、節制、忍耐、敬虔、兄弟愛、愛であり（ペト二 1:5-7, cf. テサ一 3:12）、これらの美徳をさらに深く実践するなら、多くの業を結果として実らせることができる。この業とは、具体的には多くの人々を主イエスの「永遠の王国」に導き入れることである（ペト二 1:11）。

　「豊かになる（プレオナゾー）」と訳した表現は、「増し加える」という意味であり、「ならず」の肯定形の「なる（カシステーミ）」と意訳した表現は、「あなたたち」をそのように「定める（カシステーミ）」という意味である。「怠ける（アルゴス）」、「実を結ばない（アカルポス）」と訳した表現は、それぞ

れ文字どおり、「業、仕事（エルゴン）」をし「ない（ア）」ことであり（ヤコ2:20解説）、「実（カルポス）」が「ない（ア）」という意味である（マル4:19）。「はっきりと知るようになります」と意訳した表現は、「はっきりと知ることに至ります」（直訳）という意味であり、主イエス・キリストにも見られるそのような種々の美徳を実践するなら、人々の間でイエスの姿や様子が明らかになり、単に知識においてではなく、実践によってさらに明らかになるのである（cf. コロ1:10）。

9節　実に、その人にこれらのものが備わっていないなら、目が見えず、近視眼であり、自分の以前の罪の清めを忘れています。

この9節は、再び「実に（ガル）」という表現を用いて（ペト二1:8）、その内容を強調している。「これらのもの」とは、信仰、徳、知識、節制、忍耐、敬虔、兄弟愛、愛であり（ペト二1:8解説）、「備わっている（パレイミ）」と意訳した表現は、「傍らに（パラ）」「ある（エイミ）」という意味であるから、その人の中心には主イエス・キリストがいるべきであるということを示唆している（ペト二1:5解説）。

「近視眼である（ムオーパゾー）」と訳した表現は、「閉じている（ムオー）」「目（オープス）」という意味に由来し、この世の「以前の」ことを言わば遠くの出来事として見定めることができない状態である。すると、「目が見えず、近視眼」であるということは、天に属する事柄について「目が見えず」、地に属する事柄について「近視眼」であるという意味だと考えられる（グリーン, p.100）。そして、「自分の以前の罪の清めを忘れて」いることは、単に自分の過去を忘れていることではなく、罪を清めた主イエスを忘れていることであり（エフ5:26, テト2:14）、今も主イエスが共にいることを忘れて生きている状態である。また、この「以前の罪の清め」を象徴する行為は洗礼である（使徒22:16, コリ一6:11, エフ5:26, テト3:5, cf.Bauckham, p.189）。

10節　そのため、兄弟たちよ、あなたたちは、あなたたちが呼び出されていること、選ばれていることを、努めて一層、確固としたものにしなさい。実に、これらのことをしていれば、いつかつまずくということは決してないのです。

ペトロの手紙二

「呼び出されていること（クレーシス）」、「選ばれていること（エクロゲー）」と意訳した表現は、それぞれ単に「呼び出し」、「選び」であり、主イエスを通して父なる神によってそうされていることを示唆している（テサ一 1:4, cf. 黙示 17:14）。「努めて（スプーダゾー）」と訳した表現は、「熱意（スプーデー）」を伴ってという意味であり（ペト二 1:5 解説）、「確固とした（ベバイオス）」とは元々、日々「歩む（バイノー）」中で、言わば踏み固めていって確かなものになることを意味する（ペト二 3:17）。「これらのこと」とは、信仰、徳、知識、節制、忍耐、敬虔、兄弟愛、愛であるから（ペト二 1:9 解説）、罪などのつまずきは（cf. ヤコ 2:10, 3:2）、「兄弟たち」の間で美徳を実践することによって防げると明言されている。

11 節 実にこのようにして、私たちの主、救い主イエス・キリストの永遠の王国への入口が、あなたたちのために豊かにさらに備えられるだろう。

「入口（エイソドス）」と訳した表現は、文字どおり、「入る（エイス）」「道（ホドス）」であり、信仰、徳、知識、節制、忍耐、敬虔、兄弟愛、愛を実践しつつ、確固とした歩みを続けるなら（ペト二 1:10 解説）、救い主であるイエスが父なる神と共に王として支配している王国に導き入れられるのであり、その入口が「豊かにさらに備えられる」ということは、他の多くの人々も「兄弟たち」の働きを通してその王国に導かれることを示している。

「備える（コレーゲオー）」とは、元々は様々な音域を担当する「合唱団（コロス）」を作ることであるから（ペト二 1:5 解説）、永遠の王国には、様々な人々が言わば神の栄光を賛美する合唱団を作って入って行く様子がここで描かれている（cf. ヨハ 3:5, テモ二 4:18）。

12 節 そのため、あなたたちが知っていることであり、あなたたちは傍らの真理によって力づけられているけれども、私は常にこれらのことについてあなたたちに思い起こさせようとします。

「傍らの（パレイミ）」と意訳した表現は、「傍らに（パラ）」「ある（エイミ）」という意味であり（ペト二 1:9 解説）、傍らには「真理」である主イエスがいることを示唆している（ヨハ 14:6, cf. コロ 1:5-6）。そして、このイエスこ

1. 人々を導く神の力と神の言葉（1:1-21）

そが、「あなたたち」を「力づける（ステーリゾー）」方である（ペト一 5:10 解説）。「思い起こさせようとします」と訳した表現は、「思い起こさせようとするだろう」という未来形であり、将来に及ぶ強い決意であることを示している。「これらのこと」とは、信仰、徳、知識、節制、忍耐、敬虔、兄弟愛、愛である（ペト二 1:10 解説）。

13 節　そして、私がこの住まいにいる間、思い起こさせることによってあなたたちを奮い立たせることが正しいと考えます。

「住まい（スケーノーマ）」と訳した表現は、元々は「天幕（スケーネー）」を張ってその中に「宿る（スケーノオー）」ことを意味し（ヨハ 1:14）、転じてここでは体を意味する（コリ二 5:1, 4）。「思い起こさせる」ことは、このペトロの手紙二で書くことであり、特に、忘れがちな「あなたたち」自身の「以前の罪の清め」についてである（ペト二 1:9）。「奮い立たせる（ディエゲイロー）」とは、「起こす、立たせる（エゲイロー）」という表現の強調形であり（ヨハ 6:18, cf. マル 4:39）、あたかも惰眠をむさぼっている人を叩き起こすかのように意識化させることを意味する（ペト二 3:1）。ペトロはそのような激しい喚起が、「正しい」と考えている。「考える（ヘーゲオマイ）」と意訳した表現は、「導く（ヘーゲオマイ）」という意味に由来する（ヤコ 1:2 解説）。

14 節　私たちの主イエス・キリストも、私に明示したように、間もなく私のこの住まいを取り去ることを私は知っています。

この 14 節は、前節の理由を示している（ペト二 1:13）。

「取り去ること（アポセシス）」とは、ある所「から（アポ）」取って、別の所に「置く（ティセーミ）」ことであり（ペト一 3:21 解説）、誰が「取り去る」のかは示されていないが、迫害によって死に至るとしても、究極的には父なる神が、ペトロの「住まい」である体を取り去るという意味だと考えられる（ペト二 1:13 解説）。

この 14 節は、かつてイエスがペトロに対して、「あなたがもっと若かった時は、あなたは自分で帯を締めていて、あなたが願っていた所に歩いて行っていた。しかし、あなたは年を取ると、自分の両手を伸ばして、他の人があなたの帯を締め、あなたが願っていない所に連れて行くだろう」と語ったこ

とを想起させる（ヨハ 21:18）。これはヨハネによる福音書が、「イエスがこのことを言ったのは、彼がどのような死に方で神に栄光を与えるかを示すためである」と解説しているように（ヨハ 21:19, cf. ヨハ 13:36）、ペトロの殉教の様子を明示している（ペト二 1:15）。

ちなみに、パウロは自分の最期が近いことを、「私自身は、すでに注ぎの供え物とされているからです。私の去る時が迫っています」と記している（テモ二 4:6）。

15節　そして、私の脱出の後にも、あなたたちにこれらのことを絶えず想起してもらえるように私は努めます。

「脱出（エクソドス）」と訳した表現は、元々は「外（エクス）」に至る「道（ホドス）」、つまり、出口のことであり、人生からの「永遠の王国」への旅立ちである最期をも意味する表現である（cf. ルカ 9:31、ペト二 1:11 解説）。「永遠の王国への入口」は（ペト二 1:11）、ここで逆説的に、永遠の王国への「脱出」とも言われている。その「脱出（エクソドス）」とは、紀元前13世紀に、神がモーセを通してイスラエルの民を隷属の地エジプトから約束の地に導き出した「出エジプト」の出来事をも意味するから（ヘブ 11:22）、ペトロの「脱出」は、単に悲しい死ではなく、主イエスのもとへの喜ばしい出発なのである（カルヴァン, p.162）。

「これらのこと」とは、このペトロの手紙二で書かれていることであり、特に、「以前の罪の清め」や（ペト二 1:9, cf. ペト二 1:13 解説）、信仰、徳、知識、節制、忍耐、敬虔、兄弟愛、愛である（ペト二 1:12 解説）。「努める（スプーダゾー）」と訳した表現は、「熱意（スプーデー）」を伴ってという意味である（ペト二 1:10 解説）。「努めます」と訳した表現は、「努めるだろう」という未来形であり、将来に及ぶ強い決意であることを示している（ペト二 1:12 解説）。

16節　実に、私たちはあなたたちに、私たちの主イエス・キリストの力と到来を知らせましたが、それは、知恵の込められた作り話に従ったのではなく、あの方の偉大さの目撃者になったからです。

「それは」という表現は原文にはないが、ここでは補われており、「あの方

（エケイノス）」とは、主イエス・キリストを指している。

「到来（パルーシア）」とは、キリストが再び「傍らに（パラ）」「いること（ウーシア）」、つまり、主イエスの再臨を示す表現であり（ヤコ5:8解説）、「力（デュナミス）と到来」という表現は後者の語が前者の語を修飾する二詞一意として、「到来の力」と訳すこともできる（Bengel, p.91）。ペトロらは主イエス・キリストの弟子として、イエスの「偉大さ（メガレイオテース）」を目撃しているため（ルカ9:32, 43, ヨハ1:14, 使徒4:20, ペト一5:1解説, ペト二1:17-18, cf. 使徒19:27）、再びイエスが到来する時の大きな力をここで証言できるのである（マル13:26, 14:62）。「目撃者（エポプテース）」と訳した表現は、「見る（ホラオー）」の強調形「よく見る（エフォラオー）」に由来する（ペト一3:2解説）。「目撃者（エポプテース）」は、アテネ北西のエレウシスで行われていた密儀宗教において、その密儀宗教の光景を実際に体験した人も指すから、ここでペトロが次節で説明しているように、ペトロとヤコブとその兄弟ヨハネのみが（ペト二1:18解説）、「『これは私の愛する私の子であり、私自身はこれを喜ぶ』というような声」を聞いたことに対して（ペト二1:17, cf. ルカ9:28, 35）、ペトロ自身が、その「目撃者（エポプテース）」になったと告白することは真に適切である（cf.Witherington, p.328）。

「知恵を込める（ソフィゾー）」という表現は（テモ二3:15）、「知恵（ソフィア）」に由来し、この場合はこの世の知恵を指している（コリ一1:20-27, 2:6-8, 3:18-19, コリ二1:12, ヤコ3:15）。「作り話（ミュソス）」と訳した表現は、事実に基づかない架空の話であり（テモ一1:4, 4:7, テモ二4:4, テト1:14）、その対義語は、主イエスの「到来の力」である（Bengel, p.91）。ちなみに、英語の「神話（myth）」は、ギリシャ語の「作り話（ミュソス）」に由来する。

単に「従う（エクサコルーセオー）」と訳した表現は、「従う（アコルーセオー）」という表現の強調形であり、「従う（アコルーセオー）」とは、「同じ（ア）」「道（ケレウソス）」を歩むという意味である。要するに、ペトロは自分たちが主イエスの正当な証人であり、架空の話に基づいて報告をしているのではないことを強調している。

17節 実に、その方は、父なる神から名誉と栄光を受けましたが、威

厳ある栄光によって、「これは私の愛する私の子であり、私自身はこれを喜ぶ」というような声が彼にもたらされたのです。

「その方は」という表現は原文にはないが、ここでは補われている。

「名誉と栄光」という表現は、後者の語が前者の語を修飾する二詞一意として、「栄光による名誉」とも訳せる表現であり、「威厳ある（メガロプレペース）」とは、「偉大な人（メガス）」に「似合う（プレポー）」という意味である。

「これは私の愛する私の子であり、私自身はこれを喜ぶ」という声は、かつてペトロとヤコブとその兄弟ヨハネが、イエスに導かれて高い山に登った時に、輝く雲の中から聞こえた声であり（マタ17:5, ルカ9:35, ペト一5:1解説, cf. ペト二1:16解説）、「栄光による名誉」はこの父なる神の声であり、「威厳ある栄光」は、父なる神の臨在しているその輝く雲を指しているのかもしれない（cf.Bigg, p.267）。また、単に「というような（トイオスデ）」と訳した表現は、「そのような（トイオス）」という表現の強調形であり、「そのように偉大な」とも訳せる表現であるから（Liddell & Scott, 1986, p.811）、「名誉と栄光」、「威厳ある栄光」という表現と共に、その「声」の素晴らしさがここで三度も確認されていると言える。

「私の愛する私の子」という表現における二つの「私の（ムー）」という表現は、原文の反復をそのまま訳出しており、「喜ぶ（ユードケオー）」とは、「良い（ユー）」と「思う（ドケオー）」という意味である。また、「もたらされる（フェロー）」という表現は神的受動態であり、父なる神によってそうされることを示している。

18節　私たち自身も、その方と共に聖なる山にいて、天からもたらされたこの声を聞きました。

「その方」と訳した表現は、単に「彼」（直訳）であり、この「聖なる山」とは、かつて神がモーセに自らを現した地を「聖なる」地と呼んだように（出エ3:5, 使徒7:33, cf. カルヴァン, p.165)、神が現れた山であることを示している（cf.詩編2:6）。具体的にこの聖なる山は、フィリポ・カイサリアの北方のヘルモン山だと考えられている（cf. ペト二2:17）。この山にイエスと共にいたペトロとヤコブとその兄弟ヨハネのうち（ペト二1:17解説）、ヤコブ

はすでに殺されているから（使徒 12:2）、「私たち自身とは」、ペトロとヨハネを指している（Bengel, p.92）。

「天からもたらされたこの声」とは、「これは私の愛する私の子であり、私自身はこれを喜ぶ」という父なる神の声であり（ペト二 1:17）、「もたらされる（フェロー）」という表現は神的受動態であり、父なる神によってそうされることを示している。

19節　そして、私たちは一層、確固とした預言の言葉を持っています。あなたたちは、夜が明けて明けの明星があなたたちの心に昇る時まで、荒廃した所で輝くともし火であるこれに、よく専念してください。

「である（ホース）」と訳した表現は、「として」という意味であり、「これ」と訳した表現は、「預言の言葉」を指している。

「確固とした（ベバイオス）」とは元々、日々「歩む（バイノー）」中で、言わば踏み固めていって確かなものになることを意味する（ペト二 1:10 解説）。「預言の言葉」とは、真の預言者を通して人々にもたらされた神の言葉であり（ペト二 2:1, cf. エレ 23:26-27, ペト一 1:10-11）、旧約聖書としてまとめられた内容が基盤となっている。ペトロは天からの声を聞くという確固とした経験を持つが（ペト二 1:18）、このペトロの手紙二の読者は、おそらくそのような経験をしていないものの、ペトロたちと「同じ尊い信仰を引き受けた」人々として（ペト二 1:1）、旧約聖書における「一層、確固とした預言の言葉」があるので、読者が何ら不利な立場に置かれていないことがここで強調されている。また、この頃の読者は、後に新約聖書に入れられる福音書の部分的な内容や（ペト一 5:13 解説）、パウロの初期の手紙の内容を神の言葉として共有していたかもしれない（ペト二 1:21 解説, cf. テサ一 2:13）。

「夜が（ヘーメラ）明ける（ディアウガゾー）」と訳した表現は、「昼が明るくなる」（直訳）という意味であり、「明ける（ディアウガゾー）」という表現は、「太陽の光、明るい光（アウゲー）」によって明るくなることを示す（コリ二 4:4, cf. 使徒 20:11）。金星を指す「明けの明星（フォースフォロス）」は、「光（フォース）」を「運ぶ（フェロー）」ものという意味に由来し、「上る（アナテロー）」という表現は、次の出来事を想起させる（黙示 2:28, 22:16）。

かつて、占星術師たちは、ユダヤ人たちの王の星が「上る（アナテロー）」

のを見て（マタ 2:2, cf. マタ 4:16)、この光に導かれてエルサレムにやって来て、ユダヤ人たちの王として、異邦人のための光として、この世の光として登場したイエスの誕生に遭遇した（ヨハ 1:9, cf. イザ 9:1, 58:10, マラ 3:20, マタ 17:2, ルカ 1:78, ロマ 2:19, コリ二 4:6)。ちなみに、英語の「アナトリア、地中海と黒海の間の高原地域（Anatolia)」は、ギリシャ語の「上る（アナテロー)」に由来する。

したがって、「明けの明星があなたたちの心に昇る」とは、イエスが再びこの世に、そして、「あなたたちの心」にも明白な形で登場することを表現しており、それまでは「荒廃した」この世で「輝くともし火」としての預言の言葉に専心する必要がある（詩編 119:105)。この預言の言葉こそ、真の神の言葉であるイエスを預言しているからである（ヨハ 1:14, 黙示 19:13)。「荒廃した（アウクメーロス)」と訳した表現は、「燃やす（アウオー)」ような日照りによる渇水で薄汚くなっている状態であり（Liddell & Scott, 1986, p.136)、「専心する（プロスエコー)」と訳した表現は、「気にする、浸る」とも訳せる表現である。

20 節 あなたたちはまず、**聖書の預言はどれも私的な説き明かしになってはいないということ、このことを知りなさい。**

「聖書（グラフェー)」と訳した表現は、単に「書かれたもの」（直訳）という意味であり（ペト一 2:6 解説)、「預言」という表現は、いつの時代であっても神の言葉を預言する人々にもたらされた神のその言葉を指している（ペト二 1:19 解説)。「私的な（イディオス)」と訳した表現は、その人「自身の」（直訳）という意味であり、この語の対義語は「共通の（コイノス)」であるが、実際の内容上の対義語は、「神の、神的な（セイオス)」である（ペト二 1:4 解説)。「説き明かし（エピルシス)」とは、「解く（ルオー)」という表現の強調形の名詞であり（マル 4:34, 使徒 19:39)、「なって（ギノマイ）いない」という表現は、そういう聖書の現実を示している。

つまり、神の言葉を取り次いだ預言者たちは、決して自分の私的な思いを語ったり、書いたりしたのではなく（Bauckham, p.230)、聖霊によって「神の、神的な（セイオス)」思いを表現したのである（ペト二 1:21, cf. ロマ 12:6)。このことは、例えば、旧約聖書の預言が神の御子イエス・キリストにおいて

1. 人々を導く神の力と神の言葉（1:1-21）

実現したことや、その実現が新約聖書において記されていることによって確かめることができる。復活後のイエス自身が、かつて弟子たちにこう語ったとおりである。「『ああ、預言者たちが語っていたすべてのことを信じるには頭が悪く、心の鈍い人たち、キリストはこれらの苦しみを受けて自分の栄光へ入らなければならなかったのではないのか。』そして、彼はモーセとすべての預言者たちから始めて、聖書全体の中で自分自身に関することを彼らに説き明かした」（ルカ 24:25-27）。

したがって、このようなことから、「聖書の預言」に対して「私的な説き明かし」をすることも禁じられるべきである。ちなみに、英語の「愚か者（idiot）」は、ギリシャ語の「私的（イディオス）」に由来する。

21 節　実に、預言はかつて人の思いによってもたらされたことはなく、聖霊に導かれた人々が神から語ったのです。

「もたらされた（フェロー）」と訳した表現と、「導かれた（フェロー）」と訳した表現は、原語では同じ語である。つまり、真の預言は、「人の思い」ではなく、「神から」の思いが言葉となったものであり、それを言葉にしたのは確かに「人々」であるが、その人々は、聖霊に「導かれた人々」、聖霊によって特定の時代と地域に「もたらされた人々」（直訳）なのである（サム下 23:2, cf. ルカ 1:70, 使徒 1:16, 2:1-13, 3:18, 28:25-26）。

パウロは同趣旨のことを、「聖書はすべて神の霊によるものであり、教えのために、諭しのために、矯正のために、義に基づく養育のために役立ちます」と説いている（テモ二 3:16）。

239

2. 義の人と不義の人

2章1節－22節　私訳

¹ さて、民の中に偽預言者たちがいましたが、同じように、あなたたちの中にも偽教師たちが現れるだろう。その人々は、滅びの分派を傍らから導き入れ、自分たちを買い取ってくれた主を拒むだろう。その人々は、自分たち自身に間もなく滅びをもたらし、² 多くの人々がその人々の好色に従い、これらの人々のために、真理の道が冒瀆されるだろう。³ そして、その人々は貪欲さによって、あなたたちを作り上げられた言葉で食い物にするだろうが、その人々のための裁きは、昔から怠りなく、その人々の滅びも休止することがないのです。

⁴ 実に、神が罪を犯した天使たちを容赦せず、深淵に落として暗黒の縄目に引き渡したのは、裁きに向けて保持しておくためです。⁵ また、神は古い世を容赦せず、不信心な人々の世に洪水をもたらして、義の説教者ノアたち八人を守りました。⁶ そして、神はソドムとゴモラの町を灰にして、［壊滅させて］有罪とし、不信心をしようとする人々［のため］の見せしめを定めました。⁷ さらに、神は、好色の中にいる無節操な人々の振る舞いに痛め付けられていた義人ロトを救いました。⁸ その人々の中に住んでいたその義人は、日々不法な行いを見聞きして、義なる魂を苦しめていたからです。⁹ 主は、敬虔な人々を試みから救い、不義の人々を裁きの日に罰するために保持しておくことになると知っています。¹⁰ そして特に、肉に従って汚れの欲望にふけり、主権を軽視する人々を。その人々は大胆でわがままであり、栄光を冒瀆しても震えることがない。¹¹ 天使たちは強さも力も勝っているにもかかわらず、冒瀆をする人々に対して、主からの裁きをもたらすことはない。

¹² しかし、これらの人々は本性として、捕らえられて朽ちるために生み出された理性のない生き物のようであり、知らないことについて冒瀆するので、それらの生き物が朽ちるように、その人々も朽ちるようにされるだろう。¹³ 不義を行う人々は不義の報酬を受け、昼間からのぜいたくを快楽

と考えています。その人々はしみであり、傷であり、あなたたちと宴会に連なると、自分たち自身を惑わしながら、ぜいたくに浸ります。¹⁴ その人々は、姦淫の女に満ちた目を持ち、罪をやめることなく、魂の不安定な人々をおびき寄せ、訓練された貪欲な心を持ち、呪いの子となっています。¹⁵ その人々は真っすぐな道を捨てて、さ迷い、ボソルの子バラムの道に従いました。彼は不義の報酬を愛し、¹⁶ そして、彼は自分自身の違反のとがめを受けました。物を言わないろばが人間の声で話し、この預言者の乱心を妨げたのです。¹⁷ これらの人々は乾いた泉、暴風に吹き払われる霧であり、暗闇の暗黒がその人々のために保持されています。¹⁸ 実に、その人々は虚無の大言壮語を話し、迷いの生活からかろうじて抜け出ようとしている人々を、好色という肉の欲望によっておびき寄せ、¹⁹ この人々に自由を約束しながら、自分たち自身は朽ちるものの奴隷です。実に、誰でも人に打ち負かされると、その人の奴隷になります。²⁰ 実に、もし、[私たちの]主であり、救い主であるイエス・キリストをはっきりと知ることによって、この世の汚れから抜け出ても、それに再び巻き込まれて、打ち負かされるなら、その人々にとってその終わりは、初めよりももっと悪くなります。²¹ 実に、義の道をはっきりと知りながら、自分たちに引き渡された聖なる戒めから引き返すよりも、それをはっきりと知らなかった方が、その人々のためには良かったのです。²² 「犬は、自分自身の吐いた物のもとに立ち帰る」、また、「豚は、体を洗って泥にまみれる」というたとえが、その人々に本当に起こったのです。

2章1節－22節　解説

1節　さて、民の中に偽預言者たちがいましたが、同じように、あなたたちの中にも偽教師たちが現れるだろう。その人々は、滅びの分派を傍らから導き入れ、自分たちを買い取ってくれた主を拒むだろう。その人々は、自分たち自身に間もなく滅びをもたらし、

単に「民（ラオス）」と訳した表現は、イスラエルの民を指し、英語の「信徒の (lay)」は、ギリシャ語の「民（ラオス）」に由来する。英語の「預言者 (prophet)」は、ギリシャ語の「預言者（プロフェーテース）」に由来し、「偽

預言者（プセウドプロフェーテース）」とは、文字どおり、「偽（プセウドス）」の「預言者（プロフェーテース）」であり（申命 13:1-6, エレ 6:13-15）、「偽教師（プセウドディダスカロス）」も、文字どおり、「偽（プセウドス）」の「教師（ディダスカロス）」である。

　例えば、偽預言者は平和でないのに、平和であると言い（エレ 6:14, テサ一 5:3, cf.Neyrey, p.190）、紀元前 6 世紀にイスラエルの民がバビロンへと連行されたバビロン捕囚の出来事に関して（エレ 25:1-14）、偽預言者ハナンヤは、主がすぐにバビロンの王ネブカドネツァルを打ち倒すと預言したが、真の預言者エレミヤは、イスラエルの民がバビロンで奴隷になると正しく預言した（エレ 28:1-17）。こうして、エレミヤの警告どおりに（エレ 28:16）、偽の預言をしたハナンヤは、その年のうちに死んでいる（エレ 28:17）。

　「分派（ハイレシス）」という表現は原語では複数形であるから（コリ一 11:19, ガラ 5:20）、偽教師たちが滅ぶほかない種々の分派を「傍らから導き入れる（パレイスアゴー）」ことを示している。この「傍らから導き入れる（パレイスアゴー）」という行為は、人々に気づかれないように密かに「傍らから（パラ）」、または、「傍らに（パラ）」「導き入れる（エイスアゴー）」様子をよく表している（cf. ガラ 2:4, ユダ 4）。ちなみに、英語の「異端（heresy）」は、ギリシャ語の「分派（ハイレシス）」に由来する。

　「買い取ってくれる」と訳した表現は、単に「買う」（直訳）であり、「買う（アゴラゾー）」とは、元々は人々の「集まる（アゲイロー）」「市場（アゴラ）」で物を入手することを意味する。偽教師たちも、元々は主イエスの十字架上での尊い血によって買い取られて、「主（デスポテース）」のしもべとなったにもかかわらず、今や「滅び（アポーレイア）」に向かっているのである（フィリ 3:19）。

　この 2 節は、かつてイエスが、「あなたたちは、偽預言者たちに注意しなさい。彼らは、羊の衣をまとってあなたたちの所に来るが、その内側は強欲な狼である」と語ったことや（マタ 7:15, cf. コリ二 11:13）、「偽キリストたちや偽預言者たちが起こされて、もしできるなら、選ばれた人々をも惑わすために、大きな印や驚くべきことを与えるだろう」と語ったことを想起させる（マタ 24:24, cf. テモ一 4:1, ペト二 2:2）。また、パウロは、「あなたたちは、ある代価で買い取られたからです。さあ、あなたたちはあなたたちの体で神

2. 義の人と不義の人（2:1-22）

をたたえなさい」と述べている（コリ一 6:20, cf. マタ 20:28）。

　2節　多くの人々がその人々の好色に従い、これらの人々のために、真理の道が冒瀆されるだろう。
　「その人々」とは、偽教師たちであり（ペト二 2:1）、「好色（アセルゲイア）」とは、不道徳な性的欲求である（ペト一 4:3 解説）。「従う（エクサコルーセオー）」と訳した表現は、「従う（アコルーセオー）」という表現の強調形である（ペト二 1:16 解説）。「真理の道」とは、「分派」の対義語であり（ペト二 2:1）、具体的には、「命に至る真の道である」イエスの生き方であり（ヨハ 14:6, cf. 詩編 119:30）、イエス自身である。使徒言行録においても、キリスト教は、しばしば「道」と呼ばれている（使徒 2:28, 9:2, 13:10, 16:17, 18:25-26, 19:9, 23, 22:4, 24:14, 22, cf.Bauckham, p.242）。
　「冒瀆する（ブラスフェーメオー）」とは、神に対してであれ、人に対してであれ、「愚かな（ブラクス）」ことを「言う（フェーミ）」、または、「傷つける（ブラプトー）」ことを「言う（フェーミ）」ことであり、言うだけでなく、行うことも含まれる（ペト一 4:4 解説）。つまり、「これらの人々」の言動は、極めて重い罪なのである（イザ 52:5, ロマ 2:24）。
　ちなみに、英語の「大衆（hoi polloi）」は、ギリシャ語の「多くの人々（ポロイ）」に由来する。

　3節　そして、その人々は貪欲さによって、あなたたちを作り上げられた言葉で食い物にするだろうが、その人々のための裁きは、昔から怠りなく、その人々の滅びも休止することがないのです。
　「貪欲さ（プレオネクシア）」とは、「より多く（プレオン）」「持つ（エコー）」ことを欲する性格のことであるが、「持つ（エコー）」とは、しばしば性的関係を持つことを示すから（ヨハ 3:29, 4:18, コリ一 5:1, 7:2）、「貪欲」という表現には、性的貪欲さも含まれるだろう（ペト二 2:2 解説，cf. ガラ 5:19, エフ 4:19, 5:3, コロ 3:5）。「作り上げられた（プラストス）」と訳した表現は、単に「する、作る（プラッソー）」の受動態であり、この事態の背後に悪魔を想定するなら、言わば悪魔の計略によってそうされることを示す悪魔的受動態である（ペト二 1:16）。ちなみに、英語の「プラスチック、合成された、

243

偽の（plastic）」は、ギリシャ語の「作り上げられた（プラストス）」に由来する（Witherington, p.349）。

「食い物にする（エンポレウオマイ）」と意訳した表現は、「商売をする」とも訳せる表現であり、「途上にある（エン・ポロス）」という語源が示すとおり、商売をしている人々が忙しく動き回っている様子に基づいている（ヤコ 4:13 解説）。しかし、神もこういう人々に対する「裁き」の仕事を言わば「怠りなく」実行する。「怠る（アルゲオー）」とは、文字どおり、「業、仕事（エルゴン）」をし「ない（ア）」ことであり（ペト二 1:8 解説）、「休止する（ヌスタゾー）」と訳した表現は、「まどろむ」とも訳せる表現であり（マタ 25:5）、「怠りなく」という表現も、「休止することがない」という表現も、神の熱心な働きを強調している（申命 32:35）。

この 3 節は、かつてパウロが、「私はあなたたち自身が学んだ教えからそれて、分裂やつまずきをもたらす人々に注意することをあなたたちに勧めます。そして、あなたたちはその人々から離れなさい。このような人々は私たちの主キリストにではなく、自分自身の腹に仕えており、うまい言葉やほめ言葉によって良い人々を欺くからです」と語ったことを想起させる（ロマ 16:18）。

4 節 実に、神が罪を犯した天使たちを容赦せず、深淵に落として暗黒の縄目に引き渡したのは、裁きに向けて保持しておくためです。

原文ではこの 4 節の冒頭に、「もし（エイ）」という表現があるが、その帰結は 9 節以降であるので、ここでは省略されている。「保持する」という表現は、原語では受動態であり、「罪を犯した天使たち」が、神の「裁きに向けて保持される」という意味である（創世 6:1-4）。

「罪を犯す（ハマルタノー）」とは、「的を外す、分け前（メロス）を逃す（ア）」という意味に由来し（ペト一 2:20 解説）、「深淵に落とす（タルタロオー）」と訳した表現は、「深淵（タルタロス）」に入れるという意味である。そして、罪を犯した天使たちが、「暗黒の縄目に」引き渡されているということは（cf. ヘブ 12:18）、救いの印である「明けの明星」の光の届かない所で（ペト二 1:19）、主イエスによって買い取られないまま、隷属状態にあることを示している（ペト二 2:1 解説, cf. ユダ 6, 黙示 20:1-3）。

2. 義の人と不義の人（2:1-22）

5節　また、神は古い世を容赦せず、不信心な人々の世に洪水をもたらして、義の説教者ノアたち八人を守りました。

「神は」という表現は原文にはないが、ここでは補われている。

「古い世」とは、ノアの時代の中でも特に「洪水」が起こる前の世を指しており（創世 6:1-22, cf. マタ 24:38-39、ペト二 3:6）、父なる神に対する「崇敬の念（セバス）」が「ない（ア）」「不信心な人々（アセベース）」に満ちていた時である（ペト一 4:18 解説）。そのような時にノアは、父なる神を正しく信仰する「義」の「説教者」であった。「説教者（ケールクス）」とは、先駆者的に教えを「宣言する（ケールッソー）」ことであり、また、公式に「布告する（ケールッソー）」ことでもある。

単に「守る（フラッソー）」と訳した表現は、「番兵（フラックス）」が「牢屋（フラケー）」を見張るようにして「見張る、見守る」ことも意味するから、神が「罪を犯した天使たちを容赦せず、深淵に落として暗黒の縄目に引き渡し」、「裁きに向けて保持しておく」のとは対照的に（ペト二 2:4）、「ノアたち八人」を救い出すために安全に守ったのである（ペト一 3:20）。

6節　そして、神はソドムとゴモラの町を灰にして、[壊滅させて] 有罪とし、不信心をしようとする人々[のため] の見せしめを定めました。

「神は」という表現は原文にはないが、ここでは補われている。また、前節が水による滅亡を説いているのに対して（ペト二 2:5）、この6節では火による滅亡を説いている（Henry, p.1046）。これらの二つの出来事は、イエス自身によっても取り上げられている（ルカ 17:25-30）。また、かつてイスラエルの民の中のレビ人コラは、ダタン、アビラム、オンらと組み、さらに二百五十人もの指導者たちを巻き込んでモーセに逆らい、不平を漏らしたため、口を開いた大地に飲み込まれたり、主のもとから出た火に焼き尽くされたりした（ペト一 4:9 解説, cf. ユダ 11）。モーセに逆らったこれらの人々に起こった出来事は、土と火による滅亡を説いている。

現在の死海の底に位置していたと言われる「ソドムとゴモラ」は、かつて神の前に悪を積み重ねたために神によって火で滅ぼされた代表的な町である（創世 19:24-25, イザ 1:9, マタ 10:15, ロマ 9:29, ユダ 7）。かつて、アブラハムのおいのロトがソドムに住んでいた時、二人の御使いがロトの家に来る

と、ソドムの住人はその家に来て、二人を歓迎するどころか乱暴をしようとしたことがある（創世 19:1-7）。ちなみに、英語の「異常性行為（sodomy）」は、ギリシャ語の「ソドム（ソドマ）」に由来し、英語の「ゴモラ、邪悪な場所（Gomorrah）」は、ギリシャ語の「ゴモラ（ゴモラ）」に由来する。「壊滅（カタストロフェー）」とは、「倒す（カタストレフォー）」ことであり、英語の「大惨事（catastrophe）」は、ギリシャ語の「壊滅（カタストロフェー）」に由来する。

「不信心（アセベース）」とは、父なる神に対する「崇敬の念（セバス）」が「ない（ア）」ことである（ペト二 2:5 解説）。「見せしめ（ヒュポデイグマ）」と訳した表現は、「模範」とも訳せる表現であり、人々の目の「下に（ヒュポ）」、つまり、人々の目の前に置いて「示す（デイクヌミ）」もののことである（ヤコ 5:10 解説）。かつて、ソドムとゴモラの町が廃虚となって死海の海底に沈んでいることは（ペト二 2:4）、罪深い生活の末路を明示している。

ただし、キリストがノアの日々に、神に対して不従順であったために滅ぼされた霊たちの所に行って、説教をしたように（ペト一 3:18-20, cf. ペト二 2:5)、ロトの日々に、神に対して不従順であったために滅ぼされた霊たちの所にも行って、説教をしただろう（ペト二 2:7）。

7 節 さらに、神は、好色の中にいる無節操な人々の振る舞いに痛め付けられていた義人ロトを救いました。

「神は」という表現は原文にはないが、ここでは補われている。

「好色（アセルゲイア）」とは、不道徳な性的欲求であり（ペト二 2:2 解説）、「無節操（アセスモス）」とは、法や規則など、「定め（ティセーミ）」られているものを持た「ない（ア）」という意味である。「振る舞い（アナストロフェー）」とは、「生き方」とも訳せる表現であり、「再び（アナ）」「向かう（ストレフォー）」という意味に由来し、一定の生活様式を指す（ペト一 3:16 解説）。「痛め付ける（カタポネオー）」と意訳した表現は、「苦しめる（ポネオー）」という表現の強調形である（使徒 7:24）。

アブラハムのおいのロトがソドムに住んでいた時、二人の御使いがロトの家に来ると、ソドムの住人はその家に来てロトを痛め付け（創世 19:9）、その二人を歓迎するどころか乱暴をしようとしたことがある（ペト二 2:6 解

説)。ロトは、そのような人々の「振る舞い」にひどく苦しめられていたのである（ペト二 2:8）。ここに、「壊滅（カタストロフェー）」に至ったのは（ペト二 2:6 解説）、無節操な人々の「振る舞い（アナストロフェー）」であるというペトロの言葉遊びが見られる。

しかし、「義（ディカイオスネー）」の「説教者ノア」と同様に（ペト二 2:5）、ロトは「義人（ディカイオス）」であり、ノアが洪水の中から救われたように、壊滅したソドムの町から救われた（創世 19:16, 29, cf. ルカ 17:29）。

8節 その人々の中に住んでいたその義人は、日々不法な行いを見聞きして、義なる魂を苦しめていたからです。

「その義人（ホ・ディカイオス）」とは、ロトのことであり（ペト二 2:7）、「苦しめる（バサニゾー）」は、「苦痛（バサノス）」に由来する語で、この語には試金石の意味もある。つまり、「苦しめる」とは、あたかも真偽不明の貴金属を強く黒色石英にこすり付けるように人を苦しめることを表している。こうして、ロトは「不法な行い」をする人々の中で、「義なる魂」の持ち主であることが明白に表されたのである。

9節 主は、敬虔な人々を試みから救い、不義の人々を裁きの日に罰するために保持しておくことになると知っています。

「主」とは主イエスであり、「敬虔な人（ユーセベース）」とは、父なる神に対する「崇敬の念（セバス）」を持っている人のことである（ペト二 2:6 解説）。「試み」とは、「火炎」のように生じることもあるから（ペト一 4:12 解説）、ここでは極めて厳しい苦境を指しており、前節の「苦しめる」という表現の言い換えである（ペト二 2:8 解説, cf.Bigg, p.277）。しかし、主イエスは敬虔な人をそのような状況から救い（コリ一 10:13, 黙示 3:10, cf. テモ二 4:18）、逆に、「不義の人（アディコス）」を父なる神の裁きに回す（ペト二 2:4, ユダ 6）。「罰する（コラゾー）」という表現は、原語では神的受動態であり、父なる神によってそうされることを示している。

10節 そして特に、肉に従って汚れの欲望にふけり、主権を軽視する人々を。その人々は大胆でわがままであり、栄光を冒瀆しても震えること

がない。

「その人々は」という表現は原文にはないが、ここでは補われている。

「肉に従って（オピソー・サルコス）」と意訳した表現は、「肉の後ろで」（直訳）という意味であり（ペト二 2:6 解説）、「欲望（エピスミア）」とは、極めて強い欲求を意味する（ペト二 1:4 解説）。「ふける（ポレウオマイ）」と意訳した表現は、単に「行く」（直訳）であり（ペト一 4:3 解説）、「主権（キュリオテース）」という表現は、不義の人々を裁く権限を含む主イエスの支配権を指していると考えられる（ペト二 2:9 解説, ユダ 8, cf. ヨハ 5:19-30）。「軽視する（カタフロネオー）」とは、自分より「下（カタ）」だと「思う（フロネオー）」ことであり、主イエスを軽視するこのような人々は、「不義の人々」の中でも特に劣悪な人々である（ペト二 2:9）。

「大胆な人（トルメーテース）」は、文字どおり、「大胆になる（トルマオー）」人であり、ここでは皮肉が込められているだろう。「わがまま（アウサデース）」とは、「自分（アウトス）」を「喜ばせる（ヘードマイ）」ことである（テト 1:7）。「栄光（ドクサ）」という表現は原語では複数形であり、神の栄光を受けたあらゆるものを指しうる表現である。「冒瀆する（ブラスフェーメオー）」とは、神に対してであれ、人に対してであれ、愚かな（ブラクス）」ことを「言う（フェーミ）」、または、「傷つける（ブラプトー）」ことを「言う（フェーミ）」ことであり、言うだけでなく、行うことも含まれる（ペト二 2:2 解説）。「震える（トレモー）」とは、強く恐れることであり、英語の「震え（tremor）」は、ギリシャ語の「震える（トレモー）」に由来する。

11 節　天使たちは強さも力も勝っているにもかかわらず、冒瀆をする人々に対して、主からの裁きをもたらすことはない。

「にもかかわらず（ホプ）」と意訳した表現は、単に「所で」（直訳）という意味である。「勝っている（メイゾーン）」という表現は、「偉大な（メガス）」という表現の比較級であり（ペト二 1:4 解説）、「冒瀆（ブラスフェーモス）」とは、「冒瀆する（ブラスフェーメオー）」の名詞形である（ペト二 2:10 解説）。

天使たちは「不義の人々」たちよりも（ペト二 2:9, cf. ペト二 2:10）、「強さ（イスクス）」においても（ペト一 4:11）、「力（デュナミス）」においても（ペト二 1:16）、「勝っている」にもかかわらず、その人々に裁きをもたらす

ことはしない。実に、「責める、中傷する（ディアバロー）」者である「悪魔（ディアボロス）」とか「サタン」と呼ばれる人格が、神の前で人々を告発し、罪に定める者であるのに対して（黙示 12:9-10, cf. ゼカ 3:1, ペト二 2:4, ユダ 6）、天使たちは父なる神からの正しい裁きを、父なる神と御子イエスにゆだねている（cf. ペト二 2:10, cf. ユダ 9）。

　12節　しかし、これらの人々は本性として、捕らえられて朽ちるために生み出された理性のない生き物のようであり、知らないことについて冒瀆するので、それらの生き物が朽ちるように、その人々も朽ちるようにされるだろう。

　「これらの人々」とは、「不義の人々」であり（ペト二 2:9）、「本性として（フュシコス）」と訳した表現は、「本性（フュシス）」の形容詞形である（ペト二 1:4 解説）。「捕らえられて（ハローシス）」と訳した表現は、「捕らえ（ハリスコマイ）」られることであり、「朽ちる（フソラ）」と訳した表現は、「朽ちるもの（フソラ）」という意味である（ペト二 1:4 解説）。「理性のない（アロゴス）」とは、文字どおり、「言葉、理性、分別（ロゴス）」が「ない（ア）」ことであり（使徒 25:27）、「冒瀆する（ブラスフェーメオー）」とは、神や人を否定するような言動である（ペト二 2:10 解説）。ここで、「本性（フュシス）」という表現と「理性のない（アロゴス）」という表現は、同義語である（Bigg, p.280）。

　「それらの生き物が朽ちるように」と意訳した表現は、「それらが朽ちることにおいて」（直訳）という意味であり、「それら」が「不義の人々」を指すとするなら、「その人々も朽ちるようにされる」事態を強調した表現であるが、ここではおそらく「理性のない生き物」と同様に「不義の人々も朽ちるようにされる」という意味だと考えられる（ユダ 10）。

　いずれにせよ、このように、不義の人々の結末は悲惨なものであるが（ペト二 2:22）、かつてイエスが十字架上で、「父よ、あなたは彼らを許してください。人々は何をしているのか知らないのですから」と祈ったように（ルカ 23:34）、許される可能性がある（cf. ペト一 3:19-20）。また、イエスによると、自分の主人の思いを知っていながら、その思いを実行しないしもべは多くむち打たれるが、知らずに打たれるようなことをした人は、少ししかむち打た

れない（ルカ 12:47-48）。したがって、イエスは人々が父なる神の思いを知らずに、また、自分たちのしていることすら知らずに十字架刑を行おうとしていることに対して、少しでも人々が許されるようにと、執り成しの祈りをしたのである（使徒 3:17, コリ一 2:8, テモ一 1:13, cf. 使徒 7:60）。

13節　不義を行う人々は不義の報酬を受け、昼間からのぜいたくを快楽と考えています。その人々はしみであり、傷であり、あなたたちと宴会に連なると、自分たち自身を惑わしながら、ぜいたくに浸ります。

「受け」という表現は原文にはないが、ここでは補われており、「昼間からの」と訳した表現は、単に「昼間の」（直訳）という意味である。

無償で与えることを表す「恵み（カリス）」の対義語である「報酬（ミソス）」とは（ヤコ 5:4 解説, cf. ペト二 1:2 解説）、労働に対する対価であり、不義を行う人々が言わばその働きの対価として不義を受けるとは皮肉な表現であり、要するに、自分が行った不義と同じ不義を被るという意味である。

かつて、イエスが、「きらびやかな服をまとってぜいたくにしている人々は、王宮に属している」と語ったように（ルカ 7:25）、「ぜいたく（トゥルフェー）」とはそのような豪華な暮らしであり、特に飲食を指す（イザ 5:11）。そして、「昼間からのぜいたく」を「快楽」と考えることは（ヤコ 4:1, 3, cf. 使徒 2:15, ロマ 13:13, テサ一 5:7, ペト二 1:13 解説）、「貧しい人々は、幸いである。なぜなら、神の王国はあなたたちのものだからである。今飢えている人々は、幸いである。なぜなら、あなたたちは満たされるだろうから」と説いたイエスの考えとは対極的である（ルカ 6:20-21）。イエスは、さらにこう語っている。「しかし、富んでいるあなたたちには、不幸がある。なぜなら、あなたたちは自分たちの慰めを受け取っているからである。今満たされているあなたたちには、不幸がある。なぜなら、あなたたちは飢えるだろうから。今笑っている人々は、不幸である。なぜなら、あなたたちは悲しみ、泣くだろうから」（ルカ 6:24-25）。

「しみ」も（エフ 5:27, cf. ペト一 1:19）、「傷」も、荒廃しつつあることの証拠であり、「宴会に連なる（スンユオーケオー）」とは、「共に（スン）」「良い（ユ）」時を「持つ（エコー）」という意味に由来する。つまり、不義を行う人はぜいたくを楽しんでいるようで、実は滅びつつあるのであり、「ぜい

2. 義の人と不義の人 (2:1-22)

たくに浸り」ながら、そうした矛盾を自分で「惑わし（アパテー）」ているのである。「ぜいたくに浸る（エントゥルファオー）」とは、「ぜいたくに暮らす（トゥルファオー）」という表現の強調形であり、例えば、「金と銀」の食器に囲まれて「肉を食べる」ことである（ヤコ 5:5 解説, cf. ユダ 12）。

14節　その人々は、姦淫の女に満ちた目を持ち、罪をやめることなく、魂の不安定な人々をおびき寄せ、訓練された貪欲な心を持ち、呪いの子となっています。

「その人々」とは「不義を行う人々」であり（ペト二 2:13）、「となっています」という表現は原文にはないが、ここでは補われている。

「姦淫（モイケイア）」ではなく、「姦淫の女（モイカリス）」に満ちた目とは（ヤコ 4:4 解説）、姦淫の相手を探し続けることを指し（マタ 5:28）、その目が姦淫の女の像で満ちていることを示している（グリーン, p.149）。「罪（ハマルティア）」とは、「的を外す、分け前（メロス）を逃す（ア）」という意味に由来する（ペト二 2:4 解説）。単に「やめることなく（アカタパウストス）」と意訳した表現は、「止める（パウオー）」という表現の強調形である「憩う（カタパウオー）」の否定形であり（ペト一 4:1 解説）、「満ちた（メストス）」という表現と「やめることなく」という表現は、空間的にも時間的にも、そのような人々が罪に浸っていることを強調している。

「不安定な（アステーリクトス）」と意訳した表現は、「力づけ（ステーリゾー）」られていないことを示し（ペト二 1:12 解説）、「おびき寄せる（デレアゾー）」と意訳した表現は、元々は「えさ（デレアル）」で釣ることを意味する（ヤコ 1:14 解説）。こうした表現は、「不義を行う人々」の巧妙な手口を解説している（ペト二 2:13）。

「貪欲さ（プレオネクシア）」とは、「より多く（プレオン）」「持つ（エコー）」ことを欲する性格のことであるが、「持つ（エコー）」とは、しばしば性的関係を持つことを示すから、「貪欲」という表現には、性的貪欲さも含まれるだろう（ペト二 2:3 解説）。元々、「裸（グムノス）」で競技をしたことに由来する「鍛練する（グムナゾー）」という表現は、英語の「体育（gymnastics）」という表現にもなっており、「訓練された貪欲な心」とは、不義を行うための訓練であるから、皮肉な表現である。このような不義を行う人々は、神が

イエスに対して、「これは私の愛する私の子であり、私自身はこれを喜ぶ」と宣言して祝福したのとは対極的に（ペト二 1:17）、「呪いの子」とされている（cf. エフ 2:3）。「呪い（カタラ）」とは、誰かに「対して（カタ）」否定的なことを「祈る（アラオマイ）」ことである（ヤコ 3:10）。

ちなみに、英語の「眼科学（ophthalmology）」は、ギリシャ語の「目（オフサルモス）」に由来する。

15節　その人々は真っすぐな道を捨てて、さ迷い、ボソルの子バラムの道に従いました。彼は不義の報酬を愛し、

「その人々は」という表現は原文にはないが、ここでは補われており、「不義の人々」を指している（ペト二 2:14 解説）。「子」という表現も原文にはないが、ここでは補われている。

「真っすぐな」道とは、神の進む道であり、主イエスの進む道であり（マタ 3:3, 使徒 13:10, cf. ペト二 2:2 解説）、不義の道とは対極的である（ペト二 2:13-14）。「さ迷う」と意訳した表現は、「惑わす（プラナオー）」という表現の受動態「惑わされる」であり（ペト一 2:25 解説）、「従う（エクサコルーセオー）」と訳した表現は、「従う（アコルーセオー）」という表現の強調形である（ペト二 2:2 解説）。

「ボソルの子バラム」は（民数 31:8, 16, cf. 申命 23:5, ネヘ 13:2, ユダ 11, 黙示 2:14）、約束の地に入って来たイスラエルの民と対立したモアブ人の王バラクが（ペト二 1:15 解説）、イスラエルの民を呪うために、礼物によって招こうとした占い師であり（民数 22:1-7）、神はバラムに、迎えに来たバラクの使者たちと同行しないようにと命じたにもかかわらず、バラムが出発したので、それに対して神が怒ったことで知られている（民数 22:12, 22）。なお、神が最後はバラムに、バラクの使者たちと同行するようにと言ったのは、神の許しではなく、神の怒りの印である（民数 22:20, cf. カルヴァン, p.185）。それにもかかわらず、バラムは出発したのである。

なお、通常は「ベオルの子バラム」と呼ばれる「バラム」がここで、「ボソルの子バラム」と呼ばれるのは、ペトロ自身のガリラヤ地方のなまりが反映されたためか（マタ 26:73）、ヘブライ語の「肉（バーサール）」を連想させてバラムの罪に言及したためかもしれない（Bauckham, pp.267f.）。

2. 義の人と不義の人（2:1-22）

16節 そして、彼は自分自身の違反のとがめを受けました。物を言わないろばが人間の声で話し、この預言者の乱心を妨げたのです。

「違反（パラノミア）」と訳した表現は、元々は「律法（ノモス）」「からそれる（パラ）」ことであり（cf. 使徒 23:3）、「受ける（エコー）」と意訳した表現は、単に「持つ」（直訳）である。「とがめ（エレンクシス）」と訳した表現は、「諭す（エレンコー）」という表現に由来する（ヤコ 2:9）。この「とがめ」は、行く手を阻んでいる主の使者たちを見てうずくまったろばをバラムが打ち叩くと、ろばがバラムに対して「とがめ」の言葉を語ったという異常な形でなされた（民数 22:22-30, cf. ペト二 2:15 解説）。

「物を言わない（アフォーノス）」と意訳した表現は、「声、音（フォーネー）」が「ない（ア）」ということであり（使徒 8:32, コリ一 12:2, 14:10）、「ろば（ヒュポズギオン）」とは、直訳すると「くびき（ズゴス）」の「下に（ヒュポ）」置かれている動物である（マタ 21:5）。「話す（フセンゴマイ）」という表現は、「声を出す」（直訳）という意味であり（使徒 4:18）、このろばは、「理性のない生き物」ではなく（ペト二 2:12）、言わば神から一時的に理性を与えられた生き物として登場した。

「乱心（パラフロニア）」と意訳した表現は、思考する「心（フレーン）」「から（パラ）」逸脱することであり（コリ二 11:23）、この 16 節における「違反（パラノミア）」という表現も、「乱心（パラフロニア）」という表現も、バラムの「不義」を強調している（ペト二 2:15）。

ちなみに、英語の「電話、言語音（phone）」は、ギリシャ語の「声、音（フォーネー）」に由来する。

17節 これらの人々は乾いた泉、暴風に吹き払われる霧であり、暗闇の暗黒がその人々のために保持されています。

「乾いた（アヌドロス）」とは、「水（ヒュドール）」が「ない（ア）」という意味であり（マタ 12:43）、「乾いた泉」は役に立たないものを表し、「暴風（ライラプス）」に吹き払われる霧は（マル 4:37）、はかないものの代表である（ユダ 12-13）。「暗闇（スコトス）」の「暗黒（ゾフォス）」という類義語の反復は、強調のためのものであり、深刻な「裁き」を予兆している（ペト二 2:4）。「保持されている」という表現は神的受動態であり、父なる神によってそうされ

ていることを示している。

18節 実に、その人々は虚無の大言壮語を話し、迷いの生活からかろうじて抜け出そうとしている人々を、好色という肉の欲望によっておびき寄せ、

「その人々」とは「不義の人々」であり（ペト二 2:13, cf. ペト二 2:14-17）、「虚無（マタイオテース）」という表現は、「愚かさ、失敗（マテー）」という語に由来する（ロマ 8:20、エフ 4:17）。「大言壮語（ヒュペロンコス）」と意訳した表現は、通常の「量（オンコス）」を「超えている（ヒュペル）」ことであり（ユダ 16）、神の前における不義の人々の愚かさが、皮肉にも「大言壮語」というその人々自身の様子によって如実に語られている。

「迷い（プラネー）」と訳した表現は、「惑わす（プラナオー）」という表現の名詞形であり（ペト二 2:15 解説）、「生活（アナストレフォー）」と訳した表現は、「振る舞い」とも訳せる表現である（ペト一 1:17 解説，ペト二 2:7 解説）。「かろうじて（オリゴース）」と訳した表現は、「少し（オリゴス）」という形容詞の副詞であり（ペト一 1:6, 3:20, 5:10, 12）、「抜け出る（アポフューゴー）」と訳した表現は、ある所「から（アポ）」「逃げる（フューゴー）」ことであり、「避ける」とも訳せる表現である（ペト二 1:4）。これらの表現は、唯一真の神を知らないために迷いの日々を送っている人が、そこから脱却することの難しさを物語っている。

それにもかかわらず、不義の人々はそのような人々を再び「迷い」へとおびき寄せる。「好色（アセルゲイア）」とは、不道徳な性的欲求であり（ペト二 2:7 解説）、「欲望（エピスミア）」とは、極めて強い欲求を意味し（ペト二 2:10 解説）、「おびき寄せる（デレアゾー）」と意訳した表現は、元々は「えさ（デレアル）」で釣ることを意味する（ペト二 2:14 解説）。すると、「虚無の大言壮語」が釣り針であり、「好色という肉」がえさであると言えるだろう（Bigg, p.285）。

19節 この人々に自由を約束しながら、自分たち自身は朽ちるものの奴隷です。実に、誰でも人に打ち負かされると、その人の奴隷になります。

前節の「虚無の大言壮語」の一例が（ペト二 2:18）、この 19 節にあるように、

2. 義の人と不義の人（2:1-22）

不義の人々が、「迷いの生活からかろうじて抜け出ようとしている人々」に「自由を約束」するというものである（ペト二 2:18）。それが「虚無の大言壮語」であるのは、不義の人々自身が実は、「朽ちるもの（フソラ）」の奴隷であり（ペト二 2:12 解説）、すでにこの「朽ちるもの」に敗北しているにもかかわらず、「自由」を相手に約束しているからである。「奴隷になる（ドゥーレウオー）」と訳した表現は、実際は受動態であり、奴隷状態に置かれるという意味である。

　実に、イエスが、「真理はあなたたちを自由にするだろう」と約束し（ヨハ 8:32）、「罪を犯すあらゆる人は、罪の奴隷である」と明言したように（ヨハ 8:34）、真の自由を約束するのはイエスであり、罪人はすべて罪の奴隷なのである（cf. ロマ 6:16, 8:21）。

　20 節　実に、もし、[私たちの] 主であり、救い主であるイエス・キリストをはっきりと知ることによって、この世の汚れから抜け出ても、それに再び巻き込まれて、打ち負かされるなら、その人々にとってその終わりは、初めよりももっと悪くなります。

　「それ」とは「汚れ」を指し、「その人々」とは、「この世の汚れから抜け出ても、それに再び巻き込まれて、打ち負かされる」人々を指している。

　「イエス・キリストをはっきりと知る」とは、罪ではなくイエスが自分の「主」人であり（ペト二 2:19 解説）、「救い主」であると知ることであるが（ペト二 1:2-3, 8）、抜け出たはずの「この世の汚れ」に再び転落するなら（cf. ペト二 2:18）、その人は一層ひどい状態に陥ることになるという警告がここで強調されている。「巻き込まれて、打ち負かされる」という受動態は（ペト二 2:19）、この事態の背後に悪魔を想定するなら、言わば悪魔の計略によってそうされることを示す悪魔的受動態である。

　この 20 節の警告は、かつてイエスが語った次のたとえを想起させる。「汚れた霊が人から出て行くと、それは乾いた場所を通って行き、安らぎを求めるが、彼は見つけない。それから、それは『私は、私が出て来た私の家に戻ろう』と言い、戻ると、そこが空き家になっており、掃除がされていて、整えられているのを見つける。それから、それは行って、自分よりも悪いほかの七つの霊を自分と共に連れて来て、そこに入って住む。すると、その人の最後は、最初よりもひどくなる。この悪い世代も、このようになるだろう」（マ

タ 12:43-45)。

21節 実に、義の道をはっきりと知りながら、自分たちに引き渡された聖なる戒めから引き返すよりも、それをはっきりと知らなかった方が、その人々のためには良かったのです。

「義の道」とは、この世の悪の中でも「義」の人であったノアやロトの生き方であり（ペト二 2:5-8）、イエス・キリスト自身の生きた道でもある（ペト二 1:1, cf. ペト二 2:15 解説）。「聖なる戒め」とは、イエスを通して父なる神から与えられた戒めすべてであり（ユダ 3）、それは神の思いそのものである（ペト二 1:1 解説）。つまり、この神の思いを知りつつも、それを破ることは、それを知らずに破ることよりも罪が重いのである。

この 21 節は、かつてイエスが、「自分の主人の思いを知っていながら、その思いに対して準備や実行をしないあのしもべは、多くむち打たれるだろう」と語ったことを想起させる（ルカ 12:47, cf. 箴言 21:16, エゼ 18:24, マタ 21:32, ヘブ 6:6, 10:26, ヤコ 4:17, ペト二 2:12 解説）。

22節 「犬は、自分自身の吐いた物のもとに立ち帰る」、また、「豚は、体を洗って泥にまみれる」というたとえが、その人々に本当に起こったのです。

「体を」という表現は原文にはないが、ここでは補われており、イスラエルの民にとって、犬も豚も汚れた生き物であった（出エ 22:30, レビ 11:7, 申命 14:8, 列王上 14:11, 16:4, 列王下 9:10, cf.Neyrey,pp.221f.）。

「たとえが、その人々に本当に起こったのです」と意訳した表現は、「この真のたとえが、その人々に起こったのです」（直訳）という意味である。「たとえ（パロイミア）」とは、「道（オイモス）」の「傍ら（パラ）」という意味で、通常の話の筋道からそれた話し方を示す（ヨハ 10:6, 16:25, 29, cf.Thayer, p.490）。

「立ち帰る（エピストレフォー）」という表現が（ペト一 2:25 解説）、回心をも現す表現であることを考慮すると、「犬は、自分自身の吐いた物のもとに立ち帰る」というたとえは皮肉に満ちたものであり（箴言 26:11）、「豚は、体を洗って泥にまみれる」というたとえも、元の悪い状態に帰ることを

2. 義の人と不義の人（2:1-22）

示している（マタ 7:6）。いずれにせよ、「この世の汚れから抜け出ても、それに再び巻き込まれて、打ち負かされる」ような人は（ペト二 2:20）、このような動物に近い生き方をしているという極めて厳しい警告である（ペト二 2:12）。

　ちなみに、「泥（ボルボロス）」という表現は、擬音語である（Witherington, p.363）。

3. 水による清めから火による清めへ

3章1節－18節　私訳

^{1} 愛する人々よ、私はあなたたちにすでに二通目になるこの手紙を書いていますが、これらによって思い起こさせて、私はあなたたちの純真な考えを奮い立たせます。^{2} 聖なる預言者たちによって前もって語られた言葉と、あなたたちの使徒たちの主であり、救い主である方の戒めを思い出すためです。^{3} あなたたちは、まずこのことを知りなさい。終わりの日々には、あざける人々が来て、あざけり［ながら］、自分たち自身の欲望に従って歩み、^{4} 言うだろう。「彼の到来の約束は、どこにあるのですか。実に、父たちが眠りに就いてから、すべてのものは、創造の初めからこのようにそのままです。」^{5} 実に、その人々はこのことに気づこうとしないのです。つまり、天は昔からあり、地は神の言葉によって水から、そして、水を通して成り立ちましたが、^{6} それらによって、あの時の世は水で押し流されて滅びました。^{7} そして今、天と地は、火のために同じ言葉によって保存されており、不信心な人々の裁きと滅びの日まで保持されています。

^{8} そして、愛する人々よ、この一つのことが、あなたたちに気づかれないでいてはならない。つまり、主のもとでは、一日は千年のようであり、千年は一日のようです。^{9} 主は、ある人々が遅いと考えているように、あの約束を遅らせているのではなく、あなたたちに対して忍耐しているのであり、誰も滅びることなく、すべての人々に回心に至ってもらいたいと思っています。

^{10} そして、主の日は盗人のように来るだろう。その日、天は激しい音を立てて過ぎ去り、また万象は焼かれて崩され、地とそこにある働きが暴かれるだろう。^{11} このように、これらすべてのものは崩されるので、［あなたたちは］どういう人であっても、聖なる振る舞いと敬虔をまとっていなければならないのです。^{12} 神の日の到来を期待して、早めるようにしなさい。その日のゆえに、天は燃やされて崩され、万象は焼かれて溶かされます。^{13} しかし、私たちは、義が住む新しい天と新しい地を神の約束に従っ

3. 水による清めから火による清めへ（3:1-18）

て期待しています。

^{14} そのため、愛する人々よ、あなたたちはこれらのことを期待して、しみもなく、傷もなく、平和の内にいることを神に見いだされるように努めなさい。^{15} そして、あなたたちは、私たちの主の忍耐を救いと考えなさい。私たちの愛する兄弟パウロも、彼に与えられた知恵に従ってあなたたちに書き送ったとおりです。^{16} 彼はすべての手紙においても、それらにおいても、これらのことについて語っていますが、それらの中には理解しにくいものがあり、無学な人々や不安定な人々は、それを聖書の他の部分と同じように曲解し、自分たち自身の滅びに向かっています。

^{17} そこで、愛する人々よ、あなたたち自身は、無節操な人々の惑わしに共に引き込まれて、自分たち自身の基盤から落ちないように、前もって知り、見張りなさい。^{18} そして、あなたたちは私たちの主であり、救い主であるイエス・キリストの恵みと知識において成長しなさい。この方に、栄光が今も、また、永遠の日に至るまでありますように。［アーメン。］

3章1節－18節　解説

1節　愛する人々よ、私はあなたたちにすでに二通目になるこの手紙を書いていますが、これらによって私はあなたたちの純真な考えを思い起こさせて、奮い立たせます。

このペトロの手紙二が「二通目」であるということは、ペトロの手紙一が一通目であるということであり、「あなたたちの純真な考えを思い起こさせて」、さらに「奮い立たせ」ることは、「純真な考え」を現実的に実行へと移すように働きかけることを意味する（ペト一 1:13 解説）。

「純粋（エイリクリネース）」とは、「太陽の熱（ヘイレー）」を当てて、または「転がす（エイロー）」ことで不純物を取り除いて、清いと「判断する（クリノー）」過程を経ていることである（フィリ 1:10, cf.Thayer, p.175）。そして、「純真な」「考え（ディアノイア）」とは（cf. ペト二 3:2 解説）、聖霊に満たされつつ、御子イエスを通して父なる神の言葉と業を心に抱き続けることである（ペト一 1:13 解説, cf. ペト二 3:8）。

ペトロの手紙二

　２節　聖なる預言者たちによって前もって語られた言葉と、あなたたちの使徒たちの主であり、救い主である方の戒めを思い出すためです。

　預言者たちの「言葉（レーマ）」という表現が、原語では複数形であるのに対して、救い主の「戒め（エントレー）」という表現は、原語では単数形である。つまり、前者は預言者たちによって預言された数々の言葉を指し（ルカ 1:70, 24:25-27, 使徒 3:21）、それらは聖霊の導きによって記されたものである（エフ 3:5, ペトー 1:10-12, ペト二 1:20-21, cf. グリーン，p.165）。

　後者の救い主イエスによる一つの「戒め」については、イエスが律法を厳格に守ろうとするファリサイ派の人による「律法の中でどの戒めが重要ですか」という質問に対して（マタ 22:36）、「『あなたは、あなたの心のすべてにおいて、あなたの魂のすべてにおいて、あなたの考えのすべてにおいて、あなたの神である主を愛しなさい。』これが、重要な第一の戒めである。第二もこれと同じである。『あなたは、あなたの隣人をあなた自身のように愛しなさい』」と答えたことを指摘できるだろう（マタ 22:37-39, cf. レビ 19:18, 申命 6:5, ユダ 17）。また、「あなたたちの使徒たち」とは、「あなたたちの」教会を建てた人々を指している（Witherington,pp.366f.）。

　３節　あなたたちは、まずこのことを知りなさい。終わりの日々には、あざける人々が来て、あざけり［ながら］、自分たち自身の欲望に従って歩み、

　「あなたたちは、まずこのことを知りなさい」という命令は、特に重要なことに注意を喚起するための決まり文句である（ペト二 1:20）。「終わりの日々」とは、天地創造で開始されたこの世が終結を迎える時であり（ペト一 1:20 解説，ペト二 3:12）、「あざける人（エンパイクテース）」の暴言は次節に記されている（ペト二 3:4, cf. ユダ 18）。「欲望（エピスミア）」とは、極めて強い欲求を意味し（ペト二 2:18 解説）、神の思いとは対極的であることを示唆している。

　４節　言うだろう。「彼の到来の約束は、どこにあるのですか。実に、父たちが眠りに就いてから、すべてのものは、創造の初めからこのようにそのままです。」

3. 水による清めから火による清めへ（3:1-18）

　この4節は、「あざける人々」のあざけり方を具体的に示している（ペト二 3:3）。
　「到来（パルーシア）」とは、キリストが再び「傍らに（パラ）」「いること（ウーシア）」、つまり、主イエスの再臨を示す表現であり（ペト二 1:16 解説）、「彼の到来の約束は、どこにあるのですか」とは、イエスの到来がどこで実現したのかという意味である。こうした問いは、存在していなかったり、実現しなかったことに対する反語的な意味を込めた問いである（詩編 42:4, 79:10, エレ 17:15, マラ 2:17, ルカ 8:25, cf.Bigg, p.291）。
　「父たち」とは、「創造の初めから」という表現が示唆しているように、特に旧約時代の父祖たちを含む自分たちの信仰の先祖たちを指し、「眠りに就く（コイマオマイ）」と訳した表現は、単に「眠る」（直訳）であり（テサ一 4:13-15）、死ぬことの婉曲表現である。ちなみに、英語の「墓地（cemetery）」という表現は、ギリシャ語の「眠る（コイマオマイ）」に由来する（グリーン, p.171）。
　「創造（クティシス）」とは、父なる神による天地万物の創造を指し、「そのままである（ディアメノー）」と訳した表現は、「居る（メノー）」という表現の強調形であり（ヘブ 1:11）、死んだ人々も例えば復活することなく、そのままであることを皮肉交じりに指摘している（イザ 5:19, エゼ 12:22, cf. マタ 24:48, マル 13:30）。

　5節　実に、その人々はこのことに気づこうとしないのです。つまり、天は昔からあり、地は神の言葉によって水から、そして、水を通して成り立ちましたが、
　「気づこうとしない」という表現は、その人々のかたくなな様子を表しており、「つまり（ホティ）」と訳した表現は、「ということ」という意味である。
　「天（ウーラノス）」という表現が原語で複数形であるのは、当時の世界観によると、天は階層的であり、天の天も、さらにその上にあってこの世から隔絶した神の座である「第三の天」もあるとされていたからである（コリ二 12:2, cf. 申命 10:14, 列王上 8:27, 詩編 148:4, エフ 4:10, テサ一 4:17, ヘブ 4:14, 黙示 12:5）。
　「成り立つ（スニステーミ）」と意訳した表現は、「共に（スン）」「立つ（ヒ

ステーミ）」（直訳）ことであり、確かに、神の座を含む天は「昔からあり」、神の命令の言葉によって水が一つの所に集まり、乾いた所が現れることによって地ができた（創世 1:2, 6, 9-10, cf. 詩編 24:2, 136:6, コロ 1:17, ヘブ 11:3）。

6節　それらによって、あの時の世は水で押し流されて滅びました。

「それら」とは、前節の「神の言葉」と「水」であり（ペト二 3:5）、この 6 節は、「神は古い世を容赦せず、不信心な人々の世に洪水をもたらして、義の説教者ノアたち八人を守りました」という出来事を指している（ペト二 2:5, cf. 創世 7:21-23）。したがって、ここで「あの時の世」とは、具体的にはその世にいた不信心な人々を指している。

7節　そして今、天と地は、火のために同じ言葉によって保存されており、不信心な人々の裁きと滅びの日まで保持されています。

単に「火のために」（直訳）と訳した表現は、「火で清められるために」という意味であり、かつて水で滅ぼされた天地は（ペト二 3:6）、今や「火」で清められるために保存されている。「保存する（セーサウリゾー）」と訳した表現は、「蓄える」とも訳せる表現であり（ヤコ 5:3 解説）、「保存されている」、「保持されている」という二つの類義語表現は神的受動態であり、究極的には父なる神によってそうされていることを示している（ペト二 2:17 解説）。

「不信心な人（アセベース）」とは、父なる神に対する「崇敬の念（セバス）」が「ない（ア）」ことであり（ペト二 2:6 解説）、そういう人々は父なる神によって「裁き」を受け、「滅び」を宣言されるが、究極的に、この滅びはそういう人々の「罪」の滅びであり、かつてはノアの時代に、神に不従順であったために死んで霊となった人々のもとにキリストが行き（ペト一 3:18-20）、その人々を救い出したように（ペト一 3:20 解説）、最後まで神に不従順であったために死んで霊となった人々のもとに、父なる神と子なる神キリストの送り出した聖霊が行き、その人々を救い出すだろう。聖霊こそ「火の聖霊」であり（マタ 3:11）、最終的な清めの主体だからである（cf. イザ 66:15, ダニ 7:9-10, コリ一 3:13, ヘブ 12:29, ユダ 7）。

8節　そして、愛する人々よ、この一つのことが、あなたたちに気づか

3. 水による清めから火による清めへ（3:1-18）

れないでいてはならない。つまり、主のもとでは、一日は千年のようであり、千年は一日のようです。

「つまり（ホティ）」と訳した表現は、「ということ」という意味であり（ペト二 3:5 解説）、この 8 節の後半の引用は、詩編 90 編 4 節からのものである（詩編 90:4）。

主である神のもとでは、また、その神の子イエスのもとでは、通常の人間の時間感覚は克服されており、例えば、七十年の人間の人生も（詩編 90:10）、「主」に対する信仰深い生活を送ることによって、それ以上のものにもなれば、「主」に対する「不信心な」生活を送ることによって（ペト二 3:7）、それ以下のものにもなることを示唆している（ペト二 3:9）。

9節　主は、ある人々が遅いと考えているように、あの約束を遅らせているのではなく、あなたたちに対して忍耐しているのであり、誰も滅びることなく、すべての人々に回心に至ってもらいたいと思っています。

「考える（ヘーゲオマイ）」と意訳した表現は、「導く（ヘーゲオマイ）」という意味に由来し（ペト二 1:13 解説, cf. ペト二 2:13）、「あの約束」と訳した表現は、主イエスの「到来の約束」を指している（ペト二 3:4 解説）。イエスの十字架刑死とその後の復活から数十年しかたっていないこの時でさえ、すでにイエスの到来が「遅い」と考える人がいたということは、現代の人々が主の到来を遅いと考えることは、ある意味で当然であり、それはむしろ、いまだ回心に至っていない人々の多さを物語っていると言える（ハバ 2:3, ヘブ 10:37）。

「忍耐する（マクロスメオー）」と訳した表現は、元々は「怒り（スモス）」を先に「長く（マクロス）」延ばすことであり（ヤコ 5:8 解説, cf. ペト一 3:20）、神はそのような人々の回心を忍耐深く待っており、回心して救いにあずかることを望んでいる（ロマ 2:4）。「回心（メタノイア）」とは、「心（ヌース）」を入れ「替えて（メタ）」、主イエスに対する信仰を通して真の神に立ち帰ることである。ちなみに、パウロも、「神はすべての人々が救われて、真理の認識に至って欲しいと思っています」と語っている（テモ一 2:4）。

10節　そして、主の日は盗人のように来るだろう。その日、天は激し

い音を立てて過ぎ去り、また万象は焼かれて崩され、地とそこにある働きが暴かれるだろう。

「その日」の「日」という表現は原文にはないが、ここでは補われている。

「主の日は盗人のように来るだろう」という文は、かつてイエスが、「だから、あなたたちは目を覚ましていなさい。なぜなら、あなたたちは、どの日にあなたたちの主が来るかを知らないからである。あなたたちは、このことを知っておきなさい。もし、家の主人は、どの時間に盗人が来るかを知っていたなら、彼は目を覚ましていて、自分の家に入り込ませないだろう」と語ったことを想起させる（マタ 24:42-43, cf. コリ一 1:8, テサ一 5:2, 黙示 3:3, 16:15）。

「激しい音を立てて（ロイゼードン）」と意訳した表現は、勢いよく飛ぶ矢の音や、笛の音を表す「激しい音（ロイゾス）」という擬音語に由来し（Liddell & Scott, 1986, p.719)、「万象（ストイケイオン）」と訳した表現は、元々は「列（ストイコス）」になって並んでいるものを指し、そこから自然の種々の要素や、物事の原理や原則を意味するようになった（ガラ 4:3, 9, コロ 2:8, 20, ヘブ 5:12）。「焼かれて崩され」、「暴かれる」という表現は神的受動態であり、父なる神によってそうされることを示している（Bauckham, p.319）。「暴く（ヒューリスコー）」と意訳した表現は、「見つける、見いだす」とも訳せる表現である（ペト一 1:7, 2:22）。つまり、最後の日には、諸々の天がなくなり（ペト二 3:5 解説）、この世のあらゆる物が消滅し、こうして地における人々の働きが露呈されて、天上の父なる神から見とがめられるのである（マタ 24:29, 35, ペト二 3:7, 12, 黙示 20:11, 21:1）。

11 節　このように、これらすべてのものは崩されるので、［あなたたちは］どういう人であっても、聖なる振る舞いと敬虔をまとっていなければならないのです。

前節の「万象」は（ペト二 3:10）、この 11 節で「これらすべてのもの」と言い換えられている。「聖なる」とは、神のために他のものから特別に取り分けられていることを示し、「振る舞い（アナストロフェー）」とは、「生き方」とも訳せる表現であり、「再び（アナ）」「向かう（ストレフォー）」という意味に由来し、一定の生活様式を指す（ペト二 2:7 解説）。「敬虔（ユーセベイア）」とは、神に対して「崇敬の念（セバス）」を抱いていることであり（ペ

ト二 1:6 解説, 3:7 解説)、「まとう (エン)」と意訳した表現は、その「中に」(直訳) いるという意味である。このように、最後の日に滅びから自らを守るものは、「聖なる振る舞いと敬虔」である。この「聖なる振る舞いと敬虔」は、後者の語が前者の語を修飾する二詞一意として、「敬虔な聖なる振る舞い」と訳すこともできる。

12 節　神の日の到来を期待して、早めるようにしなさい。その日のゆえに、天は燃やされて崩され、万象は焼かれて溶かされます。
「その日」の「日」という表現は原文にはないが、ここでは補われている (ペト二 3:10 解説)。
「到来 (パルーシア)」とは、「傍らに (パラ)」「あること (ウーシア)」であり (ペト二 3:4 解説)、神の日の到来を「期待して、早める」ためには、「聖なる振る舞いと敬虔をまとって」(ペト二 3:11)、自分たちだけではなく、「すべての人々が回心に」至るように伝道しなければならないだろう (ペト二 3:9)。神は「神の日の到来」までに、すべての人々が回心するのを待っているからである (ペト二 3:9-10, cf. マタ 24:14)。そして、イエス自身も確かに、「あなたの王国が来ますように」と祈ることを教えていた (マタ 6:10, cf. バークレー, p 451)。

また、この 12 節で「天は燃やされて崩され、万象は焼かれて溶かされます」という内容を反復しているのは (cf. ペト二 3:10 解説)、強調のためであり、常にこのことを読者に想起させるためである (ペト二 3:1-2)。「燃やされて崩され」、「焼かれて溶かされます」という受動態は神的受動態であり、父なる神によってそうされることを示している。

ちなみに、「努める (スプーダゾー)」という表現は (ペト二 1:15 解説)、この 12 節の「早める (スペウドー)」という表現に由来する (Liddell & Scott, 1986, pp.740f.)。

13 節　しかし、私たちは、義が住む新しい天と新しい地を神の約束に従って期待しています。
「神」と訳した表現は、単に「彼」(直訳) である。
「義 (ディカイオスネー)」と一言で記されているのは、現在の天地が過ぎ

去った後には（ペト二 3:10, 12）、「義」である神と、回心して「義」とされた人々が（ペト二 3:9）、言わば一つになって住むことを示すためであり、「住む（カトイケオー）」とは、神の「家（オイコス）」に「落ち（カタ）」着くことである。この「住む（カトイケオー）」という表現は、「寄留する（パロイケオー）」という表現の対義語であり（ペト一 1:17 解説）、永続的な定住を示しいる（グリーン，p.189）。

「新しい（カイノス）」という表現は、単に時間的に「新しい（ネオス）」のではなく、質的に「新しい（カイノス）」という意味であり（Thayer, p.318）、かつて天地万物を創造した神が、再び新たに天地を創造することを意味する（イザ 65:17, 66:22, 黙示 21:1）。この質的に新しい天地では、人は罪を犯すことなく、結婚もなく（マタ 22:30）、神を賛美しつつ生きている。このような神による再創造は、最初の創造を実現した神の約束として信頼しうるものである。

14節　そのため、愛する人々よ、あなたたちはこれらのことを期待して、しみもなく、傷もなく、平和の内にいることを神に見いだされるように努めなさい。

「神」と訳した表現は、単に「彼」（直訳）である。

「これらのこと」とは、これまでに記してきたことであり、特に、主イエスの到来と共に（ペト二 3:4）、この世が過ぎ去り、新しい天地が準備されることを指している（ペト二 3:1-13）。「しみのない（アスピロス）」、「傷のない（アモーメートス）」と訳した表現は、それぞれ文字どおり、「しみ（スピロス）」がない、「傷（モーモス）」がないという意味であり（ペト二 2:13 解説, cf. ペト一 1:19 解説）、「聖なる振る舞いと敬虔」によって（ペト二 3:11）、日々自分を新しくし、どのような形であれ、他の人々との争いによって「傷」を付けることなく、「平和」に生きることを指している（テサ一 5:23, テモ一 6:14, ヤコ 1:27）。

「努める（スプーダゾー）」という表現は、「早める（スペウドー）」という表現に由来し（ペト二 3:12 解説）、平和に生きる人々の努力を神が確実に見いだすということは、かつてイエスが、「平和を築く人々は、幸いである。なぜなら、その人々こそ神の子と呼ばれるだろうから」と語ったことを想起

させる（マタ 5:9）。父なる神は、平和を築く神の子たちを自らの子として確実に知っているのである。

　15 節　そして、あなたたちは、私たちの主の忍耐を救いと考えなさい。私たちの愛する兄弟パウロも、彼に与えられた知恵に従ってあなたたちに書き送ったとおりです。
　「主」は、父なる神を指すが、主イエスを指すとも考えられる。「考える（ヘーゲオマイ）」と意訳した表現は、「導く（ヘーゲオマイ）」という意味に由来し（ペト二 3:9 解説）、「忍耐（マクロスミア）」と訳した表現は、元々は「怒り（スモス）」を先に「長く（マクロス）」延ばすことである（ペト一 3:20 解説, ペト二 3:9 解説）。つまり、神の忍耐とは、怒りではなく、逆に愛を優先することであり、この神の愛が人間に向かう時、「救い」となる。
　例えば、パウロはテモテへの手紙一において、「私が哀れみを受けたのは、キリスト・イエスがまず私においてありとあらゆる寛容を示し、彼を信じて永遠の命に入ろうとしている人々の手本とするため、このためです」と書いている（テモ一 1:16）。ここで「寛容（マクロスミア）」と訳した表現は、原語では「忍耐（マクロスミア）」と同じ語である。また、パウロはローマ人への手紙では、「あなたは神の善があなたを回心に導くことを知らずに、その善意と忍耐と寛容の豊かさを軽視するのですか」と書いている（ロマ 2:4, cf. ロマ 9:22）。ちなみに、ローマ人への手紙は回覧便として、その写本の一つが例えばエフェソに届いていたことも考えられる（グリーン，p.193）。
　パウロにとって「知恵」とは、キリスト自身も指す表現であるから（コリ一 1:24）、パウロに「与えられた知恵」とは、復活したイエス・キリストがパウロに現れて、パウロを回心させた出来事であるとも言えるだろう（使徒 9:1-9, 17, cf. エフ 3:3）。この「与えられた」という表現は神的受動態であり、父なる神によってそうされたことを示している（Bauckham, p.329）。

　16 節　彼はすべての手紙においても、それらにおいても、これらのことについて語っていますが、それらの中には理解しにくいものがあり、無学な人々や不安定な人々は、それを聖書の他の部分と同じように曲解し、自分たち自身の滅びに向かっています。

「それら」とは、パウロが「あなたたちに書き送った」手紙であり（ペト二 3:15）、「これらのこと」とは、これまでにペトロがこのペトロの手紙二で語ってきたことであり、特に、主イエスの到来と共に、この世が過ぎ去り、新しい天地が準備されることを指している（ペト二 3:14 解説）。ちなみに、パウロはテサロニケ人への手紙一において、主イエスが到来することや、主の日が盗人のように来ることに言及している（テサ一 4:15-5:2, cf. ペト二 3:10）。

「理解しにくい（ドゥスノエートス）」とは、「理解する、知覚する（ノエオー）」ことが「難しい（ドゥス）」ことである（cf. コリ二 10:10）。「無学な人（アマセース）」とは、「学ぶ（マンサノー）」ことのでき「ない（ア）」人であり、「不安定な人（アステーリクトス）」と訳した表現は、「力づけ（ステーリゾー）」られていないことを示す（ペト二 2:14 解説, cf. ヘブ 5:11）。

「聖書（グラフェー）」と訳した表現は、単に「書かれたもの」（直訳）という意味であり（ペト二 1:20 解説）、「曲解する（ストレブロオー）」とは、内容に関してその「向きを変える、曲げる（ストレフォー）」という意味である。このような曲解をする代表者は、「偽教師たち」である（ペト二 2:1 解説）。また、「曲解する（ストレブロオー）」という表現は、巻き上げ機で「巻き上げる（ストレブロオー）」という意味もあるから（Liddell & Scott, 1986, p.749）、例えば、偽教師たちが巻物であった聖書を広げて「私的な説き明かし」をし（ペト二 1:20）、その後に、聖書を平然と巻き戻して片づける仕草も示唆しうる。

最終的にこの世の終わりには、父なる神が、自らの支配する天をも巻物のように巻き上げることを考慮すると（イザ 34:4）、偽教師たちの仕草は、神の言葉である聖書をあたかも支配しているかのような印象を周囲に与えるかもしれないが、実は、彼らこそ最終的に神に巻き上げられる存在であり、「自分たち自身の滅びに向かって」いるのである。ここで、「自分たち自身の（イディオス）」と訳した表現は、「私的な（イディオス）」と訳した表現であり（ペト二 1:20 解説）、聖書に対して「私的な（イディオス）説き明かし」をする人は、「自分たち自身の（イディオス）滅びに向かって」いるという皮肉が語られていると言える（Bauckham, p.334）。ちなみに、英語の「愚か者（idiot）」は、ギリシャ語の「私的な（イディオス）」に由来する。

3. 水による清めから火による清めへ（3:1-18）

例えば、パウロは確かに、主の日の到来と死人の復活について説いたが（テサ一 4:15-18）、「復活はすでに起こったと言って、ある人々の信仰をひっくり返して」いる人々がいることも報告している（テモ二 2:18, cf. パーキンス，p.292）。また、パウロが、「兄弟たちよ、あなたたち自身は自由のために招かれたからです。あなたたちは、ただその自由を肉のための機会とせずに、愛によってお互いにしもべとして仕えなさい」とか（ガラ 5:13）、「恵みが増し加わるために、私たちは罪にとどまるべきですか。それは、あってはならないことです。罪に対して死んだ私たちが、どのようにして、なおその中で生きるのだろうか」と説いて（ロマ 6:1-2）、人々の誤解を解こうとしていることを考慮すると、自由を単なる放縦ととらえている人や、実践の伴わない信仰を正当化している人がいたようである（ヤコ 2:14-26, cf. バークレー，pp.454f.）。

いずれにせよ、この 16 節におけるパウロの手紙に対する評価は、当時すでに、パウロの手紙が旧約聖書と並ぶ書として広く受容され始めていたことを示唆している（Witherington, pp.281, 387）。

17 節　そこで、愛する人々よ、あなたたち自身は、無節操な人々の惑わしに共に引き込まれて、自分たち自身の基盤から落ちないように、前もって知り、見張りなさい。

「無節操（アセスモス）」とは、法や規則など、「定め（ティセーミ）」られているものを持た「ない（ア）」という意味であり（ペト二 2:7 解説）、「惑わし（プラネー）」と訳した表現は、「惑わす（プラナオー）」という表現の名詞形である（ペト二 2:18 解説）。「共に引き込む（スナパゴー）」の受動態である「共に引き込まれる」という表現は、無節操な人々と共に人々が「共に引き込まれる」ことを意味し、無節制な人々自身も同時に「引き込まれる」ことで、共に滅びることを示唆している。こうした表現は、かつてイエスが、「目の見えない人が目の見えない人を道案内すれば、両者は穴に落ちるだろう」と語ったことを想起させる（マタ 15:14）。

「基盤（ステーリグモス）」と意訳した表現は（Bigg, p.303）、「力づける（ステーリゾー）」という表現に由来し（ペト二 3:16 解説）、この基盤とは、父なる神であり、神の子イエスであり、聖霊なる神である。そこ「から落ちる

ペトロの手紙二

(エクピプトー)」ことは、「滅びに向かって」いることを示している（ペト二 3:16, cf. 黙示 2:5)。したがって、「あなたたち」はそのことを「前もって知り」、「見張る」必要がある。この「見張る（フラッソー）」と訳した表現は、「番兵（フラックス）」が「牢屋（フラケー）」を見張るようにして「見張る、見守る」ことを意味する（ペト二 2:5 解説)。

18節 そして、あなたたちは私たちの主であり、救い主であるイエス・キリストの恵みと知識において成長しなさい。この方に、栄光が今も、また、永遠の日に至るまでありますように。[アーメン。]

イエス・キリストは、私たちが仕える「主」であり、私たちに「救い」を与える主である（ペト二 1:1 解説)。そして、このイエス・キリストの「恵みと知識」において成長するとは、「恵み」として無償で与えられる救いを他の人々にも広く伝えることであり、この救いに関する正しい知識を他の人々とも深く共有することである。このことは、「偽教師たちが現れ」（ペト二 2:1)、「無節操な人々の惑わし」があり（ペト二 3:17)、「不信心な人々」や（ペト二 3:7)、「無学な人々や不安定な人々」が滅びに向かっていることを考慮すると（ペト二 3:16)、一層、重要である。

「永遠の日（ヘーメラ・アイオーノス)」と意訳した表現は、「ある時代の日」（直訳）とも訳せる表現であり、このように長期に渡る「時代（アイオーン)」という表現と（ペト二 1:11)、一日をも表す「日（ヘーメラ)」という表現が組み合わされているのは、実に、「主のもとでは、一日は千年のようであり、千年は一日のようで」あるからであり（ペト二 3:8)、同様にして、主のもとでは、一日は永遠のようであり、永遠は一日のようなのである（Bauckham, p.338)。

しかし、イエス・キリストはすべての人々にとって今も、いつまでも「救い主」であるため、「栄光」を受けるにふさわしい方である。「アーメン（アメーン)」とは「確かに」という意味であり、相手の言葉や命令に対する強い確認と承認として、相手の言葉や命令が終わった時に、それに対して「確かに」が付け加えられたが、ペトロは、自分の祈願が神の前に確かであることをここで再び強調している（ペト一 5:11 解説)。

ヨハネの手紙一

1. 神との交わりにおける喜び

1章1節－10節　私訳

^{1} 初めからあったもの、私たちが聞いたもの、私たちが私たちの目で見たもの、私たちがよく見て、私たちの手が触れたもの、命の言葉について。― ^{2} そして、その命が明らかにされたので、私たちは、その永遠の命を見たのであり、証ししてあなたたちに知らせます。それは、御父に向かっていましたが、私たちに明らかにされました。― ^{3} 私たちが、見て聞いたことをあなたたちにも知らせるのは、あなたたち自身も、私たちとの交わりを持つためであり、私たちのその交わりとは、御父とその御子イエス・キリストとのものです。^{4} そして、私たち自身がこれらのことを書くのは、私たちの喜びが満たされるためです。

^{5} また、私たちがその方から聞いていて、あなたたちに告げる知らせは、神は光であり、神には暗闇が全くないということ、これです。^{6} もし、私たちが神と神との交わりを持っていると言って、暗闇の中を歩むなら、私たちは偽っているのであり、真理を行っていないのです。^{7} しかし、もし、神自身が光の中にいるように、私たちが光の中を歩むなら、私たちはお互いとの交わりを持ち、神の御子イエスの血が私たちをあらゆる罪から清めます。^{8} 私たちが罪を持っていないと言うなら、私たちは自分たち自身を惑わしており、真理は私たちの中にはないのです。^{9} もし、私たちが自分たちの罪を告白するなら、神は真実であり、義であるので、私たちの罪を許し、あらゆる不義から私たちを清めます。^{10} もし、私たちが罪を犯したことがないと言うなら、私たちは神を偽り者とするのであり、神の言葉は私たちの中にないのです。

1章1節－10節　解説

1節　初めからあったもの、私たちが聞いたもの、私たちが私たちの目で見たもの、私たちがよく見て、私たちの手が触れたもの、命の言葉につ

1. 神との交わりにおける喜び（1:1-10）

いて。一

このヨハネの手紙が説こうとしている内容は、「命の言葉について」である。「初め（アルケー）からあった」「命の言葉」とは、父なる神が「初め（アルケー）」に天地万物を創造した時から（創世 1:1LXX）、父なる神と共にあった「言葉（ロゴス）」であり（ヨハ 1:1, cf. ヨハ一 2:13-14,Witherington, p.442）、その内には人々を真に生かす「命」があり（ヨハ 1:4, cf. 申命 8:3）、さらに、その「言葉は肉となって私たちの中に宿り、私たちはその栄光を見た」と言われるものである（ヨハ 1:14）。この肉となった言葉は、イエス・キリストを指しているから（ヨハ一 1:3, cf. ヨハ 1:17）、この 1 節の「もの（ホ）」とは、イエスの存在と言葉と行動のすべてを包括的に含んでいる（cf.Brown, p.154）。

このイエスは、「アルファ（アルファ）」であり、「オメガ（オメガ）」である方（黙示 1:8, 21:6, 22:13）、「最初（プロートス）」であり、「最後（エスカトス）」である方(黙示 1:17, 2:8, 22:13)、「初め（アルケー）」であり、「終わり（テロス）」である方として（黙示 21:6, 22:13）、天地創造の前からこの世の終末の後に至るまで（ヨハ 17:5, 24）、父なる神と等しい方である（cf. ロマ 11:36）。

ギリシャ語の一般的な用法において、「言葉（ロゴス）」は理性や思想や説明という意味を含むが（Liddell & Scott, 1986, p.477）、聖書においては、神の内に秘められた意志や知恵を示し（箴言 8:12, 22-31）、それが神の外に発せられてすべてのものが造られ、神の計画が実現されていく。この神の計画の実現において最も中心的な役割を果たすのが、神の内にあってその思いを最もよく知っているイエスであり（ヨハ 1:18）、聖霊なる神と共にこの世の人々に真の命を与え（ヨハ 6:63）、救いに導く役割を担っている。

「見る（ホラオー）」と訳した表現は、一般的に「目」に映ることを示すのに対して、「よく見る（セアオマイ）」と意訳した表現は、例えば、観察者が劇場で演劇を鑑賞するように、観察することを示す（Liddell & Scott, 1986, p.360）。ちなみに、英語の「劇場（theater）」は、ギリシャ語の「よく見る（セアオマイ）」という表現から造られた「劇場（セアトロン）」に由来する。「言葉は肉となって私たちの中に宿り、私たちはその栄光を見た」という文の「見た」という表現も（ヨハ 1:14, cf. ヨハ 1:32, 38）、原語では「よく見る（セアオマイ）」という表現が使われている。

ヨハネの手紙一

　人々がイエスの姿を見て、その言葉を聞き、その体に触れたことについて、イエス自身が例えば、「あなたたちは私の両手と私の両足を見なさい。まさしく私自身である。あなたたちは私を触り、見なさい。なぜなら、霊は肉や骨を持っていないが、私はあなたたちが見ているように持っているからである」と語っている（ルカ 24:39, cf. 使徒 4:20）。

　これはイエスの復活後の言葉であり、その時のイエスの両手と両足には、十字架に掛けられた時の釘の跡が残っていたはずであり（ヨハ 20:20, 25）、それがイエス自身であることの確かな証拠である。したがって、イエスは弟子たちに自分の傷跡を見せて、それに触れさせた。また、イエスが肉と骨を持っていることを強調したのは、単に自分が霊のみでないことを示すためだけではなく、やりで刺されたわき腹を示し、折られることのなかった足の骨を示して（ヨハ 19:33-34）、確かに自分が生前、弟子たちと共にいたイエスであることを示すためであった。

　「触れる（プフェーラファオー）」とは、「探り求める」と訳すこともできる語であり（ルカ 24:39, 使徒 17:27, ヘブ 12:18）、パウロはかつてアテネで、「もし、人々は神を探り求めさえすれば、見つけるでしょうし、実に神は私たち一人ひとりから遠くにいるのではありません」と説教している（使徒 17:27）。

　パウロは、天地万物を触れるほどに熱心に探るなら、それを造った神を見いださないはずがないことを示している（使徒 17:24-26）。つまり、実に神はこの世の万物と同じくらい身近に存在しているのである（申命 4:7, 29, 詩編 145:18, イザ 55:6, cf. エレ 23:23-24）。しかし、その神の真価を理解するためには、神の裁きの前に回心し、死人の復活を信じなければならない〔使徒 17:29-31）。そして、回心して信仰を持つためには聖書を開く必要がある。パウロが聖書を開き、適切な箇所を指し示して神やイエスについて語っていることを考慮すると（使徒 17:2-3）、人々は聖書を開き、イエスを復活させた神を熱心に「探り求める」なら、必ず唯一真の神を見いだすのである。

　ちなみに、英語の「動物園（zoo）」は、ギリシャ語の「命（ゾーエー）」に由来する。

2節　そして、その命が明らかにされたので、私たちは、その永遠の命を見たのであり、証ししてあなたたちに知らせます。それは、御父に向かっ

1. 神との交わりにおける喜び（1:1-10）

ていましたが、私たちに明らかにされました。―

「明らかにされる（ファネロオー）」という表現は神的受動態であり、父なる神によってそうされることを示しているから（ペト一 5:4 解説）、「私たち」がその永遠の命を見ることができたのは、全く父なる神の恵みである。この「永遠の命」とは、単にこの世の命ではなく、この世の後にも永続する命であり、父なる神と子なる神イエス・キリストと聖霊なる神が、永遠に共有している命に入ることによって与えられる命である。ちなみに、ヨハネによる福音書では、「永遠の命とはこのこと、人々が唯一真の神であるあなたと、あなたが遣わしたイエス・キリストを知ることです」と定義されている（ヨハ 17:3）。

「御父（パテール）」と訳した表現は、単に「父」（直訳）であるが、ここでは父なる神を指しており、「御父に向かっていました（エーン・プロス・トン・パテラ）」という表現は、ヨハネによる福音書冒頭の「初めに言葉があって、その言葉は神に向かっていた。その言葉も神であった。この方は、初めに神に向かっていた」という文の中の「神に向かっていた（エーン・プロス・トン・セオン）」という表現を想起させる（ヨハ 1:1-2）。

光そのものでもある神が（ヨハ一 1:5, 7, cf. 詩編 80:4, 8, 20, イザ 60:19, ダニ 9:17, テモ一 6:16, 黙示 21:22-22:5）、創造した天地の中に秩序を与えるために最初に造ろうとしたものは光であり、初めに「光あれ」という言葉を発した（創世 1:3）。神の口から出る言葉はむなしく神のもとに戻ることはなく、言葉は出来事となって実現して神のもとに戻って来るから（イザ 55:11, cf. 列王下 10:10, イザ 40:8）、光という言葉は天地の中で実際に光となり、神のもとにも戻って来た。そこで、神はそれを見て「良し」とした（創世 1:4）。つまり、初めに「光あれ」という言葉があって、その言葉が神から発せられたのなら、その言葉は実現した後に神に向かって来る。ヨハネによる福音書の冒頭は、このような神の言葉と業の基本的な関係を明示している。

その「言葉」が「神に向かって（プロス・トン・セオン）」いたという表現は、「……の方へ」という意味の「プロス」と動作の方向を表す「トン」が示しているように、その「言葉」が神へ向かっている運動を指しており、単に言葉が神と「共に（スン、メタ）」いたというのではない。このような躍動的な関係は、神と神に従属する言葉という従属関係ではなく、神と神である言

275

葉は神として対等な交流関係にあり、また、単に神とその被造物である光の関係においてだけ存在するのではなく、父なる神と神の子イエス・キリストとの生きた関係においても存在する（ヨハ 1:14-18）。つまり、神は天地創造において様々な言葉を語ってそれを実現し（創世 1:1-31）、人も造って人の世に言葉による律法を与えたが（出エ 20:1-21）、今や神の言葉は肉をまとってイエスとなり、人々の中に宿った（ヨハ 1:14）。要するに、イエスの誕生までは神は言葉となり、イエスの誕生とともに言葉は肉となったのである。そして、神はイエスの昇天後は、聖霊を通して再び霊となったのである。

　また、神が言葉を発する時には息を必要とするから、聖なる息吹である聖霊もその時には共に働いており（詩編 33:6, cf. ヨハ 3:8, 20:22）、聖霊は命を与える霊であるから（ヨハ 6:63）、イエスの誕生時に聖霊も中心的役割を果たしている。この肉をまとって人となったイエスは、この世で父なる神の思いを実現するために、十字架に掛けられ、復活し、父なる神の所に向かうが、イエス自身もこのことに何度も言及している（ヨハ 13:1, 14:28, 16:5, 10, 17, 28, 17:11, 13, 20:17）。つまり、神自身の息吹と共に神の内部から発せられた神の言葉は、イエスの誕生までは天地や律法となって実現したが、イエスの誕生とともに人となり（cf. 黙示 19:13）、罪人のために救いの業を実現した後には再び父なる神の所に向かうのである。したがって、ある意味でイエスは誕生前にも神の言葉として生きていたのであり（ヨハ 17:5, 24, フィリ 2:6, ヨハ一 2:13-14）、その神である言葉が神から出て神に戻る点において、イエス自身は最初であり、最後でもある（ヨハ一 1:1 解説, cf. ロマ 11:36）。

　このように、父なる神のもとに向かっていた神の言葉が、イエスとしてこの世に明らかにされたことは（ヨハ一 4:9, cf. ヨハ 1:18）、父なる神の恵みであり、この恵みがあって初めて、「私たち」は「証しする（マルトゥレオー）」ことができる。当時は証言が真実なものと見なされるためには、二人か三人の証人による証言が必要であったから（申命 19:15, マタ 18:16, ヨハ 8:17, コリ二 13:1, テモ一 5:19, ヘブ 10:28, 黙示 11:3）、複数の「私たち」による証言は真実であることがここで示唆されている。

　　3節　私たちが、見て聞いたことをあなたたちにも知らせるのは、あなたたち自身も、私たちとの交わりを持つためであり、私たちのその交わり

とは、御父とその御子イエス・キリストとのものです。

「御父（パテール）」と訳した表現は、単に「父」（直訳）であり（ヨハ一 1:2 解説）、「御子（ヒュイオス）」と訳した表現は、単に「息子」（直訳）である。

「私たちが、見て聞いたこと」は、「命の言葉」であり（ヨハ一 1:1）、「永遠の命」であるから（ヨハ一 1:2）、私たちの「交わり」は、永遠の御父や御子と保っているこの命の交わりであり、この手紙の読者もこの交わりに招かれている。

「交わり（コイノーニア）」とは、「共有している人、仲間（コイノス）」から成り立つ集まりであり（ペト二 1:4 解説）、究極的な交わりは、父なる神と子なる神と聖霊なる神の間の交わりである（ヨハ一 1:2 解説）。この三位一体の神の交わりは、それ自身にとどまることなく、人々に対しても開かれており、人々はその命の中に招かれている（コリ一 1:9、フィリ 1:5）。ヨハネによる福音書では、「父よ、あなた自身が私の内に、この私もあなたの内にいるように、すべての人々が一つであり、その人々自身もまた私たちの内にいるようにしてください。それは、あなた自身が私を遣わしたことをこの世が信じるためです」と説かれている（ヨハ 17:21）。

ちなみに、「イエス」という名前は、「主は救い」という意味であり、「キリスト」という名称は、「油注がれた者」という意味である（ペト二 1:1 解説）。

4節　そして、私たち自身がこれらのことを書くのは、私たちの喜びが満たされるためです。

「これらのこと」とは、三位一体の神が宿している永遠の命の中への招待であり（ヨハ一 1:3 解説）、すでにその中に導き入れられている「私たち」の「喜び（カラ）」は、他の人々も導き入れられて初めて真の完全な「喜び」となる（ヨハ 17:20-21, cf. ヨハ一 1:3 解説）。「満たす（プレーロオー）」と訳した表現は、「実現する」（直訳）とも訳せる表現であり、「満たされる」という表現は神的受動態であり、父なる神によってそうされることを示している（ヤコ 2:23 解説）。真の喜びは、すでに神との交わりに入っている「私たち自身」だけによって実現するのではなく、他の人々も参加することが必須なのである。

この 4 節は、かつてイエスが、「私がこれらのことをあなたたちに話した

のは、私の喜びがあなたたちの内にあり、あなたたちの喜びが満たされるためである」と語ったことを想起させる（ヨハ 15:11, cf. ヨハ 3:29）。

イエスが洗礼者ヨハネから洗礼を受けて聖霊が下った時に、父なる神が「これは私の愛する子であり、私は彼を喜ぶ」と宣言したように（マタ 3:17）、イエスの喜びは父なる神や聖霊なる神と共有されているものであり、イエスはこの三者の喜びの内に弟子たちやその他の人々をも招いている（ヨハ 16:24, 17:13）。

5節 また、私たちがその方から聞いていて、あなたたちに告げる知らせは、神は光であり、神には暗闇が全くないということ、これです。

「その方」と訳した表現は、単に「彼」（直訳）であり、「御子イエス・キリスト」を指している（ヨハ一 1:3）。「神には」と訳した表現も、単に「彼には」（直訳）であり、「御父」なる神を指している（ヨハ一 1:3）。

「知らせ（アンゲリア）」の動詞が「告げる（アンゲロー）」であり（ペト一 1:12 解説）、この 5 節では、「告げる（アンゲロー）」の強調形である「告げる（アナンゲロー）」という表現が使われている。この「知らせ（アンゲリア）」とは、「良い（ユ）」「知らせ（アンゲリア）」である「福音（ユアンゲリオン）」に相当する表現である（cf.Brown, p.193）。

神が「光」であるとは（ヨハ一 1:2 解説, cf. ヤコ 1:17）、この世が存在する前から、父なる神は子なる神との相互「愛」に基づいて「栄光」を共有していたことも示している（ヨハ 17:5, 24, ヨハ一 4:8, cf.Brown, p.195）。そして、「神には暗闇が全くない」ということは、神が光をもたらさなければ、この世が神の栄光から程遠い「暗闇（スコトス）」そのものであることを対照的に示唆している（創世 1:2LXX）。ちなみに、この 5 節の「暗闇（スコティア）」は、「暗闇（スコトス）」と同義語である（ヨハ一 1:6, cf. ペト一 2:9, ペト二 2:17）。

6節 もし、私たちが神と神との交わりを持っていると言って、暗闇の中を歩むなら、私たちは偽っているのであり、真理を行っていないのです。

「光」である神との交わりを持っていると言いつつも（ヨハ一 1:5）、「暗闇」の中を歩き（コリ二 6:14, エフ 5:8-14）、偽り続け、真理を行わないということは、次の出来事を想起させる。

1. 神との交わりにおける喜び（1:1-10）

　かつて、イエスは弟子たちと食事の席に着いていた時、弟子たちの一人であるイスカリオテのユダにパン切れを渡し、ユダが自分を権力者たちに引き渡すことを示唆すると、ユダは「そのパン切れを受け取り、すぐに出て行った。それは、夜のことであった」（ヨハ 13:30）。

　ここで、「夜」は、ユダに入った悪魔以外の誰も働くことのできない暗闇であり（ヨハ 9:4, 13:2, 27, cf. ヨハ 8:12, 11:10, 12:35）、神に導かれて業を行う人が求める光とは対極的な所である（ヨハ 3:21）。つまり、夜はサタンとも呼ばれる悪魔に導かれて業を行う人が求める暗闇である（ルカ 22:53, cf. ペト二 2:11 解説）。

　また、イエスは、かたくななユダヤ人たちに対してこう語った。「あなたたち自身は悪魔という父からのものであり、あなたたちは自分たちの父の欲望を行いたいと思っている。その人は初めから人殺しであり、真理に立っていなかった。なぜなら、真理が彼の内にないからである。彼が偽りを話す時、彼は自分自身の事柄から話している。なぜなら、彼が偽り者だからであり、その父だからである」（ヨハ 8:44, cf. ヤコ 3:14-15）。

　つまり、「暗闇の中を歩む」ということは、悪魔の働きに協力することであり、真理そのものでもある父なる神やその御子イエスに逆らうことでもある（エレ 10:10, ヨハ 14:6）。この 6 節の「暗闇（スコトス）」という表現は、前節の「暗闇（スコティア）」と同義語である（ヨハ一 1:5 解説）。また、英語の「偽者、偽りの（pseudo）」は、ギリシャ語の「偽る（プセウドマイ）」に由来する。

7 節　しかし、もし、神自身が光の中にいるように、私たちが光の中を歩むなら、私たちはお互いとの交わりを持ち、神の御子イエスの血が私たちをあらゆる罪から清めます。

　「神自身（アウトス）」と訳した表現は、単に「彼自身」（直訳）であり、「神の（アウトゥ）」と訳した表現も、単に「彼の」（直訳）である。

　神は「光」そのものであると同時に（ヨハ一 1:5）、「光を家とする」ので（テモ一 6:16）、「光の中に」住んでいる。したがって、ある意味で、その「光の中を歩む」人は、神の家の中を歩む人であり（ヨハ 8:12, 12:35, cf. イザ 2:5）、お互いに同じ神の家族の一員として兄弟姉妹である。

そして、この神の家の中にいる人々は、御子イエスが十字架上で流した血によって、あらゆる罪を清められたのであり（黙示 1:5, 7:14, cf. 箴言 20:9, ヘブ 9:14）、大地に落ちたイエスの血が地の塵を清めたように、その出来事を自分のためのものとして受け入れる人々は、言わばイエスの血で清められた地の塵から再び作り上げられたのである（創世 2:7）。「罪（ハマルティア）」とは、「的を外す、分け前（メロス）を逃す（ア）」という意味に由来する（ペト二 2:14 解説）。

8節　私たちが罪を持っていないと言うなら、私たちは自分たち自身を惑わしており、真理は私たちの中にはないのです。

自らの中に真理がない悪魔は、偽りを語るから（ヨハ 8:44, cf. ヨハ一 1:6 解説）、このような発言をする「私たち」は、言わば悪魔的であり、悪魔に惑わされているとも言えるだろう（ペト二 2:15 解説）。偽りの主体が悪魔であるのに対して、真理の主体は主イエス・キリストである（ヨハ一 1:6 解説）。

9節　もし、私たちが自分たちの罪を告白するなら、神は真実であり、義であるので、私たちの罪を許し、あらゆる不義から私たちを清めます。

「神」と訳した表現は原文にはないが、ここでは補われており、この9節は7節の文に対応している（ヨハ一 1:7）。

「告白する（ホモロゲオー）」とは、心の思いと「同じ（ホモス）」ことを口に出して「言う（レゴー）」ことであり（ロマ 10:10）、信仰者たちの前で、または、信仰者たちと「同じ（ホモス）」ことを口に出して「言う（レゴー）」ことである。この告白は「私たち」という表現が示しているように、単に一人の告白ではなく、複数の人々の告白である。

神について「真実である（ピストス）」と訳した表現は、人間について「信仰がある」とも訳せる表現であり（ペト一 5:12 解説）、「義である（ディカイオス）」とは、「正しい」とも訳せる表現である。つまり、罪を告白する人々に対して、真実で、義である神は（申命 32:4）、言わば罪人たちの「罪」の「許し」を告白し、実際にその「不義」を「神の御子イエスの血」によって清める（ヨハ一 1:7, cf. 詩編 32:5, 箴言 28:13, テト 2:14）。ここで、「罪」と「不義」は同義語である。他方、この不義である罪人は罪を告白する際に、神の性質

である「真実」と「義」に基づく必要がある（Smalley, p.29）。

10節　もし、私たちが罪を犯したことがないと言うなら、私たちは神を偽り者とするのであり、神の言葉は私たちの中にないのです。

「神」と訳した表現は、単に「彼」（直訳）であり、この10節は8節の文に対応している（ヨハ一1:8）。

「偽り者（プセウステース）」とは、真実を語らない人のことであり（ヨハ一1:6解説, cf. ロマ3:10-18）、その代表は悪魔である（ヨハ8:44, cf. ロマ3:4）。したがって、自らの罪を否定する人は、逆に神を悪魔と見なす最も倒錯した人格であり、「真理」である「神の言葉」がない状態の深刻さが明示されている（ヨハ一1:8）。ここで、「神の言葉」も人格的な表現であり、肉をまとったイエスを示唆している（ヨハ1:1-14, cf.Smalley, p.32）。

2. 義である助け主イエス・キリスト

2章1節－29節　私訳

¹ 私の子たちよ、私がこれらのことをあなたたちに書くのは、あなたたちが罪を犯さないためです。そして、もし、ある人が罪を犯しても、私たちは父に対して助け主、義であるイエス・キリストを持っています。² そして、この方こそ、私たちの罪のための、いや、私たちだけではなく、この世全体のためのなだめの供え物です。

³ また、もし、私たちが神の戒めを守るなら、これによって私たちは、私たちが神を知っているということを知ります。⁴ 私は神を知っていると言って、神の戒めを守らない人は、偽り者であり、この人の中に真理はないのです。⁵ しかし、誰でも神の言葉を守るなら、確かに、この人の中で神の愛が完全なものとされています。これによって私たちは、私たちが神の中にいることを知ります。⁶ 神の中にとどまっていると言う人は、あの方が歩んだように、自分自身も［そのように］歩むべきです。

⁷ 愛する人々よ、私があなたたちに書いているのは、新しい戒めではなく、あなたたちが初めから持っていた古い戒めです。その古い戒めは、あなたたちが聞いた言葉です。⁸ 再び、新しい戒めを私はあなたたちに書きます。それは、あの方においても、あなたたちにおいても真です。なぜなら、暗闇は過ぎ去り、真の光がすでに輝いているからです。⁹「光の中にいる」と言って、自分の兄弟を憎む人は、今に至るまで暗闇の中にいます。¹⁰ 自分の兄弟を愛する人は、光の中にとどまり、その人の中にはつまずきがないのです。¹¹ しかし、自分の兄弟を憎む人は、暗闇の中にいて、暗闇の中を歩き、自分がどこに行くのかを知らないのです。なぜなら、その暗闇がその人の目を見えなくしたからです。

¹² 子たちよ、私はあなたたちに書きます。なぜなら、あなたたちの罪が、あの方の名前のゆえに許されているからです。

¹³ 父たちよ、私はあなたたちに書きます。なぜなら、あなたたちは、初めからいる方を知っているからです。若者たちよ、私はあなたたちに書き

2. 義である助け主イエス・キリスト (2:1-29)

ます。なぜなら、あなたたちは、悪い者を打ち負かしたからです。

¹⁴ 幼子たちよ、私はあなたたちに書きました。なぜなら、あなたたちは御父を知っているからです。父たちよ、私はあなたたちに書きました。なぜなら、あなたたちは、初めからいる方を知っているからです。若者たちよ、私はあなたたちに書きました。なぜなら、あなたたちは強く、神の言葉があなたたちの中にとどまっていて、悪い者を打ち負かしたからです。

¹⁵ あなたたちは、この世もこの世の中にあるものも愛してはならない。もし、ある人がこの世を愛するなら、御父の愛はその人の中にはないのです。¹⁶ なぜなら、この世の中にあるあらゆるもの、肉の欲望や目の欲望や生活の虚勢は、御父からのものではなく、この世からのものだからです。¹⁷ この世もその欲望も、過ぎ去ります。しかし、神の思いを行う人は、永遠にとどまります。

¹⁸ 幼子たちよ、終わりの時ですから、あなたたちが、反キリストが来ると聞いたように、今や多くの反キリストたちが現れています。ここから、私たちは、終わりの時であると知ります。¹⁹ その人々は私たちから去って行きましたが、私たちに属する人々ではなかったのです。実に、もし、私たちに属する人々であったのなら、その人々は私たちと共にとどまっていただろう。しかし、その人々はすべて、私たちに属する人々ではないことが明らかにされたのです。²⁰ そして、あなたたち自身は、聖なる方からの油注ぎを受けているので、あなたたちすべての人々は、知っているのです。²¹ 私があなたたちに書いたのは、あなたたちが真理を知らないからではなく、それを知っているからであり、また、あらゆる偽りが真理に属さないからです。

²² 偽り者とは、イエスはキリストではないと否定する者でなくて誰ですか。御父と御子を否定する者、これこそ反キリストです。²³ 御子を否定するあらゆる人は、御父も持っていないのです。御子を告白する人は、御父も持っています。²⁴ あなたたち自身が初めから聞いていたことは、あなたたちの中にとどめておきなさい。もし、初めから聞いていたことが、あなたたちの中にとどまるなら、あなたたち自身も、御子の中に、また御父の中にとどまるだろう。²⁵ そして、これこそ、その方自身が私たちに約束した約束、永遠の命です。

ヨハネの手紙一

²⁶私はあなたたちを惑わしている人々について、あなたたちにこれらのことを書きました。²⁷また、あなたたちの中には、あなたたち自身がその方から受けた油注ぎがとどまっているので、誰かがあなたたちを教える必要はなく、その油注ぎがあなたたちにすべてのことについて教えます。そして、それは真であり、偽りではないので、その方があなたたちに教えたように、あなたたちはその方の中にとどまりなさい。

²⁸そして今、子たちよ、あなたたちはその方の中にとどまりなさい。もし、その方が明らかにされても、私たちは大胆さを持ち、その方の到来の時に、その方から恥を受けないためです。²⁹もし、あなたたちが、その方は義であると知っているなら、あなたたちは、義を行うあらゆる人もその方から生まれていることを知っています。

2章1節－29節　解説

1節　私の子たちよ、私がこれらのことをあなたたちに書くのは、あなたたちが罪を犯さないためです。そして、もし、ある人が罪を犯しても、私たちは父に対して助け主、義であるイエス・キリストを持っています。

「子（テクニオン）」と訳した表現は、「小さい子」（直訳）という意味であり（ヨハ 13:33）、「私の子たち」とは、この手紙の著者によって信仰に導かれた人々を含む信仰者たちに対する親愛の情のこもった呼びかけであり、また、著者が高齢になっていることを示唆しているとも考えられる（ヨハ二 1, ヨハ三 1, cf.Witherington, p.458）。「これらのこと」とは、概してこのヨハネの手紙一で書いたことであり、例えば、それは、「罪を犯さない」ために、光の中を歩き、神との交わりを維持することである（ヨハ一 1:6-7）。

しかし、ある人が罪を犯してしまっても、その罪を裁く父なる神に対して、「助け主、義であるイエス・キリスト」が与えられている。「助け主（パラクレートス）」と訳した表現は、「慰め主」とも訳せる表現であり、元々は「傍らに（パラ）」「呼び寄せる（カレオー）」（直訳）ようにして慰め、助けることを意味し（ペト一 5:12 解説）、言語学的に一層正確に言えば「助け主（パラクレートス）」とは、法廷においてある人を弁護するために、その人の傍らに呼び寄せられる人のことである。肉をまとったイエスは、同時に救い主

2. 義である助け主イエス・キリスト（2:1-29）

キリストとして神でもあるから、父なる神と罪人との間を執り成す「助け主」として「イエス・キリスト」という表現は、真に適切である（Smalley, p.35）。

ヨハネによる福音書において、イエスが、「この私が父に頼むと、彼はあなたたちにもう一人の助け主を与え、いつまでもあなたたちと共にいるようにするだろう」と語り、聖霊を送ることを約束しているように（ヨハ 14:16, cf. ヨハ 14:26, 15:26, 16:7）、聖霊が「もう一人の助け主」と呼ばれていることは、イエス自身が神の子として言わば第一の助け主の役割を実際に果たしていることを示している（cf. マタ 1:23, 28:20）。そして、イエスが罪人を助けることができるのは、自分自身には罪がないにもかかわらず、つまり、「義である」にもかかわらず（使徒 3:14）、罪人の一人として十字架に掛けられ、尊い血を流して大地を清め、その出来事を自分のためのものとして受け入れる罪人を清めるからである（ヨハ一 1:7 解説）。

ちなみに、パウロは同趣旨のことを、「誰が有罪とするだろうか。死んだ方、いやむしろ、起こされたキリスト［・イエス］が神の右にもいて、私たちのために執り成しもしています」と語っている（ロマ 8:34, cf. テモ一 2:5）。

人は訴えられると（ロマ 8:33）、裁判を受け、場合によっては有罪とされる。しかし、救い主イエスはイエスの贖いの業を信じる人々のために、その人々が言わば天の法廷で訴えられたとしても、父なる神に対して執り成しをしている。イエスにそれができるのは、人々を贖うために自らの命をささげた後、死から起こされることで明示されたように（ロマ 8:11）、イエスは父なる神によって義と認められているからである。イエスの執り成しは、聖霊の執り成しと同様に義とする業である（ロマ 8:27）。したがって、たとえ悪魔が訴えを起こしたとしても（ペト二 2:11 解説）、父なる神は決してイエスや聖霊によって執り成された人々に対して有罪の判決を下すことはない。また、イエスが神の右に着いているということは、父なる神に最も近く、最も重要な位置で執り成しの業を行っていることを示している（エフ 1:20, コロ 3:1, ヘブ 1:3, 13, 7:25, 9:24, cf. 詩編 110:1, 使徒 2:34）。

2節　そして、この方こそ、私たちの罪のための、いや、私たちだけではなく、この世全体のためのなだめの供え物です。

「この方こそ（アウトス）」と訳した表現は、単に「彼こそ」（直訳）であり、「私

たちだけではなく、全世界のための」（直訳）と訳した表現は、「私たちの罪だけではなく、全世界の罪のための」とも訳せる表現である。

「なだめの供え物（ヒラスモス）」と意訳した表現は、罪人を「慈しむ（ヒラスコマイ）」ために、その罪人の代わりに神にささげられるものであり（ルカ 18:13、ヘブ 2:17、cf. ロマ 3:25、ヘブ 9:5）、イエスこそ、罪がないにもかかわらず、罪人を慈しむ余り、その代理として、また、その代表として、十字架上で父なる神にささげられたのであり、こうして、罪人は「助け」られたのである（ヨハ一 2:1、cf. ヨハ 11:50-52）。義人であるイエスが、罪人の一人として十字架に掛けられ、尊い血を大地に流したことは（ヨハ一 2:1 解説）、「この世全体のための」出来事だったのであり、このイエスの血の一滴でさえ、ノアの時代に大地を清めた大洪水よりも貴重な価値を持っていたのである（ペト一 3:20-21、ペト二 3:5-6）。「実に、神はその独り子を与えるほどにこの世を愛した。それは、彼を信じるあらゆる人が滅びることなく、永遠の命を持つためである」（ヨハ 3:16）。

ちなみに、英語の「歓喜、愉快（hilarity）」は、ギリシャ語の「なだめの供え物（ヒラスモス）」の語源である「楽しい、陽気な（ヒラロス）」、「恵み深い、優しい（ヒラオス）」に由来する（Brown, pp.218f.）。

3節　また、もし、私たちが神の戒めを守るなら、これによって私たちは、私たちが神を知っているということを知ります。

「神」と訳した表現は、単に「彼」（直訳）であり、「知っている」と訳した表現は、原語では現在完了形であり、今に至るまで知っているという意味である。「知ります」と訳した表現は現在形であり、今「神の戒めを守る」「ことによって」知るという意味である。

また、「戒め（エントレー）」という表現は、原語では複数形であり、個々の「戒め（エントレー）」の集積が「律法（ノモス）」と呼ばれるものである（出エ 16:28、24:12、ヨシ 22:5、ヘブ 7:16-19, 9:19）。したがって、真の意味で「神を知る」ということは、単に神の律法を知っていることではなく、それを実際に守ることなのである。そして、それと同時に、律法を破ることによって、「ある人が罪を犯しても、私たちは父に対して助け主、義であるイエス・キリストを持っています」という事実も（ヨハ一 2:1）、より一層、真実である。

2. 義である助け主イエス・キリスト（2:1-29）

4節　私は神を知っていると言って、神の戒めを守らない人は、偽り者であり、この人の中に真理はないのです。

「神」と訳した表現は、単に「彼」（直訳）であり、「偽り者」と対比されている。

「偽り者」であり、「真理」を持たない人格は、悪魔であるから（ヨハ一 1:6 解説, 8）、「神を知っていると言って、神の戒めを守らない人」に対する極めて厳しい警告がここでなされていると言える（cf. テト 1:16）。また、この警告は、神を知らずにその戒めを守っていない方が、まだましであることさえ示唆しうるものである。例えば、イエスによると、自分の主人の思いを知っていながら、その思いを実行しないしもべは多くむち打たれるが、知らずに打たれるようなことをした人は、少ししかむち打たれない（ルカ 12:47-48, cf. 使徒 3:17, 7:60, コリ一 2:8, テモ一 1:13, ペト二 2:21）。

5節　しかし、誰でも神の言葉を守るなら、確かに、この人の中で神の愛が完全なものとされています。これによって私たちは、私たちが神の中にいることを知ります。

この 5 節の最初の「神」と訳した表現は、単に「彼」（直訳）であり、前節の「神の戒め」は（ヨハ一 2:4）、この 5 節で「神の言葉」と言い換えられている。

この「神の言葉」とは、肉となった神の言葉であるイエスのことでもあるから（ヨハ一 1:1 解説, cf. ヨハ 1:1, 14）、「神の言葉を守る」とは、単に律法を守ることではなく、律法が守れないとしても（ヨハ一 2:3 解説）、律法をすべて実現したイエスの言葉を守ることも示唆しうる（マタ 5:17, 22:36-40, cf. ロマ 10:4, ガラ 6:2）。

「完全なものとする（テレイオオー）」とは、神の言葉を「最後、最期（テロス）」まで徹底的に守ることであり、この受動態である「完全なものとされる」とは、神的受動態であり、父なる神によってそうされることを示しているから（ヤコ 2:22 解説）、神に由来する愛が信仰者たちによって守られる時（ヨハ一 4:7, 12, 17, 19）、つまり、神と隣人への愛が実践される時、それは究極的には父なる神の働きなのである。なお、この「完全なものとする（テレイオオー）」と訳した表現は、「成し遂げる、完成する」とも訳せる表現で

ある（ヨハ 4:34, 5:36, 17:4, 23, 19:28）。

「これによって」とは、この5節の前文を指し、「私たちが神の中にいる」とは、具体的には「私たちが神の愛の中にいる」ことであり、このことを愛の実践によって知ることができるのは、この世における信仰者たちの特権である（cf. ヨハ 17:21）。

この5節は、かつてイエスが、「私の命令を持ち、それらを守る人、その人は私を愛する人である。そして、私を愛する人は、私の父に愛されるだろう」、また、「もし、誰でも私を愛するなら、その人は私の言葉を守るだろう。そして、私の父はその人を愛し、私たちはその人の所に来て、その人のもとに住まいを作るだろう」と語ったことを想起させる（ヨハ 14:21, 23）。

6節　神の中にとどまっていると言う人は、あの方が歩んだように、自分自身も［そのように］歩むべきです。

「神」と訳した表現は、単に「彼」（直訳）であり、「あの方（エケイノス）」とはイエスを指している。このような省略表現が頻出することは、この手紙の読者がある程度の信仰生活を経ており、イエスの生涯とその教えについて知っていることを示唆している（Witherington, p.470）。また、「あの方（エケイノス）」という表現は、軽蔑的な呼称として「あの男、あいつ（エケイノス）」とも訳せる表現であるが（ヨハ 7:11, 9:28, 19:21）、ここでは敬称として「あの方、あの御方（エケイノス）」という意味である（Brown, pp.261f.）。

イエスの歩みは、「義」の歩みであり（ヨハ一 2:1）、人々を「助け」る歩みであり（ヨハ一 2:1）、「この世全体のためのなだめの供え物」となる歩みであるが（ヨハ一 2:2）、これらは神の子イエスのみが完全に実現できるものであることを考慮すると、人々にできることは、このようなイエスと共に歩むことである（cf. マタ 11:29）。したがって、「神の中にとどまっている」ということは消極的で静的な態度ではなく、積極的で動的な生き方なのである（クラウク, p.165）。

この6節は、かつてイエスが、「この私が私の父の命令を守って、彼の愛の内にとどまっているように、もし、あなたたちが私の命令を守るなら、あなたたちは私の愛の内にとどまっているだろう」と語ったことを想起させるものであり（ヨハ 15:10, cf. ヨハ 13:15, ペト一 2:21 解説）、さらに、イエス

2. 義である助け主イエス・キリスト (2:1-29)

が続けて、「私があなたたちを愛したように、あなたたちは互いに愛し合うこと、これが私の命令である。誰でも自分の友人のために自分の魂を捨てること、これより大いなる愛を持っている人はいない」と説いているように（ヨハ 15:12-13, cf. スミス，p.93)、十字架刑に至るイエスの歩みに倣う歩みは、実に死によって完成されるものである。

　7節　愛する人々よ、私があなたたちに書いているのは、新しい戒めではなく、あなたたちが初めから持っていた古い戒めです。その古い戒めは、あなたたちが聞いた言葉です。

　「愛する人々よ」という呼びかけが適切に示唆しているように（Smalley, p.51）、この手紙が書いている「古い戒め」とは、神が人を愛しているように、人も神を愛し、信仰上の兄弟の間でも愛し合いなさいというものである（ヨハ一 3:11, 23, 4:21, cf. ヨハ二 5)。このことは、すでに5節で、「誰でも神の言葉を守るなら、確かに、この人の中で神の愛が完全なものとされています」という文で示されている（ヨハ一 2:5)。

　そして、「あなたたち」がこの戒めを「初めから持っていた」とは、ここでは、福音を聞いたその当初から教えられていたという意味であり（ヨハ一 2:24)、さらには、隣人愛として旧約聖書においても説かれているから（レビ 19:18)、その意味では「新しい」ものではないのである。この7節の「戒め（エントレー）」という表現は、原語では単数形である（ヨハ一 2:3 解説）。

　8節　再び、新しい戒めを私はあなたたちに書きます。それは、あの方においても、あなたたちにおいても真です。なぜなら、暗闇は過ぎ去り、真の光がすでに輝いているからです。

　この8節は、著者が「愛」と（ヨハ一 2:7)、「光」と、聖「霊」に満たされて記していることを思わせる箇所である（ヨハ一 2:20 解説, cf.Bengel, p.116)。

　「再び（パリン)」とは、「新しい戒めではなく、あなたたちが初めから持っていた古い戒め」を「再び、新しい戒め」として提示するという意味である。「あの方（アウトゥー)」と訳した表現は、単に「彼」（直訳）であるが、6節における「あの方」、イエスを指している（ヨハ一 2:6 解説)。この8節

の最初の「真（アレーセース）」という表現と、最後の「真の（アレーシノス）」という表現は、原語では別の語であり、意味に違いを認めるとするなら、「真（アレーセース）」が、「偽の」ものに対して「真」のものを指すのに対して、「真の（アレーシノス）」は、「見かけ」のものに対して「実際の」ものを指す。

したがって、この世にあふれる様々な「偽の」戒めに対して、この「新しい戒め」は真理に基づくものであり、この世の「見かけ」の光に対して、この「新しい戒め」は「実際の」光として、「暗闇（スコティア）」に打ち勝ち（ヨハ一1:5解説）、人々を真理に導くものであると言える。ちなみに、暗闇は「過ぎ去る（パラゴー）」という表現は、原語では受動態であり、暗闇が「真の光」に吸収されることによって、「過ぎ去らせられる」（直訳）という意味である（ヨハ一1:5-6, cf.Bengel, p.117）。

この8節の前半は、かつてイエスが、「私は、あなたたちに新しい命令を与える。あなたたちは互いに愛し合いなさい。あなたたち自身も互いに愛し合うために、私があなたたちを愛したように」と語ったことを想起させる（ヨハ13:34）。

「新しい（カイノス）」という表現は、時間的な新しさを示す「新しい（ネオス）」とは異なり、質的な新しさを表す（Thayer, p.318）。したがって、イエスはここでこの世の旧来の教えや旧約聖書の教えと異なり、イエス自身の示した愛に基づく愛を弟子たちが相互に実践することを求めている（ヨハ13:1, 14:15, 21）。このことは、イエス自身がかつて律法という命令を与えた父なる神と等しいことを意味している。つまり、イエスは単に人が自分自身を愛するように隣人を愛するだけでなく（レビ19:18）、相手のためには死に至るほどの自己犠牲を払うようなしもべとして人を愛することを新しく教えている（ヨハ13:1, 14, 15:12-13, 17, ヨハ一3:11, 16, 23, 4:7-12, ヨハ二5）。イエスが弟子たちの足を洗うことにおいて、その究極の愛の模範を示したのは、そのためである（ヨハ13:15）。このように、イエスを通して人間に対する神の愛が明示されたが、この神の愛に基づいて人間相互の愛が実現するのである。

また、この8節の後半は、ヨハネによる福音書の冒頭において、「彼において命があり、その命は人々の光であった。そして、その光は暗闇の中で輝き、その暗闇はそれに打ち勝たなかった」と示されていることを想起させる（ヨ

2. 義である助け主イエス・キリスト（2:1-29）

ハ 1:4-5, cf. ロマ 13:12, エフ 5:8, テサ一 5:4-5)。ここで、「彼」とは神の言葉であり、肉をまとってこの世にイエスとして到来した（ヨハ 1:1-3, 9, 14, 17, cf. ヨハ 8:12)。

9節 「光の中にいる」と言って、自分の兄弟を憎む人は、今に至るまで暗闇の中にいます。

「光の中にいる」ということは、光そのものである神の中にいて、神の子として歩んでいるということであり（ヨハ一 1:7 解説）、また、この世の光であるイエスにおいて明らかにされた永遠の命を生きることであり（ヨハ一 1:2）、さらに、それによって、この世の自分の死をも顧みないほどの犠牲を覚悟して生きることでもある（ヨハ一 2:8 解説）。しかし、このような覚悟をしつつも、自分の信仰上の兄弟を憎むなら、もはや、その人は、「光の中にいる」とは言えず、むしろ、「暗闇（スコティア）」の中にいるとしか言えないのである（ヨハ一 2:8 解説）。

10節 自分の兄弟を愛する人は、光の中にとどまり、その人の中にはつまずきがないのです。

この 10 節は、前節と同内容を逆の側面からさらに詳しく説いている（ヨハ一 2:9 解説）。

つまり、「自分の兄弟を憎む人は、今に至るまで暗闇の中に」いて、「暗闇」に取り囲まれているだけでなく（ヨハ一 2:9）、自分の「中に」も「つまずき」を抱えている。「つまずく（スカンダロン）」とは、「妨げ」とも訳せる表現であり、元々は敵のために仕掛けたわなを指し、人を滅びに導くものの象徴として、救いの対義語でもある（ペト一 2:8 解説）。

したがって、「自分の兄弟を愛する人」、「光の中に」とどまる人は、「光」に取り囲まれており、自分の「中にはつまずきがない」だけでなく、救いを抱いているのである（cf. 詩編 119:165, ロマ 14:13）。

また、この 10 節は、かつてイエスが、「昼の十二時間がないか。もし、誰でも昼に歩くなら、その人はつまずかない。なぜなら、その人はこの世の光を見ているからである。しかし、もし、誰でも夜に歩くなら、その人はつまずく。なぜなら、光がその人の内にないからである」と語ったことを想起さ

せる（ヨハ 11:9-10）。

11 節　しかし、自分の兄弟を憎む人は、暗闇の中にいて、暗闇の中を歩き、自分がどこに行くのかを知らないのです。なぜなら、その暗闇がその人の目を見えなくしたからです。

この 11 節において、二つ目の「暗闇」という表現を、例えば「その」と言い換えずに、「暗闇」という表現をそのまま反復しているのは、強調のためであり、さらにその「暗闇がその人の目を見えなくした」と説いて、「暗闇」の否定的な性質を確定している。

自分の兄弟を憎む人が暗闇の中にいるということは、この暗闇のために、自分のしていることや、進む方向も分かっていないということであり、「どこに行くのかを知らない」という婉曲的な表現は、実質上、滅びに向かっていることを知らないという意味である（ヨハ一 2:10 解説, cf. コリ二 4:4）。

この 11 節は、かつてイエスが、「もう少しの間、光はあなたたちの中にある。暗闇があなたたちを取り押さえることのないように、あなたたちは光を持っているうちに、歩きなさい。そして、暗闇の中を歩く人は、自分がどこに行くのかを知らない」と語ったことを想起させる（ヨハ 12:35）。

12 節　子たちよ、私はあなたたちに書きます。なぜなら、あなたたちの罪が、あの方の名前のゆえに許されているからです。

「子（テクニオン）」と訳した表現は、「小さい子」（直訳）という意味であり（ヨハ一 2:1 解説）、「あなたたちの罪が」と訳した表現は、「あなたたちのために罪が」（直訳）という意味である。「あの方（アウトゥー）」と訳した表現は、単に「彼」（直訳）であるが、6 節における「あの方」、イエスを指している（ヨハ一 2:6, cf. ヨハ一 2:8 解説）。なお、14 節まで続く「なぜなら、……からです（ホティ）」と訳した表現は、「ということを（ホティ）」「書きます」、「書きました」という形で訳すこともできる（ヨハ一 2:13-14）。

ここで、著者が書いているのは、良い「知らせ」であり（ヨハ一 1:5 解説）、それは「あなたたちの罪」がイエスという「名前のゆえに」、つまり、「神の御子イエスの血が私たちをあらゆる罪から清めます」という事実に基づいて「許されている」ということである（ヨハ一 1:7, cf. コリ一 6:11, ヨハ一 1:9）。

2. 義である助け主イエス・キリスト（2:1-29）

このことは、確かに特筆すべきことである。

　13節　父たちよ、私はあなたたちに書きます。なぜなら、あなたたちは、初めからいる方を知っているからです。若者たちよ、私はあなたたちに書きます。なぜなら、あなたたちは、悪い者を打ち負かしたからです。
　「父たちよ」とは、比較的高齢の人々に対する敬意を込めた呼びかけであり、「若者たちよ」とは、比較的若い人々に対する愛情を込めた呼びかけである。
　「初めからいる方」と訳した表現は、単に「初めからの方」（直訳）という意味であり、「初めからあった」「命の言葉」であると同時に、この言葉と共に「初めからいる」父なる神をも指している（ヨハ一 1:1 解説）。おそらく、著者は、あなたたちがこの世において「父」であるということから連想させて、天地創造の初めからいる天の父なる神も知っているはずであると示唆している。そして、実に、神に関するこの知識と罪の許しは（ヨハ一 2:12）、神がイスラエルの民と新しい契約を結ぶ時に実現すると約束した内容である（エレ 31:34, cf.Brown, p.320）。
　また、「悪い者（ホ・ポネーロス）」とは、「あの悪い者」とも訳せる表現であり、その代表的なものは、悪魔である（ヨハ 12:31, 14:30, 16:11, 17:15, cf. ヨハ一 3:12, 5:18-19）。著者は、あなたたちが力強い「若者」であるということから連想させて（ヨハ一 2:14）、この「悪い者を打ち負かした」ことを想起させている（ヨハ一 5:4-5, cf. ヨハ 16:33）。そして、「悪い者を打ち負かした」とは、「あの方の名前のゆえに」（ヨハ一 2:12 解説）、偽りを行う場である暗闇から、真理を行う場である光の中に移り（ヨハ一 1:6-7）、自分の兄弟を憎むことをやめ、逆に愛するようになったことを指している（ヨハ一 2:8-12, cf. ヨハ一 4:4）。

　14節　幼子たちよ、私はあなたたちに書きました。なぜなら、あなたたちは御父を知っているからです。父たちよ、私はあなたたちに書きました。なぜなら、あなたたちは、初めからいる方を知っているからです。若者たちよ、私はあなたたちに書きました。なぜなら、あなたたちは強く、神の言葉があなたたちの中にとどまっていて、悪い者を打ち負かしたからです。

前節までの「書きます」という現在形が（ヨハ一 1:4, 2:1, 7-8, 12-13）、この 14 節で「書きました」という過去形になっているのは、前節までに自分が書いていることをここで確認し、その内容を確信しているためであると考えられる（ストット，p.107）。
　「幼子（パイディオン）」とは、「小さい子」（直訳）とも訳せる「子（テクニオン）」と類義語であり（ヨハ一 2:12 解説）、あえて区別をするなら、「幼子（パイディオン）」は、「養育する（パイデウオー）」必要のある子を、「子（テクニオン）」は、「生み出す（ティクトー）」ことによって与えられた子を意味している（cf. ストット，p.108）。「御父（パテール）」と訳した表現は、単に「父」（直訳）である（ヨハ一 1:3 解説）。ここで、「幼子」とは、この世におけるその父親を知り始める時期を指しており、同時にこの「幼子たち」が天の父なる神も知っていることを著者は賞賛している。
　「初めからいる方」と訳した表現は、単に「初めからの方」（直訳）という意味であり、「初めからあった」「命の言葉」であると同時に、この言葉と共に「初めからいる」父なる神をも指している（ヨハ一 2:13 解説）。この世の「父たち」は、天の父なる神のことも正しく知っているのである。
　そして、「若者たち」が「悪い者を打ち負かした」のは、若者たちの若さのためではなく、内に宿している「神の言葉」が「強い」からである（ヨハ一 2:13 解説）。例えば、ヘブライ人への手紙においてこう記されている。「神の言葉は生きていて、働いており、あらゆる両刃の剣よりも鋭く、魂と霊、関節と骨髄の分け目までも貫き、心の中の考えや思いを判別することができます」（ヘブ 4:12, cf. エフ 6:10, 17）。

　15 節　あなたたちは、この世もこの世の中にあるものも愛してはならない。もし、ある人がこの世を愛するなら、御父の愛はその人の中にはないのです。
　この世において隣人を愛し（マタ 22:39）、愛情と敬意に満ちた夫婦関係を保つことが命じられているから（エフ 5:33）、ここで、「この世もこの世の中にあるものも愛してはならない」とは、この世において神の御心に由来しないものを愛してはならないという意味であり（ヨハ一 2:16, cf. ロマ 12:2）、この世的なものを愛する人には、父なる神への愛がないだけでなく、父なる

2. 義である助け主イエス・キリスト（2:1-29）

神もそのような人を愛することはないのである（ヨハ 5:42, cf. コリ一 7:31, テト 2:12, ペト二 2:20, ヤコ 4:4）。

つまり、「御父の愛（ヘー・アガペー・トゥー・パトロス）」（直訳）という表現が、「御父への愛」と訳すことも、「御父からの愛」と訳すこともできるように、この世的なものへの愛は、御父との間の愛情関係を閉め出してしまうのである。なお、「御父（パテール）」と訳した表現は、単に「父」（直訳）である（ヨハ一 2:14 解説）。

16節　なぜなら、この世の中にあるあらゆるもの、肉の欲望や目の欲望や生活の虚勢は、御父からのものではなく、この世からのものだからです。

「この世の中にあるあらゆるもの」とは、要するに、「肉の欲望や目の欲望や生活の虚勢」であり、「欲望（エピスミア）」とは極めて強い欲求を（ペト二 3:3 解説）、「虚勢（アラゾネイア）」とは身の丈以上の振る舞いを意味するから（ヤコ 4:16 解説）、この世的な振る舞いとは、この世の触れることのできるもの、見ることのできるものすべてを欲したり、本来の自分を偽って虚飾を多分に施すことである（ヤコ 4:16）。ちなみに、「この世」のもので、なおかつ、人が触れることのできるもの、見ることのできるもの、虚飾を施されている代表的なものは、「偶像」である（ヨハ一 5:21, cf. 詩編 115:4-8）。

このような欲望や虚飾に基づく生き方は、この世に由来し、天の父なる神に由来するものではない。イエスが、「天の父は、自分に求める人々に聖霊を一層多く与えるだろう」と約束しているように（ルカ 11:13）、父なる神に由来するものは、「肉の欲望」ではなく言わば霊の欲望であり（ガラ 5:16, ペト一 4:2）、父なる神がイエスについて、「これは私の子、選ばれた者である。あなたたちは彼に聞きなさい」と命じたように（ルカ 9:35, cf. ヨハ 8:47）、父なる神に由来するものは、「目の欲望」ではなく言わば耳の欲望である（cf. 申命 6:4）。こうした霊的な態度と聞き従う姿勢に基づいて初めて、キリスト者は肉となった「命の言葉について」、「私たちが聞いたもの、私たちが私たちの目で見たもの、私たちがよく見て、私たちの手が触れたもの」と証しできるのである（ヨハ一 1:1）。

また、パウロがフィリピ人に、「利己心によることも、虚栄心によること

ヨハネの手紙一

もあってはならず、謙遜してお互いを自分自身よりも上回っているとし、一人ひとりが自分自身のことにではなく、他の人々のことに［も］一人ひとりが皆、注意しなさい」と語ったのは（フィリ 2:3-4）、イエスが「自分自身をむなしくして」（フィリ 2:7）、「自分自身を低くして」十字架の死に至ったように（フィリ 2:8）、父なる神に由来するものは、「生活の虚勢」ではなく生活における謙遜である。

ちなみに、英語の「生物学（biology）」は、ギリシャ語の「生活（ビオス）」と「言葉（ロゴス）」に由来する。

17節 この世もその欲望も、過ぎ去ります。しかし、神の思いを行う人は、永遠にとどまります。

過ぎ去るこの「世（コスモス）」に対して（コリ一 7:31）、「永遠に（エイス・トン・アイオーナ）」とどまる人は、この世の次の「時代（アイオーン）」まで生き続けるのであり（ペト二 3:18 解説）、それは、「新しい天と新しい地」になる時代である（ペト二 3:13）。そして、「神の思いを行う人は、永遠にとどまります」と言い切れるのは（cf. マタ 7:21、ペト一 4:2）、実に、父なる神が永遠であるからであり、その思いを実行することほど、確かな生き方はないのである。ちなみに、欲望も「過ぎ去る（パラゴー）」という表現は、原語では受動態であり、欲望が「神の思い」に吸収されることによって、「過ぎ去らせられる」（直訳）という意味である（ヨハ一 2:8 解説, cf.Bengel, p.117）。

18節 幼子たちよ、終わりの時ですから、あなたたちが、反キリストが来ると聞いたように、今や多くの反キリストたちが現れています。ここから、私たちは、終わりの時であると知ります。

「幼子（パイディオン）」とは、「小さい子」（直訳）とも訳せる「子（テクニオン）」と類義語であり（ヨハ一 2:12 解説）、「反キリスト（アンティクリストス）」とは、文字どおり、真の「キリスト」「に対立する（アンティ）」者であり、「キリスト」「に代わって（アンティ）」キリストを演じようとするものである。具体的に、「反キリスト」とは、イエスがキリストであることを否定し、御父や御子を否定しようとする者である（ヨハ一 2:22, cf. ヨハ

一 4:3, ヨハ二 7)。

そして、確かにイエスは、「偽キリストたちや偽預言者たちが起こされて、もしできるなら、選ばれた人々をも惑わすために、大きな印や驚くべきことを与えるだろう」と語り（マタ 24:24）、イエス自身、「見よ、私はあなたたちに前もって語った」と確認している（マタ 24:25）。したがって、「今や」「終わりの時」なのである（cf. テモ一 4:1）。

19節　その人々は私たちから去って行きましたが、私たちに属する人々ではなかったのです。実に、もし、私たちに属する人々であったのなら、その人々は私たちと共にとどまっていただろう。しかし、その人々はすべて、私たちに属する人々ではないことが明らかにされたのです。

「その人々」とは、「多くの反キリストたち」を支持する人々であり（ヨハ一 2:18）、「多くの反キリストたち」も含まれるだろう。そして、「私たち」に属していない「その人々」は、「私たち」から分離していったことで、元々、「私たち」に属していなかったことが「明らかにされた」のである（cf. 使徒 20:30, コリ一 11:19）。

「私たちに属する人々（エクス・ヘーモーン）」と意訳した表現は、単に「私たちから」（直訳）であり、ここで、「私たちから」とは、父なる神と御子イエスの思いに由来し（ヨハ一 2:17）、それに従う人々という意味である。

20節　そして、あなたたち自身は、聖なる方からの油注ぎを受けているので、あなたたちすべての人々は、知っているのです。

「聖なる方」とは、父なる神も（レビ 11:44）、御子イエスも（ヨハ 6:69）、聖霊も指す表現であり（cf. ロマ 15:16）、「油注ぎ（クリスマ）」とは、神が人に特定の役割を与えることの象徴的表現である（ヨハ一 1:3 解説）。そして、「あなたたち自身は、聖なる方からの油注ぎを受けている」という文は、父なる神から救い主の役割を与えられて、言わば「油注ぎ（クリスマ）」を受けた「キリスト（クリストス）」が、同様にして、比喩的な意味で弟子たちに「油注ぎ（クリスマ）」を施して、弟子たちを「キリスト者（クリスチアノス）」にしたことを示していると考えられる（使徒 10:38, 11:26, cf. コリ二 1:21-22）。「受けている（エコー）」と意訳した表現は、単に「持っている」（直訳）と

ヨハネの手紙一

いう意味である。ちなみに、この 20 節の「油注ぎ（クリスマ）を受けている」人々は、18 節の「反キリストたち（アンティクリストス）」の対義語である（シュナイダー, p.340）。

「あなたたちすべての人々」が「知っている」ものには、「今や多くの反キリストたちが現れて」いるので、「終わりの時である」ことや（ヨハ一 2:18）、「私たちに属する人々ではなかった」人々が、「私たちから去って」行くことも含まれるだろう（ヨハ一 2:19）。

21 節　私があなたたちに書いたのは、あなたたちが真理を知らないからではなく、それを知っているからであり、また、あらゆる偽りが真理に属さないからです。

「あなたたち」が知っている「真理」とは、イエスがキリストであることや、終わりの時には多くの反キリストたちが現れることなどであり（ヨハ一 2:18 解説, cf. ペト二 1:12）、著者は、このような時にキリストと反キリスト、そして、キリスト者と言わば反キリスト者が明確に分離していくことを知らせるために、この手紙を「書いた」のである。この 21 節の「書いた」という表現は、このヨハネの手紙一が相手に読まれる時には、当然この手紙は書き終えられていることを前提にした、書簡における過去形であると考えることができる。

ちなみに、真理「に属する（エク）」と意訳した表現は、真理「からの」（直訳）ものという意味であり（ヨハ一 2:19 解説）、「真理」と「偽り」は、対極的な関係にある（ヨハ 8:44-45）。

22 節　偽り者とは、イエスはキリストではないと否定する者でなくて誰ですか。御父と御子を否定する者、これこそ反キリストです。

「御父（パテール）」と訳した表現は、単に「父」（直訳）であり（ヨハ一 2:15 解説）、「御子（ヒュイオス）」と訳した表現は、単に「息子」（直訳）である（ヨハ一 1:3 解説）。

「偽り者」の代表者は、この世に到来した神の言葉であるイエスが救い主キリストであるという真理を否定する悪魔であり（ヨハ一 2:4 解説, cf. ヨハ一 2:5 解説, 20 解説, ヨハ二 7）、「御父と御子を否定する」とは、単に父な

る神や救い主である御子イエスの存在を否定することではなく、御父が御子イエスの父であり、御子イエスが御父の子であるという緊密な相互関係を否定することも含む（ヨハ一 4:15）。この結び付きを否定する者は、罪人の罪が御子イエス・キリストを通して許され（ヨハ一 2:12）、許された人々が父なる神に結び付けられることを否定する点で（ヨハ一 2:23）、「反キリスト」にほかならない（ヨハ一 2:18, cf. ヨハ 17:3, ヨハ一 5:1）。

23 節　御子を否定するあらゆる人は、御父も持っていないのです。御子を告白する人は、御父も持っています。

「御子を否定する」とは、御子イエスが救い主キリストであることを否定することであり（ヨハ一 2:22）、そのようなことをする人は、御子と最も緊密な関係を維持している御父をも否定する人であり、そのため、御父とのいかなる関係も持てない（ヨハ二 9）。

逆に、「御子を告白する人」、つまり、御子イエスが救い主キリストであると公に告白する人は（ヨハ一 1:9 解説）、御子だけでなく御父も「持つ（エコー）」（直訳）ことになる。この「持つ」という表現は、御子を主イエス・キリストと告白するしもべである人々が、しもべとして本来は主の前に何の所有権も持たないはずの奴隷と同様であることを考慮すると、極めて逆説的な表現である。実に、主イエスのしもべたちは、しもべであるにもかかわらず、御子が主イエス・キリストであると告白するなら、御子だけでなく御父をも「持つ」のであり、これは人がこの世で持ちうる最大、最良のものである。

この 23 節は、かつてイエスが弟子たちに対して、「あなたたちに聞く人は、私に聞くのであり、あなたたちを拒む人は、私を拒むのである。そして、私を拒む人は、私を遣わした方を拒むのである」と語ったことを想起させる（ルカ 10:16）。

24 節　あなたたち自身が初めから聞いていたことは、あなたたちの中にとどめておきなさい。もし、初めから聞いていたことが、あなたたちの中にとどまるなら、あなたたち自身も、御子の中に、また御父の中にとどまるだろう。

「御父（パテール）」と訳した表現は、単に「父」（直訳）であり、「御子（ヒ

ュイオス）」と訳した表現は、単に「息子」（直訳）である（ヨハ一 2:22 解説）。
　「初めから聞いていたこと」とは、福音を聞いたその当初から教えられていたという意味であり（ヨハ一 2:7 解説, cf. ヨハ一 1:5）、「初めから」という表現は、初めからあった命の言葉や、この言葉と共に初めからいる父なる神を想起させる（ヨハ一 2:14 解説, cf. ヨハ一 1:1, 2:7, 13）。そして、こうした教えやその教えの指し示すものを自分たちの中にとどめるなら、逆に、御父や御子の中にとどまるということは、神と人の間の相互内住という極めて緊密な関係が生まれることを示している（ヨハ一 3:24, cf. ヨハ二 9）。
　この 24 節は、かつてイエスが、「父よ、あなた自身が私の内に、この私もあなたの内にいるように、すべての人々が一つであり、その人々自身もまた私たちの内にいるようにしてください」（ヨハ 17:21）、また、「この私がその人々の内にいて、あなた自身が私の内にいるのは、その人々が一つに完成されるためであり、あなた自身が私を遣わしたことと、あなたが私を愛したようにその人々をも愛したことをこの世が知るためです」と父なる神に祈ったことを想起させる（ヨハ 17:23, cf. ヨハ 14:23）。

　25 節　そして、これこそ、その方自身が私たちに約束した約束、永遠の命です。
　この 25 節の「これこそ」という強調表現は、22 節の「これこそ」という強調表現と鮮明な対比をなしている（ヨハ一 2:22）。
　「その方自身（アウトス）」と訳した表現は、単に「彼自身」（直訳）であり、父なる神を指していると考えることもできるが（ヨハ一 2:24）、「私たちがその方から聞いて」いると言う時の「その方」であるとすると（ヨハ一 1:5 解説）、御子イエス・キリストを指していると考えられる。「これこそ」とは、前文の「あなたたち自身も、御子の中に、また御父の中にとどまる」ことであるから（ヨハ一 2:24）、約束された「永遠の命」とは（ヨハ一 1:2, cf. ヨハ 3:15, 6:40, テモ二 1:1, テト 1:2）、御父の中で、また、この御父と密接な関係にある御子の中で生きることにほかならない。

　26 節　私はあなたたちを惑わしている人々について、あなたたちにこれらのことを書きました。

2. 義である助け主イエス・キリスト（2:1-29）

「あなたたちを惑わしている人々」とは、「イエスはキリストではないと否定する者でなくて誰ですか。御父と御子を否定する」「偽り者」、「反キリスト」であり（ヨハ一 2:22)、永遠の命を宿す御父や御子に関する誤った教えを説く悪魔的な存在である（ヨハ一 1:8 解説）。したがって、この手紙はこのような人々から信仰者たちを守るためのものでもある。

27節　また、あなたたちの中には、あなたたち自身がその方から受けた油注ぎがとどまっているので、誰かがあなたたちを教える必要はなく、その油注ぎがあなたたちにすべてのことについて教えます。そして、それは真であり、偽りではないので、その方があなたたちに教えたように、あなたたちはその方の中にとどまりなさい。

「油注ぎ（クリスマ）」とは、ここでは、油を注がれた者である「キリスト（クリストス）」が、比喩的な意味で弟子たちに「油注ぎ（クリスマ）」を施して、弟子たちを「キリスト者（クリスチアノス）」にしたことの象徴的表現であり（ヨハ一 2:20 解説, cf. 使徒 10:38, コリ二 1:21)、「必要はない」と訳した表現は、「必要を持たない」（直訳）という意味である。そして、この「油注ぎ」が「すべてのこと」について教えるとは、「永遠の命」についてすべて教えるということであり（ヨハ一 2:25, cf. ヨハ 14:26)、永遠の命は御父と御子の中にあるので（ヨハ一 1:1-2)、「すべてのことについて教え」るとは、要するに、御父と御子が最も緊密な関係を保っていて、その御子が救い主キリストであると教えることである（ヨハ一 2:22)。

このような教えが「真（アレーセース）」であるとは、「偽り（プセウドス）」ではなく「真」であるという意味であり（ヨハ一 2:8 解説, cf. ヨハ一 2:21)、悪魔に由来せず、唯一真の神に由来することを示唆している（ヨハ一 2:26 解説）。「その方」と訳した表現は、御子イエス・キリストを指す表現であるが（ヨハ一 2:25 解説)、単に「それ」とも訳せる表現であり、「油注ぎ」を指していると考えることもできる。

28節　そして今、子たちよ、あなたたちはその方の中にとどまりなさい。もし、その方が明らかにされても、私たちは大胆さを持ち、その方の到来の時に、その方から恥を受けないためです。

「子（テクニオン）」と訳した表現は、「小さい子」（直訳）という意味であり（ヨハ一 2:12 解説）、「その方が明らかにされる」とは、特に「その方」である御子イエス・キリストの「永遠の命」が究極的には御父に由来することが明らかに示されることである（ヨハ一 2:27 解説, cf. ヨハ一 1:2 解説）。「その方が明らかにされる」という文は、「その方の到来」と言い換えられており、「到来（パルーシア）」とは、「傍らに（パラ）」「あること（ウーシア）」であるから（ペト二 3:12 解説）、この世の人々のもとに、「その方」である御子イエス・キリストが現れることを意味している（ヨハ一 2:27 解説）。ここで、この「到来（パルーシア）」という表現と「大胆（パレーシア）」という表現は、言葉遊びになっている（Smalley, p.125）。

「大胆（パレーシア）」とは元々、「あらゆる（パース）」形で「言葉（レーシス）」を駆使するという意味であり、「恥を受けない」と言い換えられている（ペト一 4:16 解説, cf. エフ 3:12）。「大胆」になり、「恥を受けない」のは、その人がイエス・キリストと同様に油注ぎを受け、キリスト者とされ（ヨハ一 2:27 解説）、神の子とされたからであり（ヨハ一 2:9 解説）、それが実に名誉と栄光に満ちたことだからである（ヨハ一 3:2 解説, cf. コロ 3:4）。

この 29 節は、かつてイエスが、「私と私の言葉を恥じる人、この人を人の子は、自分と父と聖なる天使たちの栄光を帯びて来る時に恥じるだろう」と語ったことを想起させる（ルカ 9:26）。ここで、「人の子」とはイエス自身を、「父」とは父なる神を指している。

29 節 もし、あなたたちが、その方は義であると知っているなら、あなたたちは、義を行うあらゆる人もその方から生まれていることを知っています。

「その方」という表現は原文にはないが、ここでは補われており、御子イエス・キリストを指している（ヨハ一 2:28 解説）。この御子イエスが「義である」とは、御子イエス自身に罪がないだけでなく、御子は罪人たちを清めて義とすることができるという働きも意味している（ヨハ一 2:1 解説）。そして、御子によって義とされた人は、御子の中にいて（ヨハ一 2:28 解説）、同様にして「義を行う」から（ヨハ一 3:7, 10）、自分自身を含めて、そのような人がすべて御子に由来することを知っている（ヨハ 1:13, cf. ヨハ 3:3）。

2. 義である助け主イエス・キリスト（2:1-29）

ここで、「あなたたち」と「あらゆる人」は、御子イエスが義であることを知っていて、実際にその「義を行う」なら、同一人物である。つまり、この29節の「も（カイ）」という表現は、「あなたたち」だけでなく、「義を行うあらゆる人も」という意味である。

ちなみに、「生まれている（ゲナオー）」と訳した表現は、原語では受動態の現在完了形であり、「生み出されている」という意味である。

3. 神の愛に基づく相互愛の戒め

3章1節－24節　私訳

¹ あなたたちは、御父があなたたちにどういう愛を与えているかを見なさい。それは、私たちが神の子たちと呼ばれるほどであり、そして、私たちはそうなのです。この世が私たちを知らないのは、御父を知らなかったから、このためです。² 愛する人々よ、私たちは今、神の子ですが、私たちがどうなるかは、まだ、明らかにされていないのです。私たちは、もし、それが明らかにされるなら、私たちはその方に似た者となると知っています。なぜなら、私たちはその方をそのまま見るからです。³ そして、この希望をその方に置くあらゆる人は、その方が純真であるように、自分自身を純真にします。

⁴ 罪を犯すあらゆる人は、不法を働くのであり、罪とは不法です。⁵ そして、あの方が明らかにされたのは、罪を取り除くためであることをあなたたちは知っているのであり、その方の中に罪はないのです。⁶ その方の中にとどまるあらゆる人は、罪を犯さず、罪を犯すあらゆる人は、その方を見たことがなく、知ってもいないのです。

⁷ 子たちよ、誰かがあなたたちを惑わすことがないようにしなさい。義を行う人は、あの方が義であるように義です。⁸ 罪を犯す人は、悪魔に属します。なぜなら、悪魔は初めから罪を犯しているからです。神の子が明らかにされたのは、その悪魔の業を崩すため、このためです。⁹ 神から生まれているあらゆる人が罪を犯さないのは、その種がその人の中にとどまっているからであり、その人は神から生まれているので、罪を犯すことができないのです。¹⁰ 神の子たちと悪魔の子たちは、これによって明らかです。義を行わないあらゆる人と自分の兄弟を愛さない人は、神に属さないのです。

¹¹ なぜなら、私たちが愛し合うべきであること、あなたたちが初めから聞いていた知らせは、これだからです。¹² 悪い者に属し、兄弟を惨殺したカインのようであってはならないのです。そして、彼は何のために兄弟を

惨殺したのですか。なぜなら、自分の業は悪かったが、自分の兄弟の業が義であったからです。

　[13] ［そして、］兄弟たちよ、もし、この世があなたたちを憎んでも、あなたたちは驚いてはならない。[14] 私たち自身は、死から命に移っていることを知っています。なぜなら、私たちは、兄弟たちを愛しているからです。愛していない人は、死の中にとどまっています。[15] 自分の兄弟を憎むあらゆる人は、人殺しであり、あなたたちは、あらゆる人殺しが自分の中にとどまる永遠の命を持っていないと知っています。[16] あの方がその魂を私たちのために捨てたこと、これによって私たちは愛を知りました。私たち自身も、その魂を兄弟たちのために捨てるべきです。[17] 誰でもこの世の生活費を持ちながら、自分の兄弟が窮しているのを見ても、彼に自分の哀れみを閉ざすのなら、どのようにして神の愛がその人の中にとどまるのですか。[18] 子たちよ、私たちは口先の言葉ではなく、真実の業によって愛そう。

　[19] ［そして、］これによって、私たちは真理に属することを知り、神の前で私たちの心を納得させるだろう。[20] なぜなら、もし、私たちの心が責めるとしても、神は私たちの心よりも大きく、すべてのことを知っているからなのです。[21] 愛する人々よ、もし、［私たちの］その心が責めなければ、私たちは神に対して大胆さを持ち、[22] 私たちが求めるどんなものでも、神から受け取ります。なぜなら、私たちは神の戒めを守り、神の前で喜ばれることを行うからです。

　[23] そして、神の戒めとは、神の子イエス・キリストの名前を信じ、この方が私たちに戒めを与えたように、お互いに愛し合うこと、これです。[24] また、神の戒めを守る人は、神の中にとどまり、神自身もその人の中にいます。そして、神が私たちの中にとどまっていることは、神が私たちに与えた霊によって、これによって私たちは知ります。

3章1節－24節　解説

　1節　あなたたちは、御父があなたたちにどういう愛を与えているかを見なさい。それは、私たちが神の子たちと呼ばれるほどであり、そして、私たちはそうなのです。この世が私たちを知らないのは、御父を知らなかっ

だから、このためです。

この1節における最初の「御父（パテール）」という表現は、単に「父」（直訳）であり（ヨハ一 2:24 解説）、最後の「御父」という表現は、単に「彼」である。「見る（ホラオー）」と訳した表現は、「知る、考える」という意味もあるが、ここでは直訳されており、著者は、御父が与えた愛が、まず、この世に肉となって現れた「命の言葉」であり（ヨハ一 1:1）、この御子イエスの内にある「永遠の命」であることを思い描くように想起して（ヨハ一 1:2, 2:25）、確認することを命じている。ちなみに、このヨハネの手紙一の著者が、イエスを「あの方、その方（エケイノス）」と記す時（ヨハ一 2:6, 3:3, 5, 7, 16, 4:17）、イエスを思い描いていただろう。

「あなたたち」がこのことを想起して、確認できるのは、この御子イエス・キリストの「油注ぎ」によって、「あなたたち」もキリスト者とされ（ヨハ一 2:27 解説）、御子イエス・キリストが父なる神の子であるの同様に、キリスト者とされた「あなたたち」も父なる「神の子」たちとされているので（cf. ルカ 20:36, ヨハ 1:12, ロマ 8:16）、お互いにキリスト者の中にキリストを（ヨハ一 2:24 解説）、また、キリスト者の傍らにキリストを（ヨハ一 2:1 解説）、さらには、キリスト者を包み込んでいるキリストを「見る」ことができるからである（ヨハ一 2:24, 27-28, 3:2）。「私たちはそうなのです」と訳した表現は、単に「私たちは……です」（直訳）であり、実際に「私たちは神の子たちです」という意味である。この神の「子（テクノン）」という威厳ある表現の指小辞が、「子、小さい子（テクニオン）」である（ヨハ一 2:28 解説, cf. クラウク, p.253）。

そして、「この世が私たちを知らない」のは、「御父」を知らないからであり、そのため、御父の御子イエス・キリストも知らず（ヨハ 15:21, 16:3）、キリスト者である「私たち」をも知らないからである。なお、最後の「御父」という表現は、単に「彼」であり、御子イエス・キリストを指していると考えることもできる（ヨハ一 3:2）。

2節　愛する人々よ、私たちは今、神の子ですが、私たちがどうなるかは、まだ、明らかにされていないのです。私たちは、もし、それが明らかにされるなら、私たちはその方に似た者となると知っています。なぜなら、

3. 神の愛に基づく相互愛の戒め（3:1-24）

私たちはその方をそのまま見るからです。

「愛する人々よ」という表現は、これからの「私たち」に対する希望と愛情に満ちた呼びかけであり（cf. ヨハ一 2:7 解説, 3:3）、「神の子」と訳した表現は、「神の子たち」（直訳）という意味である。この 2 節における最初の「その方（アウトス）」という表現は、単に「彼」（直訳）であり、御子イエス・キリストを指している（ヨハ一 3:1 解説）。

「それが」という表現は原文にはないが、ここでは補われている。「明らかにされる」とは神的受動態であり、「それ」、つまり、「私たちがどうなるか」が、父なる神によって明らかにされることを示している。すでに今、「神の子」である私たちの将来は、到来した御子と「似た者」なのである。「似た、似ている（ホモイオス）」という表現は、「同じ（ホモス）」ではなく、「等しい（イソス）」でもないから（ヨハ 5:18, フィリ 2:6, cf. クラウク, p.256）、「私たち」は御子イエス・キリストと同一、同等になるのではなく、同じ父なる神の子として、兄弟姉妹のように「似た者となる」のである。

「そのまま（カソース・エスティン）」と意訳した表現は、その方がそう「であるように」（直訳）という意味であり、御子の姿をありのままで見た人が、御子に「似た者となる」ということは、その人に与える御子の栄光の強さを物語っている。このことは、かつてイエスが、「父よ、あなたが私に与えたもの、その人々もこの私がいる所に私と共にいることを私は願います。それは、この世の基の前からあなたが私を愛していたために私に与えた私の栄光をその人々が見るためです」と語ったことを想起させる（ヨハ 17:24, cf. ヨハ 17:5, 22）。パウロも、「私たち自身はすべて、覆いをまくり上げられた顔で主の栄光を鏡のように映しつつ、主の霊によるとおりに栄光から栄光へと主と同じ像に変えられます」と述べている（コリ二 3:18, cf. ロマ 8:29, コリ一 13:12, フィリ 3:21, コロ 3:4）。こうして、御子を受け入れる人は、「光の子」となるのである（ヨハ 12:36, cf. マタ 5:14, ヨハ 8:12, エフ 5:8, フィリ 2:15）。

3 節 そして、この希望をその方に置くあらゆる人は、その方が純真であるように、自分自身を純真にします。

「置く（エコー）」と意訳した表現は、単に「持つ」（直訳）であり、将来的に「その方」、つまり、御子イエス・キリストのありのままの姿を見るこ

ヨハネの手紙一

とができるのは（ヨハ一 3:2 解説, cf. ペト一 1:3、ペト二 3:13-14）、確かに、「希望」である。「純真（ハグノス）」とは、罪に汚されていないことを示し（ペト一 3:2 解説, cf. ペト一 1:22）、御子のありのままの姿を見ることを希望する人は、「今」から罪を峻拒し、「純真」である御子の姿に近づかなければならないのである（ヨハ一 2:6）。人は純真になって初めて、御子の栄光を鮮明に反映できるからである（ヨハ一 3:2 解説）。

　この 3 節は、かつてイエスが、「心の清い人々は、幸いである。なぜなら、その人々こそ神を見るだろうから」と説いたことを想起させる（マタ 5:8, cf. コリ二 7:1、ヘブ 12:14）。

　4 節　罪を犯すあらゆる人は、不法を働くのであり、罪とは不法です。
　「犯す（ポイエオー）」と訳した表現と「働く（ポイエオー）」と訳した表現は、原語では同じ語である。「罪（ハマルティア）」とは、「的を外す、分け前（メロス）を逃す（ア）」という意味に由来し（ヨハ一 1:7 解説）、「不法（アノミア）」とは、文字どおり、「法（ノモス）」の「ない（ア）」状態である（cf. マタ 7:23、テサ二 2:3, 8）。この「罪」や「不法」の対義語は、「聖（ハギアスモス）」や（ロマ 6:19）、「義（ディカイオスネー）」である（ヘブ 1:9, cf.Zerwick & Grosvenor, p.729）。

　5 節　そして、あの方が明らかにされたのは、罪を取り除くためであることをあなたたちは知っているのであり、その方の中に罪はないのです。
　「あの方（エケイノス）」とは、御子イエス・キリストに対する敬意を込めた名称であり（ヨハ一 3:1 解説）、「その方（アウトス）」と訳した表現は、単に「彼」（直訳）である。「明らかにされた」とは神的受動態であり、父なる神によってそうされたことを示している（ヨハ一 3:2 解説）。その「明らかにされた」時は、御子イエスがこの世に到来した時であり、さらには、御子イエスが救い主であるということが人々の心に「明らかにされた」時である（ヨハ一 1:1-2, cf. ペト一 1:18-20）。

　そして、この「明らかにされた」内容は、御子イエスが人々の「罪を取り除く」という福音であり（cf. ヨハ一 2:2）、御子イエスにそれが可能であるのは、御自身の中に罪がないからである（ヨハ 8:46、19:6, cf. コリ二 5:21）。

3. 神の愛に基づく相互愛の戒め（3:1-24）

「取り除く（アイロー）」という表現は、イエスが十字架刑を受ける前の裁判においてユダヤ人たちが、「取り除け、取り除け、彼を十字架に掛けろ」と叫んだ時の「取り除く（アイロー）」という表現と同じであり（ヨハ 19:15）、皮肉にも、人々が罪のないイエスを十字架上で処刑して「取り除く」という大罪を犯すことによって、すべての罪人たちの罪を御子イエスが「取り除く」準備が整ったのである（ヨハ 1:29, cf. イザ 53:4, 11, ペト一 2:24）。

6節　その方の中にとどまるあらゆる人は、罪を犯さず、罪を犯すあらゆる人は、その方を見たことがなく、知ってもいないのです。

「その方（アウトス）」と訳した表現は、単に「彼」（直訳）であり、御子イエス・キリストを指している（ヨハ一 3:5 解説）。このイエスの中にとどまっている人は一切の罪を犯さないと、誰も断言できないことや（ヨハ一 1:8, 10, 2:1）、「罪を犯さず」、「罪を犯すあらゆる人」と訳した表現は、原語では現在形であることを考慮すると、それぞれ、「罪を犯し続けず」、「罪を犯し続けるあらゆる人」という意味である（ストット，pp.140-141）。

そのヨハネの手紙一の読者が、生前のイエスの後の世代の人々であるとすると、その人々は生前のイエスを見たことがないはずであるから、この6節で、「罪を犯すあらゆる人」が「その方を見たことがなく」というのは、お互いのキリスト者の中にキリストを、または、キリスト者の傍らにキリストを、または、キリスト者を包み込んでいるキリストを「見たことがなく」という意味なのだろう（ヨハ一 3:1 解説）。そして、御子イエスを「知ってもいない」とは、イエスについて実際に聞いたことがあっても、その内実を理解せず、「罪を犯す」ことによって、その教えを実践していないのなら、知らないも同然であるという意味だと考えられる（ヨハ一 2:3-4）。

7節　子たちよ、誰かがあなたたちを惑わすことがないようにしなさい。義を行う人は、あの方が義であるように義です。

「子（テクニオン）」と訳した表現は、「小さい子」（直訳）という意味であり（ヨハ一 2:28 解説）、「あの方（エケイノス）」とは、御子イエス・キリストに対する敬意を込めた名称である（ヨハ一 3:5 解説）。

「惑わす（プラナオー）」とは、具体的には、イエスはキリストではないと

否定すること、御父と御子を否定することであり（ヨハ一 2:23-26）、御子イエス・キリストが肉をまとってこの世に来たことを告白しない人々の言動であるから（ヨハ二 7, cf. ヨハ一 4:6）、著者は読者に対して、愛情を込めて、惑わされないようにと注意を喚起している。この「惑わす」という表現の対義語が、「義（ディカイオスネー）を行う（ポイエオー）」であり、単に、御子イエス・キリストが肉をまとってこの世に来たことを告白するだけでなく、この御子イエスに倣って生きることを意味する。ただし、御子イエスの「義」は、罪人たちを清めて義とすることができるのに対して（ヨハ一 2:29 解説, cf. ヨハ一 2:1）、罪人にはそのような力はなく、御子イエスを信じる人々は、御子イエスの力によってその義なる生き方に従い、他の人々をその道に導くことが求められている。

8節　罪を犯す人は、悪魔に属します。なぜなら、悪魔は初めから罪を犯しているからです。神の子が明らかにされたのは、その悪魔の業を崩すため、このためです。

「罪（ハマルティア）」とは、「的を外す、分け前（メロス）を逃す（ア）」という意味に由来し（ヨハ一 3:4 解説）、「罪を犯す」と訳した表現は、「罪を犯し続ける」という意味である（ヨハ一 3:6 解説）。「責める、中傷する（ディアバロー）」者である「悪魔（ディアボロス）」とか「サタン」と呼ばれる人格は、神の前で人々を告発し、罪に定める者である（ペト一 5:8 解説）。つまり、悪魔や悪魔的人格は、自らが罪を犯しているにもかかわらず、他人を告発して、罪に定める点で倒錯しており、その罪は重いと言える。

悪魔「に属する（エク）」と意訳した表現は、悪魔「からの」（直訳）ものという意味であり（ヨハ一 2:21 解説）、「初めから」という表現は（ヨハ一 2:24 解説）、堕落の「初めから」という意味であり（ユダ 6, cf. ストット, p.154）、その根源的な悪を示唆している（ヨハ 8:44, cf. テサ二 2:3, 9, ヨハ一 1:6 解説）。悪魔のこの根源的な悪とは、悪魔自身の悪を指すだけでなく、他人をも悪に導く性質を示すが、それはキリストの義が、キリスト自身の義を指すだけでなく、他人をも義とする性質を示すことと対照的である（ヨハ一 3:7 解説, cf. カルヴァン, pp.269f.）。そして、人は真理の神に属するか、この偽りの悪魔に属するかのどちらかであって（ヨハ一 2:21, 3:19）、その中間

3. 神の愛に基づく相互愛の戒め（3:1-24）

領域はないのである（カルヴァン，p.269）。

「明らかにされた」とは神的受動態であり、父なる神によってそうされたことを示しており（ヨハ一 3:5 解説）、「崩す（ルオー）」と訳した表現は、単に「解く」（直訳）という意味である（ペト二 3:10-12）。神の御子イエス・キリストがこの世に到来し、その「義」も明示されたことで（ヨハ一 3:7 解説）、それとは対照的な「悪魔」や「罪」も明示され、さらには、その「業、働き（エルゴン）」も抑えられるが、このことは読者に対する希望でもある（ヨハ 12:31, 16:11）。

　9 節　神から生まれているあらゆる人が罪を犯さないのは、その種がその人の中にとどまっているからであり、その人は神から生まれているので、罪を犯すことができないのです。

　ここで、「罪を犯さない」、「罪を犯すことができない」と訳した表現は、それぞれ、「罪を犯し続けない」、「罪を犯し続けることができない」という意味である（ヨハ一 3:6 解説）。人は誰でも母親から生まれるが、「神から生まれる」ことについては、ヨハネによる福音書の記録する次の出来事が参考になる。

　「さて、ファリサイ派の人々の一人で、その名前をニコデモというユダヤ人たちの指導者がいた。この人は夜に彼の所に来て、彼に言った。『ラビ、私たちは、あなたが神から来た教師であることを知っています。誰でも神がその人と共にいなければ、あなた自身がしているこれらの印をすることはできないからです。』イエスは答えて、彼に言った。『確かに、確かに私はあなたに言う。誰でも新たに生まれなければ、神の王国を見ることはできない。』［その］ニコデモは、彼に対して言う。『どのようにして、人は年老いていながら生まれることができますか。人はもう一度、自分の母の胎に入って生まれることはできないのではないですか。』イエスは答えた。『確かに、確かに私はあなたに言う。誰でも、霊の水から生まれなければ、神の王国に入ることはできない。肉から生まれたものは肉であり、霊から生まれたものは霊である』」（ヨハ 3:1-6）。

　したがって、人は母親の肉体から生まれるが、その後に、神の霊によって新たに生まれ変わらなければならないのであり、それは、神の「霊、息吹（プ

ネウマ）」によって言わば神の口から出された神の言葉を受け入れる出来事である。そして、この9節の「その種」とは「神の種」、つまり、神の言葉であり、種が豊かな土壌で成長するように、人は受け入れた神の言葉を肉の体で十分に実践しなければならないのである。

イエス自身による次のたとえ話も、ここで参考になる。

「『種をまく人が、自分の種をまくために出て行った。そして、彼が種をまいていると、あるものは道端に落ち、踏み付けられ、天の鳥がそれを食べ尽くした。また、他のものは岩の上に落ち、生え出たが、水分を持たなかったために枯れた。さらに、他のものは茨の間に落ち、茨が共に生え出て、それを押しふさいだ。そして、他のものは良い土の中に落ち、生え出ると、百倍の実を結んだ。』彼はこれらのことを語って、呼びかけていた。『聞く耳を持つ人は聞きなさい』」（ルカ 8:5-8）。

「『そのたとえはこうである。種は神の言葉である。道端のものとは、聞く人々であるが、後に悪魔が来て、その人々が信じて救われることがないように、その人々の心から御言葉を取り去る。岩の上のものとは、聞く時は喜んで御言葉を受け入れるが、これらの人々は根を持たず、しばらく信じていても、試みの時に離れて行く。茨の中に落ちるもの、これらの人々は聞く人々であるが、歩みつつ人生の煩いや富や快楽にふさがれて、実が熟するまでに至らない。良い土の中のもの、これらの人々は美しい良い心で御言葉を聞いて引き止め、忍耐して実を結ぶ人々である』」（ルカ 8:11-15）。

このように、神の言葉を真に受け入れて生まれ変わり、それを生かす人は、罪を犯し続けないのであり、また、罪を犯し続けることもできないのである（ヨハ一 2:29, 3:6, 4:7, 5:18, cf. ヤコ 1:18, ペト一 1:23）。これは、神の言葉がすでに罪に打ち勝っていることを示している。

10節　神の子たちと悪魔の子たちは、これによって明らかです。義を行わないあらゆる人と自分の兄弟を愛さない人は、神に属さないのです。

「義を行わない」、「自分の兄弟を愛さない」と訳した表現は、それぞれ、「義を行い続けない」、「自分の兄弟を愛し続けない」という意味である（ヨハ一 3:9 解説）。

義である神に属する人々と、悪である悪魔に属する人々の相違は、明白で

3. 神の愛に基づく相互愛の戒め（3:1-24）

ある。「義」とは、イエスの生き方そのものを指し（ヨハ一 3:7 解説）、悪とはこのイエスの生き方や、このイエス自身が神の御子であることを否定するあらゆる言動である（ヨハ一 2:22-23）。そして、具体的に「義を行わない」とは、「自分の兄弟を愛さない」ことであり、御子イエスを通して父なる神を信じる信仰に基づく信仰上の兄弟姉妹を愛さないことは、この兄弟姉妹の父なる神を愛さないことに等しいのであり、その罪は極めて重い。この罪の重さは、父なる神の家族から切り離されるほどのものである（ヨハ一 2:9, 29, cf. ヨハ 8:47, エフ 3:15, テサ一 5:5）。

　11 節　なぜなら、私たちが愛し合うべきであること、あなたたちが初めから聞いていた知らせは、これだからです。
　「初めから聞いていたこと」とは、福音を聞いたその当初から教えられていたという意味であり（ヨハ一 2:24 解説）、「知らせ（アンゲリア）」は御子イエス・キリストに由来する教えである（ヨハ一 1:5 解説）。確かに、かつてイエスはこう教えている（cf. ヨハ一 4:7, 11-12, 21）。
　「私は、あなたたちに新しい命令を与える。あなたたちは互いに愛し合いなさい。あなたたち自身も互いに愛し合うために、私があなたたちを愛したように。もし、あなたたちがお互いの間で愛を持つなら、このことによってすべての人々は、あなたたちが私に対して弟子たちであることを知るだろう」（ヨハ 13:34-35）。
　「私があなたたちを愛したように、あなたたちは互いに愛し合うこと、これが私の命令である。誰でも自分の友人のために自分の魂を捨てること、これより大いなる愛を持っている人はいない。あなたたち自身は、もし、この私があなたたちに命令することを行うなら、私の友人である。私はもはや、あなたたちをしもべと言わない。なぜなら、しもべはその主人がすることを知らないからである。それで、私はあなたたちを友人と言った。なぜなら、私は私の父から聞いたすべてのことをあなたたちに知らせたからである。あなたたち自身が私を選んだのではなく、この私があなたたちを選び、あなたたちを定めた。それは、あなたたち自身が行って実を結び、あなたたちの実が残るためであり、あなたたちが私の名前で父に求めるものは何でも、彼があなたたちに与えるためである。あなたたちが互いに愛し合うように、私は

これらのことをあなたたちに命令する」(ヨハ 15:12-17)。

　　12 節　悪い者に属し、兄弟を惨殺したカインのようであってはならないのです。そして、彼は何のために兄弟を惨殺したのですか。なぜなら、**自分の業は悪かったが、自分の兄弟の業が義であったからです。**
　この 12 節における二つ目の「兄弟（アウトス）」という表現は、単に「彼」（直訳）であり、二つ目の「業（エルゴン）」という表現は原文にはないが、ここでは補われている。
　「悪い者（ホ・ポネーロス）」とは、「あの悪い者」とも訳せる表現であり、その代表的なものは、悪魔である（ヨハ一 2:13 解説）。悪魔「に属する（エク）」と意訳した表現は、悪魔「からの」（直訳）ものという意味であり（ヨハ一 3:8 解説）、「惨殺する（スファゾー）」と訳した表現は、元々は生けにえの動物ののどを切ってほふることを意味し、単に人を殺すことも意味するようになった（Liddell & Scott, 1986, p.784）。
　この話は、創世記 4 章に基づいている。それによると、羊を飼う者であるアベルが、肥えた初子の羊をささげ物としたのに対して、土を耕す者である兄のカインは、土の実りをささげ物とした（創世 4:2-4）。そして、神がアベルのささげ物の方を受け入れると、カインは怒ってアベルを殺した（創世 4:4-5, 8, cf. マタ 23:35, ヘブ 11:4, 12:24）。神はこの出来事に対して、アベルの血が土の中から神に向かって叫んでいるとカインに言った（創世 4:10）。このように、悪に満ちた世界において、義を行う人は、殺されるのである。しかし、このヨハネの手紙一の著者は、カインのような人殺しになってはならないと警告している。ちなみに、義であるイエスが殺されたのも（ヨハ一 2:1, 29:3:7）、悪に満ちたユダヤ人たちを中心とする人々からのねたみによる（マタ 27:18, cf. ストット, p.158）。
　創世記は、アベルが肥えた初子の羊をささげ物とし、カインが土の実りをささげ物としたこと以外に、神がアベルのささげ物の方を受け入れた理由を明示していないが、ヘブライ人への手紙の著者によると、アベルのささげ方には「信仰」が伴っていたのであり（ヘブ 11:4, cf. 箴言 15:8）、それゆえにこの出来事は後の信仰者たちにも語り継がれているのである。また、ヘブライ人への手紙の著者は指摘していないが、最初の男アダムと最初の女エバの

罪のゆえに土が呪われたことも（創世 3:17）、直接的に土から出て来た実りが神に受け入れられなかったことと関係があると考えられる。

13節　［そして、］兄弟たちよ、もし、この世があなたたちを憎んでも、あなたたちは驚いてはならない。

「もし、この世があなたたちを憎んでも」という文は、原文では、実際に「この世があなたたちを憎むのだから」という意味に近く（cf. ヨハ一 2:15-17, 3:1）、「兄弟たち」と対立する大きな集団があることを示唆している。

また、この13節は、かつてイエスがこう語ったことを想起させる（ヨハ一 3:11 解説）。

「もし、この世があなたたちを憎むなら、あなたたちよりも先に私を憎んでいたことをあなたたちは知りなさい。もし、あなたたちがこの世からの人々であるなら、この世は自分自身のものを愛しただろう。しかし、あなたたちはこの世からの人々ではなく、この私があなたたちをこの世から選んだから、そのことによってこの世はあなたたちを憎む」（ヨハ 15:18-19）。

「この私は、その人々にあなたの言葉を与えました。そこで、この世はその人々を憎みました。なぜなら、この私がこの世からのものではないように、その人々はこの世からのものではないからです」（ヨハ 17:14）。ここで、「あなた」とは父なる神を指している。

14節　私たち自身は、死から命に移っていることを知っています。なぜなら、私たちは、兄弟たちを愛しているからです。愛していない人は、死の中にとどまっています。

カインがその兄弟を殺したのは、その兄弟が義であったからであり（ヨハ一 3:12）、さらに前節は、憎しみがあったことも示唆している（ヨハ一 3:13, cf. ヨハ一 3:15）。つまり、カインはその兄弟を愛することなく憎み、死に追いやっただけでなく、そのような大罪を犯して自らの滅びを招いている点で（創世 4:11-14）、まさしく「死の中にとどまって」いると言える（cf. ヨハ一 2:11）。しかし、実際の兄弟だけでなく、信仰上の兄弟たちをも愛する人は（ヨハ一 3:10 解説）、愛することによって相手を生かし、自らも成長して、命の中にとどまっている。

ヨハネの手紙一

　この 14 節は、かつてイエスが、「確かに、確かに私はあなたたちに言う。私の言葉を聞いて、私を送った方を信じる人は永遠の命を持ち、裁きに入ることなく、死から命に移っている」と語ったことを想起させる（ヨハ 5:24, cf. ヨハ 13:1）。

　15 節　自分の兄弟を憎むあらゆる人は、人殺しであり、あなたたちは、あらゆる人殺しが自分の中にとどまる永遠の命を持っていないと知っています。

　前節の「愛していない人は、死の中にとどまっています」という文は（ヨハ一 3:14）、この 15 節では、「自分の兄弟を憎むあらゆる人は、人殺しであり」ますと言い換えられている。つまり、信仰上の兄弟たちに対する姿勢は、「愛している」か（ヨハ一 3:14）、「愛していない」（ヨハ一 3:14）、つまり、「憎む」かのいずれかであって、どちらでもないという中途半端な態度は許されていないことを、これらのことは示唆している。そして、「永遠の命」が恵みとして人々の「中にとどまる」にもかかわらず、憎しみに満ちた人殺しはその恵みを拒絶し、死の中にとどまっているのである。

　この 15 節は、かつてイエスが、かたくななユダヤ人たちに対してこう語ったことを想起させる。「あなたたち自身は悪魔という父からのものであり、あなたたちは自分たちの父の欲望を行いたいと思っている。その人は初めから人殺しであり、真理に立っていなかった。なぜなら、真理が彼の内にないからである。彼が偽りを話す時、彼は自分自身の事柄から話している。なぜなら、彼が偽り者だからであり、その父だからである」（ヨハ 8:44, cf. ヨハ一 1:6 解説）。

　16 節　あの方がその魂を私たちのために捨てたこと、これによって私たちは愛を知りました。私たち自身も、その魂を兄弟たちのために捨てるべきです。

　「あの方（エケイノス）」とは、御子イエス・キリストに対する敬意を込めた名称であり（ヨハ一 3:7 解説）、ここで「魂（プシュケー）」とは「命」と同義語である。また、「捨てる（ティセーミ）」と意訳した表現は、「置く、定める」（直訳）という意味であるから（ペト一 2:6, 8, ペト二 2:6）、「魂を」「捨

てた」とは、イエスがその命を父なる神の御手に置いて死んだことを意味する（cf. ルカ 23:46）。これは、イエスが罪人の代表として、代理として死ぬことによって、イエスを通してその父なる神を信じる罪人が生きるようにするためであり、罪人に対する最大の「愛」の表現である。したがって、愛を強調する著者は（ヨハ一 3:1, 11, 14）、このイエスの行為に倣うことを命じている。

この 16 節は、かつてイエスが、「誰でも自分の友人のために自分の魂を捨てること、これより大いなる愛を持っている人はいない」と語ったことを想起させる（ヨハ 15:13, cf. ヨハ 10:11, テサ一 2:8）。

17 節　誰でもこの世の生活費を持ちながら、自分の兄弟が窮しているのを見ても、彼に自分の哀れみを閉ざすなら、どのようにして神の愛がその人の中にとどまるのですか。

「生活費（ビオス）」と意訳した表現は、「生涯、生活、人生」（直訳）という意味でもあることを考慮すると（ルカ 15:12, 30, 21:4）、「生活費を持つ（エコー・ビオン）」とは、安定した人生を過ごしていることを示し（cf. ヨハ一 2:16）、逆に、「窮している（クレイアン・エコー）」と意訳した表現は、「必要を持つ」（直訳）という意味であり、生活に種々の物を必要としていることを示している（ヤコ 2:15-16, cf. 申命 15:7-8）。

そして、このように窮している兄弟に自分の「哀れみ」を閉ざすとは、深い同情に基づく具体的な手助けをしないことを意味する。「哀れみ（スプランクノン）」と意訳した表現は、「内臓」（直訳）のことであるが、それは当時、内臓が人間の感情の源であると考えられていたからである。このような「哀れみ」を持たない冷酷な人の中に、父なる神の愛がとどまるはずがないということは、天地創造の際に父なる神の愛の結果として生じた人々の命も、さらには、神が与えようとしている永遠の命も（ヨハ一 3:15）、そのような人の中にはないという意味であり、逆にそのような人は、「死の中にとどまって」いるのである（ヨハ一 3:14）。

また、「その人（アウトス）」と訳した表現は、単に「彼」であり（直訳）、「自分の兄弟」を指しているとすると、誰でもこの世の生活費を持ちながら、窮している兄弟に対して、哀れみの心を閉ざすなら、その窮している兄弟の中

に父なる神からの愛がどのようにしてもたらされるだろうかという意味にもなる。つまり、この世の生活費があるのも、元はと言えば、天地万物を創造した父なる神の愛のおかげであり、物に不足している兄弟にそれを分け与えなければ、この兄弟に父なる神の愛が行き渡らないことになる。したがって、人は「哀れみ」深い父なる神に倣って、「哀れみ」の心を兄弟に対して開かなければならないのである。

ちなみに、英語の「理論（theory）」は、ギリシャ語の「見る（セオーレオー）」に由来する。

18節　子たちよ、私たちは口先の言葉ではなく、真実の業によって愛そう。

「子（テクニオン）」と訳した表現は、「小さい子」（直訳）という意味であり（ヨハ一 3:7 解説）、この 18 節は、「子たち」に真の「哀れみ」について教えている（ヨハ一 3:17）。

「口先の言葉ではなく（ロゴス・メーデ・グローサ）」と訳した表現は、「言葉でも舌でもなく」（直訳）という意味であるが、後者の語が前者の語を修飾する二詞一意であり、「真実の業（エルゴン・カイ・アレーセイア）」と訳した表現も、「業と真理」（直訳）であるが、後者の語が前者の語を修飾する二詞一意である（cf.Smalley, p.189）。つまり、真の哀れみは、「真理」である神の言葉の具体的実践によって実証されるのである（cf. ヤコ 1:22, 2:14）。

19節　[そして、]これによって、私たちは真理に属することを知り、神の前で私たちの心を納得させるだろう。

「これによって」とは、「口先の言葉ではなく、真実の業によって愛」することによってという意味である（ヨハ一 3:18）。真理「に属する（エク）」と意訳した表現は、真理「からの」（直訳）ものという意味であり（ヨハ一 3:12 解説）、「神（アウトス）」と訳した表現は、単に「彼」（直訳）であるが、17 節の「神」を指していると考えられる（ヨハ一 3:17）。「納得させる（ペイソー）」と訳した表現は、「説得する」とも訳せる表現であり（ヤコ 3:3 解説）、人が自分の「心を納得させる」とは、最後の審判を行う「神の前」に、やましさのない晴れた心で立つことができるという意味である。そして、それが

3. 神の愛に基づく相互愛の戒め（3:1-24）

可能なのは、その人がこの世で真実の業に基づく愛を実践してきたからである（ヨハ一 3:18 解説）。

20 節　なぜなら、もし、私たちの心が責めるとしても、神は私たちの心よりも大きく、すべてのことを知っているからなのです。
「責める（カタギノースコー）」と訳した表現は、ある人に「対立する（カタ）」ことを「知って（ギノースコー）」非難することである（cf. ガラ 2:11）。そして、「私たちの心が」自分自身を「責める」かもしれないのは、「真実の愛」に基づく業と思えることをしたとしても（ヨハ一 3:18）、それが「神の前で」本当に真実なものかどうかを判断するのは（ヨハ一 3:19）、神自身であるし、神の前で義とされるために、そのような業をあえて行ったのではないとも断言できないし、結局、人は神の前に「すべてのこと」が知られているからである。

しかし、人々の「すべてのこと」が神に知られているということは、人々にとって不利になるだけではない。神は人々のそのような弱さも知っているため、何よりも大きい寛容な心で人々と向かい合うのである。したがって、「私たちの心を納得させる」のは（ヨハ一 3:19）、究極的には私たち自身ではなく、神の心であり、神の心の中にいて、しかも、この父なる神に対する私たちの「助け主、義であるイエス・キリスト」の心であり（ヨハ一 2:1）、この神の大きな心だけが、私たちの心を包み込み、深い安らぎと慰めを与えるのである。

ちなみに、この 20 節の原文においては、「なぜなら、……からです（ホティ）」という語句が、「もし、私たちの心が責めるとしても」という文の前と、「神は私たちの心よりも大きく、すべてのことを知っている」という文の前に置かれているが、二つ目の「なぜなら、……からです（ホティ）」という語句は、強調のための反復と考えることもできるし、高齢になっている著者の癖かもしれない（ヨハ一 2:1 解説）。したがって、ここでは、「なぜなら、……からなのです（ホティ……ホティ）」と強調した形で訳されている。

21 節　愛する人々よ、もし、［私たちの］その心が責めなければ、私たちは神に対して大胆さを持ち、
私たちの「心が責めなければ」とは、神の大きな心が私たちの心を包み込

み、深い安らぎと慰めを与えるならという意味であり（ヨハ一 3:20 解説）、「大胆（パレーシア）」とは元々、「あらゆる（パース）」形で「言葉（レーシス）」を駆使するという意味である（ヨハ一 2:28 解説）。したがって、この「大胆さ」は、言わば神の大きな心に由来する「大胆さ」である（ヨハ一 3:20, cf. ヘブ 4:16, ヨハ一 4:17, 5:14）。

　22節　私たちが求めるどんなものでも、神から受け取ります。なぜなら、私たちは神の戒めを守り、神の前で喜ばれることを行うからです。
　「神（アウトス）」と訳した表現は、単に「彼」（直訳）であり（ヨハ一 3:21）、「戒め（エントレー）」という表現は、原語では複数形であり、個々の「戒め（エントレー）」の集積が「律法（ノモス）」と呼ばれるものである（ヨハ一 2:3 解説, cf. ヨハ一 3:23）。そして、この神の戒めを守る時、人が神から「受け取」るものは、神の喜びである（cf. ヨブ 22:26-27）。
　この 22 節の前半は、かつてイエスがこう語ったことを想起させる。「あなたたちは求めなさい。そうすれば、それはあなたたちに与えられるだろう。あなたたちは探しなさい。そうすれば、あなたたちは見つけるだろう。あなたたちは門を叩きなさい。そうすれば、それはあなたたちに開かれるだろう。というのは、誰でも求める人は受け取り、探す人は見つけ、門を叩く人には開かれるだろうから」（マタ 7:7-8, cf. マタ 21:22, ヨハ 14:13, 16:23-24）。
　また、この 22 節の後半は、かつてイエスが、「私を送った方は私と共にいる。彼は私を一人にして去らなかった。なぜなら、この私は彼の喜ぶことをいつもするからである」と語ったことを想起させる（ヨハ 8:29）。ここで「彼」とは、父なる神であり、人が父なる神に喜ばれることを行うということは、御子イエスが父なる神に喜ばれることを常に行うように、神の真の子であることを示している。

　23節　そして、神の戒めとは、神の子イエス・キリストの名前を信じ、この方が私たちに戒めを与えたように、お互いに愛し合うこと、これです。
　「神（アウトス）」と訳した表現は、単に「彼」（直訳）であり（ヨハ一 3:22 解説）、「この方」と訳した表現は原文にはないが、ここでは「イエス」を指す表現として補われている。この 23 節における「戒め（エントレー）」

という表現は、原語では単数形であり（cf. ヨハ一 3:22 解説）、代表的な戒めを指していると同時に、イエスがそのような戒めを与えたということは、イエス自身が律法に匹敵するだけでなく、それを更新して超える役割を今や担っていることを示唆している。

その戒めとは、「神の子イエス・キリストの名前を信じ」ること、つまり、イエスという固有の名前を持つ歴史的存在が救い主キリストであり（ヨハ一 2:20 解説, cf. ロマ 10:14）、父なる神の御子であり、しかも、この「名前（オノマ）」という表現が、原語では単数形であることによって示されているように（cf. マタ 28:19）、イエスが「神の子」として救い主「キリスト」であり、イエスが父なる神と一つであることを人々は信じなければならないのである（ヨハ 10:30, cf. ヨハ 3:18）。

そして、この父なる神と御子イエスの間の親密な関係は、愛に基づく関係であるから（ヨハ 3:35, 5:20, 17:24）、御子イエスを通して父なる神を信じ、同様にして神の子とされたキリスト者たちも、「お互いに愛し合うこと」が求められる。確かに、イエスは、「私は、あなたたちに新しい命令を与える。あなたたちは互いに愛し合いなさい。あなたたち自身も互いに愛し合うために、私があなたたちを愛したように」と教えている（ヨハ 13:34, cf. ヨハ 15:12, 17）。

24 節　また、神の戒めを守る人は、神の中にとどまり、神自身もその人の中にいます。そして、神が私たちの中にとどまっていることは、神が私たちに与えた霊によって、これによって私たちは知ります。

「神（アウトス）」と訳した表現のうち、最初の三つは単に「彼」（直訳）であり（ヨハ一 3:23 解説）、最後の二つは原文にはないが、ここでは補われている。霊「によって（エク）」と訳した表現と、これ「によって（エン）」と訳した表現は、原語では別の語である。

人が神の中にとどまり、神が人の中にとどまるという最も親密な相互内住の関係は（ヨハ 17:21-23）、人が「神の戒めを守る」ことによって実現するのであり、この戒めは、「お互いに愛し合うこと」とまとめられる。実に、神は愛だからである（ヨハ一 4:16）。

また、「霊はすべてのことを、神の深みさえも調べる」から（コリ一 2:10）、

ヨハネの手紙一

神のその霊を与えられた人は、神の深い内面も知ることができるのであり、神がその人と相互内住の関係にあることも知る。それは、確かにイエスが、「助け主、父が私の名前で送る聖霊、その方があなたたちにすべてのことを教え、［この］私があなたたちに語ったすべてのことをあなたたちに思い起こさせるだろう」と約束したとおりである（ヨハ 14:26, cf. ロマ 8:9, 14, 16, テサ一 4:8, ヨハ一 4:13）。

4. 神に由来する完全な愛

4章1節－21節　私訳

　^{1}愛する人々よ、あなたたちはあらゆる霊を信じることなく、その霊が神に属するかどうかを検討しなさい。なぜなら、多くの偽預言者たちがこの世に出て来ているからです。^{2}あなたたちが神の霊を知るのは、これによってです。イエス・キリストが肉において来たことを告白するあらゆる霊は、神に属します。^{3}そして、イエスを告白しないあらゆる霊は、神に属さず、これは、反キリストのものです。あなたたちは、それが来ると聞いていましたが、今やすでにこの世の中にいます。

　^{4}子たちよ、あなたたち自身は神に属しており、彼らを打ち負かしました。なぜなら、あなたたちの中にいる方は、この世の中にいる者よりも大いなる方だからです。^{5}彼ら自身はこの世に属しており、そのため、この世の中から語り、この世は彼らに聞きます。^{6}私たち自身は神に属します。神を知っている人は、私たちに聞きますが、神に属さない人は、私たちに聞かないのです。ここから私たちは、真理の霊と惑わしの霊を知ります。

　^{7}愛する人々よ、私たちはお互いに愛し合おう。
　　なぜなら、愛は神に属し、
　　愛するあらゆる人は神から生まれ、
　　神を知っているからです。
　^{8}愛さない人は、神を知らなかったのです。
　　なぜなら、神は愛だからです。
　^{9}神がその独り子をこの世に遣わしたこと、
　　これによって神の愛が私たちの中で明らかにされました。
　　それは、私たちがその方によって生きるためです。
　^{10}私たち自身が神を愛したからではなく、
　　神自身が私たちを愛し、
　　私たちの罪のためのなだめの供え物として
　　その御子を遣わしたこと、

これによって愛があるのです。[11] 愛する人々よ、もし、神がそのように私たちを愛したのなら、私たち自身もお互いに愛し合うべきです。[12] いまだかつて神をよく見た人はいないのです。もし、私たちがお互いに愛し合うなら、神は私たちの中にとどまり、その愛は私たちの中で完全なものとされています。[13] 神が私たちにその霊を分け与えたこと、これによって私たちは、私たちが神の中に、神自身が私たちの中にとどまっていることを知ります。[14] そして、私たち自身は、御父が御子をこの世の救い主として遣わしたことをよく見たので、証ししています。[15] 誰でもイエスが神の子であると告白するなら、神はその人の中に、その人自身も神の中にとどまります。[16] また、私たち自身は、神が私たちの中で持っている愛を知っており、信じています。

神は愛であり、愛の中にとどまる人は、神の中にとどまり、神もその人の中にとどまります。[17] 私たちもこの世の中でこのように、あの方と同じようであること、これによってその愛は、私たちと共に完全なものとされています。それは、私たちが裁きの日に大胆さを持つためです。[18] 愛の中には恐れはなく、完全な愛は恐れを追い出します。なぜなら、恐れは罰を伴い、恐れる人は愛の中で完全なものとされていないからです。[19] 私たち自身が愛するのは、まず神自身が私たちを愛したからです。[20] もし、誰かが、「私は神を愛している」と言いながら、自分の兄弟を憎むなら、その人は偽り者です。自分が見ている兄弟を愛さない人は、見たことのない神を愛することができないからです。[21] そして、神を愛する人は自分の兄弟をも愛すること、この戒めを私たちは神から受け取っています。

4章1節－21節　解説

1節　愛する人々よ、あなたたちはあらゆる霊を信じることなく、その霊が神に属するかどうかを検討しなさい。なぜなら、多くの偽預言者たちがこの世に出て来ているからです。

神「に属する（エク）」と意訳した表現は、神「からの」（直訳）ものという意味であり（ヨハ一 3:19 解説）、「霊（プネウマ）」には、神や真理に由来する聖霊もあれば（ヨハ 14:17, 15:26, 16:13）、悪魔や偽りに由来する悪霊も

ある（ヨハ一 2:21, 3:8, 19, cf. テモ一 4:1）。「検討する（ドキマゾー）」と訳した表現は、「受け入れる（デコマイ）」べきかどうかを調べることであり（cf. ペト一 1:7 解説）、受け入れるべき霊は、「イエスはキリスト」であると肯定する霊、「御父と御子」を肯定する霊であり（ヨハ一 2:22, cf. ヨハ一 2:23）、次節でさらに説明されているとおりである（ヨハ一 4:2, cf. コリ一 12:10, テサ一 5:21）。

「偽預言者（プセウドプロフェーテース）」とは、文字どおり、「偽（プセウドス）」の「預言者（プロフェーテース）」であり（ペト二 2:1 解説）、「多くの偽預言者たちがこの世に出て来ている」ことは、御父と御子が密接な関係を維持していることや、御子イエスが救い主キリストであることを様々な形で否定する人々が暗躍していることを示している。

この 1 節は、かつてイエスが、終わりの日について、「偽キリストたちや偽預言者たちが起こされて、もしできるなら、選ばれた人々をも惑わすために、大きな印や驚くべきことを与えるだろう」と語ったことを想起させる（マタ 24:24, cf. ヨハ一 2:18）。

2 節　あなたたちが神の霊を知るのは、これによってです。イエス・キリストが肉において来たことを告白するあらゆる霊は、神に属します。

「これ」とは、この 2 節の後半の「イエス・キリストが肉において来たことを告白するあらゆる霊は、神に属します」という内容を指し、「イエス・キリストが肉において来たことを告白する」なら、それは「神の霊」である（ヨハ一 4:1）。この「肉において（エン・サルキ）」と訳した表現は、「肉の中に」（直訳）という意味である。

「告白する（ホモロゲオー）」とは、心の思いと「同じ（ホモス）」ことを口に出して「言う（レゴー）」ことであり、信仰者たちの前で、または、信仰者たちと「同じ（ホモス）」ことを口に出して「言う（レゴー）」ことである（ヨハ一 1:9 解説）。「イエス・キリストが肉において来た」とは、救い主キリストが人となってこの世に到来したということであり、確かにこの世に実在したことを意味する（ヨハ 1:14）。ちなみに、「霊（プネウマ）」という表現は、「息吹（プネウマ）」という意味もあるから（ヨハ一 3:9 解説）、人が心の思いを息吹によって「告白する」という表現と極めて深い結び付きが

あると言える。

パウロも次のように説いている。「もし、あなたは自分の口で主イエスを告白し、自分の心で神は彼を死人たちの中から起こしたと信じるなら、あなたは救われるだろう」（ロマ 10:9）。「誰も神の霊において語るなら、『イエスは呪いである』と言わないし、誰も聖霊においてでなければ、『イエスは主である』と言えない」（コリ一 12:3）。

3節　そして、イエスを告白しないあらゆる霊は、神に属さず、これは、反キリストのものです。あなたたちは、それが来ると聞いていましたが、今やすでにこの世の中にいます。

「イエスを告白しない」とは、「イエス・キリストが肉において来たことを告白」しないという意味であり（ヨハ一 4:2）、「反キリストのもの」とは、「反キリストの霊」という意味である（ヨハ二 7）。この「反キリスト」は、「イエスはキリストではないと否定する者」であり（ヨハ一 2:22）、場合によっては、「偽キリスト」として、自分こそ救い主キリストであると宣言することもあるだろう（ヨハ一 4:1 解説）。

確かに、反キリストやその霊が来ることは、聞かされているとおりであり（ヨハ一 2:18 解説）、すでにこの世に来ていることは、終わりの日に対する準備が必要であることを示唆している（ヨハ一 4:1 解説）。

4節　子たちよ、あなたたち自身は神に属しており、彼らを打ち負かしました。なぜなら、あなたたちの中にいる方は、この世の中にいる者よりも大いなる方だからです。

「子（テクニオン）」と訳した表現は、「小さい子」（直訳）という意味であり（ヨハ一 3:18 解説）、「神に属して」いるということは、「神」の「子」であることを意味している（ヨハ 8:47）。「彼ら」とは「偽預言者たち」や「反キリスト」であり（ヨハ一 4:1, 3）、神の子たちが彼らを打ち負かすことができたのは、この世の誰よりも偉大な神を内に宿しているからである（ヨハ一 3:24, cf. ヨハ一 2:13-14, 5:4-5）。この4節は、かつてイエスが、「あなたたちは、この世で苦難を抱いている。しかし、あなたたちはしっかりしなさい。この私は、この世を打ち負かしている」と語ったことを想起させる（ヨハ 16:33）。

ちなみに、あなたたちの中にいる「方」と、この世の中にいる「者」と訳し分けた表現は、原語では同じ表現であり、「あなたたちの中にいる方」が神を指しているのに対して、「この世の中にいる者」の代表的存在は悪魔である（ヨハ一 3:10, cf. ヨハ 12:31）。

5節　彼ら自身はこの世に属しており、そのため、この世の中から語り、この世は彼らに聞きます。

「彼ら」とは「偽預言者たち」や「反キリスト」であり（ヨハ一 4:4 解説）、「この世の中から」と訳した表現は、「この世から」（直訳）である。つまり、この世に属する彼らは、天との関係を全く持っていないのであり、この世の者の間でいくら語り合っても、神に由来する強さを身に付けることはできないのである（ヨハ一 4:4 解説）。

この5節と次の6節は、かつてイエスが、「上から来る人は、すべてのものの上にいる。地からの人は地からのものであり、地から語る。天から来る人は［すべてのものの上にいて］、見たものと聞いたもの、これを証しするが、誰も彼の証しを受け入れない」と語ったことを想起させる（ヨハ 3:31-32, cf. ヨハ 15:19, 17:14, 16）。ここで、「上」とは天であり、「地」とはこの世を指している。

6節　私たち自身は神に属します。神を知っている人は、私たちに聞きますが、神に属さない人は、私たちに聞かないのです。ここから私たちは、真理の霊と惑わしの霊を知ります。

「彼ら自身はこの世に属しており」（ヨハ一 4:5）、「私たち自身は神に属します。神を知っている人は、私たちに聞きますが、神に属さない人は、私たちに聞かないのです」という大胆な断言は（cf. ヨハ一 3:21, 4:17）、このヨハネの手紙一の著者が、使徒的な権威を持っていることを示唆しており、かつてイエスが、神に属する人は神の言葉を聞き、イエスに属する羊はイエスの声を聞くと語ったことを想起させる（ヨハ 8:47, 10:4-5, 8, 16, 26-27, cf. ストット，p.177）。

そして、「神を知っている」人は、神に属する人をも知っているはずであるから、神の言葉を聞くだけでなく、神に属する「私たち」の言葉をも聞

く (cf. ヨハ 8:47)。ここで、「神を知っている」とは、イエスはキリストであると告白し、御父と御子を告白すること、また、この両者の間に親密な愛の関係を認めて、それを自分たちの間でも実践することを意味する（ヨハ一 2:22, 3:18, 23）。

「真理の霊」がこれらのことを告白するのに対して（cf. ヨハ一 4:1 解説）、「惑わしの霊」は、これらのことを否定し（cf. ヨハ一 3:7 解説）、「イエス・キリストが肉において来た」ことを否定する（ヨハ一 4:2, cf. テモ一 4:1）。つまり、「惑わしの霊」に惑わされている人は、この世に来た救い主イエスを実際には知らないから、御子イエスと御父との親密な関係も知らないのであり、この両者の間の愛の関係をこの世で実践することもないのである。

7節 愛する人々よ、私たちはお互いに愛し合おう。なぜなら、愛は神に属し、愛するあらゆる人は神から生まれ、神を知っているからです。

愛は神「に属し（エク）」と訳した表現は、神「からの」（直訳）ものという意味であるから（ヨハ一 4:1 解説）、愛する人が神から生まれたように、愛そのものも神から生まれるものである。この神の愛は、父なる神と子なる神イエス・キリストの間の愛に由来し、この両者と深く関係している聖霊に由来するものである（ヨハ一 3:24 解説, 4:1 解説, 6 解説）。

「生まれ」と訳した表現は、「生み出され」（直訳）という神的受動態であり、父なる神によってそうされることを示している。したがって、「愛する人々」が父なる神から生み出されたように、愛し合うという行為も（ヨハ一 3:11, cf. ヨハ 13:34）、御子をこの世に与えた父なる神から動機づけられるのである（ヨハ一 3:16, 4:9）。

8節 愛さない人は、神を知らなかったのです。なぜなら、神は愛だからです。

愛するということは、究極的な意味では、信仰上の兄弟のために自分の魂を捨てるほどのことであり（ヨハ一 3:16）、その意味で愛することのない人は、人々のために自らの魂を捨てたイエスと、愛するこの世にこのイエスを送った父なる神をも知らなかったのである（ヨハ一 4:9）。つまり、知るということは、単に知識の上での了解ではなく、実践における同意である。

4. 神に由来する完全な愛（4:1-21）

9節　神がその独り子をこの世に遣わしたこと、これによって神の愛が私たちの中で明らかにされました。それは、私たちがその方によって生きるためです。

これ「によって（エン）」という表現と、その方「によって（ディア）」という表現は、原語では別の語であり、「その方（アウトス）」とは単に「彼」（直訳）であり、父なる神の「独り子」、御子イエス・キリストを指している。

「遣わす（アポステロー）」とは、特定の役割を担わせて送ることであり、父なる神が御子をこの世に送ったのは、単に人々がこの世で生きるためではなく、御子の中にある「永遠の命」にあずかって（ヨハ一 1:2）、同様にして永遠に「生きる」ようになるためである。これが神の愛であり、「明らかにされた」とは神的受動態であり、父なる神によってそうされたことを示している（ヨハ一 3:8 解説）。ちなみに、神がその独り子を「遣わした」という表現は（ヨハ一 4:10）、神の独り子がこの世に誕生する前から存在していたことを示唆している（Witherington, p.530）。

この9節は、かつてイエスが、「実に、神はその独り子を与えるほどにこの世を愛した。それは、彼を信じるあらゆる人が滅びることなく、永遠の命を持つためである」と語ったことを想起させる（ヨハ 3:16, cf. ヨハ一 3:16）。

10節　私たち自身が神を愛したからではなく、神自身が私たちを愛し、私たちの罪のためのなだめの供え物としてその御子を遣わしたこと、これによって愛があるのです。

「神自身（アウトス）」と訳した表現は、「彼自身」（直訳）であり、神の愛の率先性を強調し（ヨハ一 4:19）、さらには、その愛が、御子をこの世に遣わした出来事に基づいているという具体性を明示している（ヨハ一 4:9 解説, cf. ロマ 5:8）。

「なだめの供え物（ヒラスモス）」と意訳した表現は、罪人を「慈しむ（ヒラスコマイ）」ために、その罪人の代わりに神にささげられるものであり、御子イエスこそ、罪がないにもかかわらず、罪人を慈しむ余り、その代理として、また、その代表として、十字架上で父なる神にささげられたのであり、こうして、この出来事を自分のためのものとして受け入れる罪人は救われるのである（ヨハ一 2:2 解説, cf. テサ二 2:16）。

ヨハネの手紙一

　このように、父なる神が供え物を自分自身で準備することは、かつて、アブラハムに対して父なる神が、イサクの代わりに子羊を準備したことを想起させる（創世 22:8, cf. ヤコ 2:21 解説）。同様にして、父なる神はすべての罪人の代わりに子羊イエスを準備したのである。

　11 節　愛する人々よ、もし、神がそのように私たちを愛したのなら、私たち自身もお互いに愛し合うべきです。
　「もし、神がそのように私たちを愛したのなら」という文は、原文では、「神がそのように私たちを愛したのだから」という意味に近く（ヨハ一 3:13 解説）、「そのように」とは、父なる神が罪人を救うために独り子をこの世にささげたことを指している（ヨハ一 4:10 解説）。そして、このヨハネの手紙一の著者は、「愛する人々よ」と呼びかけて、お互いに自分自身のすべてをささげるほどの相互愛の実践を訴えている（cf. ロマ 13:8）。

　12 節　いまだかつて神をよく見た人はいないのです。もし、私たちがお互いに愛し合うなら、神は私たちの中にとどまり、その愛は私たちの中で完全なものとされています。
　「よく見る（セアオマイ）」と意訳した表現は、例えば、観察者が劇場で演劇を鑑賞するように、観察することを示すから（ヨハ一 1:1 解説）、ヨハネの手紙一の著者がこのような表現を使っているのは、父なる「神をよく見た」人はいなくても（cf. テモ一 6:16）、御子イエス・キリストにおいて、御子と一体である父なる神を見た人や（ヨハ 10:30, 14:9）、神の子であるキリスト者において（ヨハ一 3:1-2, 24, 4:4, 7）、また、御子イエス・キリストを通して（ヨハ一 4:9-10, 14）、父なる神を見た人はいるからだと考えられる。ちなみに、「神（セオス）」と「よく見る（セアオマイ）」は、よく知られた言葉遊びでもある（Witherington, p.531）。
　しかし、実際に神をよく見ることは、信仰者たちが相互に愛し合うための必要条件ではない。むしろ、父なる神がこの世に与えた御子イエス・キリストとその永遠の命をよく見ることが必須なのであり（ヨハ一 1:1-2）、そして、父なる神と御子イエス・キリストの間の愛と、この御子をこの世に与えた父なる神の愛を信仰者たちがこの世で実践することが求められているのである。

4. 神に由来する完全な愛（4:1-21）

「完全なものとする（テレイオオー）」とは、神の愛を「最後、最期（テロス）」まで徹底的に実践することであり、この受動態である「完全なものとされる」とは、神的受動態であり、父なる神によってそうされることを示しているから、神に由来する愛が信仰者たちによって実践される時、つまり、神と兄弟姉妹たちへの愛が実践される時、それは究極的には父なる神の働きなのである（ヨハ一 2:5 解説）。

この 12 節は、かつてイエスが、「いまだかつて神を見た人はいない。父の懐の中にいる独り子である神、その方こそが説き明かしたのである」と語ったことを想起させる（ヨハ 1:18）。

13 節　神が私たちにその霊を分け与えたこと、これによって私たちは、私たちが神の中に、神自身が私たちの中にとどまっていることを知ります。
最初の「神」という表現は原文にはないが、ここでは補われており、二つ目の「神（アウトス）」と「神自身（アウトス）」は、それぞれ「彼」（直訳）、「彼自身」（直訳）である。また、「霊を分け与える（エク・トゥー・プネウマトス……ディドーミ）」と意訳した表現は、「霊から与える」（直訳）という意味であり、神がその霊を人々に分け与えることによって、神の霊を人々が共有して生きることを示唆している（ヨハ一 3:24, cf. ロマ 5:5, 8:9）。「霊（プネウマ）」という表現は、「息吹（プネウマ）」という意味もあるから（ヨハ一 4:2 解説）、神の霊が共有されることによって、神と人は言わば同じ息を吸い込み、同じ神の言葉を語って生きるのである。

また、ヨハネの手紙一では特に強調されていないが、「分け与え」られた「霊」とは、具体的には預言など、パウロが説いていた霊的な賜物を指していると考えられる（コリ一 12:1-14:40, ヨハ一 4:1-3, cf.Witherington, p.533）。

14 節　そして、私たち自身は、御父が御子をこの世の救い主として遣わしたことをよく見たので、証ししています。
確かに、「いまだかつて神をよく見た人はいない」が（ヨハ一 4:12）、この父なる神が遣わした御子をよく見ることによって、「私たち自身」は御父を見たのである（cf. ヨハ 14:9）。このような表現は、「私たち自身」の一人であるこのヨハネの手紙一の著者が、御子の証人として使徒的な権威を持つ

人物であることを示唆している（ヨハ 1:1, 14, 18, コリ一 15:3-5, ヨハ一 1:1-3, 4:6 解説, cf. ストット, p.187）。そして、父なる神が「この世の救い」のために御子を遣わしたという出来事を御父の中に見ない限り、ただ単に父なる神を見るということは、意味のないことなのである。

さらに、御父が御子を遣わしたことを「よく見た」人は、そのことを他の人々にも「証し」する必要がある。「よく見る（セアオマイ）」と意訳した表現は、例えば、観察者が劇場で演劇を鑑賞するように、観察することを示すから（ヨハ一 4:12 解説）、御父から遣わされた御子をよく見た人々は、他の人々があたかも劇場で演劇を鑑賞していると思えるほど、その人々に生き生きと御子の救いの働きを証ししなければならないのである（ヨハ一 1:2）。

この 14 節は、かつてイエスが、「実に、神がその子をこの世に遣わしたのは、この世を裁くためではなく、この世が彼を通して救われるためである」と語ったことを想起させる（ヨハ 3:17）。

15 節 誰でもイエスが神の子であると告白するなら、神はその人の中に、その人自身も神の中にとどまります。

「誰でも」とは、文字どおり、人種、身分、性別、年齢に関係なくという意味であり（ガラ 3:28）、「イエスが神の子であると告白する」とは、イエスが父なる「神の子」として御子であり、救い主であると公的に宣言することである（ヨハ一 4:2 解説, cf. ヨハ一 4:14）。そして、このように告白する人は、自分自身も神の子とされているから、父なる神との間に親密な相互内住の関係が生まれるのである（ヨハ一 3:24 解説, cf. ヨハ一 2:24）。

16 節 また、私たち自身は、神が私たちの中で持っている愛を知っており、信じています。神は愛であり、愛の中にとどまる人は、神の中にとどまり、神もその人の中にとどまります。

誰でもイエスが父なる神の御子であり、この世の救い主であると信じて告白するなら（ヨハ一 4:15 解説, cf. ヨハ 6:69）、「神はその人の中に」とどまるから（ヨハ一 4:15）、神の愛も同様にしてその人の中にとどまる。したがって、「神が私たちにその霊を分け与えた」ように（ヨハ一 4:13）、その愛も分け与え、ある意味で神は私たちの中で、御自身に由来する愛を「持ってい

4. 神に由来する完全な愛（4:1-21）

る」のであり（ヨハ一 4:9）、守っているのであり、それによって、私たちが他の兄弟姉妹たちと愛し合うことができるように働きかけている。このように、「愛」こそ、神と人、人と人とを結び付ける絆なのである。

　この 16 節は、かつてパウロが、「私たちに与えられた聖霊を通して、神の愛が私たちの心に注がれている」と語ったことを想起させる（ロマ 5:5, cf.Zerwick & Grosvenor, p.732）。この聖霊を通して注がれている神の愛は、聖霊が「火の聖霊」とも呼ばれるように（ルカ 3:16）、火のようなものであり、人々を導く光であると同時に、人々の罪を明らかにして、その罪を焼き滅ぼす炎でもあり、こうしてすべての人々を救うのである（cf. ストット，p.180）。

　17 節　私たちもこの世の中でこのように、あの方と同じようであること、これによってその愛は、私たちと共に完全なものとされています。それは、私たちが裁きの日に大胆さを持つためです。

　「あの方（エケイノス）」とは、御子イエス・キリストに対する敬意を込めた名称であり（ヨハ一 3:16 解説）、「あの方と同じようであること」とは、父なる神との間に親密な愛の関係を維持しつつ（ヨハ一 4:6 解説）、他の人々をも愛することである。そして、「私たちもこの世の中で」同じように、父なる神と愛し合い、他の人々とも愛し合うなら、その愛は「私たちと共に」私たちの中で完全なものとされている。「完全なものとする（テレイオオー）」とは、神の愛を「最後、最期（テロス）」まで徹底的に実践することであり、この受動態である「完全なものとされる」とは、神的受動態であり、父なる神によってそうされることを示しているから、父なる神に由来する愛が信仰者たちによって実践される時、つまり、神と兄弟姉妹たちへの愛が実践される時、それは究極的には父なる神の働きなのである（ヨハ一 4:12 解説, cf. ヨハ一 2:5）。

　「大胆（パレーシア）」とは元々、「あらゆる（パース）」形で「言葉（レーシス）」を駆使するという意味であり（ヨハ一 3:21 解説）、人が父なる神と御子による最終的な裁きの日に（ヨハ一 2:28）、大胆でいられるとするなら、それは、それまでの日々に実践してきた愛のためである。実にこの愛は、父なる神と共有されている愛であるから（ヨハ一 4:16）、父なる神はこの愛に基づいてその人を裁くのであり、それゆえにその人は安心して、大胆に裁きに臨むこ

とができるのである。

18節 愛の中には恐れはなく、完全な愛は恐れを追い出します。なぜなら、恐れは罰を伴い、恐れる人は愛の中で完全なものとされていないからです。

「完全な（テレイオス）」、「完全なものとする（テレイオオー）」とは、「最後、最期（テロス）」まで徹底的に実践することであり（ヨハ一 4:17 解説, cf. ヤコ 3:2 解説）、このような徹底的な愛は、「大胆さ」も兼ね備えているため（ヨハ一 4:17）、その愛の実践には「恐れ」という要素が全くない（ロマ 8:15）。逆に言えば、「恐れ」ていることは、完全な愛に至らない中途半端な実践であることになるから、神からの罰を招くのである。罰を「伴う（エコー）」と意訳した表現は、罰を「持つ」（直訳）であり、罰せられる要素を抱え込んでいることを意味する（cf. マタ 25:46）。

ちなみに、ベンゲル（1687 年 -1752 年）は、神に対する人間の態度を、第一に、恐れも愛もない段階、第二に、恐れだけで、愛のない段階、第三に、恐れと愛のある段階、そして第四に、恐れがなく、愛だけの最終段階という四つの段階で示した（Bengel, p.134）。

19節 私たち自身が愛するのは、まず神自身が私たちを愛したからです。

「神自身（アウトス）」と訳した表現は、単に「彼自身」（直訳）であるが、神を指している（ヨハ一 4:16）。そして、神がまず私たちを愛したとは、「私たちの罪のためのなだめの供え物としてその御子を遣わしたこと」であり（ヨハ一 4:10）、この御子を信じて受け入れる人に救いを約束したことである（ヨハ一 4:14-15）。

20節 もし、誰かが、「私は神を愛している」と言いながら、自分の兄弟を憎むなら、その人は偽り者です。自分が見ている兄弟を愛さない人は、見たことのない神を愛することができないからです。

「兄弟」とは、信仰上の兄弟を含む表現であり、同じ父なる神の子として信仰上の兄弟を「憎む」ことは、神の子たちに対する父なる神の愛を否定す

4. 神に由来する完全な愛（4:1-21）

ることであるから、「私は神を愛している」という言葉は偽善的であり、そのようなことを言う人は「偽り者」である（cf. ヨハ一 2:4, 22）。

そして、目に見えている兄弟を愛さない人は、目に見えないゆえに具体的に把握できない父なる神を愛することは、なおさら不可能である。実に、目に見えない父なる神を愛するには、父なる神の愛するこの世の兄弟姉妹を愛し、父なる神の独り子イエス・キリストを愛さなければならないのである（ヨハ一 3:17, 4:9, cf. ヨハ 1:18）。

ちなみに、「兄弟（アデルフォス）」とは、「同じ（ア）」母の「胎（デルフュス）」から出て来たことを意味する（Liddell & Scott, 1986, p.12）。

21 節　そして、神を愛する人は自分の兄弟をも愛すること、この戒めを私たちは神から受け取っています。

「神（アウトス）から」と訳した表現は、単に「彼から」（直訳）であり、「受け取る（エコー）」と意訳した表現は、単に「持つ」（直訳）である。

父なる神を愛する人は、この世の信仰上の兄弟姉妹をも父なる神の子として愛するべきであり、さらには、父なる神の独り子のイエス・キリストをも愛するべきである（ヨハ一 4:20 解説）。概して、福音書では隣人愛が強調されているのに対し、このヨハネの手紙一で特に兄弟愛に焦点が当てられているのは、この手紙が信仰共同体に向けて書かれているからである（マタ 22:36-40, ヨハ 13:34, cf. シュナイダー, p.383）。そして、この兄弟愛は、「戒め（エントレー）」として律法の中心であると同時に（ヨハ一 3:22 解説, cf. マタ 5:43-44, ヨハ 13:34, ヨハ一 3:22-24）、良い「知らせ」として福音でもある（ヨハ一 1:5 解説, 3:11）。

このように律法が福音でもあるのは、イエス・キリストにおいて律法が完全に実行されて、完全なものとされたからであり（マタ 5:17, 22:36-40, cf. ロマ 10:4, ガラ 6:2）、「義を行わないあらゆる人と自分の兄弟を愛さない人は、神に属さない」とあるように（ヨハ一 3:10）、同様にして、律法の要求する義と福音の実現する愛も、実質的に一つのものとされたからである。

5. 真の神の証しと悪い者の支配

5章1節－21節　私訳

¹ イエスがキリストであると信じているあらゆる人は、神から生まれているのであり、生んだ方を愛する人は、その方から生まれている人を［も］愛します。² これによって私たちは、私たちが神を愛して、その戒めを行う時はいつでも、神の子たちを愛していると知ります。³ 実に、神への愛は、私たちがその戒めを守ること、これであり、その戒めは重荷ではないのです。⁴ なぜなら、神から生まれているあらゆるものは、この世を打ち負かすからであり、私たちの信仰、これこそがこの世を打ち負かした勝利です。

⁵ ［それでは］誰が、この世を打ち負かす人ですか。イエスが神の子であると信じている人ではないですか。⁶ この方は、水と血を通って来た方、イエス・キリストであり、水だけによってではなく、水によって、また、血によってです。そして、御霊がその証しをする方です。なぜなら、御霊は真理だからです。⁷ つまり、証しをする者は三者であり、⁸ 御霊と水と血です。そして、その三者は一つのものを指しています。⁹ もし、私たちが人々の証しを受け入れるなら、神の証しはより大いなるものです。なぜなら、神がその御子について証ししたこと、これが神の証しだからです。¹⁰ 神の子を信じている人は、自分自身の中にその証しを持っており、神を信じていない人は、神を偽り者にしています。なぜなら、その人は、神がその御子について証ししたその証しを信じていないからです。¹¹ そして、その証しとは、神が私たちに永遠の命を与え、この命がその御子の中にあるということ、これです。¹² 御子を持っている人は、命を持っています。神の御子を持っていない人は、命を持っていないのです。

¹³ 神の御子の名前を信じているあなたたちに、私がこれらのことを書いたのは、あなたたちが永遠の命を持っていることを知るためです。¹⁴ そして、私たちが神に対して持っている大胆さは、もし、私たちが神の思いに従って何かを求めるなら、神は私たちに聞くということ、これです。¹⁵ また、もし、私たちが求めるどんなことでも、神は私たちに聞くということ

を私たちが知っているなら、私たちは、私たちが神に求めた要求を手にしていると知っています。 ¹⁶ もし、誰でも、自分の兄弟が死に向かわない罪を犯しているのを見たなら、求めなさい。そうすれば、神はその人に、死に向かわない罪を犯している人々に、命を与えるだろう。死に向かう罪があります。それについて、私は願いなさいと言うことはないのです。¹⁷ あらゆる不義は罪ですが、死に向かわない罪もあります。

¹⁸ 私たちは、神から生まれているあらゆる人は罪を犯さず、神から生まれた方がその人を守り、悪い者はその人に触れないと知っています。¹⁹ 私たちは、私たちが神に属していて、この世はすべて悪い者の中に置かれていると知っています。²⁰ また、私たちは、神の子が来て、私たちに真の方を知るための考えを与えたことを知っています。そして、私たちは真の方の中に、その御子イエス・キリストの中にいます。この方こそ、真の神であり、永遠の命です。

²¹ 子たちよ、あなたたちは偶像から自分たち自身を見守りなさい。

5章1節－21節　解説

1節　イエスがキリストであると信じているあらゆる人は、神から生まれているのであり、生んだ方を愛する人は、その方から生まれている人を［も］愛します。

「イエス」という名前は、「主は救い」という意味であり、「キリスト」という名称は、「油注がれた者」という意味であり（ヨハ一1:3 解説）、この世の救い主であることを示している（ヨハ一2:22, 4:14, cf. ヨハ 20:30-31, 使徒 9:22）。「生まれ」と訳した表現は、「生み出され」（直訳）という神的受動態であり、父なる神によってそうされることを示している（ヨハ一4:7 解説, cf. ヨハ 1:13, 3:3, ヨハ一 2:29）。

したがって、「生んだ方」とは父なる神であり、この父なる神から生み出されて、この神を愛する人は、同様にして、父なる神に生み出されて愛されている兄弟姉妹と相互に愛し合う（ヨハ一 4:7, cf. ヨハ 8:42）。そして、父なる神から生み出された人々の一人は、イエス・キリストであり、この人に対

する愛こそ、この世におけるすべての愛の中心である（ヨハ一 2:23, 4:9）。

2節　これによって私たちは、私たちが神を愛して、その戒めを行う時はいつでも、神の子たちを愛していると知ります。

「これ」とは前節の内容であり（ヨハ一 5:1, cf. ヨハ一 2:3）、「戒め」という表現は原語では複数形である。神を愛する人は、神の戒めも愛して実行するはずであり（ヨハ一 5:3）、その神の戒めの中でも特に重要なものは、兄弟愛である（ヨハ一 4:21 解説）。つまり、神から生まれている神の子たちが（ヨハ一 5:1）、その兄弟姉妹たちを愛する時、それは、「神の子たちを愛している」のである。

なお、「これによって（エン・トゥート）」と訳した表現は、「この方の中で」とも訳せる表現であり、その場合、「イエスの中で」、「神の中で」という意味になる（ヨハ一 4:13, 15-16）。いずれにせよ、神の子たちの相互の愛は、父なる神と御子イエス・キリストの間の神の愛に由来している（ヨハ一 4:7-12）。

3節　実に、神への愛は、私たちがその戒めを守ること、これであり、その戒めは重荷ではないのです。

神に対する人の愛は、人が愛し合うべきであるという神の定めた戒めを守ることによって具体的に表されるが（ヨハ一 5:2 解説, cf. ヨハ 14:15, ヨハ一 2:5, ヨハ二 6）、このことが「重荷（バルス）」ではないということは（申命 30:11）、この世における「喜び」であることを示唆している（ヨハ一 1:4）。

4節　なぜなら、神から生まれているあらゆるものは、この世を打ち負かすからであり、私たちの信仰、これこそがこの世を打ち負かした勝利です。

この4節では、1節の「あらゆる人（パース）」が、一般的な「あらゆるもの（パン）」と言い換えられている（ヨハ一 5:1, cf.Smalley, p.257）。

「この世」とは、「偽預言者たち」や「反キリスト」のいる世であり（ヨハ一 4:1, 3）、「神から生まれている」神の子を含む「あらゆるもの」が、この世を打ち負かせるのは（ヨハ一 5:1）、その中に父なる神と御子イエス・キリ

ストがいるからである（ヨハ一 4:4 解説, cf. ヨハ 16:33, コリ一 15:57）。そして、この世を打ち負かす父なる神と御子イエス・キリストの力は、愛の力であり（ヨハ一 5:2 解説, cf. ヨハ一 4:7）、この神の愛の力によって、この世の「肉の欲望や目の欲望や生活の虚勢」を峻拒し（ヨハ一 2:16）、父なる神とこの世に遣わされた御子イエス・キリストを信じて愛する信仰こそ（ヨハ一 4:9-10）、この世に勝利している印である。

5節 ［それでは］誰が、この世を打ち負かす人ですか。イエスが神の子であると信じている人ではないですか。

「この世」は、「偽預言者たち」や「反キリスト」のいる世であり、「肉の欲望や目の欲望や生活の虚勢」に満ちた世であるが（ヨハ一 5:4 解説）、イエスが神の子であり（ヨハ一 4:15, 5:1, cf. ヨハ 20:30-31）、この世の救い主であると信じている人は、この世に救いをもたらさない偽のものを峻拒することができる。つまり、「この世を打ち負かす」とは、神の子であるイエスを受け入れるがゆえに、この世の偽のものを退けて敗走させることである（cf. ロマ 8:37, エフ 6:10-18）。

6節 この方は、水と血を通って来た方、イエス・キリストであり、水だけによってではなく、水によって、また、血によってです。そして、御霊がその証しをする方です。なぜなら、御霊は真理だからです。

「この方」とは、「神の子」である「イエス」であり（ヨハ一 5:5）、救い主「キリスト」である（ヨハ一 5:1）。このイエスは、母マリアの胎内の羊「水」を「通って」、確かにこの世に生まれた方であり（マタ 1:18-25）、洗礼者ヨハネから「水」で洗礼を受けて公の社会に登場した方である（ヨハ 1:31, cf. マタ 3:7-12）。しかし、イエスはそれだけでなく、十字架刑による流「血を通って」死に至ったが、復活した方でもある（ヨハ 20:1-29）。

「御霊（ト・プネウマ）」と訳した表現は、単に「霊」であり、かつてイエスが、「私が父のもとからあなたたちに送る助け主、父のもとから出て来る真理の霊が来る時、その方が私について証しする」と語ったように（ヨハ 15:26, cf. ヨハ 14:17, 16:13）、聖霊なる神が「真理」に基づいて御子に対して証言をする（cf. マタ 3:16-17）。

水と血「を通って（ディア）」、水「によって（エン）」、また、血「によって（エン）」という強調は、確かに、神の子でもあるイエス・キリストがこの世に人として誕生して、十字架上で死んで復活したことを示しており（cf. ヨハ 19:34）、この「真理」を「御霊」がキリスト者に証しし、この「真理」を否定するあらゆる人に対して、「御霊」がキリスト者を通して証しするのである（cf. ヨハ 19:35）。

7節　つまり、証しをする者は三者であり、

「つまり（ホティ）」と意訳した表現は、「なぜなら……からです（ホティ）」という意味であるが、この7節において「つまり（ホティ）」と意訳した表現は、前節を強調するための反復と考えることもできるし（ヨハ一 5:6）、高齢になっている著者の癖かもしれない（ヨハ一 3:20 解説）。

当時のユダヤ教社会では、証言が真実なものと見なされるためには、二人か三人の証人による証言が必要であったから（ヨハ一 1:2 解説）、ここで、二人か三人ではなく、三者と明記していることは、キリスト教がユダヤ教に代わって新しい証言を社会に対して発していることを示している（ヨハ一 5:6）。この「三者」は、次節で説明されている（ヨハ一 5:8）。

なお、14世紀以前ギリシャ語写本には記録されていないものの（Freedman, Vol.3, p.882）、写本の中には、この7節の後半から8節の前半にかけて「ヨハネのコンマ」と呼ばれる文が挿入されているものもあり、そこには、「天において、御父と御言葉と聖霊、これらの三者は一つであり、地において証しする者は三者であり」と記されている（cf. ヨハ一 5:8 解説）。

8節　御霊と水と血です。そして、その三者は一つのものを指しています。

この世に向かって「真理」を証しする「三者」は（cf. ヨハ一 5:6）、「御霊と水と血」であり、「水」はイエスの誕生と登場を、「血」はイエスの死と復活を、「御霊」はイエスのすべてを証ししていると言える（ヨハ一 5:6 解説）。したがって、この三者が「一つのものを指している」と言う時、それはイエスにおいて起こった出来事の総体を指しており、一つのもの「を指しています（エイス）」と意訳した表現は、一つのもの「の中へ」（直訳）という意味

5. 真の神の証しと悪い者の支配（5:1-21）

であるから、誕生と死と復活という出来事が本来、イエスを初めとしてどの人間にも起こりうる一つの出来事であることを示唆している。

また、「御霊と水と血」は、原語における「三者（ホイ・トレイス）」という男性複数形表現が示唆しているように（cf.Bengel, p.145）、それぞれは人格的概念として、御父の「御霊」（ヨハ一 4:2, cf. ヨハ一 5:9）、「御子イエスの血」（ヨハ一 1:7）、聖霊の「水」を指しているとも考えられる（ヨハ 3:5, 4:14, 7:37-39, cf. ヨハ 19:34）。こうした発展的理解は、後に御父、御子イエス・キリスト、聖霊の三者が一体であることを明示した三位一体論と深く関係している（ヨハ一 3:23-24, 4:1-3, 13-14, cf.Brown, p.582）。

9節　もし、私たちが人々の証しを受け入れるなら、神の証しはより大いなるものです。なぜなら、神がその御子について証ししたこと、これが神の証しだからです。

「神が」という表現は原文にはないが、ここでは補われている。

通常、人は複数の人々による「証し」を受け入れるが（ヨハ一 5:7 解説）、もし、そうなら、「人々の証し」「より大いなる」「神の証し」は（cf. ヨハ一 4:4）、なおのこと、厳粛に受け入れるべきである。さらに、この「神の証し」は、「神がその御子について証ししたこと」、つまり、神がその神の子について証ししたものであり、その意味で最も重大な証しなのである。ちなみに、英語の「殉教者（martyr）」は、ギリシャ語の「証し（マルトゥリア）」に由来する。

具体的に、「神がその御子について証ししたこと」とは（cf. ルカ 24:27）、旧約時代では、神が預言者たちを通して証しした次のようなことである。例えば、モーセは、神がモーセと同じような預言者を後に立てると預言し（申命 18:15, 34:10）、ダビデは、イエスが十字架上で父なる神に捨てられた時の叫びの言葉を歌っており（詩編 22:1-3, 使徒 2:30）、ナタンは、ダビデの子孫がいずれ王国を建て上げることを預言し（サム下 7:12-13）、イザヤは、乙女が身ごもって、インマヌエルと呼ばれる男の子を産むことや（イザ 7:14, マタ 1:23）　十字架に引かれて行くイエスが、ほふり場へ引かれて行く子羊のようであることを預言している（イザ 53:1-12）。さらに、新約時代において、神は御子について、御子イエスが洗礼を受けた際に、「これは私の愛する子であり、私は彼を喜ぶ」と証ししている（マタ 3:17, cf. ヨハ 5:32, 37, 8:18）。

ヨハネの手紙一

さらに、「神がその御子について証ししたこと」は、11 節で述べられている（ヨハ一 5:11）。

10 節 神の子を信じている人は、自分自身の中にその証しを持っており、神を信じていない人は、神を偽り者にしています。なぜなら、その人は、神がその御子について証ししたその証しを信じていないからです。

「神の子を信じている」とは、イエスが神の子であると信じているという意味であり（ヨハ一 4:15, 5:5）、「その証し」とは、「神がその御子について証ししたその証し」である（cf. ヨハ一 5:9 解説）。この証しを自分の中に持つということは、父なる神とその御子イエス・キリストとの関係の中に自らも入り、同様に神の子として生きることを意味する（ヨハ一 5:2 解説, cf. ロマ 8:16）。しかし、その神を信じていない人は、神のその証言を信じていないのであり、それは、この神の証言を虚偽であると拒否することによって、「神を偽り者にして」いると言える（ヨハ一 1:10, cf. ヨハ 3:33）。

11 節 そして、その証しとは、神が私たちに永遠の命を与え、この命がその御子の中にあるということ、これです。

「その証し」とは、「神がその御子について証ししたその証し」であり（ヨハ一 5:10）、それは、「永遠の命」が御子イエスの中にあり、この御子をこの世に与える形で、父なる神が永遠の命を人々に与えたということである（ヨハ一 1:2, 2:25）。父なる神が人となった御子を通して永遠の命を与えたことは、人間に同情的な父なる神の優しさを表している（ヨハ一 4:9, cf. ヨハ 3:16）。

12 節 御子を持っている人は、命を持っています。神の御子を持っていない人は、命を持っていないのです。

御子イエス・キリストを「持って」いるとは、父なる神と御子の間の親密な関係のように（ヨハ一 4:17 解説）、御子との親密な関係に入っていることであり、御子との親密な関係に入っていれば、御子と親密な関係にある御父との親密な関係にも入っている。したがって、このような人は、「御子の中」の「永遠の命」にもあずかれるのである（ヨハ一 5:11）。逆に、「神の御子を

5. 真の神の証しと悪い者の支配（5:1-21）

持っていない人」は、その永遠の命を持つことがない。そして、人は「御子」を持つか、持たないかのいずれかであって、どちらでもないという中途半端な態度は許されていないことを、これらのことは示唆している（ヨハ一 3:15 解説）。

この 12 節は、かつてイエスが、「子を信じる人は、永遠の命を持つ。しかし、子に従わない人は命を見ないだろうし、神の怒りがその人にとどまる」と語ったことを想起させる（ヨハ 3:36）。ここで、「子」とは「御子」のことである。

ちなみに、この 12 節の後半の「神の御子を持っていない人は、命を持っていないのです」と訳した文は、「御子を持っていない人は、神の命を持っていないのです」とも訳せる表現である。

13 節　神の御子の名前を信じているあなたたちに、私がこれらのことを書いたのは、あなたたちが永遠の命を持っていることを知るためです。

「神の御子の名前」は「イエス」であり（ヨハ一 1:3）、イエスという固有の「名前」を持つ歴史的存在が救い主キリストであり、父なる神の御子である（ヨハ一 3:23 解説）。そして、この世で誕生と死と復活を経たイエスを信じている人は（ヨハ一 5:8 解説）、復活したイエスと同様に永遠の命を持っているのであり、そのことを「知る」ことは、「喜び」であるはずだと著者は確信している（ヨハ一 1:4）。

この 13 節は、ヨハネによる福音書が書かれた目的と似ている。すなわち、ヨハネによる福音書が「書かれたのは、イエスが神の子キリストであることをあなたたちが信じ［てい］るためであり、あなたたちが信じて、彼の名前において命を持つためである」（ヨハ 20:31）。

14 節　そして、私たちが神に対して持っている大胆さは、もし、私たちが神の思いに従って何かを求めるなら、神は私たちに聞くということ、これです。

「神（アウトス）」と訳した表現は、単に「彼」（直訳）であり、「大胆さ（パレーシア）」とは元々、「あらゆる（パース）」形で「言葉（レーシス）」を駆使するという意味である（ヨハ一 4:17 解説）。「神の思い」は、神の「戒め」に込められており（ヨハ一 5:3）、それは神と兄弟姉妹に対する愛を実践する

ことである（ヨハ一 5:2 解説，3 解説）。そして、それを実践しつつ「求める」ものとは、その愛の広がりや深まりであり、兄弟姉妹が増えて、神への思いが強くなることだろう（ヨハ 14:13, cf. マタ 7:7）。そして、このようなことを「大胆」に「求める」時こそ（cf. ヨハ一 3:21-22）、人は「恐れる」ことなく（ヨハ一 4:18）、愛のみに生きることができるのである。

15節 また、もし、私たちが求めるどんなことでも、神は私たちに聞くということを私たちが知っているなら、私たちは、私たちが神に求めた要求を手にしていると知っています。

「神」と訳した表現は原文にはないが、ここでは補われており、「手にしている（エコー）」と意訳した表現は、単に「持つ」（直訳）という意味である。「私たちが求めるどんなことでも」とは、「神の思いに従って」求める場合のことであり（ヨハ一 5:14）、その場合にはその「要求を」すでに「手にしている」と「大胆」に確信してよいのである（ヨハ一 5:14）。

ちなみに、「あなたたちが得られないのは、あなたたちが求めないことによる」という文は（ヤコ 4:2）、この 15 節の趣旨を逆の側面から説いている（Smalley, p.283）。

16節 もし、誰でも、自分の兄弟が死に向かわない罪を犯しているのを見たなら、求めなさい。そうすれば、神はその人に、死に向かわない罪を犯している人々に、命を与えるだろう。死に向かう罪があります。それについて、私は願いなさいと言うことはないのです。

単に「求めなさい」と訳した表現は、神に「求めなさい」という意味であり（ヨハ一 5:15）、「神」という表現は原文にはないが、ここでは補われている。また、「その人」とは、「自分の兄弟」を指している。

自分の兄弟たちを「愛していない人は、死の中にとどまって」いて（ヨハ一 3:14）、「自分の兄弟を憎むあらゆる人は、人殺しであり」（ヨハ一 3:15）、「あらゆる人殺しが自分の中にとどまる永遠の命を持っていない」ことを考慮すると（ヨハ一 3:15）、この 16 節における「死に向かう（プロス・サナトン）罪」とは、罪であると知りつつ意図的に自分の兄弟たちを憎む罪であり、このような罪に対する厳しい警告をこのヨハネの手紙一の著者はここで明示し

ている（ヘブ6:4-6, 10:26, cf. 民数15:30, 申命17:12）。そして、このような「死に向かう罪」に対する著者の姿勢は、単なる放置ではなく、神に対する委託であり、そのような罪に対する厳しい罰を与える神に対する信頼である（cf. エレ7:16, 14:11, マタ12:31-32）。

しかし、このような罪以外の「死に向かわない（メー・プロス・サナトン）罪」については、神に許しと「命」を願い求めて（cf. レビ4:2, ヨハ一1:9）、兄弟姉妹の関係がより良く改善されるように努めなければならない。いずれにせよ、兄弟姉妹は言わば生に向かう「義を行う」必要がある（ヨハ一2:29, 3:7, cf. ヨハ一5:17）。

17節　あらゆる不義は罪ですが、死に向かわない罪もあります。

ヨハネの手紙一の著者は、厳しい警告の後に（ヨハ一5:16解説）、「死に向かわない罪」に触れて、むしろ、それについては神に「命」を願い求めるべきであることを示唆している（ヨハ一5:16解説）。「不義」とは、義そのものである神に反するすべてのことであり（ヨハ一1:9解説, cf. ヨハ一3:4）、それは罪として罰せられるが、同時に、許しの対象でもある。したがって、神に願い求めなければならないのである（ヨハ一5:16, cf. ヨハ一2:1-2）。

18節　私たちは、神から生まれているあらゆる人は罪を犯さず、神から生まれた方がその人を守り、悪い者はその人に触れないと知っています。

神から生まれている人は一切の罪を犯さないと、誰も断言できないことや、「罪を犯さず」と訳した表現は、原語では現在形であることを考慮すると、これは、「罪を犯し続けず」という意味である（ヨハ一3:6解説, cf. ストット, p.215）。そして、人が罪を犯さないでいられるのは、「神から生まれた方」である御子イエス・キリストが、その人を「悪い者（ポネーロス）」である悪魔から守っているからである（ヨハ一3:12解説, cf. ヨハ一4:7）。このことは、イエスは罪を犯さないものの、悪魔からの執拗な攻撃を身に受けていたことを示唆している（マタ4:1-11）。

この18節は、かつてイエスが、「私が願うことは、あなたがその人々をこの世から取り除くことではなく、その人々を悪い者から守ることです」と語ったことを想起させる（ヨハ17:15, cf. ヨハ10:28）。ここで、「あなた」は、

父なる神を指している。

　ちなみに、キリスト者が「神から生まれている……人（ホ・ゲゲネーメノス）」という現在完了形で表現され、イエス・キリストが「神から生まれた方（ホ・ゲネーセイス）」という過去形で表現されているのは、前者は、人が誕生後のある時にキリスト者として生まれ変わり、キリスト者として生き続けていることを示すのに対して、後者は、イエスが救い主キリストとしてある時に誕生したことを示すためである。また、キリスト者にもイエス・キリストにも、「生まれる」という表現が用いられているのは、両者が神の子である点で同じであるという親近性を強調するためである（Smalley, p.289）。

　19節　私たちは、私たちが神に属していて、この世はすべて悪い者の中に置かれていると知っています。
　神「に属して（エク）」と訳した表現は、神「からの」（直訳）ものであり（ヨハ一 4:7 解説）、「神から生まれている」という意味である（ヨハ一 5:18）。「置かれている（ケイマイ）」と訳した表現は、単に「ある」（直訳）である（ヨハ 20:5-7）。キリスト者がこのように神に属しているのとは対照的に、この世は「悪い者」である悪魔の支配下にある（cf. ガラ 1:4）。したがって、「この世」のキリスト者は、イエス・キリストに守ってもらわなければならないのである（ヨハ一 5:18）。

　20節　また、私たちは、神の子が来て、私たちに真の方を知るための考えを与えたことを知っています。そして、私たちは真の方の中に、その御子イエス・キリストの中にいます。この方こそ、真の神であり、永遠の命です。
　「神の子」とは御子イエス・キリストであり、「悪い者」とは逆に（ヨハ一 5:19）、「真の方」とは父なる神を指している（cf. ヨハ一 2:8 解説）。そして、この真の父なる神を知るためには、神の子イエス・キリストを知り（ヨハ一 2:23, cf. ヨハ 1:18, 14:9）、父なる神と御子イエス・キリストが愛し合って相互に内住しているように（ヨハ 14:10, 17:21）、人は父なる神と御子の中に入らなければならないのである（cf. エレ 24:7）。父なる神と御子の中に入るとは、神の戒めの中でそれを守って生きることであり、その戒めの中心は兄弟

愛である（ヨハ一 5:1-3）。

「この方」とは御子イエス・キリストであり、父なる神と同様に、「この方」も真の神であり（cf. ロマ 9:5）、そのような者として「永遠の命」そのものでもあるから（ヨハ一 1:2, 5:11）、神の戒めを守って生きることは、この世において真の生き方なのであり、永遠の命に向かう義の生き方なのである（ヨハ一 5:16 解説, cf. ヨハ 17:3）。

21 節　子たちよ、あなたたちは偶像から自分たち自身を見守りなさい。

「子（テクニオン）」と訳した表現は、「小さい子」（直訳）という意味である（ヨハ一 4:4 解説）。「偶像（エイドーロン）」とは、目に見えない「真の神」とは逆に（ヨハ一 5:20, cf. ヨハ一 4:20）、目に「見える（エイドー）」像であり（コリ一 10:14, テサ一 1:9）、「永遠の命」を持たないし、もたらさないあらゆるものである（ヨハ一 5:20）。

「見守る（フラッソー）」と訳した表現は、「番兵（フラックス）」が「牢屋（フラケー）」を見張るようにして「見守る、見張る」ことを意味する（ペト二 3:17 解説）。つまり、「子たち」は、真の父なる神の中で生きることによって、その保護を必要とする存在であるが（ヨハ一 5:20）、この世の中にいることを忘れることなく（ヨハ一 5:19）、自分たち自身で身を守る努力もしなければならないのである（ヨハ一 2:16 解説）。そして、この努力は、兄弟愛を見える形で実践することによって、見えない神の戒めを守ることにほかならない（ヨハ一 5:2-3）。

ヨハネの手紙二

ヨハネの手紙二

1. 真理と愛の中の歩み

1節－13節　私訳

[1] 長老である私自身が真理において、また、私自身だけでなく、真理を知っているすべての人々が、愛する選ばれた婦人とその子たちに向けて。[2] 私たちの中にとどまり、いつまでも私たちと共にいる真理によって。[3] 父なる神から、また、その父の御子イエス・キリストから、真理と愛において、恵み、哀れみ、平和が私たちと共にあります。

[4] 私はあなたの子たちの中から、私たちが御父からの戒めを受け入れたとおりに、真理の中を歩んでいる人々を見いだして、非常に喜びました。[5] さて、婦人よ、私は今、あなたに願います。私があなたに書くのは、新しい戒めではなく、私たちが初めから持っていたものであり、私たちがお互いに愛し合うことです。[6] そして、愛とは、私たちが御父の戒めに従って歩むこと、これです。その戒めとは、あなたたちが初めから聞いているように、その愛の中を歩むこと、これです。

[7] なぜなら、肉において来ているイエス・キリストを告白しない多くの惑わす人々が、この世に出て来たからです。この人は惑わす人であり、反キリストです。[8] あなたたちは、私たちの働きがもたらしたものを滅ぼすことなく、十分な報酬を受け取るように、自分たち自身に注意しなさい。

[9] 先走って、キリストの教えの中にとどまらないあらゆる人は、神を持っていないのです。その教えの中にとどまる人、この人こそ、御父も御子も持っています。[10] もし、誰かがあなたたちの所に来ても、この教えを携えていないなら、あなたたちはその人を家に受け入れてはならず、その人にあいさつもしてはならないのです。[11] その人にあいさつをする人は、その人の悪い業を共有するからです。

[12] 私はあなたたちに書くべき多くのことを持っていますが、紙と墨によってしたいとは思わなかったのです。むしろ、私たちの喜びが満たされるために、私はあなたたちの所に行き、口に対して口で語りたいと望んでいます。

1. 真理と愛の中の歩み（1-13）

¹³ あなたの選ばれた姉妹の子たちが、あなたによろしくと伝えています。

1節－13節　解説

1節　長老である私自身が真理において、また、私自身だけでなく、真理を知っているすべての人々が、愛する選ばれた婦人とその子たちに向けて。

このヨハネの手紙二とヨハネの手紙三は、新約聖書の中で最も短い手紙であり、それぞれ、当時の標準的なパピルス一枚（25cm × 20cm）の中に書き収められたと考えられている（Smalley, p.302）。

「長老（プレスブテロス）」は「老人（プレスブス）」の比較級であり、このヨハネの手紙二の著者が高齢であることを示すと同時に、自分の教会においてある程度の地位を占めていることを示唆していると考えられる（ペト一5:1 解説, ヨハ一 5:7 解説, cf. フィレ 9）。「真理」とは、御子イエス・キリストそのものであり、聖霊であり（ヨハ一 1:6, 2:4, 21, 4:6, 5:6, cf. ヨハ 14:6）、父なる神と御子と聖霊が親密な関係を保持していることでもある（ヨハ一 2:22-23, 4:2-3, cf. ヨハ 8:32, テモ一 2:4）。

さらに、このことを「知っている」人々は、御子イエス・キリストと、この御子を救い主であると信じる教会が、夫婦関係にたとえられるほど親密な関係にあることも知っているとすると（エフ 5:21-33）、「主（キュリオス）」イエス・キリストに対して、「主、主人（キュリオス）」という男性名詞の女性形であるこの1節の「婦人（キュリア）」と訳した表現は、同様にして女性形である「教会（エクレーシア）」を指していると考えられる。その「子（テクノン）」たちとは（ヨハ一 3:1 解説）、教会員である。こうした表記方法は、ペトロの手紙一において、原語では単数形の女性形である「共に選ばれて（スンエクレクテー）」「いる人々」と訳した表現が（ペト一 5:13）、おそらく選ばれた人々の集まりである「教会（エクレーシア）」を指していると考えられるのと同様である（ペト一 5:13 解説, cf. コリ二 11:2）。

選ばれた婦人とその子たち「に向けて」と意訳した表現は、選ばれた婦人とその子たち「のために」（直訳）手紙を書いたという意味である。

ヨハネの手紙二

2節　私たちの中にとどまり、いつまでも私たちと共にいる真理によって。

「いる」と意訳した表現は、「いるだろう」という未来形であり、「真理によって」とは、「真理を通して（ディア・テーン・アレーセイアン）」愛し、手紙を書いたという意味である（ヨハ二1解説）。そして、「神を知っていると言って、神の戒めを守らない人は、偽り者であり、この人の中に真理はない」ことを考慮すると（ヨハ一2:4, cf. ヨハ二1）、著者は神の戒めを守り、真の愛に満ちてこの手紙を書いていると言える（ヨハ一5:1-3）。

この2節は、かつてイエスが聖霊について（ヨハ二1解説）、「私が父に頼むと、彼はあなたたちにもう一人の助け主を与え、いつまでもあなたたちと共にいるようにするだろう」と語ったことを想起させる（ヨハ14:16）。

3節　父なる神から、また、その父の御子イエス・キリストから、真理と愛において、恵み、哀れみ、平和が私たちと共にあります。

「あります」と意訳した表現は、「あるだろう」という未来形であり（ヨハ二2解説）、「真理と愛」という表現は、後者の語が前者の語を修飾する二詞一意として、「愛に満ちた真理」と訳すこともできる（ヨハ二2解説）。また、「私たち」という表現には、広義で「あなたたち」という意味も含まれているだろう（ヨハ二8解説）。

「恵み（カリス）」とは、無償で与えることであり、父なる神とその御子イエス・キリストから与えられるものは救いである（ヨハ一4:14）。「哀れみ（エレオス）」とは、神がこの世の人々に同情して共感することであり、実際に神は御子イエスをこの世に与えて、この哀れみを示した（ヨハ一3:16, 4:9）。「平和（エイレーネー）」とは、相手に対するあらゆる祝福を願う「平和がありますように（シャローム）」というヘブライ語のあいさつに基づくだけではなく、神とイエスからもたらされる「恵み」と「哀れみ」に基づいて実現する神と人との平和、人と人との平和をも指している。この平和は、イエス・キリストを通して実現するものである（ヨハ14:27, ガラ5:22, エフ2:16, フィリ4:7, コロ1:20, cf. テモ一1:2, テモ二1:2）。

4節　私はあなたの子たちの中から、私たちが御父からの戒めを受け入

1. 真理と愛の中の歩み（1-13）

れたとおりに、真理の中を歩んでいる人々を見いだして、非常に喜びました。

　この「戒め」が、ヨハネの手紙一5章で命じられている兄弟愛の「戒め」であるなら（ヨハ一 5:1-3)、著者はヨハネの手紙一を書いた後に、相手の教会の良好な様子を伝え聞いて（ヨハ二 1 解説）、喜んでいると考えられる（cf. ヨハ三 3-4)。「真理の中」とは、具体的には兄弟愛に満たされている関係を示し（ヨハ一 4:20-21）、「歩む」とは、生きることを意味する（ヨハ一 1:6-7, 2:6, 11）。

　ちなみに、当時、教会関係の手紙は回覧されていたから（コロ 4:16, テサ一 5:27）、このヨハネの手紙二を読んだ人々は、ヨハネの手紙一も読んでいたかもしれない。

　5節　さて、婦人よ、私は今、あなたに願います。私があなたに書くのは、新しい戒めではなく、私たちが初めから持っていたものであり、私たちがお互いに愛し合うことです。

　「婦人（キュリア）」とは、相手の教会に対する名称であり（ヨハ二 1 解説）、著者の「願い」は、キリスト者たちがどこにいようと、「お互いに愛し合うこと」である。この「戒め」は、「初めから聞いていた」ことであり（ヨハ一 3:11）、その意味で最も重要なものである（ヨハ一 3:11, 23, 4:7, 11-12, cf. ヨハ 13:34, 15:12, 17, ヨハ一 2:7, 5:3）。

　6節　そして、愛とは、私たちが御父の戒めに従って歩むこと、これです。その戒めとは、あなたたちが初めから聞いているように、その愛の中を歩むこと、これです。

　「御父（アウトス）」と訳した表現は、単に「彼」（直訳）であり（ヨハ二 4)、「聞いている」と訳した表現は、「聞いた」（直訳）という意味である。「愛の中」と訳した表現も、単に「その中」（直訳）という意味である。この 6 節は、「御父の戒め」と「愛」が相互に説明するような形で記されており、「戒め」と「愛」が不可分であることを強調している（ヨハ一 2:5, 5:1-3, cf. ヨハ二 5 解説）。

　7節　なぜなら、肉において来ているイエス・キリストを告白しない多

くの惑わす人々が、この世に出て来たからです。この人は惑わす人であり、反キリストです。

この7節は、著者の「願い」の理由を明示している（ヨハ二5）。「惑わす」とは、具体的に、イエスはキリストではないと否定すること、御父と御子を否定することであり、御子イエス・キリストが肉をまとってこの世に来ていることを否定することである（ヨハ一3:7 解説, 4:2）。そして、逆にこれらを告白するとは、単に口で言い表すだけでなく、父なる神の愛が御子をこの世に送って肉体をまとわせ、救いをもたらしたように、愛を実践によって示すことである。

「反キリスト（アンティクリストス）」とは、文字どおり、真の「キリスト」「に対立する（アンティ）」者であり、「キリスト」「に代わって（アンティ）」キリストを演じようとするものである（ヨハ一2:18 解説, 22, 4:3）。このような強い表現は、「惑わす人々」の激しい活動を物語っている。ちなみに、この7節では、「イエス・キリストが肉において来た」という過去形ではなく（ヨハ一4:2）、「肉において来ているイエス・キリスト」という現在形で表現されているのは、反キリストの激しい活動に対して、今も生きて働いている真のキリストを強調するためだと考えられる。

8節　あなたたちは、私たちの働きがもたらしたものを滅ぼすことなく、十分な報酬を受け取るように、自分たち自身に注意しなさい。

「働きがもたらす（エルガゾマイ）」と意訳した表現は、「業、働き（エルゴン）」という表現の動詞形であり、「生じさせる（エルガゾマイ）」と訳すこともできる表現である（ヤコ2:9 解説）。無償で与えることを表す「恵み（カリス）」の対義語である「報酬（ミスソス）」とは（cf. ヨハ二3 解説）、労働に対する対価であり（ペト二2:13 解説, cf. ヤコ5:4）、「注意する（ブレポー）」と意訳した表現は、単に「見る」（直訳）という意味である（ヤコ2:22 解説）。

「私たちの働き」とは、父なる神の戒めである兄弟愛を説き、実現させていることである。この「私たち」という表現には、広義で「あなたたち」という意味も含まれると考えられるだろう（ヨハ二3 解説）。したがって、「私たちの働き」を「滅ぼすことなく、十分な報酬を受け取る」とは、広義で「私たち」が「受け取る」「報酬」を、皆が共に受け取るという意味であり（cf.

1. 真理と愛の中の歩み（1-13）

コリ一 3:6-8）、具体的にその報酬は、父なる神と御子イエス・キリストからもたらされる「恵み、哀れみ、平和」であり（ヨハ二 3）、究極的には「永遠の命」である（ヨハ一 5:20）。

9節 先走って、キリストの教えの中にとどまらないあらゆる人は、神を持っていないのです。その教えの中にとどまる人、この人こそ、御父も御子も持っています。

「先走って、キリストの教えの中にとどまらない」と訳した表現は、後者の語が前者の語を修飾する二詞一意として、「キリストの教えの中にとどまらずに、先走る」とも訳せる表現である（ヨハ二 10 解説）。「先走る（プロアゴー）」と意訳した表現は、文字どおり、「先（プロ）」に「導く（アゴー）」ことであり、あたかも主人であるかのように振る舞うことであるから、主イエス・キリストのしもべとして不適切な行為である。このようなしもべの中に、神が宿ることはない（ヨハ一 4:4, 13, 15-16）。このことは、そのしもべがしもべとして当然、言わば主人である「神を持っていない」と表現されている。主人がしもべを財産として所有しているというのが、当時の社会における認識だからである（ヨハ一 2:23 解説）。

しかし、しもべとして謙虚にキリストの教えの中にとどまるなら、つまり、キリストを通して御父から戒めとして与えられた教えを実践して、「その愛の中を歩む」なら（ヨハ二 6）、自らがしもべであるにもかかわらず、光栄にも「御父も御子も持って」いるのであり、この神の内で共有されている永遠の命も持っているのである（ヨハ一 5:12, cf. ヨハ一 2:23-25）。

10節 もし、誰かがあなたたちの所に来ても、この教えを携えていないなら、あなたたちはその人を家に受け入れてはならず、その人にあいさつもしてはならないのです。

「あなたたちの所に来ても、この教えを携えていない」と訳した表現は、後者の語が前者の語を修飾する二詞一意として、「この教えを携えずに、あなたたちの所に来る」とも訳せる表現である（ヨハ二 9 解説）。このような人はおそらく異なる教えを携えて来て、自分たちの弟子を増やそうとしているのだろう（シュラッター, p.133）。すると、「あなたたちの所」、「家」とは、

ヨハネの手紙二

単に建物としての家というよりは、むしろ、家庭集会を行っている所という意味であり（Witherington, p.577）、その場で異なる教えが説かれることに対する警告をこの 10 節はしているのである。

　そして、兄弟愛を含む真の教えを守っていないような人に対しては（ヨハ二 8 解説, 9 解説）、極めて厳しい対応が命じられている。つまり、このような人を家に入れるどころか、あいさつをすることさえ禁じられている。「あいさつする（カイロー）」と訳した表現は、「喜ぶ」（直訳）という意味であるから（ヤコ 1:1 解説, ペト一 4:13, ヨハ二 4）、兄弟愛に欠けている隣人がいることは、真に悲しい出来事であることを示している。

　この 10 節は、かつてパウロも、「兄弟たちよ、私はあなたたち自身が学んだ教えからそれて、分裂やつまずきをもたらす人々に注意することをあなたたちに勧めます。そして、あなたたちはその人々から離れなさい」と命じたことを想起させる（ロマ 16:17）。

11 節　その人にあいさつをする人は、その人の悪い業を共有するからです。

　「その人」とは、真の教えを守っていないような人であり（ヨハ二 10 解説）、そのような人の「悪い業」という表現は、キリストの教えとは対照的な悪魔的な働きを想起させるものである（ヨハ 3:8, ヨハ二 9, cf. ヨハ一 3:12, 18）。「共有する（コイノーネオー）」とは、「共通の（コイノス）」ものとすることであるから（ペト一 4:13 解説）、ここで、「悪い」ものとのいかなるかかわりも回避すべきであることが命じられている（cf. テモ一 5:22, 黙示 18:4）。

　ちなみに、当時のあいさつには、「聖なる口づけ」によるものもあった（ロマ 16:16）。この「口づけ（フィレーマ）」という表現は、「愛する（フィレオー）」という語に由来し、「聖なる口づけ」という表現は（コリ一 16:20, コリ二 13:12, テサ一 5:26, ペト一 5:14）、汚れた口づけもあったことを連想させる。例えば、イエスがイスカリオテのユダに対して、「ユダよ、あなたは口づけで人の子を引き渡すのか」と確認したように（ルカ 22:48）、口づけは必ずしも聖なるものとは限らない。したがって、パウロは教会のキリスト者が、「聖なる口づけによって」聖なるものの根源である神からの愛を相互に確認することを求めている。この神の愛に基づく聖なる口づけは、人間の心の中のあ

1. 真理と愛の中の歩み (1-13)

らゆる悪意を封印するものであり（ロマ 1:29-31, cf. ロマ 12:21, 15:28）、それは同性同志の間で、また、手に対してなされたとも考えられている（ペトー 5:14 解説）。いずれにせよ、兄弟愛の教えを守っていないような人との「あいさつ」は、悪魔に唆されたイスカリオテのユダの口づけによるあいさつをも想起させるだろう（ヨハ 13:2, 27）。

12 節 私はあなたたちに書くべき多くのことを持っていますが、紙と墨によってしたいとは思わなかったのです。むしろ、私たちの喜びが満たされるために、私はあなたたちの所に行き、口に対して口で語りたいと望んでいます。

「私はあなたたちに書くべき多くのことを持っています」という文は、著者の「喜び」の思いが膨らんでいることを示唆しており、著者はお互いの「喜びが満たされるために」、手紙によってではなく、実際に会って、口頭によって語り合うことを提案している（cf. 民数 12:8）。それは、「紙と墨」によってではなく、聖なる口づけの「あいさつ」によって始められる対話である（ヨハ二 11 解説）。「満たす（プレーロオー）」と訳した表現は、「実現する」（直訳）とも訳せる表現であり、「満たされる」という表現は神的受動態であり、父なる神によってそうされることを示している（ヨハ一 1:4 解説, cf. ヨハ 15:11）。

当時のインクである「墨」は、油や樹脂を不完全燃焼させて得られる炭素粉を、水や酢で薄めた樹脂に混ぜて作られていた（Brown, p.677）。「紙（カルテース）」と訳した表現は、パピルス草から作られた紙を指す。ちなみに、英語の「聖書（Bible）」は、ギリシャ語の「書（ビブロス）」に由来し、この「書（ビブロス）」とは、エジプトからの外来語で「パピルス草（パピュロス）」を指す。エジプトのナイル川周辺を主産地とするパピルスは、軽く、強く、しなやかであるため、記録を保存する用途に適していた。通常パピルスは、茎の表面をはぎ取り、縦横に並べて貼り付け、横書きがしやすいように茎の繊維が横に並んでいる方を表面として使う。また、英語の「胃（stomach）」は、ギリシャ語の「口（ストマ）」に由来する。

13 節 あなたの選ばれた姉妹の子たちが、あなたによろしくと伝えて

います。

「あなたの選ばれた姉妹」とは、「愛する選ばれた婦人」である相手の教会に対して（ヨハ二1解説）、その婦人の「姉妹」であるこちらの姉妹教会を指しており、その「子たち」とは、その教会員のことである。これらの教会の人々は、同じ父なる神を父としている。「よろしくと伝える（アスパゾマイ）」と訳した表現は、「あいさつをする」とも訳せる表現であり（ペト一5:14解説）、ここで著者は、兄弟愛とも姉妹愛とも呼びうる愛を込めて記しているのだろう（ヨハ二4解説, 12）。

ヨハネの手紙三

ヨハネの手紙三

1. 真理の同労者と反対者

1節－15節　私訳

 [1] 長老の私が、愛するガイオに向けて。私自身は、真理においてあなたを愛しています。

 [2] 愛する人よ、私は、あなたの魂が良い導きを受けているように、あなたがすべてのことについて、健全に良い導きを受けるようにと祈っています。[3] 実に、あなた自身が真理の中を歩んでいるように、兄弟たちが来ては、あなたの真理について証ししているので、私は非常に喜びました。[4] 私の子たちが真理の中を歩んでいると私が聞くこと、これらのことより一層大きな喜びを私は持っていないのです。

 [5] 愛する人よ、あなたは、兄弟たちやよそから来た人々のために働いているどんなことも、忠実に行っています。[6] その人々は、教会の前であなたの愛について証ししました。あなたは、その人々を神にふさわしく送り出すなら、良いことを行うことになるのです。[7] その人々は、御名のために出て来たのであり、異邦人たちからは何も受け取っていないからです。[8] そこで、私たち自身は真理のための同労者となるために、そのような人々を迎え入れるべきです。

 [9] 私はその教会に、あることを書き送りましたが、その人々の中で指導者になりたがっているディオトレフェスは私たちを受け入れないのです。[10] このため、もし、私が行けば、私は彼がしている彼の業を思い起こさせよう。彼は悪い言葉で私たちを馬鹿にし、これらのことに満たされず、彼自身が兄弟たちを受け入れず、そうしたいと思っている人々を阻止し、教会から追い出しています。

 [11] 愛する人よ、あなたは悪いことではなく、良いことを見倣ってください。善を行う人は神に属し、悪を行う人は神を見たことがないのです。[12] デメトリオについては、すべての人々によって、また、真理それ自体によって証しされています。そして、私たち自身も証しし、あなたは私たちの証しが真実であると知っています。

1. 真理の同労者と反対者（1-15）

^{13}私はあなたに書くべき多くのことを持っていましたが、墨と紙であなたに書きたいとは思わないのです。^{14}それで、私はすぐにあなたに会いたいと望んでいます。そうすれば、私たちは口に対して口で語ることになります。

^{15}平和があなたにありますように。友人たちが、あなたによろしくと伝えています。あなたは、そちらの友人たちに一名ずつ、よろしく伝えて下さい。

1節－15節　解説

　1節　長老の私が、愛するガイオに向けて。私自身は、真理においてあなたを愛しています。
　ガイオ「に向けて」と意訳した表現は、ガイオ「のために」（直訳）手紙を書いたという意味であり（ヨハ二 1 解説）、「ガイオ（ガイオス）」という名前は当時よくある名前であるため、聖書に登場する他の「ガイオ」との関係は不明である（cf. 使徒 19:29, 20:4, ロマ 16:23, コリ一 1:14）。ちなみに、ローマ市民は個人名である「第一名（praenomen）」、家族名である「第二名（nomen）」、通称である「第三名（cognomen）」を持っており、「ガイオ（ガイオス）」という名前は、ローマの政治家であった「ガイウス・ユリウス・カエサル（Gaius Julius Caesar）」（前100年 - 前44年）の第一名でもある（Brown, p.702）。
　この1節では、「愛する」、「愛しています」という二つの愛情表現があるが、「愛しています（アガパオー）」と訳した表現は、「長老」であるヨハネが（ヨハ二 1 解説）、ガイオを愛していることを示すのに対して、「愛する（アガペートス）」ガイオとは、父なる神に愛されているガイオ、または、父なる神が愛しているガイオという意味だと考えられる（ヨハ一 4:11, cf.Brown, p.702）。
　「真理において」とは、真理である主イエス・キリストにおいて父なる神がこの世に示した愛と同様にという意味であり（ヨハ二 1 解説, cf. ヨハ一 3:16, 4:9）、ガイオに対するヨハネの愛が究極的には父なる神に由来していることを示唆している。

ヨハネの手紙三

　2節　愛する人よ、私は、あなたの魂が良い導きを受けているように、あなたがすべてのことについて、健全に良い導きを受けるようにと祈っています。

　再び、「愛する」という表現を用いて、ヨハネはガイオに対する深い愛情を示している（ヨハ三1）。「良い導きを受ける」と意訳した表現は、「うまく（ユー）」「道を進む（ホドオー）」、つまり、「かなう（ユーオドオー）」という表現の神的受動態であり（cf. ロマ 1:10, コリ一 16:2）、父なる神によってそうされることを示している。「健全に良い導きを受ける」と訳した表現は、「良い導きを受けて、健全になる」（直訳）という意味であるが、後者の語が前者の語を修飾する二詞一意として、このように訳されている。

　このようなヨハネの祈りは、ガイオの属する教会に、教会の健全な発展を阻む要因があることを示唆している（ヨハ三 9-10）。

　3節　実に、あなた自身が真理の中を歩んでいるように、兄弟たちが来ては、あなたの真理について証ししているので、私は非常に喜びました。

　「真理の中を歩む」とは、具体的には兄弟愛に満たされている関係を維持して生きることであり（ヨハ二 4 解説）、「あなた自身が真理の中を歩んでいるように」という文は、単に「あなたの真理」を指し示しているだけでなく、「あなたの真理」をヨハネに証しして伝えるために、「兄弟たち」がわざわざヨハネのもとに歩いて来てくれたことも指している（ヨハ三 6）。つまり、「真理の中の」歩みは、単に自分たち自身で兄弟愛を守って生きていることだけではなく、それを他の人々と分かち合うことも含まれるのである。

　ちなみに、「ガイオ」というラテン語の名前は（ヨハ三 1 解説）、エトルリア語の「私は喜ぶ（カイ）」に由来するから、この 3 節で「私は非常に喜びました」という感嘆の表現は、「ガイオ」の名前との言葉遊びである（Smalley, p.332）。

　4節　私の子たちが真理の中を歩んでいると私が聞くこと、これらのことより一層大きな喜びを私は持っていないのです。

　この 4 節は、親や教師の最大の喜びが何であるかを教えてくれる（cf. バークレー, p. 190）。

1. 真理の同労者と反対者（1-15）

「これらのこと」という複数形は、著者ヨハネが何度か、「私の子たち」、つまり、信仰上の教え子たちが離れていても「真理の中を歩んでいる」と聞いていることを示唆している（cf. ガラ 6:10, テサ一 2:11-12）。「より大きな（メイゾテロス）」と訳した表現は、「大きい（メガス）」の比較級「より大きい（メイゾーン）」の更なる比較級であり、極めて強調された表現である。ヨハネはこれまで自分が説いてきた兄弟愛が（ヨハ三 3 解説）、実を結びつつあることに最高の喜びを見いだしているのである。

5 節　愛する人よ、あなたは、兄弟たちやよそから来た人々のために働いているどんなことも、忠実に行っています。

ヨハネは繰り返し「愛する」という表現を用いて、ガイオに対する深い愛情を示している（ヨハ三 2, cf. ヨハ三 1）。「よそから来た人」と意訳した表現は、「知らない人、外国の人（クセノス）」という意味であり（ペト一 4:12 解説）、「兄弟たちやよそから来た人々」という表現は、後者の語が前者の語を修飾する二詞一意として、「よそから来た兄弟たち」と訳すこともできる（ヨハ三 2 解説）。この兄弟たちは、ヨハネとガイオの間を行き来して連絡を取っている「兄弟たち」のことだろう（ヨハ三 3）。いずれにせよ、「よそから来た人々」は、今や兄弟たちの仲間となっていると考えられる（cf. ロマ 12:13, ヘブ 13:2）。このような教会は、普遍的かつ包括的な教会にふさわしい姿を呈している（Smalley, p.335）。

「忠実に（ピストス）」とは、「信仰的に」（直訳）という意味であり、この世を愛するゆえに救い主イエス・キリストを送った父なる神を信じる信仰に基づいて（ヨハ一 3:16, 4:9）、同様に兄弟愛を実践するという意味である。

6 節　その人々は、教会の前であなたの愛について証ししました。あなたは、その人々を神にふさわしく送り出すなら、良いことを行うことになるのです。

「その人々」とは、ヨハネとガイオの間を行き来して連絡を取っている「よそから来た」「兄弟たち」のことだろう（ヨハ三 5 解説）。「教会の前であなたの愛について証し」することは、ガイオが兄弟たちに示した兄弟愛について、その兄弟たちが教会のキリスト者たちの前で、つまり、神の前で証しし

たという名誉な出来事である（ヨハ三3）。

「送り出す（プロペンポー）」とは、護衛を付けたり、旅行に必要な物資や推薦状などを与えて送り出すことであり（ロマ 15:24, コリ一 16:6, 11, コリ二 1:16, テト 3:13）、ヨハネは、ガイオがその兄弟たちにこのような適切な配慮をしたことに対して、また、これからもそうすることを期待して、深く感謝しているのである。「神にふさわしく」とは、神の働きをしている人にふさわしい仕方でという意味であり、「よいことを（カロース）」と意訳した表現は、単に「よく」（直訳）という意味である。

7節　その人々は、御名のために出て来たのであり、異邦人たちからは何も受け取っていないからです。

「その人々」とは、ヨハネとガイオの間を行き来して連絡を取っている「よそから来た」「兄弟たち」のことだろう（ヨハ三6 解説）。この人々は、主イエス・キリストという「御名」を持つ方を信じて、自分たちの故郷を離れて、今やガイオの属する教会に「出て来」て奉仕をしているのだろう（ヨハ三9 解説）。この主イエス・キリストの御名のために「出て来た」という表現は、「肉において来ているイエス・キリストを告白しない多くの惑わす人々が、この世に出て来た」ことも想起させるものであり（ヨハ二7）、「出て来た（エクセルコマイ）」点において同じであるが（cf.Smalley, p.337）、両者のそれぞれの意図は正反対である。

「異邦人」とは、元々はイスラエルの民以外の人々のことであるが、ここでは新しい「神のイスラエル」とされているキリスト教会以外の人々を指しているのだろう（cf. ガラ 6:16）。すると、「異邦人たちからは何も受け取っていない」人々とは、「異邦人たち」に福音を説いても、その「異邦人たち」からは金銭を受け取らず（cf. ルカ 10:4, コリ二 2:17, テサ一 2:5-9）、また、キリスト教会以外からは収入を得ていない人々であり、そのような人々に対しては、キリスト教会が色々と援助しなければならないのである（ヨハ三6 解説, cf. コリ一 9:1-18, ガラ 6:6, テモ一 5:17-18）。確かに、このような兄弟たちが、ヨハネとガイオの間を行き来するなど、あちこちの教会を巡回しているなら、教会外の特定の仕事に就くことは難しいだろう。

1. 真理の同労者と反対者（1-15）

　8節　そこで、私たち自身は真理のための同労者となるために、そのような人々を迎え入れるべきです。

　「共に（スン）」「働き（エルゴン）」をする「同労者（スンエルゴス）」とは、お互いが福音伝道の同労者であることを示すと同時に（ロマ 16:3）、神と共に神に導かれつつ働く同労者であることも示しており（コリ一 3:9, テサ一 2:12）、「真理のため」とは、真理である主イエス・キリストのためという意味も示唆している（ヨハ三 1 解説）。

　「そのような人々」とは、ヨハネとガイオの間を行き来して連絡を取っている「よそから来た」「兄弟たち」のことだろう（ヨハ三 7 解説）。「迎え入れる（ヒュポランバノー）」と訳した表現は、「受け入れる、受け取る（ランバノー）」という表現の強調形であり（ヨハ三 7）、相手を「下（ヒュポ）」から支えるように「受け入れる（ランバノー）」ことを意味し、具体的に生活や福音伝道のために必要なものを備えてあげることを意味する（ヨハ三 6 解説）。このような兄弟たちは、言わば神のために働いている人々であるから、このような人々を助けることは、神の「同労者」になることに等しいのである。

　9節　私はその教会に、あることを書き送りましたが、その人々の中で指導者になりたがっているディオトレフェスは私たちを受け入れないのです。

　著者ヨハネが書き送った「あること（ティ）」とは、主イエス・キリストの名前のゆえに他の地域から福音伝道やキリスト教会の奉仕のために出て来たと思われる兄弟たちを（ヨハ三 5, 7 解説）、ディオトレフェスやガイオの属する教会が受け入れるようにとのことなら、書き送った手紙は、そのような趣旨の含まれないヨハネの手紙一やヨハネの手紙二ではなく、失われていると考えられる。また、ヨハネが、ディオトレフェスとは逆にそのような兄弟たちを受け入れるガイオを高く評価し（ヨハ三 1-6）、ガイオ自身もディオトレフェスの影響力の強い教会から不当に追い出されているとすると（ヨハ三 10, cf.Witherington, p.594）、「あること」を書き送ったヨハネの手紙は、ディオトレフェスが破棄したか、教会員の目に触れないようにしたために失われたと考えられる（ストット，p.259）。

　いずれにせよ、ヨハネの手紙一やヨハネの手紙二でヨハネが書き送った

ヨハネの手紙三

要旨によると、重要なのは兄弟愛である（ヨハ一 5:1-3, ヨハ二 5-6）。そして、そのような兄弟愛の実践に励むガイオをヨハネが高く評価していることを（ヨハ三 1, 5-6）、このヨハネの手紙三は「ガイオに向けて」（ヨハ三 1）、励ましの気持ちを込めて記しているのである。

「指導者になりたがっている（フィロプローテウオー）」と意訳した表現は、「第一の者（プロートス）」であることを「愛する（フィレオー）」という意味であり、ディオトレフェスの態度は、主イエス・キリストのみが「第一の者」であることに反している（コロ 1:18, cf. ストット, p.261）。「ディオトレフェス」という名前は、「ゼウス（ディス）」によって「育て（トレフォー）」られたという意味であり（Liddell & Scott, 1986, p.205）、この人物は、信仰における同じ父なる神の子である兄弟たちを同等の立場で愛することよりも、兄弟たちの上に立つ指導者であることを望んだのである（cf. マタ 20:27）。その意味でディオトレフェスは、「先走って、キリストの教えの中にとどまらないあらゆる人」の一人であると言えるだろう（ヨハ二 9）。

10 節　このため、もし、私が行けば、私は彼がしている彼の業を思い起こさせよう。彼は悪い言葉で私たちを馬鹿にし、これらのことに満たされず、彼自身が兄弟たちを受け入れず、そうしたいと思っている人々を阻止し、教会から追い出しています。

この 10 節の「もし、私が行けば、私は彼がしている彼の業を思い起こさせよう」という警告は、著者ヨハネのある程度の権威を感じさせるものである（ヨハニ 1 解説）。ここでヨハネは、ディオトレフェスの悪口を中心とする悪行について（ヨハ三 9）、「口に対して口で」警告する必要があると感じている（ヨハ二 12）。ディオトレフェスの悪さは、自分自身が教会の「兄弟たち」を受け入れないばかりか、「兄弟たち」を受け入れようとしている人々をも拒絶している点で二重の悪逆さを示している（cf. ヨハ 9:34）。この「兄弟たち」とは、「よそから来た人々」と呼ばれる人々だとすると（ヨハ三 5, cf. ヨハ三 7）、イエスが救い主キリストであるという福音を伝え聞いてキリスト者になり、福音伝道やキリスト教会の奉仕に携わるようになった人たちなのだろう（ヨハ三 9 解説, cf. ガラ 6:10）。

「馬鹿にする（フルアレオー）」と訳した表現は、「沸き立たせる（フルオー）」

1. 真理の同労者と反対者（1-15）

という意味に由来し、他の人々も巻き込んではやし立てる様子を表している。

　11節　愛する人よ、あなたは悪いことではなく、良いことを見做ってください。善を行う人は神に属し、悪を行う人は神を見たことがないのです。

　ヨハネは繰り返し「愛する」という表現を用いて、ガイオに対する深い愛情を示している（ヨハ三5, cf. ヨハ三1）。「良いこと」とは、唯一の良い方である神の真理の働きをこの世において手伝うことであり（マタ19:17）、具体的にそれは、教会において兄弟愛を尊重することである（ヨハ三1-5, 8, 10）。逆に、「悪いこと」とは、このような兄弟愛に反することすべてである（ヨハ三10, cf. 詩編34:15, 37:27）。

　「良いこと（アガソン）」と訳した表現と「善（アガソン）」と訳した表現は、原語では同じ語であり、神に由来する性質であり、逆に、「悪」は神とは無関係の性質である。この無関係の性質は、「神を見たことがない」と表現されており（cf. ヨハ一3:6解説, 10）、父なる神を御子イエス・キリストの内に見るなら、また、御子イエス・キリストをキリスト者の内に見るなら（ヨハ一3:6解説）、悪人は悪を離れる契機をつかむのである。

　12節　デメトリオについては、すべての人々によって、また、真理それ自体によって証しされています。そして、私たち自身も証しし、あなたは私たちの証しが真実であると知っています。

　「悪い」例である「ディオトレフェス」とは逆に（ヨハ三9, 11）、この12節の「デメトリオ」は「良い」例であり（ヨハ三11）、具体的にそれは、他の地域から福音伝道やキリスト教会の奉仕のために出て来たと思われる兄弟たちを受け入れる兄弟愛をお互いに実践していることを示している（ヨハ三9解説）。そして、「すべての人々」だけでなく、「真理それ自体」も、つまり、デメトリオの言動それ自体も立派に彼の良さを証ししている（cf. 使徒6:3, テモ一3:7）。ここで、「真理」とは、「真理の中を歩んでいる」ことを意味している（ヨハ三3-4, cf.Brooke, p.193）。

　このように、デメトリオの良さはガイオ自身も知っていると、著者ヨハネは確認しているが、このことは、ヨハネとガイオが手紙や伝令などによって、

ヨハネの手紙三

お互いに種々の情報を交換していることを示している（ヨハ三 3-6, cf. ヨハ 19:35, 21:24）。こうした確認は、デメトリオも、ディオトレフェスの影響力の強い教会から不当に追い出されているためかもしれない（ヨハ三 9 解説）。したがって、この 12 節から、このヨハネの手紙三は、ガイオに対するデメトリオの推薦状の役割も果たしており（ヨハ三 1）、この手紙の持参者は、デメトリオ自身であるとも考えられる（Witherington, pp.583, 594）。ちなみに、「デメトリオ」という名前も珍しいものではなく（cf. ヨハ三 1 解説）、聖書に登場する他の「デメトリオ」やその省略形「デマス」との関係は不明である（使徒 19:24, cf. コロ 4:14, テモ二 4:10, フィレ 24）。

13 節　私はあなたに書くべき多くのことを持っていましたが、墨と紙であなたに書きたいとは思わないのです。

「私はあなたに書くべき多くのことを持っていました」という文は、著者ヨハネがガイオに対して（ヨハ三 1）、あふれるほどの愛に満ちた思いを抱き続けてきたことを表している（ヨハ三 11 解説）。そして、ヨハネはその思いを「墨と紙」ではなく、声と表情で届けたいと願っている（ヨハ二 12 解説, cf. ヨハ三 14）。ちなみに当時、筆としては通常、葦が用いられていた（Brown, p.725）。

14 節　それで、私はすぐにあなたに会いたいと望んでいます。そうすれば、私たちは口に対して口で語ることになります。

著者ヨハネは、ガイオとの面会を心待ちにしているが、おそらくその際には、聖なる口づけによるあいさつがなされるだろう（ヨハ二 11 解説, cf. ヨハ二 12 解説）。

15 節　平和があなたにありますように。友人たちが、あなたによろしくと伝えています。あなたは、そちらの友人たちに一名ずつ、よろしく伝えて下さい。

「平和があなたにありますように」というあいさつの言葉は、イエス自身が復活後、弟子たちに送った言葉としても知られている（ヨハ 20:19, 21, 26）。この 15 節の最初の「友人たち」は著者ヨハネの友人たちであり、「そちら

1. 真理の同労者と反対者（1-15）

の友人たち」と意訳した表現は、単に「その友人たち」（直訳）であり、ガイオの友人たちを指している（ヨハ三1）。「友人（フィロス）」が、「愛する（フィレオー）」という表現に由来することを考慮すると、この「友人」は、「愛する（アガパオー）」という表現に由来する「愛する人（アガペートス）」と同様に、「愛する人」と訳すべきかもしれない（ヨハ三1解説, cf.Brown, p.726）。

「一名ずつ（カトゥ・オノマ）」とは、「名前ごとに」（直訳）という意味である。この表現は、かつてイエスが、羊飼いは「自分自身の羊を名前で呼び、それを導き出す」と語ったことを想起させる（ヨハ10:3）。ここで、「名前で（カトゥ・オノマ）」と訳した表現は、この15節で、「一名ずつ（カトゥ・オノマ）」と訳した表現と同じである。確かに、著者ヨハネも主イエスに「見倣って」（ヨハ三11）、キリスト者たち一人ひとりに対する丁寧な愛情を示している。この表現は場合によっては、ディオトレフェスの「悪い」影響力の強い教会から（ヨハ三11, cf.ヨハ三9解説）、ガイオやデメトリオのような「良い」キリスト者たちを（ヨハ三11）、「導き出す」ことが示唆されているのかもしれない（ヨハ10:3）。この場合、確かに「一名ずつ」慎重に導き出す必要があるだろう。

また、ここでヨハネが、「そちらの友人たちに一名ずつ、よろしく伝えて下さい」と記しつつ、各個人の実名を明記していないのは、ヨハネはディオトレフェスによって教会から追い出されたと思われるガイオやその友人たちにこの手紙を書いており（ヨハ三9解説, 12解説）、ガイオ自身がガイオのよく知っている真の友人たちによろしくと伝えることをヨハネが内々に依頼しているためだろう（cf.Witherington, p.596）。

ユダの手紙

1. 信仰の戦い

1節－25節　私訳

^{1} イエス・キリストのしもべで、ヤコブの兄弟であるユダから、父なる神によって愛され、イエス・キリストに守られている呼び出された人々へ。^{2} 哀れみがあなたたちに、平和と愛も、増し加えられますように。

^{3} 愛する人々よ、私は、私たちの共通の救いについてあなたたちに書くために、あらゆる熱意を傾けていましたが、聖なる人々に一度引き渡された信仰のために戦うようにと、あなたたちに勧めながら書く必要を感じたのです。^{4} ある人々が紛れ込んで来たからです。その人々は、昔から前もって書かれているこの裁きに至る不信心な人々であり、私たちの神の恵みを好色に変えて、唯一の支配者であり、私たちの主であるイエス・キリストを拒んでいます。

^{5} そこで、[あなたたちが] すべてのことを知っているとしても、私はあなたたちに思い起こしてもらいたいと思います。つまり、[あの] 主は民を一度エジプトの地から救い、次に信じなかった人々を滅ぼし、^{6} また、自分たち自身の支配を保持せずに、それ自身の住まいを捨てた天使たちを、大いなる裁きの日のために、永久の鎖で暗黒のもとで保持しています。^{7} 同じく、これらの者たちと似た仕方で、不品行にふけって別の肉体の後ろに向かったソドムとゴモラとそれらの周辺の町は、永遠の火の裁きを受けるという見せしめとして前にあります。

^{8} ところが、同じように、これらの夢想家たちは肉体を汚したり、主権を拒んだり、栄光を冒瀆したりしています。^{9} また、大天使ミカエルは、モーセの体について思いを巡らせて、悪魔と論じ合った時、大胆に冒瀆の裁きを下すことなく、「主があなたを戒めますように」と言いました。^{10} そして、これらの人々は、自分たちが知らないあらゆることを冒瀆したり、理性のない生き物のように、本性的に自分たちが分かるあらゆること、これらのことによって朽ちるようにされています。^{11} その人々は不幸です。なぜなら、その人々は「カインの道」を行き、報酬のために「バラムの迷い」に

1. 信仰の戦い（1-25）

流され、「コラの反逆」によって滅んだからです。¹² これらの人々は、恐れもなく暗礁のように愛餐会に連なり、自分たち自身の世話をし、風に運び去られる乾いた雲、実りなく、根こそぎにされて、二度死んだ秋の木、¹³ 自分たち自身の恥を泡にして吹き出す海の荒い波、さ迷う星であり、それらのために、暗闇の暗黒が永遠に保持されています。

¹⁴ また、アダムから七代目のエノクも、その人々について預言して言いました。「見よ、主は無数の聖なる人々に囲まれて来た。¹⁵ それは、すべての人々に対する裁きを行うため、そして、不信心なことを行った人々のその不信心なすべての業について、また、不信心な罪人たちが主に対して語ったすべてのひどいことについて、あらゆる魂を諭すためです。¹⁶ これらの人々は、自分たち自身の欲望に従って行きながら運命をかこつ不平の人であり、その口は大言壮語を語り、利益のために人々の顔を拝みます。

¹⁷ さて、愛する人々よ、あなたたち自身は、私たちの主イエス・キリストの使徒たちによって前もって語られた言葉を思い起こしなさい。¹⁸ ［つまり、］その人々はあなたたちに言っていました。「［その］時の終わりには、あざける人々が現れ、自分たち自身の不信心な欲望に従って行くだろう。」¹⁹ これらの人々は、分裂を引き起こす人々であり、生来の人々であり、霊を持っていない人々です。

²⁰ しかし、愛する人々よ、あなたたち自身は聖霊によって祈り、あなたたちの最も聖なる信仰の上に自分たち自身を建て上げなさい。²¹ あなたたちは、永遠の命のために私たちの主イエス・キリストの哀れみを歓迎し、神の愛によって自分たち自身を守りなさい。²² そして、あなたたちは、ある人々が疑っているなら哀れみ、²³ ある人々を火から連れ出して救い、ある人々を、肉体によって汚された下着さえも憎んで、恐れつつ哀れみなさい。

²⁴ また、あなたたちをつまずかないように見張り、喜びの中で非のない者たちとして自らの栄光の前で立たせることのできる方、²⁵ 私たちの救い主である唯一の神に、私たちの主イエス・キリストを通して、栄光、偉大さ、力、そして権威が、あらゆる世の前から、今も、またすべての世に至るまでありますように。アーメン。

373

ユダの手紙

1節－25節　解説

　1節　イエス・キリストのしもべで、ヤコブの兄弟であるユダから、父なる神によって愛され、イエス・キリストに守られている呼び出された人々へ。

　「によって（エン）」と訳した表現は、「の中で」（直訳）という意味であり、「ユダから」、「呼び出された人々へ」と訳した表現は、「ユダが」（直訳）、「呼び出された人々に」（直訳）手紙を書くという意味である。また、「イエス・キリストに守られている」と訳した表現は、父なる神によって「イエス・キリストのために守られている」とも訳せる表現である。

　「イエス」という名前は、「主は救い」という意味であり、「キリスト」という名称は、「油注がれた者」という意味である（ペト二 1:1 解説）。「しもべ（ドゥーロス）」とは、「奴隷」とも訳せる表現であるが、旧約時代におけるかつてのアブラハムやイサクやヤコブ（出エ 32:13, 申命 9:27）、モーセ（申命 34:5, 列王上 8:53）、サムエルやダビデなどに対して用いられ（サム上 3:9-10, 17:32, サム下 3:18）、新約時代におけるパウロ（ロマ 1:1, ガラ 1:10, フィリ 1:1, テト 1:1）、ヤコブやペトロなどに対しても用いられたように（ヤコ 1:1, ペト二 1:1）、神の特別な使者としての称号でもある（Neyrey, p.44）。

　この 1 節の「ユダ」は、「ヤコブの子ユダ」や「引き渡す者になったイスカリオテのユダ」ではなく（ルカ 6:16）、イエスの弟である「ヤコブの兄弟」であるから（ヤコ 1:1 解説）、同様にして、イエスの弟でもある（マル 6:3, cf. コリ一 9:5）。そして、ユダがここで直接的にイエスの弟であると明言しなかったのは、かつて自分たちがイエスを信じていなかったことなどに基づく謙遜も含まれると考えられる（マル 3:21, ヨハ 7:5, cf. グリーン，p.206）。また、「ユダ」（「ほめたたえる」という意味）という名前は、旧約時代のヤコブの子ユダに由来する（創世 29:35）。

　「父なる神」は、イエスの父であると同時に、このイエスを通して父なる神への信仰に「呼び出された人々」の父であり（cf. ロマ 1:1, 6-7, コリ一 1:1-2）、この呼び出された人々は、子が父によって愛されるように、「父なる神によって愛され」、しもべが主人に守られるように、「主イエスに守られている」（cf. ペト一 1:5, ヨハ一 5:18, ユダ 21）。ここで、「呼び出された人々」という

1. 信仰の戦い（1-25）

表現は、選ばれた人々という意味とほぼ同義である（ペト二 1:10, cf. カルヴァン, p. 206)。

このことは、かつてイエスがこう語ったことを想起させる。「私はもはやこの世にいませんが、その人々自身はこの世にいます。そして、この私はあなたの所に行きます。聖なる父よ、その人々が私たち自身のように一つであるために、あなたが私に与えたあなたの名前の内で、あなたがその人々を守ってください。私がその人々と共にいた時、この私はその人々をあなたが私に与えた名前の内で守っていて、保護しましたので、滅びの子のほかには、その人々の中の誰も滅びませんでした」（ヨハ 17:11-12）。

2節　哀れみがあなたたちに、平和と愛も、増し加えられますように。

「哀れみ（エレオス）」とは、相手の立場になって同情し、行動をすることであり、父なる神の「哀れみ」は、その御子を人と同じ肉をまとわせて、イエスとしてこの世に送ったことに明白に現れている（ペト一 1:3 解説）。イエスがこの世に無償で送られたことは、神の恵みを示しているから、ここで「哀れみ」と恵みは同義語であり、厳密に言えば「哀れみ」の結果が恵みである（カルヴァン, p.206）。「愛（アガペー）」とは、父なる神が子に対して抱いている愛であり（ユダ 1）、この父なる神とその御子イエスに守られることによって「平和（エイレーネー）」がもたらされる（cf. ユダ 1）。

「増し加える（プレースノー）」と訳した表現は、「満たす」という意味であり、「哀れみ」と「平和」と「愛」が「増し加えられますように」という表現は神的受動態であり、父なる神によってそうされることを示している（Bauckham, p.20）。それは、これらのものが多くの人々に行き渡るように願うことであり、父なる神の「哀れみ」と「平和」と「愛」の豊かさも示唆されている（cf. ペト二 1:2）。

3節　愛する人々よ、私は、私たちの共通の救いについてあなたたちに書くために、あらゆる熱意を傾けていましたが、聖なる人々に一度引き渡された信仰のために戦うようにと、あなたたちに勧めながら書く必要を感じたのです。

「共通の（コイノス）」と訳した表現は、著者ユダを含むユダヤ人たちの文

脈においては「汚れている（コイノス）」とも訳せる表現であるが、これは、ユダヤ人たちにとって神聖なものとは異なり、ユダヤ人たち以外の異邦人たちにも一般に共有されているものを指すので、ユダヤ人たちにとっては汚れたものとなるのである（マル 7:2, 5, ロマ 14:14）。しかし、主イエスを通して父なる神を信じる信仰は、今やユダヤ人たちだけのものではなく、異邦人たちを含むすべての人々に開かれたため（ロマ 4:16, 10:9-13, 11:25-26, ガラ 3:26-29, 6:15-16）、すべての人々が聖なるものとされ、救いにあずかる特権に導かれうるのである。

ユダはこの驚くべき転換について書くことに「熱意（スプーデー）」を傾けていたが（ペト二 1:5）、別の「必要を感じた」。ここで、熱意を「傾ける（ポイエオー）」と意訳した表現は、単に「する、行う」（直訳）であり、「感じる（エコー）」と意訳した表現は、単に「持つ」（直訳）である。また、「必要（アナンケー）」と訳した表現は、「義務、強制、危機」とも訳せる表現であり、ユダを取り巻く状況が緊迫していることを示している。

「聖なる（ハギオス）人々」とは、神の特別な目的のために取り分けられた人々であり、具体的にはキリスト者たちを指している（ユダ 1）。「引き渡す（パラディドーミ）」という表現は、イスカリオテのユダがイエスを権力者たちに「引き渡す」という形でも使われるため（マタ 10:4, 26:45-50, 27:1-4）、「一度引き渡された信仰」という表現は、かつて十字架刑に引き渡されたイエスを想起させるものであり（マタ 27:18, 26, ロマ 8:32）、そのイエスに対する信仰を示唆している。「熱意」という表現と共に、この信仰の「ために戦う（エパゴーニゾマイ）」という表現は、「平和」を保つためには（ユダ 2）、逆説的に信仰の戦いが必要であることを印象的に示している（cf. フィリ 1:27-30, テモ一 6:12, テモ二 4:7）。

「勧める（パラカレオー）」と訳した表現は、「慰める」とも訳せる表現であり、元々は「傍らに（パラ）」「呼び寄せる（カレオー）」（直訳）ようにしてそうすることを意味し、この働きは本質的には、「助け主、慰め主（パラクレートス）」である聖霊の働きに基づく（ペト一 5:12 解説）。「書く（グラフォー）」とは、手紙を書くことであり、インクである墨は、油や樹脂を不完全燃焼させて得られる炭素粉を、水や酢で薄めた樹脂に混ぜて作られていた。また、パピルス草から作られたものが紙とされ、葦が筆として用いられ

1. 信仰の戦い（1-25）

ていた（ヨハ二12解説, ヨハ三13解説）。

4節　ある人々が紛れ込んで来たからです。その人々は、昔から前もって書かれているこの裁きに至る不信心な人々であり、私たちの神の恵みを好色に変えて、唯一の支配者であり、私たちの主であるイエス・キリストを拒んでいます。

この4節は、ユダが手紙を書く必要を感じた理由を明示している（ユダ3）。「紛れ込む（パレイスデュオー）」と訳した表現は、「傍らから（パラ）」「中に（エイス）」「入る（デュオー）」ことであり、異端的な様子を示唆している（cf. ガラ2:4, ペト二2:1解説）。「昔から前もって書かれているこの裁き」（直訳）とは、この後に記されている裁きを指している（ユダ5-16）。

「不信心な人（アセベース）」とは、父なる神や御子イエス・キリストに対する「崇敬の念（セバス）」が「ない（ア）」ことであり（ペト二3:7解説）、「好色（アセルゲイア）」とは、不道徳な性的欲求である（ペト二2:18解説）。「神の恵みを好色に変え」るとは、「恵み」が神から無償で与えられるものとして「共通の救い」であるとすると（ユダ3）、同じように救われた他者に対して不道徳な形で性的欲求を抱くことかもしれない（ユダ7）。「変える（メタティセーミ）」とは元々、場所を「変えて（メタ）」「置く（ティセーミ）」ことを意味する。

「支配者（デスポテース）」と訳した表現は、単に「主」とも訳せる表現であり（ペト二2:1）、「主（キュリス）」と併記して、イエス・キリストの主権性を強調している。「神の恵みを好色に変え」る人は、言わば不道徳な性的欲求の対象としての人間を何よりも崇めるから、その点でイエス・キリストの主権性を否定しているのである（cf. ヨハ一2:22-23）。

5節　そこで、［あなたたちが］すべてのことを知っているとしても、私はあなたたちに思い起こしてもらいたいと思います。つまり、［あの］主は民を一度エジプトの地から救い、次に信じなかった人々を滅ぼし、

この5節は、民数記14章20節から38節までを指しており（民数14:20-38）、「次に（ト・デウテロン）」と訳した表現は、「第二に」（直訳）である。「［あの］主」とは、「私たちの主であるイエス・キリスト」というよりも（ユダ4）、

377

むしろ、父なる神である「主」である。この父なる神が、最初はイスラエルの民の「救い」のためにエジプトの地に働きかけ、「次に信じなかった人々を滅ぼし」たことは、後に主イエスが、最初は人々の救いのためにこの世に到来し、次に裁きのために再びこの世に来ることと正確に対応している（マタ 10:15, 11:24, 24:30, 26:64, ユダ 7, cf. グリーン，p.220）。

神は紀元前 13 世紀に、モーセによってイスラエルの民を隷属の地エジプトから導き出したが、その後、神の約束した土地カナン（地中海とヨルダン川に挟まれた広域の地に対する古代の名称）に偵察隊として送り出されたイスラエルの民のうち、ヨシュアとカレブを除く大多数がその約束の地に入ることをためらったために、神はその大多数の民を荒野で滅ぼした（民数 14:16, 29-38, 26:65, 申命 1:34-40, cf. 詩編 78:31, コリ一 10:5, ヘブ 3:17-19）。

6 節　また、自分たち自身の支配を保持せずに、それ自身の住まいを捨てた天使たちを、大いなる裁きの日のために、永久の鎖で暗黒のもとで保持しています。

「支配（アルケー）」と意訳した表現は、「初め」とも訳せる表現であり（ロマ 8:38, コリ一 15:24）、「保持する（テーレオー）」と訳した表現は、「守る」（直訳）という意味である（ユダ 1）。また、この 6 節の「永久の（アイディオス）」という表現は、「永遠の（アイオーニオス）」という表現と同義語である（ユダ 7）。

この 6 節は、悪魔や悪魔的存在の起源を象徴的に記しており、天的な存在である天使たちの中に、父なる神によって「最初（アルケー）」にゆだねられた働きを「守る（テーレオー）」ことなく、自らが生きる場を去った者たちがいることを示している（黙示 12:7-9, cf. 創世 6:1-4, イザ 14:12, ルカ 10:18, ペト二 2:4 解説, 17）。したがって、このような堕落した天使たちは、父なる神との関係を絶って自ら死に向かうか、人々を告発して死に至らせるほかないのである（黙示 12:10）。この間、堕落した天使たちは、「永久の鎖で暗黒のもとで」父なる神に保持されているが（cf. ペト二 2:9）、いずれ、「大いなる裁きの日」に明るみに出され、裁かれる。「日（ヘーメラ）」とは、「昼」とも訳せる表現であるから、確かに、堕落した天使たちの罪が、「暗黒」から白日のもとにさらされる時が来るのである。

1. 信仰の戦い（1-25）

7節　同じく、これらの者たちと似た仕方で、不品行にふけって別の肉体の後ろに向かったソドムとゴモラとそれらの周辺の町は、永遠の火の裁きを受けるという見せしめとして前にあります。

「同じく（ホース）」と意訳した表現は、「のようです」という意味であり、「これらの者たち」とは、前節の堕落した「天使たち」を指している（ユダ6）。「ソドムとゴモラ」は、かつて神の前に悪を積み重ねたために神によって火で滅ぼされた代表的な町であり（ペト二2:6解説）、「不品行にふける（エクポルネウオー）」と訳した表現は、「不品行を行う（ポルネウオー）」という表現の強調形であるから（コリ一6:18, 10:8）、不品行の極みにあることを示唆している。また、単に「向かう（アペルコマイ）」と訳した表現は、「離れて（アポ）行く（エルコマイ）」（直訳）という意味であり、通常の場合に向かう方向から「離れて（アポ）」、相手となる肉体「の後ろ」に向かうという倒錯した様子を表している。ちなみに、ソドムやゴモラの「周辺の町」には、アドマ、ツェボイムなどがあった（申命29:22, cf. 創世19:20-25）。

「裁き（ディケー）」と意訳した表現は、「義」（直訳）であり、父なる神の義は、このような不品行に代表される不義を「永遠の火」によって徹底的に清める（cf. マタ25:41, テサ二1:8-9, ペト二3:7, ユダ23解説）。「見せしめ（デイグマ）」とは、人々に「示す（デイクヌミ）」もののことであり（ペト二2:6解説）、「前にある（プロケイマイ）」という表現は、文字どおり、「前に（プロ）」「ある（ケイマイ）」という意味である。したがって、こうした例は、後の人々のために教訓として前もって提示されているのである。

8節　ところが、同じように、これらの夢想家たちは肉体を汚したり、主権を拒んだり、栄光を冒瀆したりしています。

「汚したり」、「拒んだり」、「冒瀆したり」という並列関係は、原語の「一方で（メン）」という表現と、「他方（デ）」という二つの表現を反映させた訳である。

「夢想（エニュプニアゾマイ）」という表現は、「眠り（ヒュプノス）」「の中で（エン）」見るものを指し、「これらの夢想家たち」とは、「紛れ込んで来た」人々であり、「昔から前もって書かれているこの裁きに至る不信心な人々」である（ユダ4）。これらの人々は、「大いなる裁きの日」や（ユダ6）、

379

「永遠の火の裁き」が待ち受けているにもかかわらず（ユダ7）、このような現実から夢の中に逃避しているような点で、かつて、神に裁かれ、滅ぼされた者たちと「同じように」生きていると言える（cf. ユダ5-7）。

「肉体（サルクス）」は、御子イエス・キリストもこの世でまとったものであり（ヨハ1:14）、「聖なる」ものとして（ユダ3）、日々の生活の中で神にささげられるべきものでもある（cf. ロマ12:1-2）。しかし、夢想家たちは肉体を「不品行」のために使うなどして汚し（ユダ7）、父なる神や主イエス・キリストの支配権である「主権（キュリオテース）」を否定したり、神の「栄光（ドクサ）」を受けたあらゆるものを冒瀆している（ペト二2:10解説, cf. ペト二2:11）。これらの点で、夢想家たちは自分たちが神に成り上がろうとしているのである。

ちなみに、英語の「催眠状態（hypnosis）」は、ギリシャ語の「眠り（ヒュプノス）」に由来する。

9節　また、大天使ミカエルは、モーセの体について思いを巡らせて、悪魔と論じ合った時、大胆に冒瀆の裁きを下すことなく、「主があなたを戒めますように」と言いました。

この9節は、堕落した天使たちとは対照的に、父なる神によって最初にゆだねられた働きを守って、その支配領域を維持した大天使に言及している（ユダ6解説）。

「大天使（アルカンゲロス）」とは（テサ一4:16）、「最初、第一、頭（アルケー）」の「天使（アンゲロス）」という意味であり（cf. ペト一5:4解説, ユダ6解説）、「天使（アンゲロス）」とは元々、神の思いを「告げる（アンゲロー）」者のことである。神の働きを助け、人に仕える天使は無数存在し（詩編91:11、ヘブ12:22）、実際にイエスは人々に捕らえられた時、父なる神に十二「軍団（レギオーン）」以上の天使たちを配置してもらうことができると語った（マタ26:53）。このローマ軍の最大単位である「軍団」は、一つが通常六千人の兵士からなる（ルカ8:30）。

このような多くの天使たちの中で、聖書に名前が登場するのはガブリエル（「神は自分を強い者として示した」という意味）と（ルカ1:19:26）、ミカエル（「誰が神のようでしょうか」という意味）の二人のみである（ダニエル

1. 信仰の戦い（1-25）

10:13, 21, 12:1, 黙示 12:7)。いかに天使たちが、無名の状態で神と人の背後に隠れて奉仕しているかがここに明白である。

「モーセ」（「引き上げた」という意味, cf. 出エ 2:10) は、紀元前 13 世紀に神の命令によって、イスラエルの民を隷属の地エジプトから約束の地に向けて導き出したことで知られている (ユダ 5 解説, cf. ペト二 1:15 解説)。「思いを巡らせる (ディアクリノー)」と意訳した表現は、「判断する (クリノー)」際にあれこれと「異なる方向に (ディア)」向かうことであり (ヤコ 2:4 解説)、「論じ合う (ディアレゴマイ)」とは、「言葉 (ロゴス)」を交わすことである。おそらく、悪魔が、この「モーセの体」について何らかの冒瀆的な見解を述べたことに対して (ユダ 8, cf. 申命 34:6)、大天使は、その冒瀆に対する「裁き (クリシス)」を自ら「大胆に (トルマオー)」下すことなく (ペト二 2:10 解説)、主の「戒め (エピティマオー)」にゆだねたのである (cf. ゼカ 3:2)。偽典の『モーセの昇天』に含まれているとされるものによると、モーセの死体を葬るために神から遣わされたミカエルに対して悪魔が、かつてモーセは人を殺したことがあると言って挑発したことがある (出エ 2:12, cf.Bigg, p.331)。

実に、「責める、中傷する (ディアバロー)」者である「悪魔 (ディアボロス)」とか「サタン」(「敵対者」という意味) と呼ばれる人格が、神の前で人々を告発し、罪に定める者であるのに対して、天使たちの代表であるミカエルは、正しい裁きを父なる神にゆだねたのである (ペト二 2:11 解説)。単に「下す (エピフェロー)」と訳した表現は (ロマ 3:5)、ある所「に (エピ)」「もたらす (フェロー)」ことである。

10 節　そして、これらの人々は、自分たちが知らないあらゆることを冒瀆したり、理性のない生き物のように、本性的に自分たちが分かるあらゆること、これらのことによって朽ちるようにされています。

「これらの人々」とは、「夢想家たち」のことであり (ユダ 8)、この世において神の裁きを意識しながら現実的に生きていないことは、「自分たちが知らない」にもかかわらず、「あらゆることを冒瀆」するという倒錯した姿勢に表れている (cf. ユダ 8 解説)。

「理性のない (アロゴス)」とは、文字どおり、「言葉、理性、分別 (ロゴ

ス)」が「ない(ア)」ことであり、この同義語である「本性的に(フュシコース)」と訳した表現は、「本性(フュシス)」の副詞形である(ペト二 2:12 解説)。したがって、「本性的に自分たちが分かる」とは、理性なしで「分かる」ことのみであり、「これらのこと」を追求すれば、「朽ちるように」導かれるのみである。

11節 その人々は不幸です。なぜなら、その人々は「カインの道」を行き、報酬のために「バラムの迷い」に流され、「コラの反逆」によって滅んだからです。

「不幸です(ウーアイ)」という表現は、かつてイエスが、この世とその罪深い人々に対して何度も使ったことを想起させる(マタ 11:21, 18:7, 23:13-29, cf. マタ 24:19, 26:24, コリ一 9:16)。

カインは、「悪い者に属し、兄弟を惨殺し」(ヨハ一 3:12, cf. ヘブ 11:4)、バラムは、「不義の報酬を愛し」(ペト二 2:15, cf. ペト二 2:13)、コラたちは、モーセに逆らい、不平を漏らしたため、口を開いた大地に飲み込まれたり、主のもとから出た火に焼き尽くされたりして滅んだことで知られている(ペト二 2:6 解説)。ここで、「反逆(アンティロギア)」と意訳した表現は、元々はあることに「反対(アンティ)」する「言葉(ロゴス)」を言うことであり、確かに、コラたちの言動を表している。

また、「流す(エクケオー)」と訳した表現は、「注ぎ出す」という意味であり、「行き(ポレウオマイ)」(ペト一 4:3 解説, cf.Zerwick & Grosvenor, p.739)、「流され」、「滅んだ」という表現は、事態がより深刻な方向へと進んでいることを示唆している。

12節 これらの人々は、恐れもなく暗礁のように愛餐会に連なり、自分たち自身の世話をし、風に運び去られる乾いた雲、実りなく、根こそぎにされて、二度死んだ秋の木、

「愛餐会に連なる(エン・タイス・アガパイス……スンユオーケオー)」と意訳した表現は、人々の間の具体的な「愛(アガペー)」の印である食事会において、「共に(スン)」「良い(ユ)」時を「持つ(エコー)」という意味に由来する(ペト二 2:13 解説)。

1. 信仰の戦い（1-25）

　船が乗り上げると座礁してしまう「暗礁、岩礁（スピラス）」は通常、船乗りに「恐れ」られているものであるから（cf. 使徒 27:17, 29, 41）、ここで「これらの人々」、つまり、滅びに向かっている人々が（cf. ユダ 11）、自分の状況を差し置いて「恐れもなく暗礁のように愛餐会に」いるとは、皮肉な表現である。食事会の他の参加者たちは、場合によっては、酔いつぶれて「暗礁のように」伏せているこのような人々とぶつかって面倒なことになりかねないだろう（cf. コリ一 11:21-22）。「世話をする（ポイマイノー）」とは、単に食べさせるだけでなく、広範囲に面倒を見ることを意味するから（ペト一 5:2 解説）、このような人々が食事を自分勝手に進めている様子がここで描かれている（cf. エゼ 34:8）。

　「乾いた（アヌドロス）」とは、「水（ヒュドール）」が「ない（ア）」という意味であり（ペト二 2:17 解説）、「乾いた雲」という逆説的表現は、雨を降らせない雲のことであるから（cf. 箴言 25:14）、そのような役に立たない雲は、むなしく風に運び去られるだけである。また、「実りなく」役に立たない秋の「木（デンドロン）」は、「根こそぎにされて」しまう点で（cf. 詩編 52:7, 箴言 2:22, マタ 15:13）、「二度死んだ」と言える（cf. 黙示 2:11, 20:6, 14, 21:8）。これらのたとえは、天を覆う雲として、地中深く根づく木として、それぞれは確かに存在感があるが、それなりの効用がなければ、意味のない存在の代表例であり、滅びに向かっている人々を辛辣に描いている。

　ちなみに、英語の「アネモネ（anemone）」は、ギリシャ語の「風（アネモス）」に由来し、英語の「水（hydro-）」、「木（dendro-）」という接頭辞は、それぞれギリシャ語の「水（ヒュドール）」、「木（デンドロン）」に由来する。

13節　自分たち自身の恥を泡にして吹き出す海の荒い波、さ迷う星であり、それらのために、暗闇の暗黒が永遠に保持されています。

　「恥（アイスクネー）」とは、「栄光」の対義語であり（ユダ 8, cf. フィリ 3:19）、「泡にして吹き出す（エパフリゾー）」とは、「泡を吹く（アフリゾー）」という表現の強調形である（マル 9:18, 20）。「荒い（アグリオス）」と訳した表現は、「野の」とも訳せる表現であり（マタ 3:4）、自然の状態を表している（cf. イザ 57:20）。こうした表現は、滅びに向かう人々を（ユダ 12 解説）、野放図に泥酔している人々の様子に重ね合わせて描いているとも考えられる。泥酔

者は、飲み過ぎては「泡」のように吐き戻し（cf. ユダ12 解説）、「暗闇」の屋外を「さ迷う」からである。ちなみに、パウロも、「あなたたちは酒に酔ってはならない。そこには、放とうがあります」と説いている（エフ 5:18, cf. ルカ 11:13）。ここで、「放とう（アソーティア）」と訳した表現は、「救い（ソーゾー）」ような「ない（ア）」こと、滅びに向かうことを意味している。

　「それら」とは、前節の「これらの人々」（ユダ 12）、つまり、滅びに向かう人々と考えることもできるし（ユダ 12 解説）、「星」を指していると考えることもできる。確かに、星を包むように「暗闇の暗黒」が保持されているからである。この「暗闇（スコトス）」の「暗黒（ゾフォス）」という類義語の反復は、強調のためのものであり、「保持されている」という表現が神的受動態であり（cf. ユダ 6 解説）、父なる神によってそうされていることを示しているように、深刻な裁きを予兆している（ユダ 8 解説, cf. ペト二 2:17 解説）。逆に、多くの人々を救いに導くなら、その人は天の星のように輝く（ダニ 12:3, cf.Bauckham, p.90）。

　ちなみに、前節の「雲」と「木」（ユダ 12）、この 13 節の「海」と「星」という四つの例はそれぞれ、大気と大地、水と天という自然界の四つの領域の代表例である（Witherington, p.621）。

14 節　また、アダムから七代目のエノクも、その人々について預言して言いました。「見よ、主は無数の聖なる人々に囲まれて来た。

　この 14 節と次節の内容は、旧約聖書の正典にはないものの、ユダヤ教文書である『エノク書』に由来している。

　神の創造した最初の人アダムから七代目の「エノク」（「新参者」という意味）は、六十五歳の時にメトシェラを生み、さらに三百年、神と共に歩んでいたため、三百六十五歳で神にそのまま引き取られたとされている（創世 5:18-24, cf. 歴代上 1:3, ルカ 3:37, ヘブ 11:5）。ここで「七代目」と明示しているのは、神が天地万物を七日目に完成したことに基づいて（創世 2:1-3）、聖書において完全数とされている「七」という数字によって、エノクの預言の重要性を強調するためである（Bauckham, p.96）。

　そのエノクは、神の働きを「前もって（プロ）」「語り（フェーミ）」、つまり、「預言して（プロフェーテウオー）」、主イエスの到来を伝えた。イエスは「イン

マヌエル」、つまり、「私たちと共に神はいる」という名前も持つから（マタ1:23, cf. マタ 28:20）、神と共に歩んでいたエノクが、「私たちと共に神はいる」という名前を持つイエスをも預言することは真に適切であると言える。

「無数（ムリアス）」と訳した表現は、一万を示す語であるが、一般に数え切れないほどの数を指し（ヘブ 12:22, cf. ルカ 12:1, 使徒 19:19, 21:20, 黙示 5:11, 9:16)、聖なる人々「に囲まれて（エン）」と意訳した表現は、聖なる人々「の中で」（直訳）という意味であり、主イエスが無数の天使たちと共に到来することを指している（マタ 16:27, 24:31, 25:31, 26:53, cf. 申命 33:2, ダニ 7:10, 黙示 5:11）。したがって、この 14 節の「その人々」とは、天使たちと共に到来するこの主イエスによって裁かれる「不信心な罪人たち」をも指している（ユダ 15）。

15 節　それは、すべての人々に対する裁きを行うため、そして、不信心なことを行った人々のその不信心なすべての業について、また、不信心な罪人たちが主に対して語ったすべてのひどいことについて、あらゆる魂を諭すためです。

「それは」という表現は、原文にはないが、ここでは補われており、「主」と訳した表現は、単に「彼」（直訳）である。

この 15 節は、エノクの預言した主イエスの「裁き」が（cf. ユダ 14)、徹底的であることを明示している。不信心について三度も、「不信心なことを行う（アセベオー）」、「不信心（アセベイア）」、「不信心な（アセベース）」と言及されているが、それらの表現は、神に対する「崇敬の念（セバス）」が「ない（ア）」ことを示し（ユダ 4 解説)、「すべて」、「あらゆる」という表現は、そのような不信心な人々に対する裁きが網羅的に完遂されると警告している。不信心な人々はさらに「罪人」と強調されており、「罪人（ハマルトーロス）」とは、「的を外す、分け前（メロス）を逃す（ア）」という意味に由来する（ペト二 2:14 解説）。

さらに、この罪深さは「ひどい」と具体的に表現されており、「ひどい（スクレーロス）」と訳した表現は、「乾かす（スケロー）」という表現に由来するように、人々を枯渇させて死に至らせるような厳しい言葉である（cf. マラ 3:13）。このような暴言を吐く罪人に対しては、主イエスの到来時に、そ

の罪人が肉体を持って生きていても、また、すでに肉体が死に絶えていても、その「魂」への裁きがなされる。しかし、罪を指摘することを意味する「諭す（エレンコー）」という表現は、単なる有罪宣言ではなく、「養育」的要素も含んでいる（ヘブ 12:5, cf. ヤコ 2:9）。

この 15 節は、かつてイエスが、「私たちはあなたたちに、人々が話すであろうむなしい言葉について、裁きの日にその人々は説明をするだろうと言う」と語ったことを想起させる（マタ 12:36）。

16 節 これらの人々は、自分たち自身の欲望に従って行きながら運命をかこつ不平の人であり、その口は大言壮語を語り、利益のために人々の顔を拝みます。

「これらの人々」とは、「不信心な罪人たち」を指している（ユダ 15）。「欲望（エピスミア）」とは、極めて強い欲求を意味し（ペト二 2:18 解説）、神の思いとは対極的な「自分たち自身の」思いであることを示している（ペト二 3:3 解説）。「行く（ポレウオマイ）」とは、その欲望にふけることであり（ユダ 11 解説）、「運命をかこつ（メンプシモイロス）」とは、文字どおり、「運命（モイラ）」を「非難する（メンフォマイ）」ことである。「不平の人（ゴングステース）」とは、「不平を漏らす、不平を言う（ゴングゾー）」という動詞に由来し、人がぶつぶつと不平を言う時の音に由来する擬音語である（ペト一 4:9 解説）。これらの表現は、「人々」が自分の欲望に自己中心的に従いつつも、運命的なものに翻弄されるという、どうしようもない哀れな様子を描いている。

「大言壮語（ヒュペロンコス）」と意訳した表現は、通常の「量（オンコス）」を「超えている（ヒュペル）」ことであり、神の前における罪人の哀れさが、皮肉にも「大言壮語」というその人々自身の様子によって如実に語られている（ペト二 2:18 解説, cf. ダニ 11:36）。また、「人々の顔（プロソーポン）」と意訳した表現は、原語では単に「顔」（直訳）の複数形であり、「拝む（サウマゾー）」と訳した表現は（Liddell & Scott, 1986, p.359）、「驚く」とも訳せる表現である。これは、唯一真の神の顔を拝まずに、人々の顔色を窺って打算的に生きる様子を皮肉った表現である（cf. レビ 19:15, ヨブ 13:10）。

このような生き方は、言わば神の顔色を窺って自らの命を十字架上で失っ

たイエスとは対照的である（マタ 26:39-44, cf. ガラ 2:6）。かつて、律法を厳格に守ろうとするファリサイ派の人々がイエスに対して、「先生、私たちはあなたが真実な方であり、真理に基づいて神の道を教え、誰に対しても遠慮しないことを知っています。というのは、あなたは人々の顔色を見ないからです」と語ったことが想起される（マタ 22:16）。

17 節　さて、愛する人々よ、あなたたち自身は、私たちの主イエス・キリストの使徒たちによって前もって語られた言葉を思い起こしなさい。

「あなたたち自身（ヒューメイス）」という表現は、「不信心な罪人たち」との対比を強調し（ユダ 15）、「主イエス・キリスト」のものであることを示唆し（cf. ユダ 1 解説）、「愛する人々」という親愛の情を込めている（ユダ 3）。

「私たちの主イエス・キリストの使徒たちによって前もって語られた言葉」には（cf. ペト二 3:2）、例えば、後の使徒であるパウロによる「あなたは、終わりの日々には危険な時が来ることを知っておきなさい」という言葉がある（テモ二 3:1, cf. ロマ 1:1, ヨハ一 2:18）。また、次節には使徒ペトロの言葉が記されている（ペト二 3:3, ユダ 18）。

18 節　［つまり、］その人々はあなたたちに言っていました。「［その］時の終わりには、あざける人々が現れ、自分たち自身の不信心な欲望に従って行くだろう。」

「その人々」とは、「私たちの主イエス・キリストの使徒たち」である（ユダ 17）。「あざける人（エンパイクテース）」とは（ペト二 3:3）、「子ども（パイス）」のように「ふざける（パイゾー）」という表現の強調形であり、「不信心（アセベイア）」とは、神に対する「崇敬の念（セバス）」が「ない（ア）」ことを示している（ユダ 15 解説）。「欲望（エピスミア）」とは、極めて強い欲求を意味し、「行く（ポレウオマイ）」とは、その欲望にふけることである（ユダ 16 解説）。

この 18 節は、ペトロによる次の警告を想起させる（ユダ 17 解説）。「あなたたちは、まずこのことを知りなさい。終わりの日々には、あざける人々が来て、あざけり［ながら］、自分たち自身の欲望に従って歩み、言うだろう。

『彼の到来の約束は、どこにあるのですか。実に、父たちが眠りに就いてから、すべてのものは、創造の初めからこのようにそのままです』」(ペト二 3:3-4, cf. テモ一 4:1)。

19節　これらの人々は、分裂を引き起こす人々であり、生来の人々であり、霊を持っていない人々です。

「分裂を引き起こす（アポディオリゾー）」とは、「分けて（ディア）」「境界（ホロス）」を「定める（ホリゾー）」、つまり、「分離する（ディオリゾー）」という表現の強調形である。「生来の（プシュキコス）」と意訳した語は、「魂、命（プシュケー）」に由来する表現であり、ここでは自らの「魂、命」に支配されているものとして（cf. ユダ 15)、「霊を持っていない」という説明にもあるように、「霊（プネウマ）」という表現の対義語であり、まだ、霊的に生まれ変わっていないことを示している（ヤコ 3:15 解説）。真の「霊」は、「分裂を引き起こす」どころか、人々を結び合わせる働きをするからである（エフ 4:3-6, cf. ヨハ 17:11-12, 20-23）。

ちなみに、英語の「地平線、範囲（horizon）」という表現は、ギリシャ語の「定める（ホリゾー）」に由来している。

20節　しかし、愛する人々よ、あなたたち自身は聖霊によって祈り、あなたたちの最も聖なる信仰の上に自分たち自身を建て上げなさい。

「愛する人々よ」という語りかけは、「分裂を引き起こす人々」が「霊を持っていない」のに対して（ユダ 19)、「あなたたち」は「聖霊」を持っているという対照的な現実を表している（cf. マタ 12:18, ロマ 15:30, ガラ 5:22)。

キリスト者の信仰は、主イエス・キリストによって父なる神を信じることであるが（ユダ 1 解説)、この「信仰」は、聖霊「によって（エン）」祈ることで「最も聖なる」ものとされる。聖霊は神自身であるから（ユダ 3 解説）、この聖霊「の中で（エン）」（直訳）祈ることは、神自身の思いと完全に一致して神に願い、神に聞くことであり、それは最も聖なる行為となる（エフ 6:18)。ちなみに、「祈り」と訳した表現は、「祈りながら」とも訳せる表現である。

「分裂を引き起こす（アポディオリゾー）」という表現の対義語である「上

1. 信仰の戦い（1-25）

に建て上げる（エポイコドメオー）」とは（ユダ19解説, cf.Bengel, p.169）、支柱や土台の「上に（エピ）」「家（オイコス）」を「建てる（デモー）」ことである。この20節は、かつてパウロが、「あなたたちは、もはやよそ者や寄留者ではなく、聖なる人々と同じ民、神の家族であり、使徒たちと預言者たちという土台の上に建て上げられました。その隅の頭石はキリスト・イエスであり、彼においてあらゆる建物が共に集め合わされて、主における聖なる神殿へと成長し、彼においてあなたたち自身も、霊における神の住まいへと共に建てられていきます」と語ったことを想起させる（エフ 2:19-22, cf. コリ一 3:10, 12, 14, エフ 3:17, 4:12, コロ 2:7, テサ一 5:11, ユダ 17）。そして、「分裂を引き起こす人々」は（ユダ 19）、この霊における神の住まいを破壊する点で、自分たち自身の罪を極めて重くしていると言える。

21節　あなたたちは、永遠の命のために私たちの主イエス・キリストの哀れみを歓迎し、神の愛によって自分たち自身を守りなさい。

「哀れみ（エレオス）」とは、相手の立場になって同情し、行動をすることであり、主イエスの「哀れみ」は、十字架上で自らの命を罪人たちのためにささげたことに明白に現れている（ヨハ一 3:16, cf. ユダ 2 解説）。したがって、「あなたたち」には、十字架刑の後に復活して永遠に生きているイエスと同様に、「永遠の命」が約束されている（ヨハ一 4:9）。

「歓迎する（プロスデコマイ）」と訳した表現は、「受け入れる（デコマイ）」という表現の強調形であり、あるもの「に対して（プロス）」「受け入れる（デコマイ）」決意をすることであるから、「待ち望む、希望する」とも訳せる表現である。したがって、前節からこの21節にかけて、「信仰」と（ユダ 20）、「希望」と「愛」について説かれていることになる（コリ一 13:13, ペト一 1:21 解説, ペト二 1:7 解説, cf.Bengel, p.169）。また、前節からこの21節にかけては、「聖霊」と（ユダ 20）、「主イエス・キリスト」と父なる「神」という三位一体の神にも言及されている。

神の愛「によって（エン）」とは、神の愛「の中で（エン）」（直訳）という意味であり、「あなたたち」が自分自身を守ることができるのは、「神の愛の中で」守られているからであり、神の子「イエス・キリストに守られている」からである（ユダ 1）。

389

ユダの手紙

　この 21 節は、かつてイエスが、「父が私を愛したように、この私もあなたたちを愛した。あなたたちは私の愛の内にとどまっていなさい。この私が私の父の命令を守って、彼の愛の内にとどまっているように、もし、あなたたちが私の命令を守るなら、あなたたちは私の愛の内にとどまっているだろう」と語ったことを想起させる（ヨハ 15:9-10, cf.Bauckham, p.114）。ここで、愛「の内に（エン）」と訳した三つの表現は、すべて愛「の中で（エン）」（直訳）という意味である。

　22 節　そして、あなたたちは、ある人々が疑っているなら哀れみ、
　「疑う（ディアクリノー）」と訳した表現は、「判断する（クリノー）」際にあれこれと「異なる方向に（ディア）」向かうことであり、「思いを巡らせる」とも訳せる表現である（ヤコ 2:4 解説，ユダ 9 解説）。そして、「あなたたち」が、そのような人々を哀れむことができるのは、「あなたたち」自身が神から哀れみを受けているからである（ユダ 2, 21）。

　23 節　ある人々を火から連れ出して救い、ある人々を、肉体によって汚された下着さえも憎んで、恐れつつ哀れみなさい。
　前節の「ある人々」（ユダ 22）、この 23 節の二つの「ある人々」という並列関係は、原語における前節の「一方で（メン）」（ユダ 22）、この 23 節の二つの「他方（デ）」という表現を反映させた訳である（ユダ 8 解説）。
　人々を「連れ出す（ハルパゾー）」と訳した表現は、狼が羊を奪い取るように「奪い取る」とも訳せる強い表現であり（cf. ヨハ 10:12）、「火から連れ出して救」うとは、「永遠の火の裁き」から人々を奪い取ることである（ユダ 7）。そして、このような行為は、連れ出す人々も連れ出される人々も、完全に「神の愛」の中で守られ（ユダ 21 解説, cf. ユダ 24）、「イエス・キリストに守られ」（ユダ 1）、「聖霊」の中で願って祈る時に（ユダ 20 解説）、究極的にはこの三位一体の神が実現する出来事である（cf. ユダ 21 解説）。
　「永遠の（アイオーニオス）火」とは（ユダ 7）、「その時（アイオーン）の火」、「その世（アイオーン）の火」とも訳せる表現であり、このような火が決して恒久不変ではなく、そこから救い出されうることは（cf. アモ 4:11, ゼカ 3:2, コリ一 3:15）、かつてはノアの時代に、神に不従順であったために

1. 信仰の戦い（1-25）

死んで霊となった人々をキリストが救い出し、最後まで神に不従順であったために死んで霊となった人々を父なる神と子なる神キリストの送り出した聖霊が救い出すのと同じである（ペト二 3:7 解説, cf. テサ二 1:9）。したがって、「永久の鎖」も（ユダ 6）、「永遠」の「暗闇の暗黒」も（ユダ 13）、神が与える「永遠の命」によって克服されるのである（ユダ 21, cf. ヤコ 5:20）。

「下着（キトーン）」とは、体全体を覆う袋状の衣であり、人々は通常、この衣の上から帯を締めており、仕事をする時は「上着（ヒマティオン）」を着ていない場合もあった（マタ 24:18, 使徒 7:58, cf. マタ 5:40）。また、「上着（ヒマティオン）」は、就寝時にくるまって寝るためのものでもあり（出エ 22:25-26, cf. 申命 24:13）、その人の地位も象徴していた（民数 20:28, cf. 列王下 2:13-14）。したがって、「肉体によって汚された下着」とは、自らの地位も立場も忘れて没頭する「不品行」の象徴であり（ユダ 7-8, cf. イザ 61:10, 64:5, ゼカ 3:4, 黙示 3:4）、そのような状態にある人々を「哀れ」むには、自らがそれに陥らないように、不品行を毅然として「憎んで」、「恐れつつ」哀れむ必要がある。

そして、不品行に対する憎しみは、人を救う神に対する愛によって（cf. ユダ 1-3）、また、人を裁く神に対する「恐れ」によって強められる（cf. ユダ 4）。したがって、「恐れつつ（エン・フォボー）」と訳した表現は、究極的には父なる神に対する「恐れの中で」（直訳）という意味である。また、真に「哀れむ」ことのできる方は、人々の「汚れた下着」を取り去るか（cf. ゼカ 3:4）、清めるかして（黙示 7:14）、御子キリストを人々に着せることのできる父なる神である（ロマ 13:14, ガラ 3:27, エフ 4:22-24, コロ 3:10, cf. ロマ 6:4, 7:6, コリ二 5:17）。

ちなみに、この 23 節の後半の文は、かつてパウロが、「愛する人々よ、私たちはこれらの約束を持っているので、肉と霊のあらゆる汚れから自分たち自身を清め、神を恐れることにおいて聖を完遂しよう」と語ったことを想起させる（コリ二 7:1, cf. グリーン, p.251）。ここで、「これらの約束」とは、「私たち」が父なる神の子とされるという約束である（cf. コリ二 6:18）。

24 節　また、あなたたちをつまずかないように見張り、喜びの中で非のない者たちとして自らの栄光の前で立たせることのできる方、

「つまずかない（アプタイストス）」とは、文字どおり、「つまずく（プタイオー）」ことが「ない（ア）」（ペト二 1:10）、つまり、罪に陥らないという意味であり、「見張る（フラッソー）」と訳した表現は、「番兵（フラックス）」が「牢屋（フラケー）」を見張るようにして「見張る、見守る」ことを意味する（ペト二 3:17 解説）。この「見張る（フラッソー）」という表現は、「守る、保持する（テーレオー）」と訳した表現と同義語である（ユダ 1, 6, 13, 21）。

「喜び（アガリアシス）」という表現は、極度の喜びを示し、感極まってその喜びが体にも表れるような強い表現である（ルカ 1:14, 44, 使徒 2:46, ヘブ 1:9）。「非のない（アモーモス）」という表現は、元々は生けにえにするための傷のない動物を指しており（ペト一 1:19 解説，ペト二 3:14 解説, cf. レビ 22:18-25, 民数 6:14, 19:2, マラ 1:6-14, エフ 1:4, コロ 1:22）、「汚され」ていない状態でもある（ユダ 23）。

そして、「喜び」に満ちて、この「非のない（アモーモス）」、「汚され」ていない状態こそ（ユダ 23）、神の「栄光」の前に立つ際にふさわしい姿である（cf. ペト一 4:13）。神の栄光の「前で（カテノーピオン）」とは、人が最終的に裁きの座において神の「顔（エノーピオス）」に「対して（カタ）」向き合うことを示唆しており（cf. コリ二 4:14, エフ 1:4, コロ 1:22）、「顔（エノーピオス）」という表現は、「見る（ホラオー）」という動詞の未来形「見るだろう（オプソマイ）」から造られた「目（オープス）」という表現に由来する。この神の栄光の前に立つことは、「立たせる」という表現にもあるように、人間の信仰の業であると同時に（ユダ 20-21）、究極的には神の業なのである。

25 節　私たちの救い主である唯一の神に、私たちの主イエス・キリストを通して、栄光、偉大さ、力、そして権威が、あらゆる世の前から、今も、またすべての世に至るまでありますように。アーメン。

「ありますように」という表現は原文にはないが、ここでは補われており、「あります」と訳すこともできる。

「私たちの救い主である唯一の神に、私たちの主イエス・キリストを通して」という文は、私たちを救う神は唯一であるにもかかわらず、救い主キリストであるイエスを通してその救いが実現されるというキリスト教の基本的な教えを表している（ロマ 16:27, テモ一 2:5-6）。

1. 信仰の戦い（1-25）

　そして、この救いの実現に対して、人々は神に「栄光、偉大さ、力、そして権威」を帰する。「栄光」は神の威厳を（ユダ 24）、「偉大さ」は神の包容力を（ヘブ 1:3, 8:1）、「力」は神の強さを（ペト一 4:11, 5:11）、「権威」は神の自律性を示唆している（ペト一 3:22）。これらが「あらゆる世の前から、今も、またすべての世に至るまで」あることは、神の永遠に誠実な性格を示している（cf. ロマ 11:36, ヘブ 13:8）。ここで、「あらゆる世の前から」という表現が示しているように、過去に対する頌栄も含まれているのは、例えば、ノアの時代に神に不従順だった霊のもとに、キリストが霊において訪れて説教をしたように（ペト一 3:18-20, ペト二 2:6 解説）、父なる神は「主イエス・キリストを通して」、過去を含むいつの時代においても救いをもたらすことができるからである。ちなみに、神に栄光を帰する歌や式文である「頌栄（doxology）」という英語は、ギリシャ語の「栄光（ドクサ）」に由来する。

　「アーメン（アメーン）」とは「確かに」という意味であり、相手の言葉や命令に対する強い確認と承認として、相手の言葉や命令が終わった時に、それに対して「確かに」が付け加えられたが、ユダは、自分の祈願が神の前に確かであることをここで強調している（ペト二 3:18 解説）。

結　論

　本書で取り上げたヤコブの手紙、ペトロの手紙、ヨハネの手紙、ユダの手紙はそれぞれ、イエス・キリストのしもべであるヤコブとユダ（ヤコ 1:1, ユダ 1:1）、イエス・キリストの使徒であるペトロ（ペト一 1:1, ペト二 1:1）、実際にイエス・キリストの出来事を経験した共同体にいたヨハネによるものであり（ヨハ一 1:1-3）、すべてが、イエスこそキリスト、救い主であるという共通の信仰に基づく手紙である。

　そして、特にヤコブの手紙は、信仰者たちの様々な働きが、信仰の直接の表現として良い証しになると説いて（ヤコ 2:14-26）、試練の中の人々を激励し（ヤコ 1:2-15）、ペトロの手紙は、この世における聖なる生活を勧めると同時に（ペト一 1:13-2:10）、神自身もかつて水で大地を洗ったように、いずれ火で万物を清めるという約束を説いている（ペト二 3:1-13）。また、ヨハネの手紙は、愛や真理が生活の中で具体的に内面化されうることを懸命に説き（ヨハ一 4:1-21）、ユダの手紙は、異端的な教えが忍び寄る所では、信仰上の戦いがありうると注意を喚起している（ユダ 3-4）。このような信仰の諸側面は、いつの時代であっても、どのような場であっても、信仰者に求められている義務であると同時に、光栄な特権でもあると言えるだろう。

後　書

後　書

　この半年間は、ヤコブの手紙、ペトロの手紙、ヨハネの手紙、ユダの手紙という公同書簡に取り組み、これまでの福音書やパウロなどによる書とは異なる視点を持った手紙に触れつつ、極めて有意義な時を過ごすことができた。イエスの弟と思われるヤコブやユダの手紙は、パウロとは別の主題や福音書では知られない話題に言及し、イエスの弟子であるペトロやヨハネは、神の救いの広さやその愛の深さを説いている。しかし、どのような使信に直面しても、イギリスの非国教徒牧師マシュー・ヘンリ（1662年-1714年）が常に実践して強調していたように、「聖書は常にそれ自体に対する最善の注解書である（the scripture is always the best commentary upon itself.）」（Henry, p.1111）という原則は、依然として有効だろう。したがって、読者が本書の各所で記された聖書引用箇所を活用することを期待したい。

　今回も本シリーズの出版に際してお世話になった新教出版社代表取締役社長の小林望氏に心より感謝の言葉を申し上げたい。

2014年9月5日

宮平　望

著者紹介

宮平 望（みやひら のぞむ）

1966 年 神戸市生まれ
1989 年 同志社大学神学部卒業（神学士）
1991 年 同志社大学大学院神学研究科前期博士課程歴史神学専攻終了（神学修士）
1992 年 ハーバード大学神学大学院修士課程修了（神学修士号［ThM］受領）
1996 年 オックスフォード・ウィクリフホール神学大学研究科終了（コベントリー大学より神学博士号［PhD in Theology］受領）
1996 年 8 月 -1997 年 3 月 オックスフォード大学グリーン学寮客員研究員
2002 年 8 月 -2003 年 8 月 ケンブリッジ大学神学部・宗教学神学高等研究所客員研究員
2002 年 8 月 -2003 年 8 月 ケンブリッジ・ティンダルハウス聖書学研究所客員研究員
2002 年 10 月 -2003 年 8 月 ケンブリッジ大学セント・エドマンズ学寮客員研究員
1997 年 4 月以後、西南学院大学文学部国際文化学科専任講師、助教授、教授を経て、現在国際文化学部国際文化学科教授（キリスト教学・アメリカ思想担当）
　　日本基督教団福岡弥生教会会員

著 書

『神の和の神学へ向けて　三位一体から三間一和の神論へ』（すぐ書房，1997）
　　Towards a Theology of the Concord of God A Japanese Perspective on the Trinity，（Carlisle, Cumbria: Paternoster, 2000）
『責任を取り、意味を与える神　21 世紀日本のキリスト教 1』（一麦出版社，2000）
『苦難を担い、救いへ導く神　21 世紀日本のキリスト教 2』（一麦出版社，2003）
『戦争を鎮め、平和を築く神　21 世紀日本のキリスト教 3』（一麦出版社，2005）
『現代アメリカ神学思想　平和・人権・環境の理念』（新教出版社，2004）
『ゴスペルエッセンス　君に贈る 5 つの話』（新教出版社，2004）
『ゴスペルフォーラム　君に贈る 5 つの話』（新教出版社，2007）
『ゴスペルスピリット　君に贈る 5 つの話』（新教出版社，2008）
『神の和の神学入門　21 世紀日本の神学』（新教出版社，2006）
『マタイによる福音書　私訳と解説』（新教出版社，2006）
『マルコによる福音書　私訳と解説』（新教出版社，2008）
『ルカによる福音書　私訳と解説』（新教出版社，2009）
『ヨハネによる福音書　私訳と解説』（新教出版社，2010）
『使徒言行録　私訳と解説』（新教出版社，2011）
『ローマ人への手紙　私訳と解説』（新教出版社，2011）
『コリント人への手紙　私訳と解説』（新教出版社，2012）
『ガラテヤ人・エフェソ人・フィリピ人・コロサイ人への手紙　私訳と解説』（新教出版社，2013）
『テサロニケ人・テモテ・テトス・フィレモンへの手紙　私訳と解説』（新教出版社，2014）
『ヘブライ人への手紙　私訳と解説』（新教出版社，2014）

ヤコブ・ペトロ・
ヨハネ・ユダの手紙
私訳と解説

2015年2月17日　第1版第1刷発行

著　者……宮平　望
発行者……小林　望
発行所……株式会社新教出版社
〒162-0814 東京都新宿区新小川町9-1
電話（代表）03 (3260) 6148
振替 00180-1-9991

印刷製本……株式会社カシヨ

ISBN 978-4-400-11901-2　C1016
Nozomu Miyahira 2015 ©

新教出版社

宮平望の本

マタイによる福音書
私訳と解説　4000 円

マルコによる福音書
私訳と解説　2400 円

ルカによる福音書
私訳と解説　4000 円

ヨハネによる福音書
私訳と解説　2500 円

使徒言行録
私訳と解説　2500 円

ローマ人への手紙
私訳と解説　2000 円

コリント人への手紙
私訳と解説　2500 円

ガラテヤ人・エフェソ人・フィリピ人・コロサイ人への手紙
私訳と解説　2500 円

テサロニケ人・テモテ・テトス・フィレモンへの手紙
私訳と解説　2400 円

ヘブライ人への手紙
私訳と解説　2200 円

*

現代アメリカ神学思想
平和・人権・環境の理念　2800 円

表示は税抜き本体価格です。